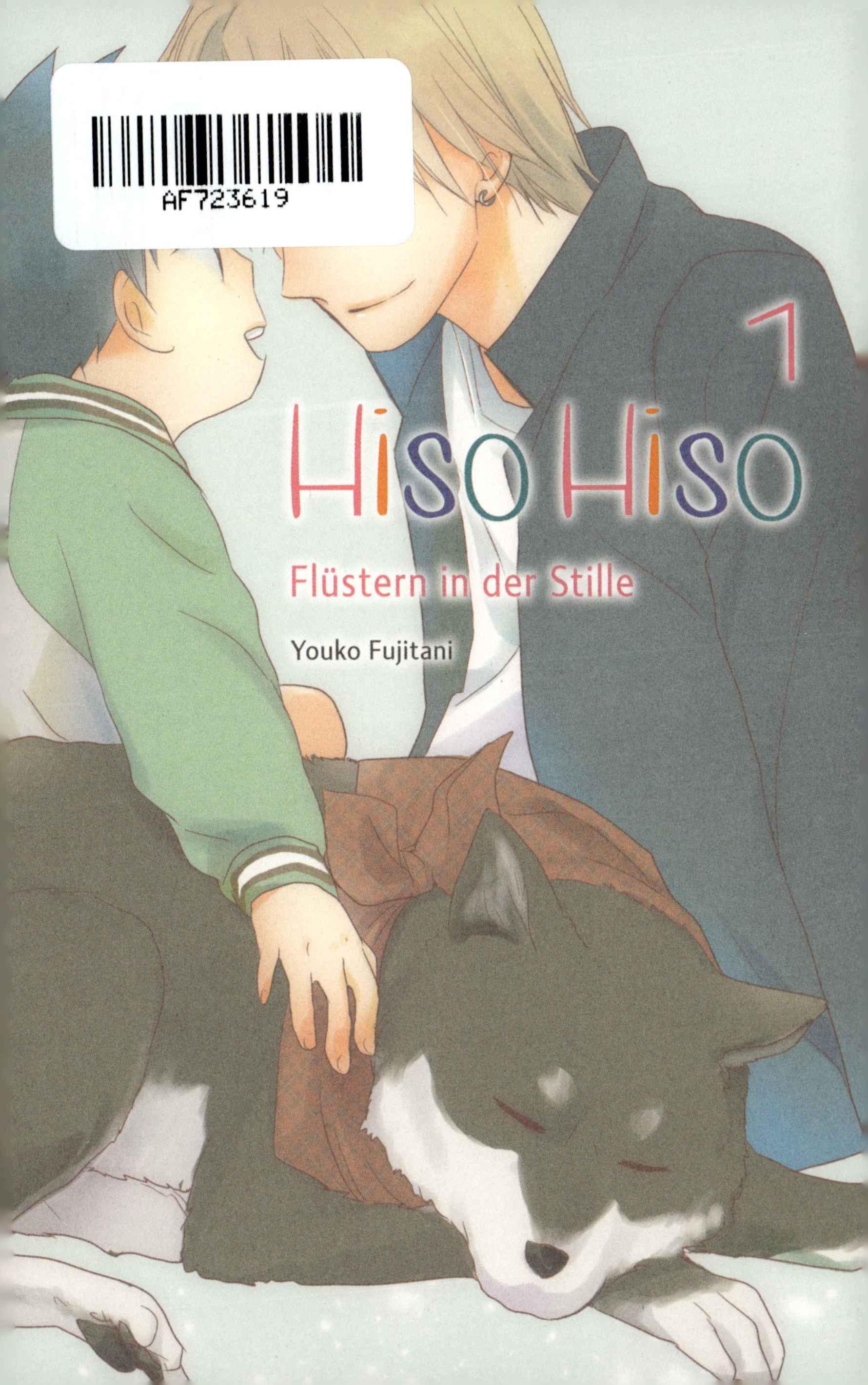

7

Hiso Hiso

Flüstern in der Stille

Youko Fujitani

Inhaltsverzeichnis

TOKYOPOP®

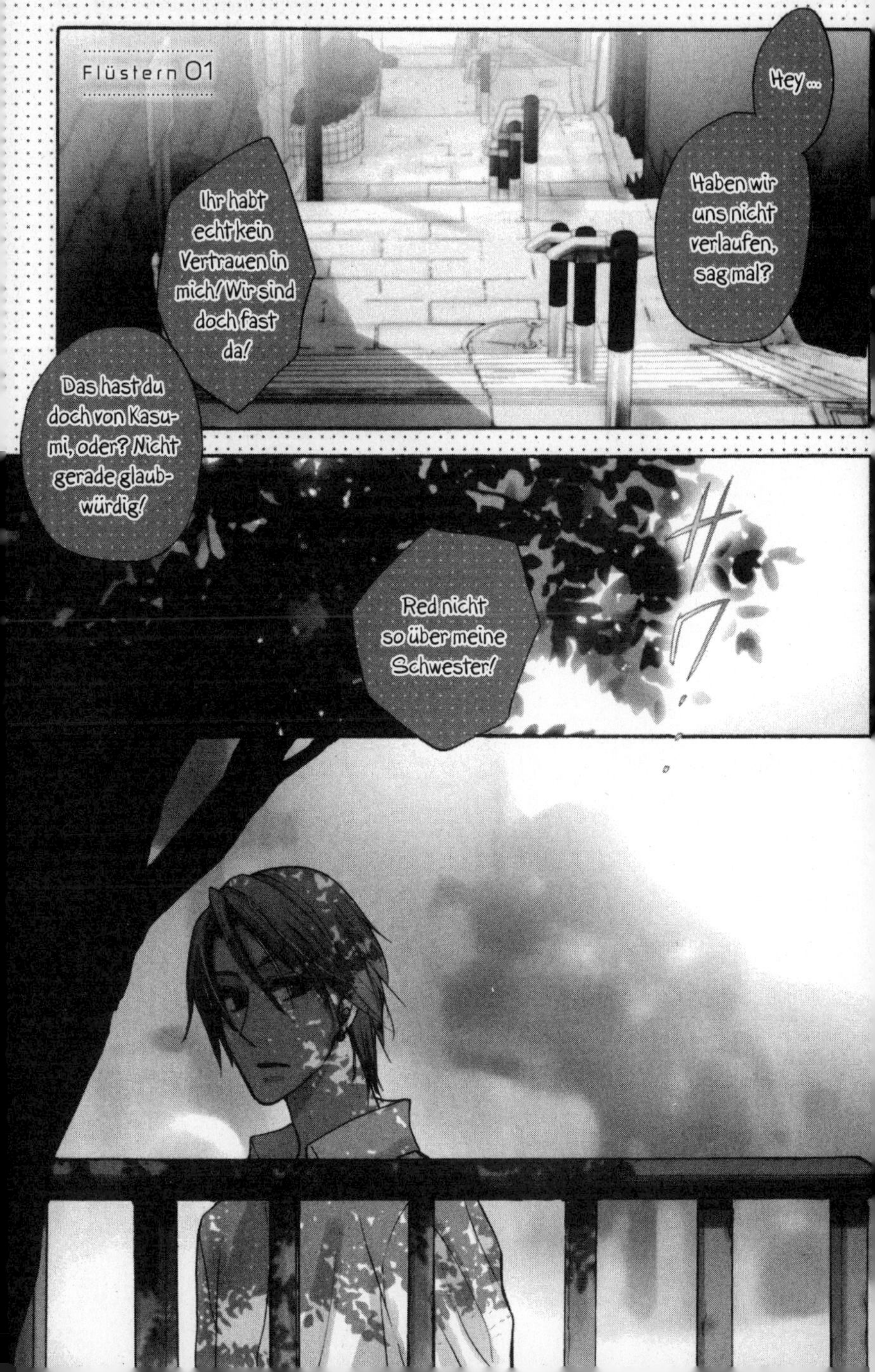
Flüstern 01
Hey ...
Haben wir uns nicht verlaufen, sag mal?
Ihr habt echt kein Vertrauen in mich! Wir sind doch fast da!
Das hast du doch von Kasu-mi, oder? Nicht gerade glaub-würdig!
Red nicht so über meine Schwester!

Flüstern 01

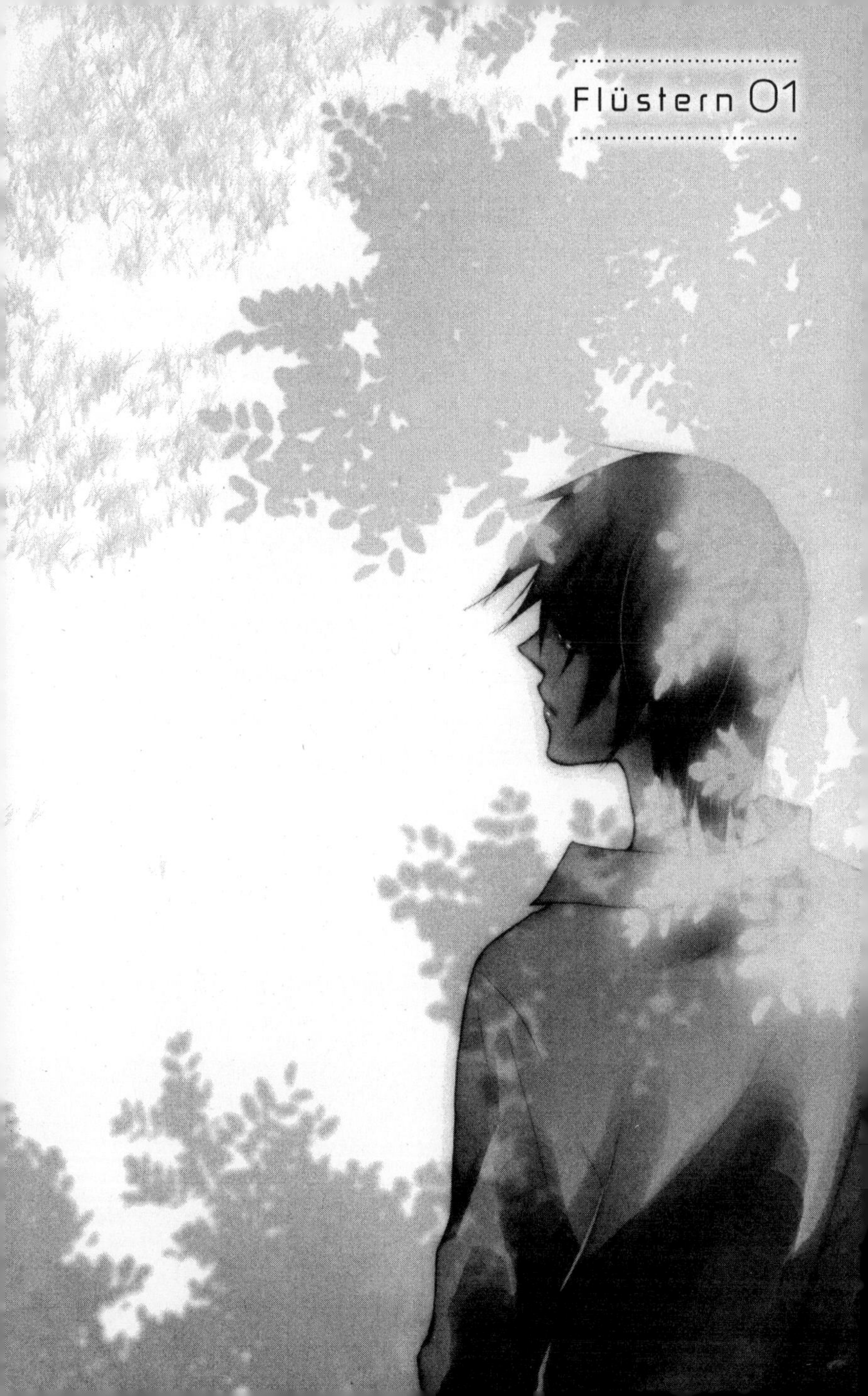

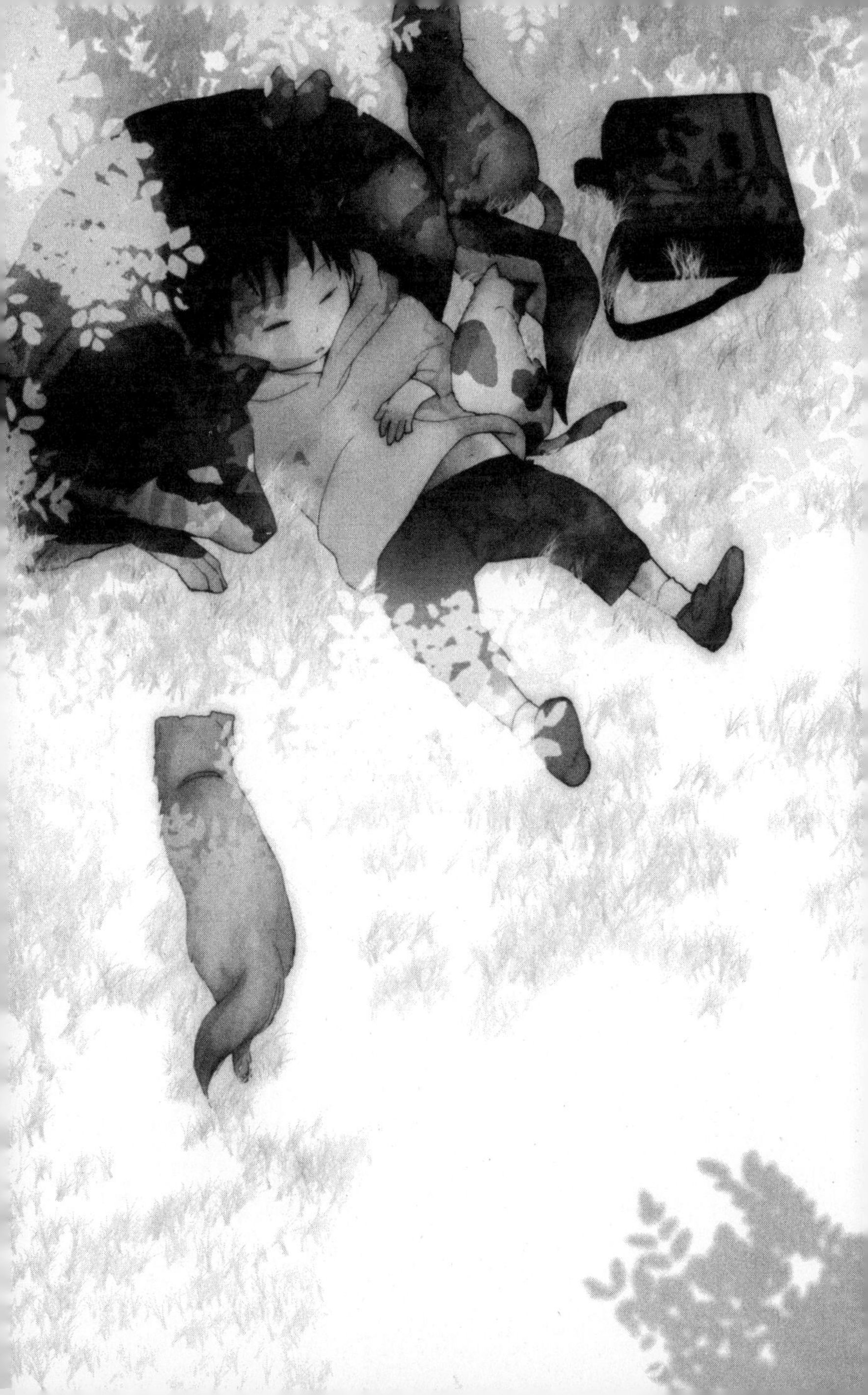

Hiso Hiso

Flüstern in der Stille

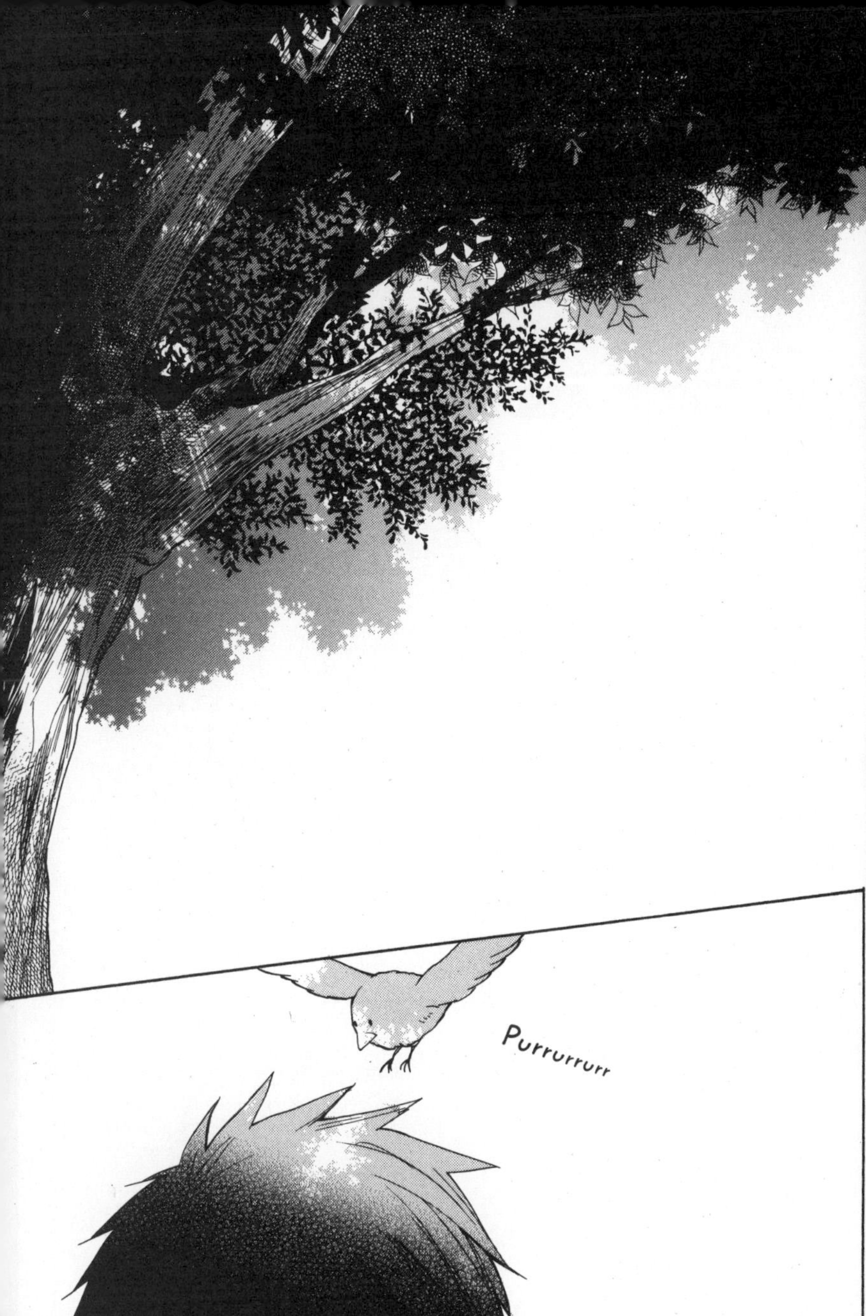
Purrurrurr

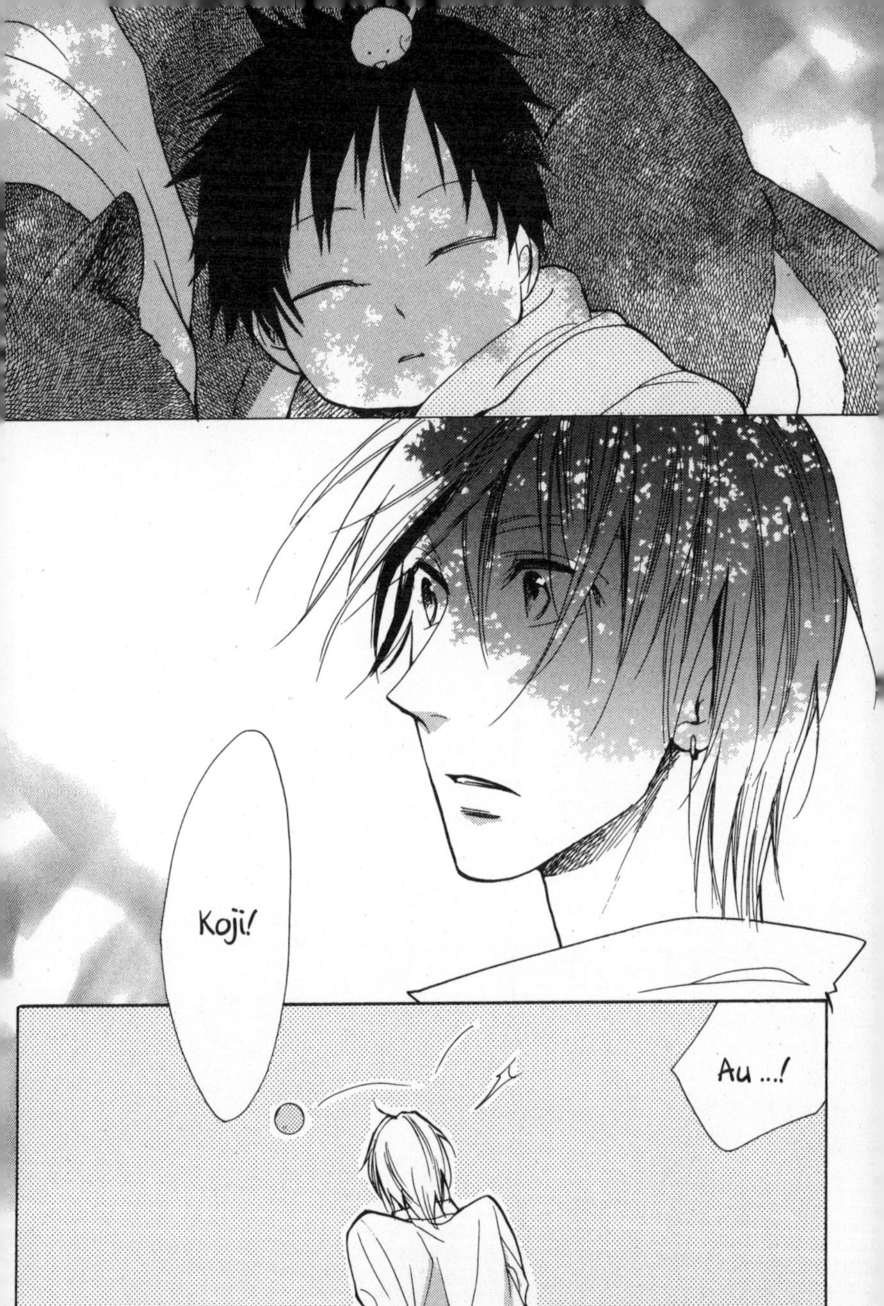
Koji!
Au ...!

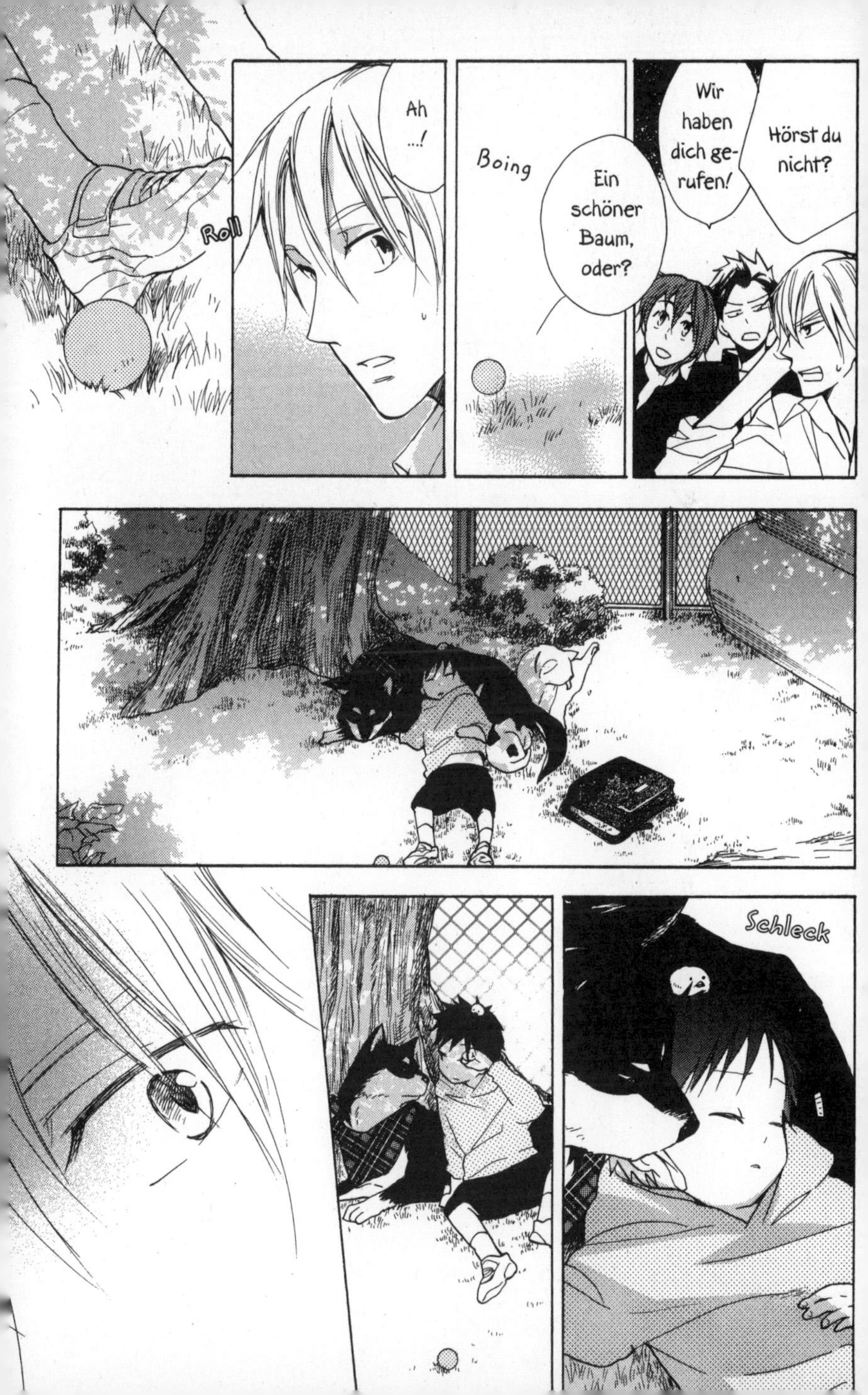

Hörst du nicht?
Wir haben dich gerufen!
Ein schöner Baum, oder?
Boing
Ah ...!
Roll
Schleck

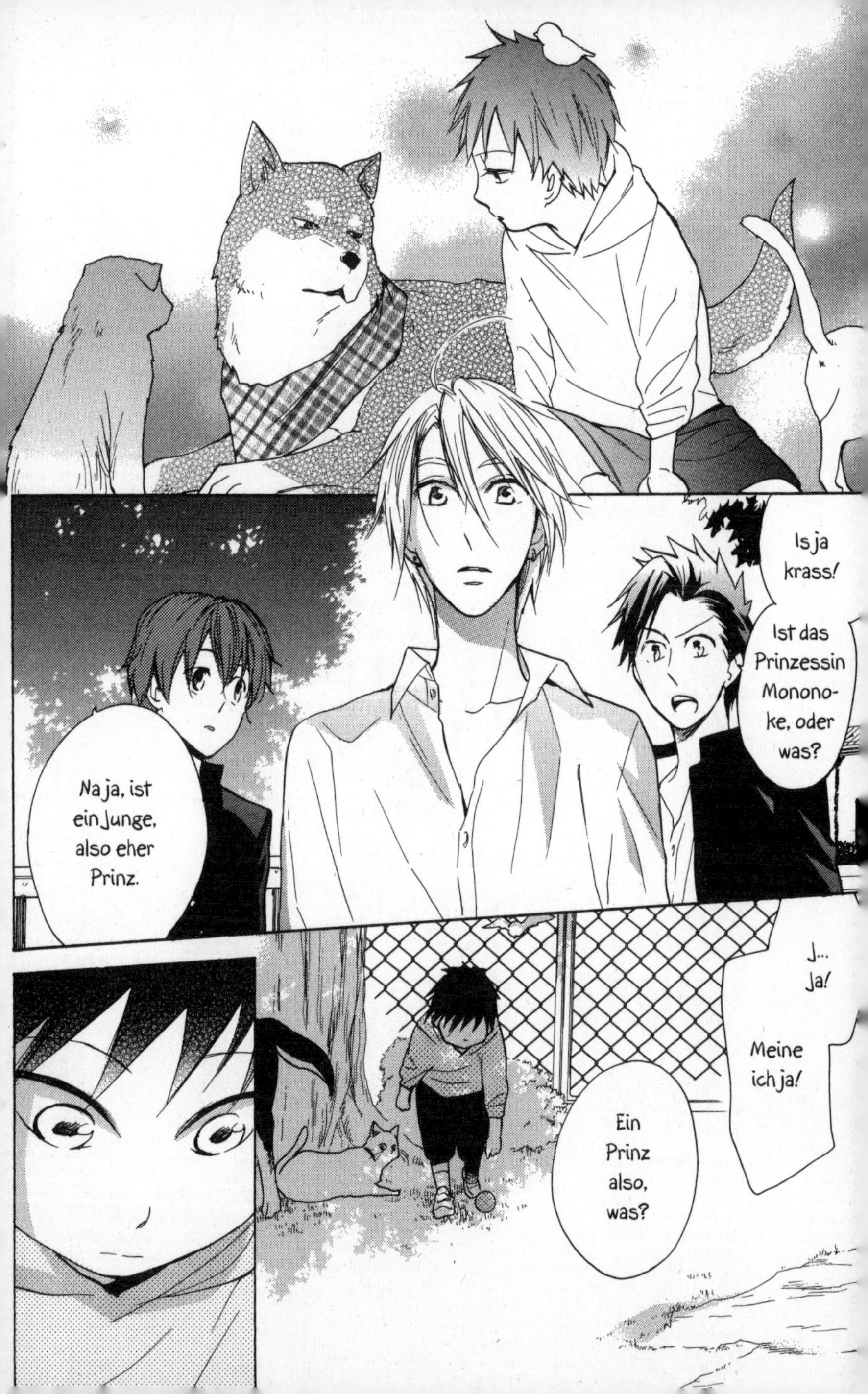

Is ja krass!
Ist das Prinzessin Mononoke, oder was?
Na ja, ist ein Junge, also eher Prinz.
J... Ja!
Meine ich ja!
Ein Prinz also, was?

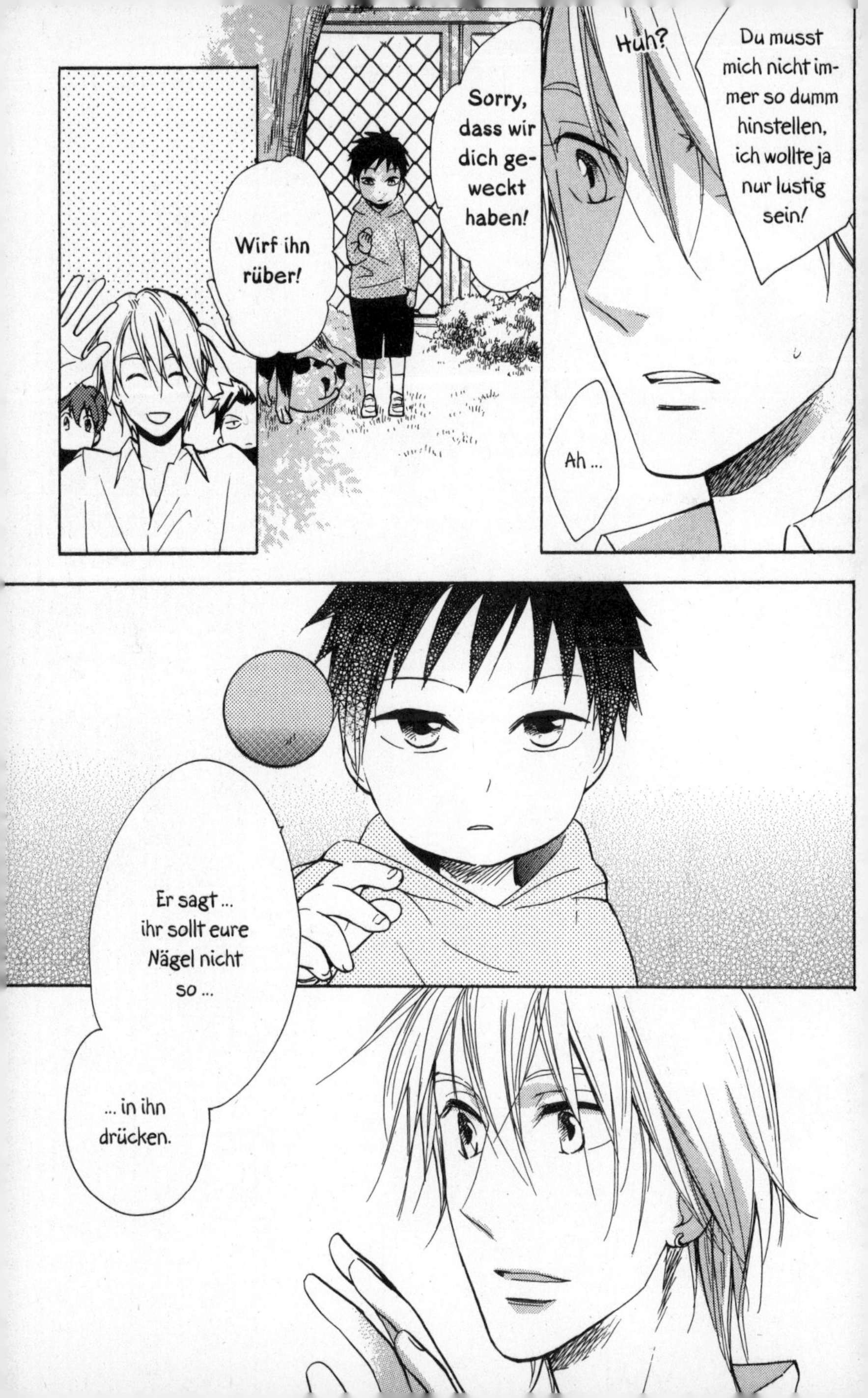

Huh?
Du musst mich nicht immer so dumm hinstellen, ich wollte ja nur lustig sein!
Ah ...
Sorry, dass wir dich geweckt haben!
Wirf ihn rüber!
Er sagt ... ihr sollt eure Nägel nicht so ...
... in ihn drücken.

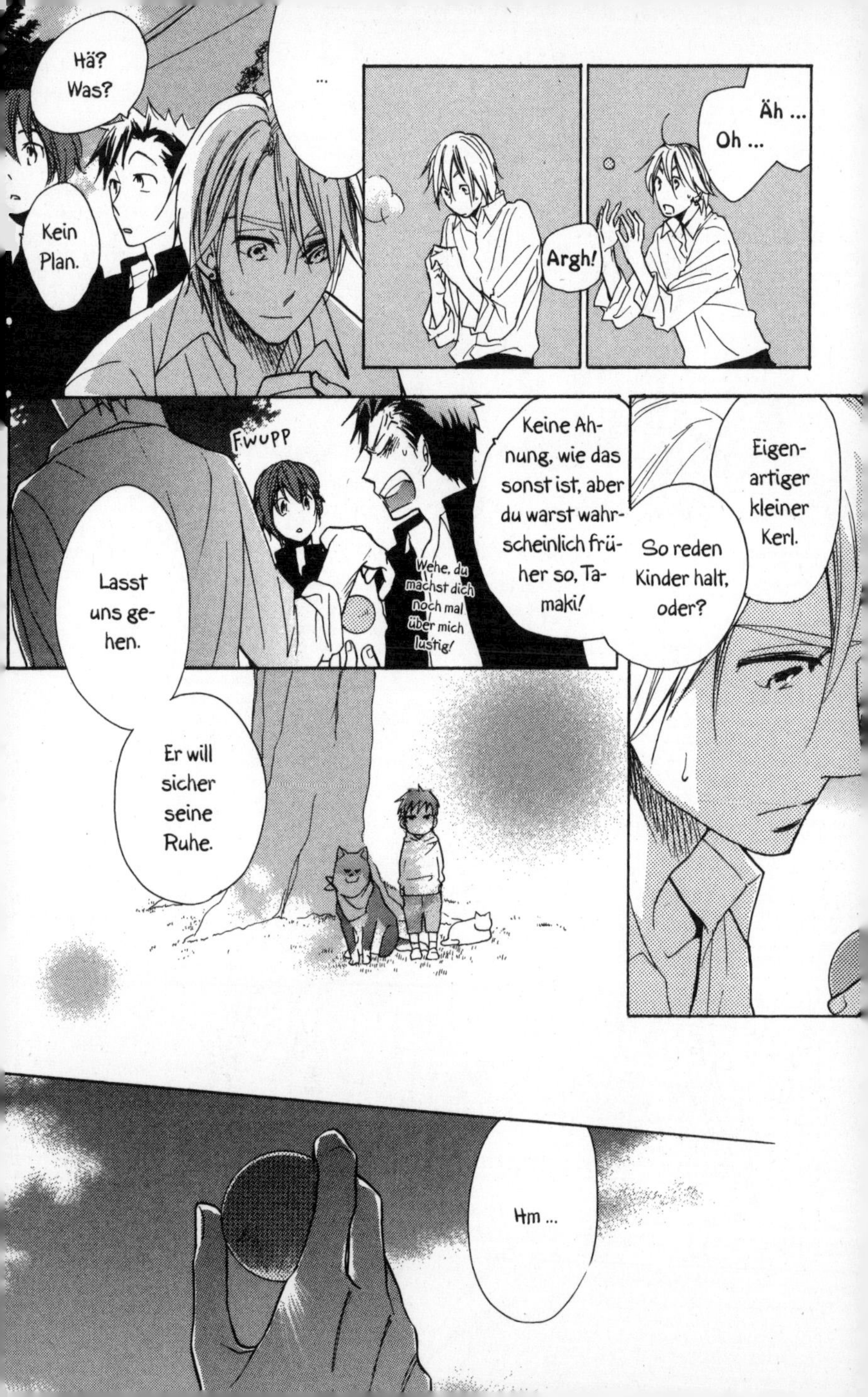
Äh ...
Oh ...
Argh!
...
Hä?
Was?
Kein
Plan.
Eigen-
artiger
kleiner
Kerl.
So reden
Kinder halt,
oder?
Keine Ah-
nung, wie das
sonst ist, aber
du warst wahr-
scheinlich frü-
her so, Ta-
maki!
Wehe, du
machst dich
noch mal
über mich
lustig!
FWUPP
Lasst
uns ge-
hen.
Er will
sicher
seine
Ruhe.
Hm ...

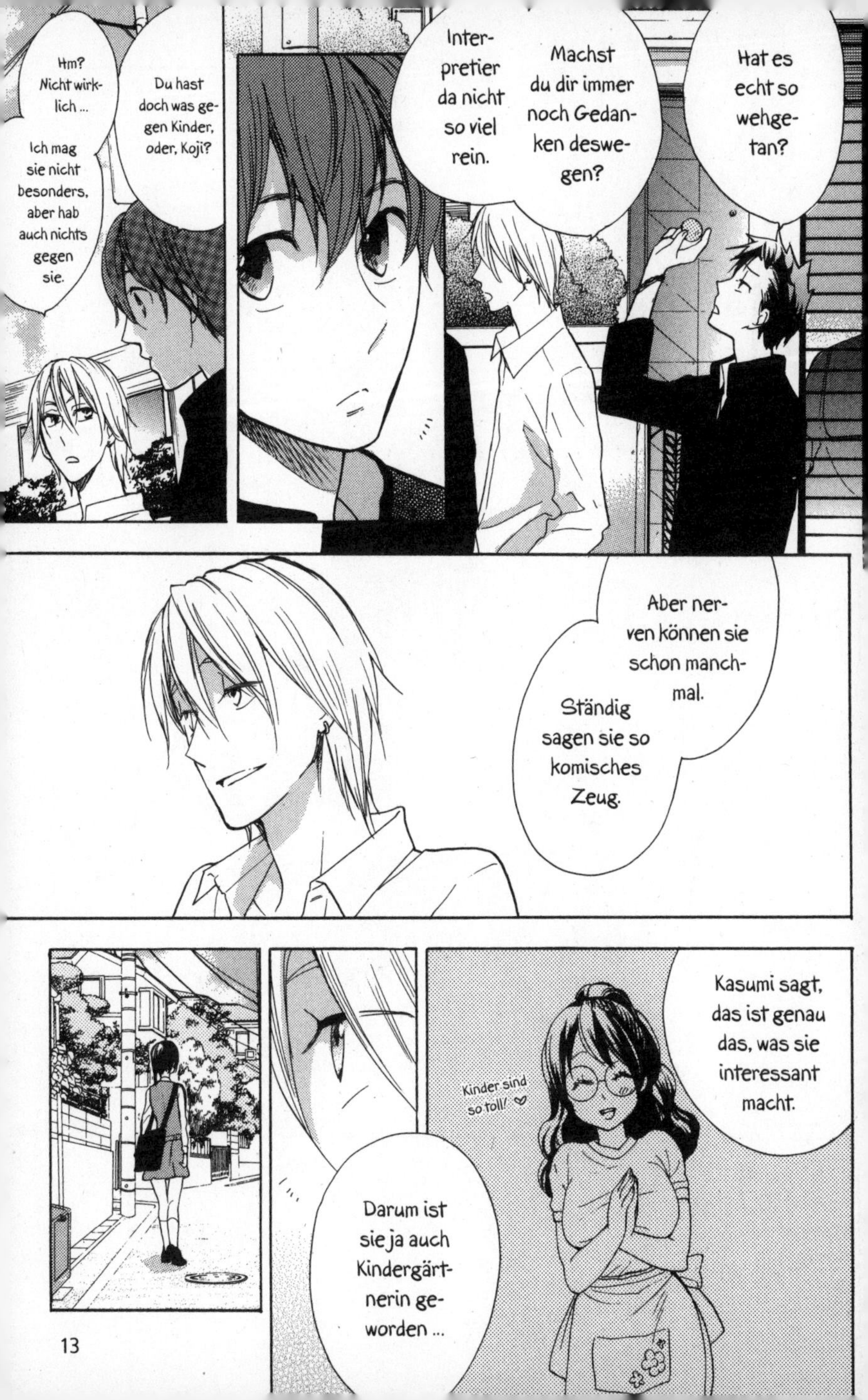
Hat es echt so wehgetan?
Machst du dir immer noch Gedanken deswegen?
Interpretier da nicht so viel rein.
Du hast doch was gegen Kinder, oder, Koji?
Hm? Nicht wirklich ...
Ich mag sie nicht besonders, aber hab auch nichts gegen sie.
Aber nerven können sie schon manchmal.
Ständig sagen sie so komisches Zeug.
Kasumi sagt, das ist genau das, was sie interessant macht.
Kinder sind so toll! ♡
Darum ist sie ja auch Kindergärtnerin geworden ...

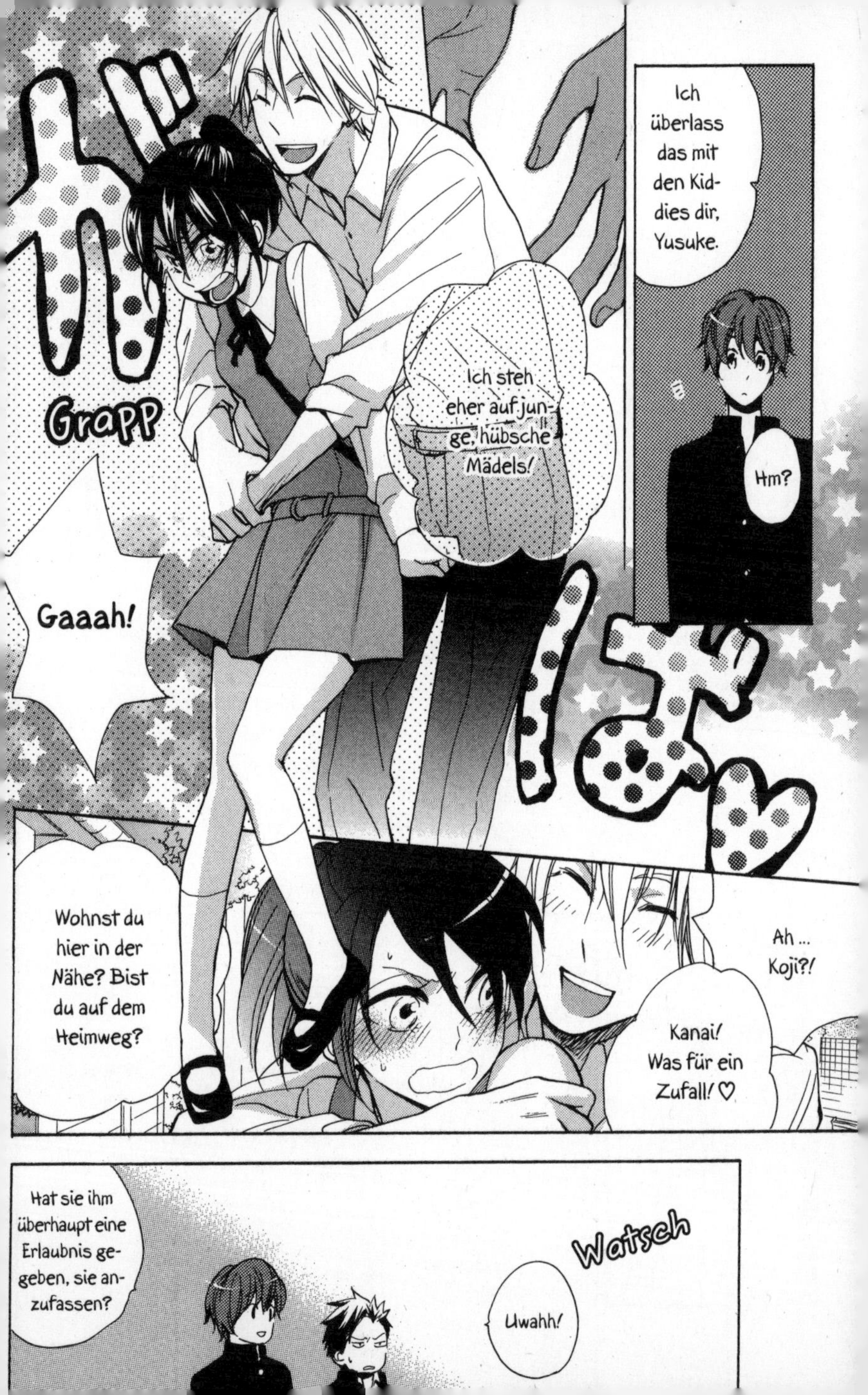
Ich überlass das mit den Kiddies dir, Yusuke.
Hm?
Ich steh eher auf junge, hübsche Mädels!
Grapp
Gaaah!
Ah ... Koji?!
Kanai! Was für ein Zufall! ♡
Wohnst du hier in der Nähe? Bist du auf dem Heimweg?
Watsch
Uwahh!
Hat sie ihm überhaupt eine Erlaubnis gegeben, sie anzufassen?

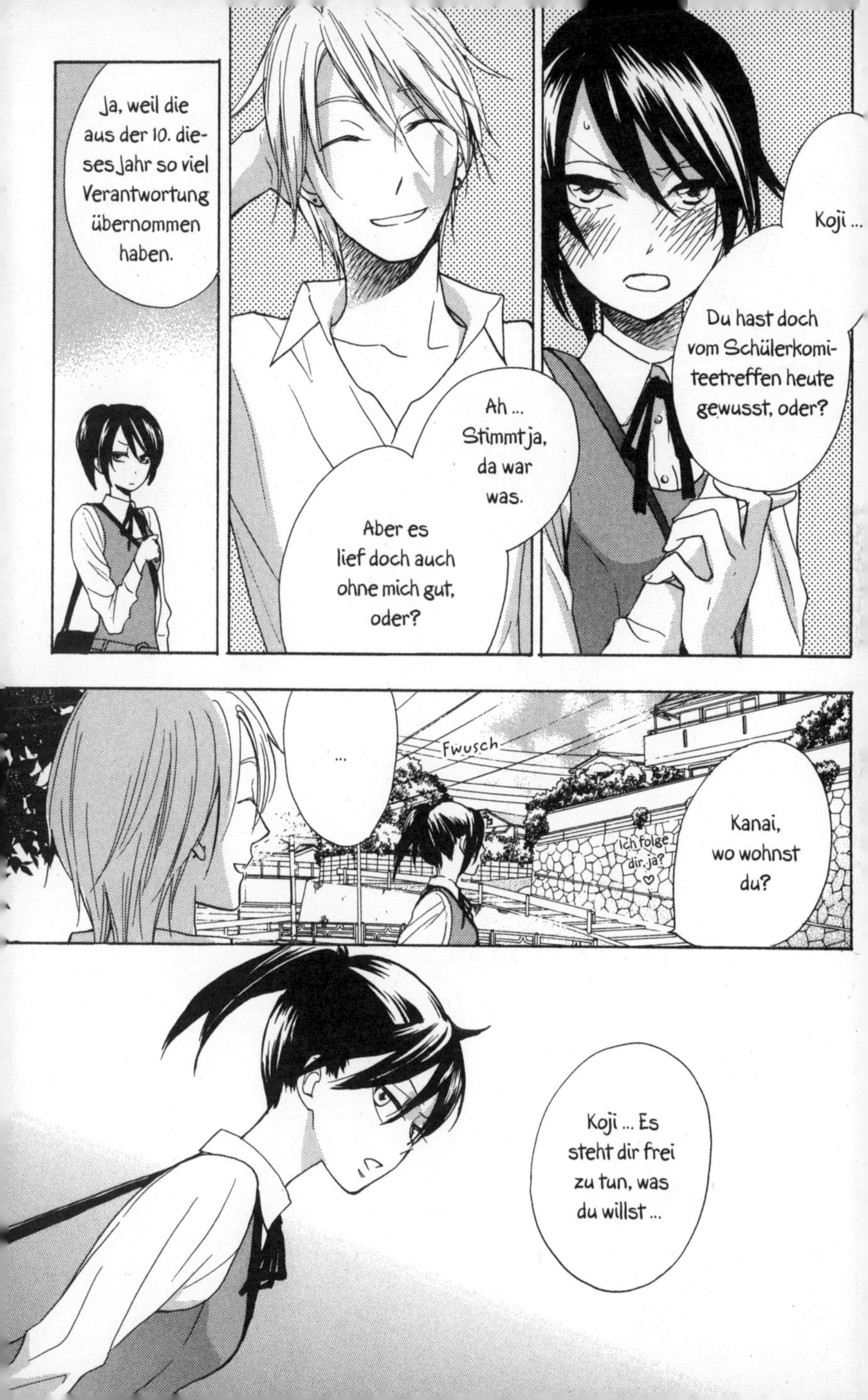
Koji ...
Du hast doch vom Schülerkomiteetreffen heute gewusst, oder?
Ah ... Stimmt ja, da war was.
Aber es lief doch auch ohne mich gut, oder?
Ja, weil die aus der 10. dieses Jahr so viel Verantwortung übernommen haben.
Kanai, wo wohnst du?
Ich folge dir, ja? ♡
Fwusch
...
Koji ... Es steht dir frei zu tun, was du willst ...

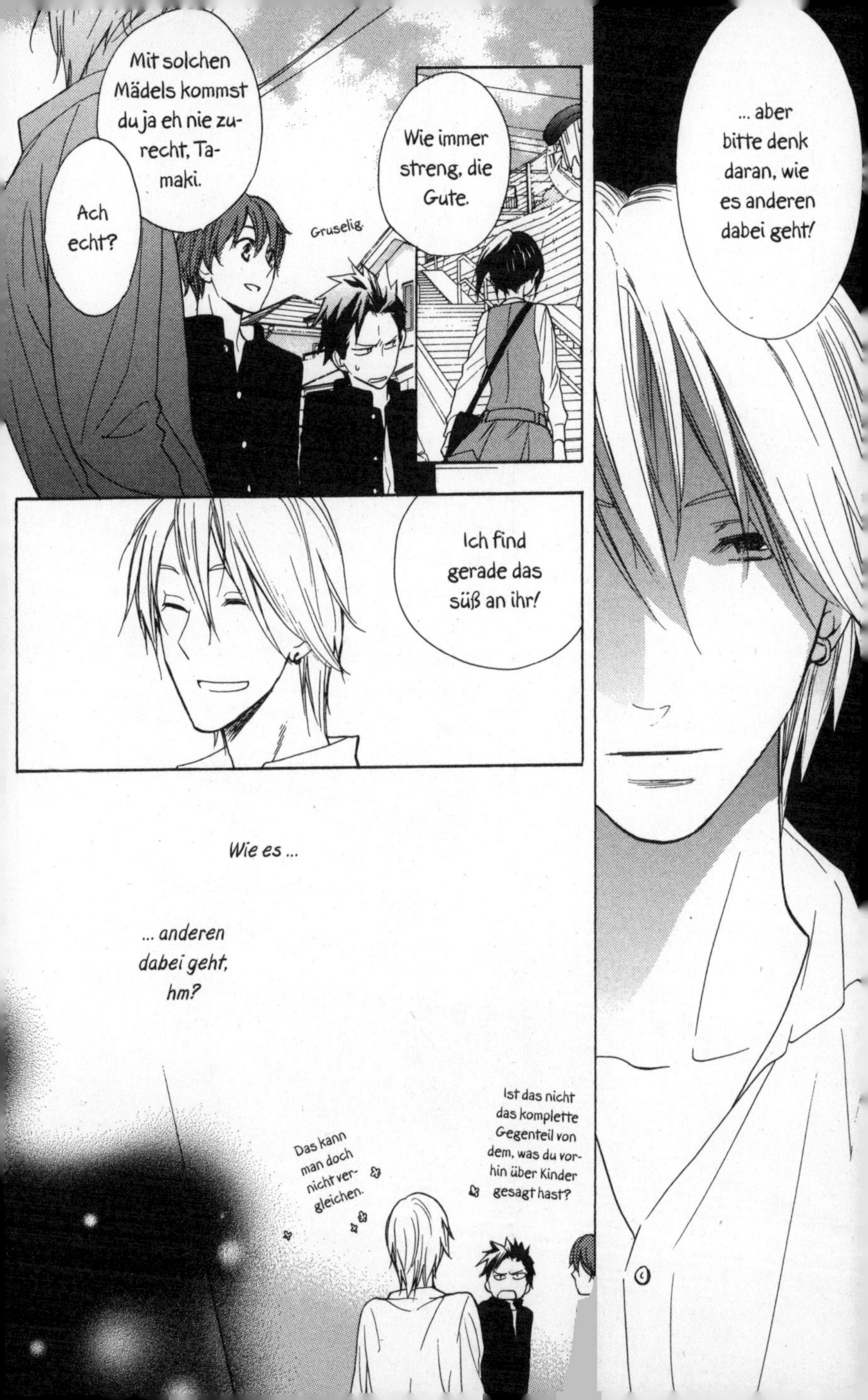
... aber bitte denk daran, wie es anderen dabei geht!
Wie immer streng, die Gute.
Mit solchen Mädels kommst du ja eh nie zurecht, Tamaki.
Ach echt?
Gruselig.
Ich find gerade das süß an ihr!
Wie es ...
... anderen dabei geht, hm?
Ist das nicht das komplette Gegenteil von dem, was du vorhin über Kinder gesagt hast?
Das kann man doch nicht vergleichen.

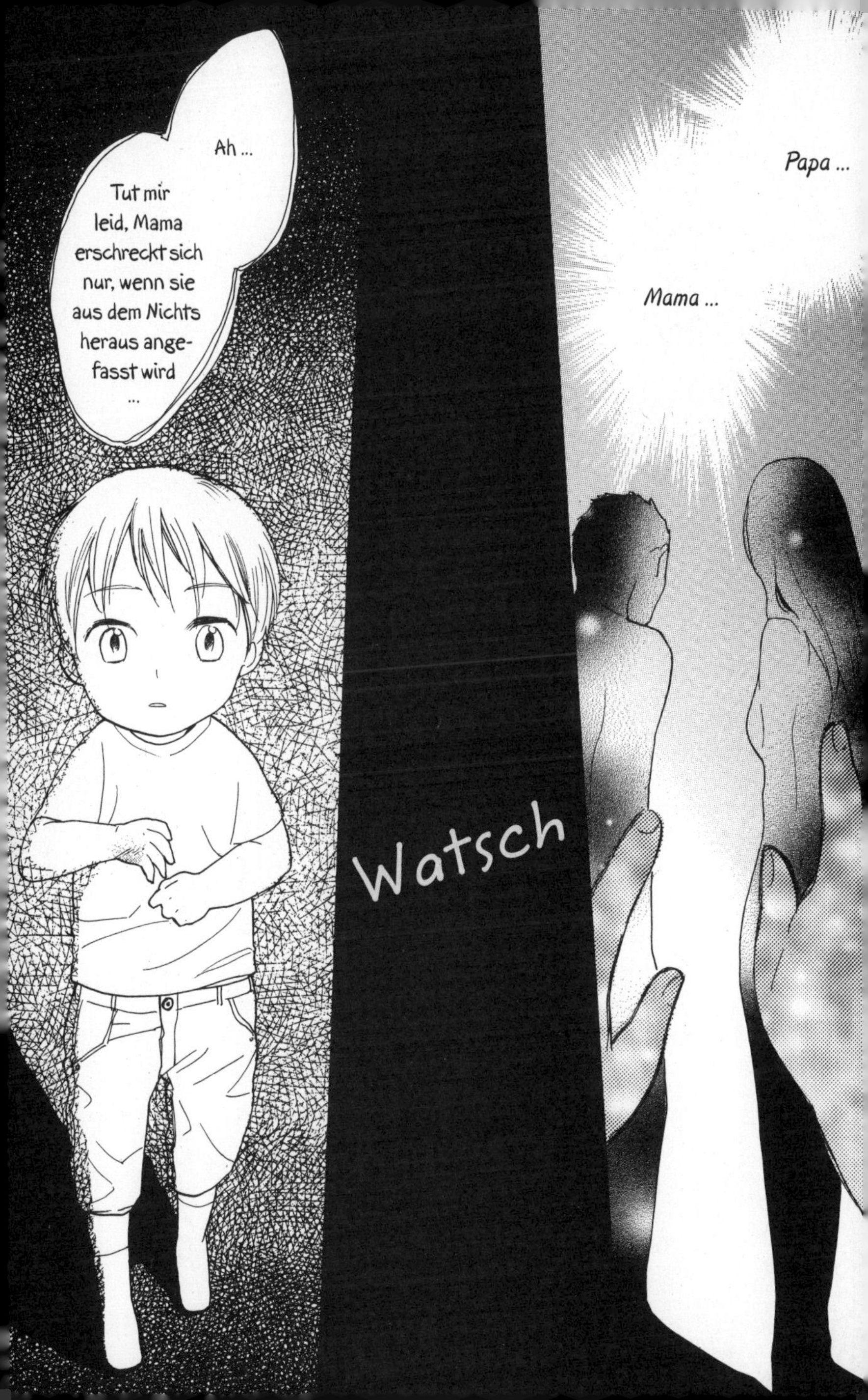
Papa ...
Mama ...
Watsch
Ah ...
Tut mir leid, Mama erschreckt sich nur, wenn sie aus dem Nichts heraus angefasst wird ...

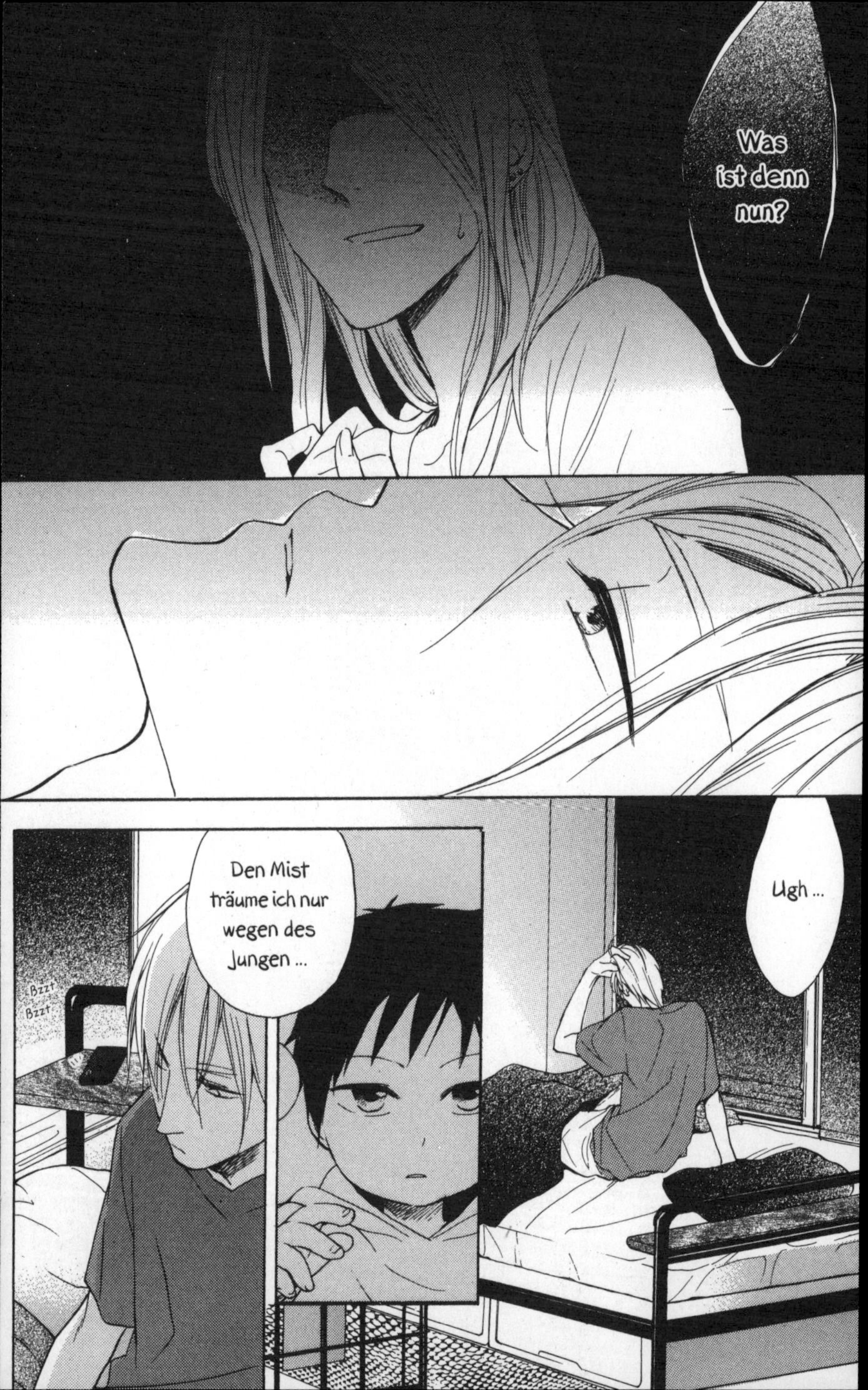
Was ist denn nun?
Ugh ...
Den Mist träume ich nur wegen des Jungen ...
Bzzt Bzzt

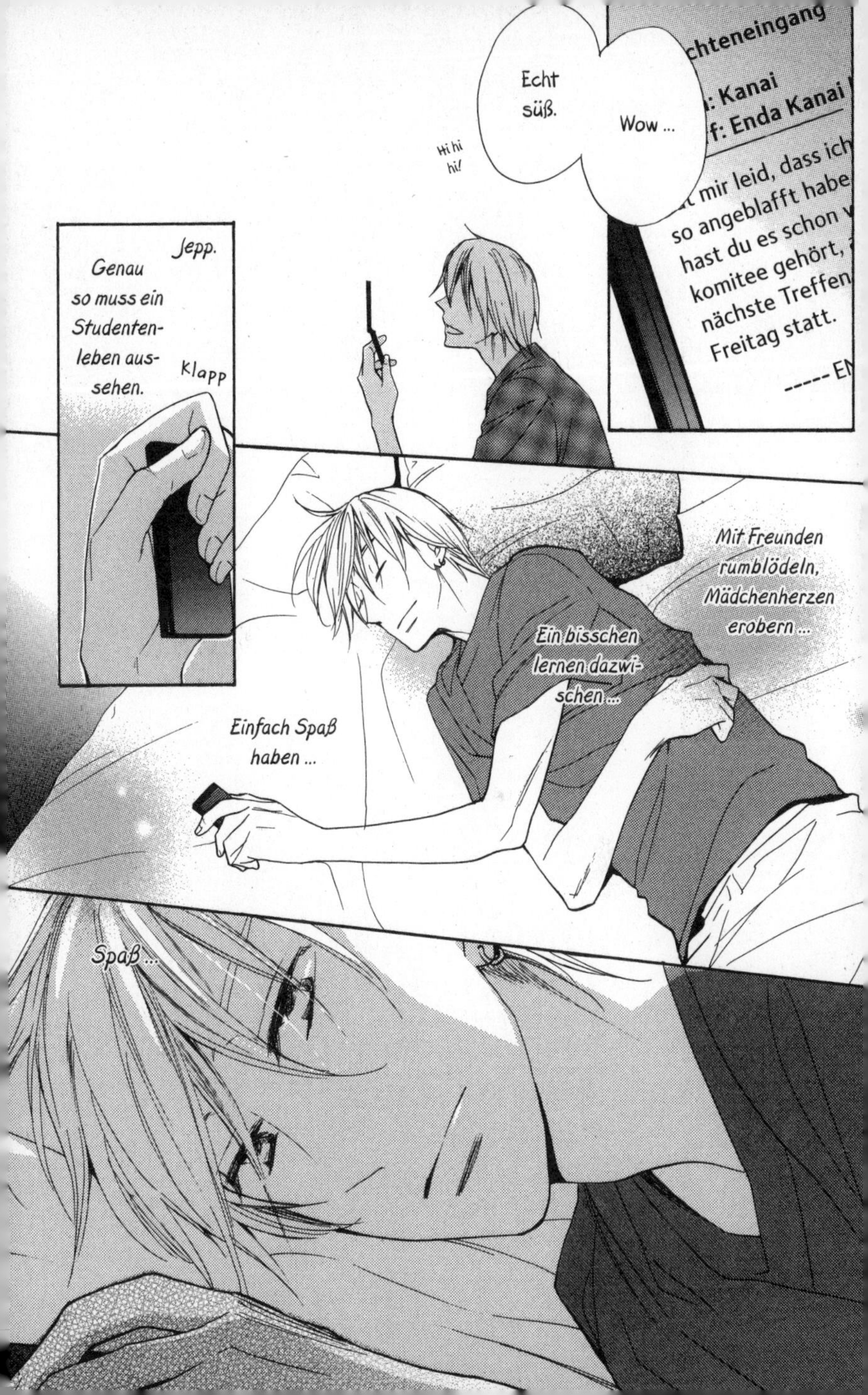
chteneingang
: Kanai
f: Enda Kanai
t mir leid, dass ich
so angeblafft habe
hast du es schon
komitee gehört,
nächste Treffen
Freitag statt.
----- EN
Wow ...
Echt süß.
Hi hi hi!
Jepp.
Genau so muss ein Studentenleben aussehen.
Klapp
Mit Freunden rumblödeln, Mädchenherzen erobern ...
Ein bisschen lernen dazwischen ...
Einfach Spaß haben ...
Spaß ...

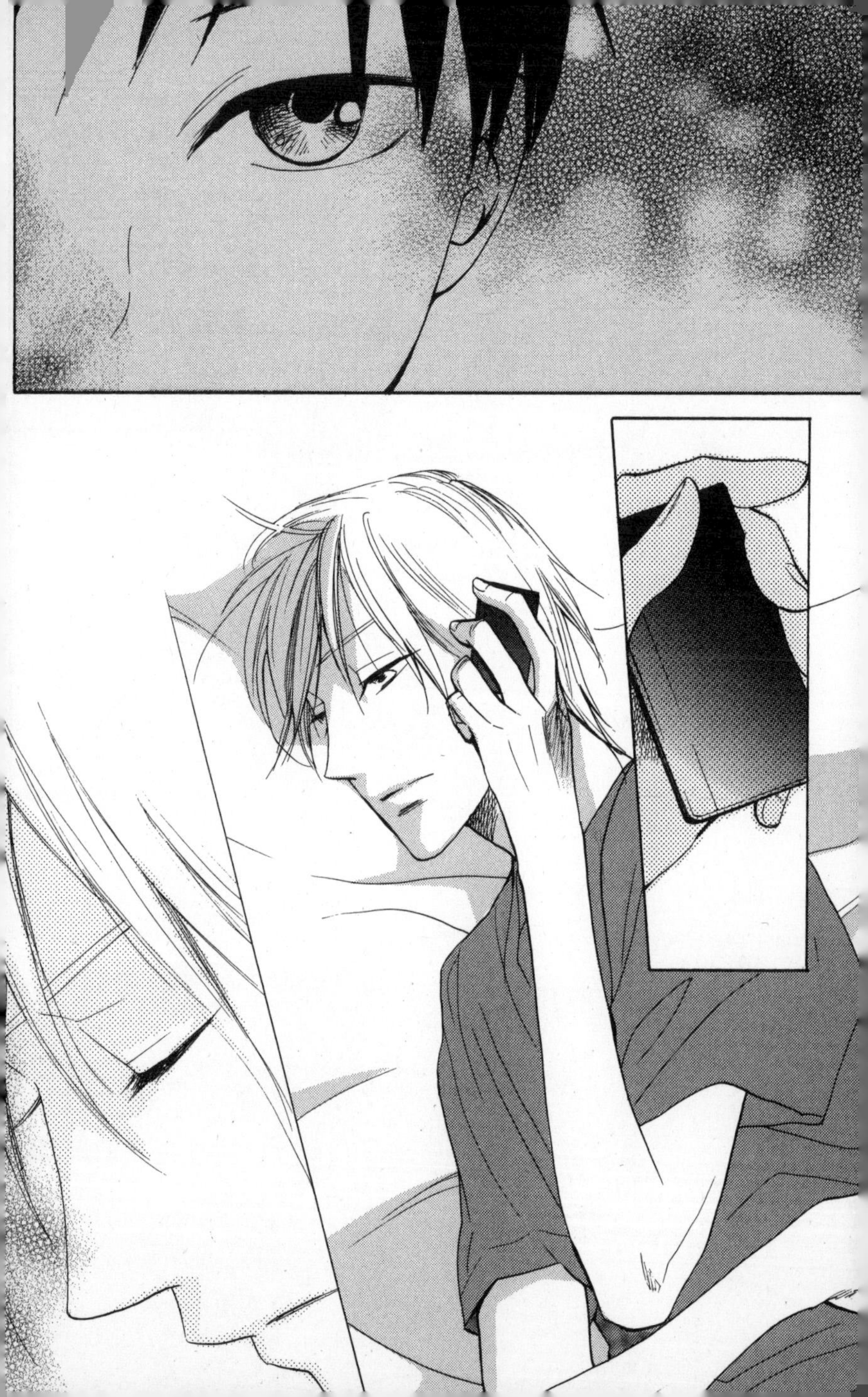

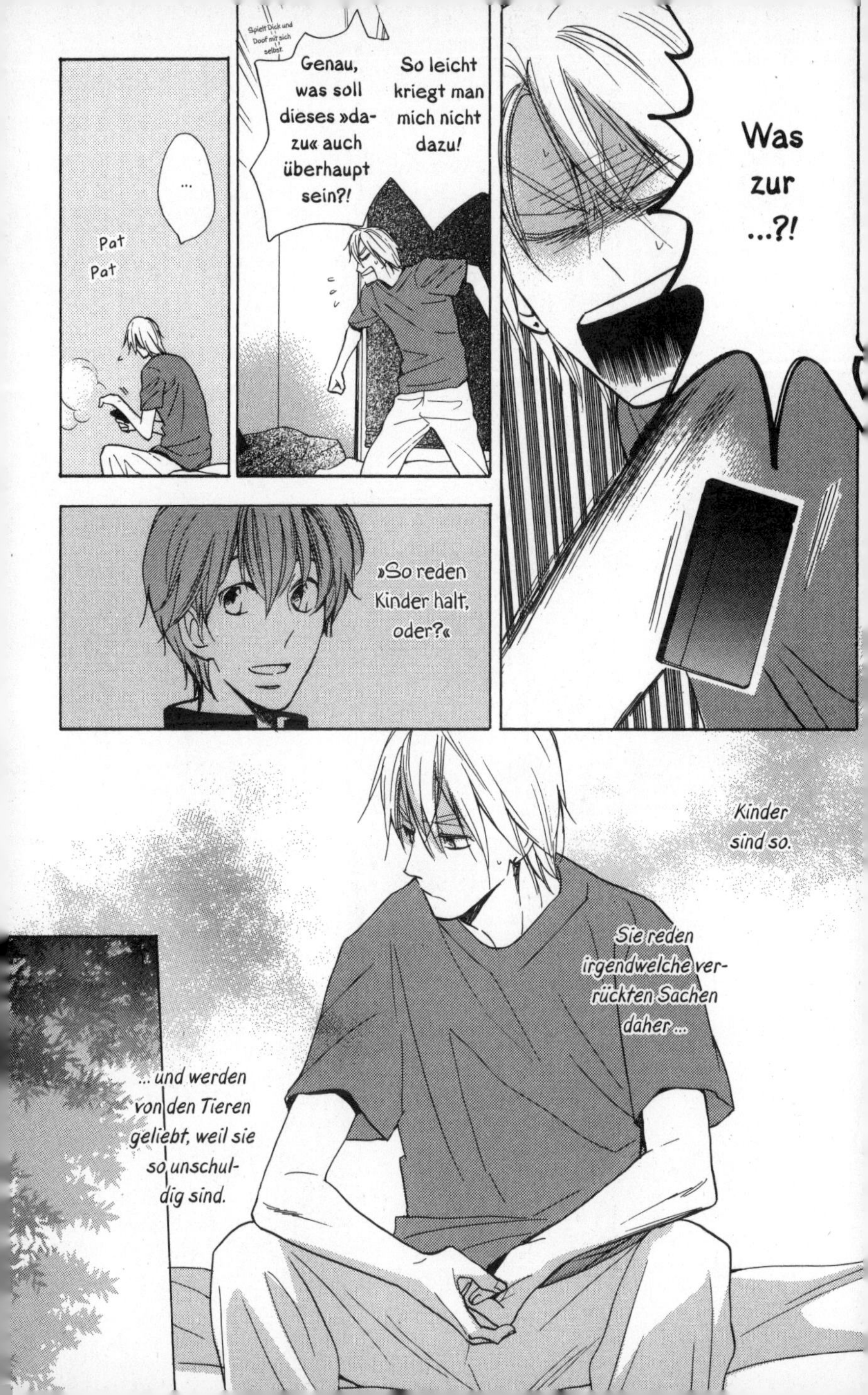

Was zur ...?!
So leicht kriegt man mich nicht dazu!
Genau, was soll dieses »dazu« auch überhaupt sein?!
Spielt Dick und Doof mit sich selbst.
...
Pat Pat
»So reden Kinder halt, oder?«
Kinder sind so.
Sie reden irgendwelche verrückten Sachen daher ...
... und werden von den Tieren geliebt, weil sie so unschuldig sind.

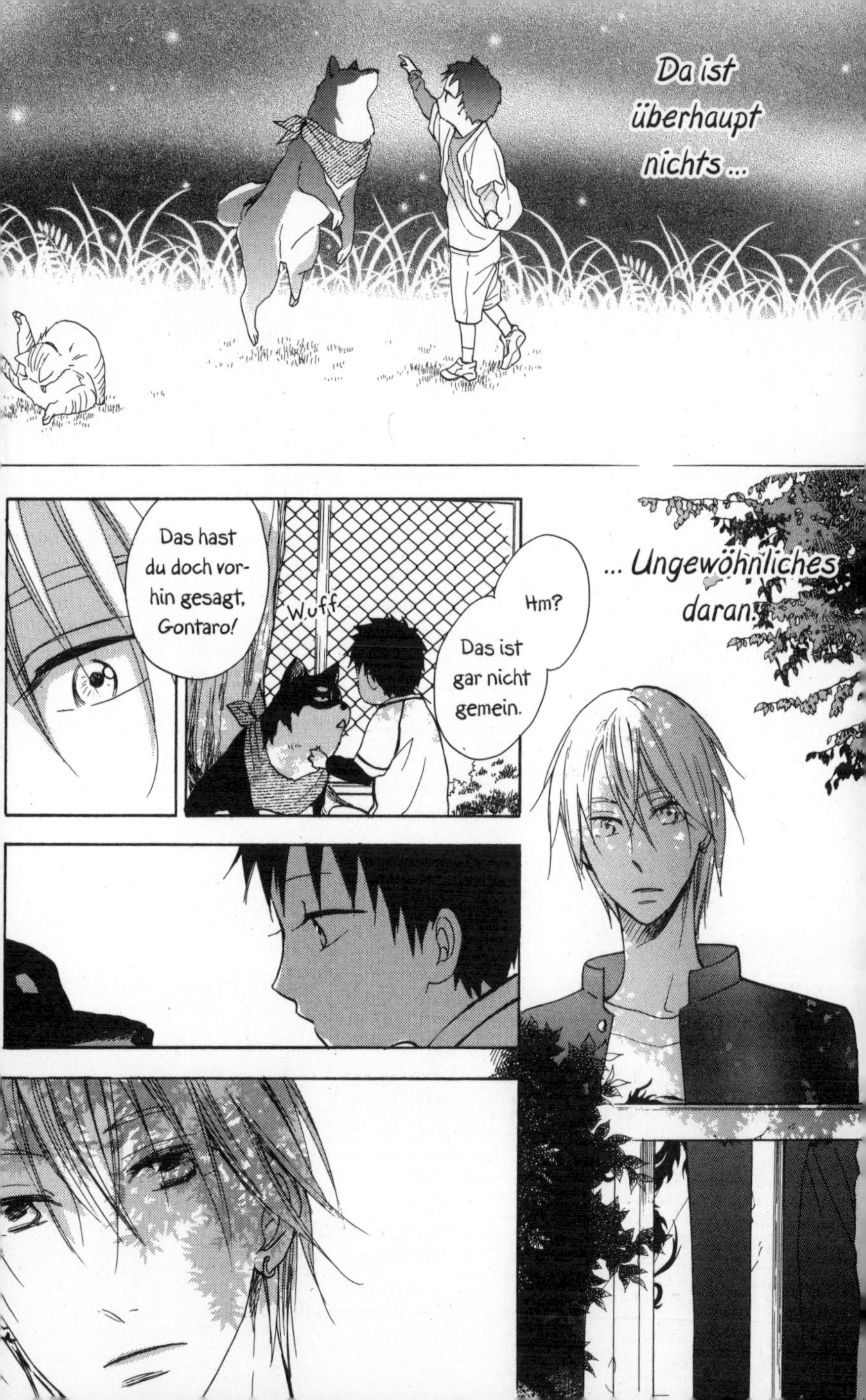
Da ist überhaupt nichts ...
... Ungewöhnliches daran.
Hm?
Das ist gar nicht gemein.
Wuff
Das hast du doch vor-hin gesagt, Gontaro!

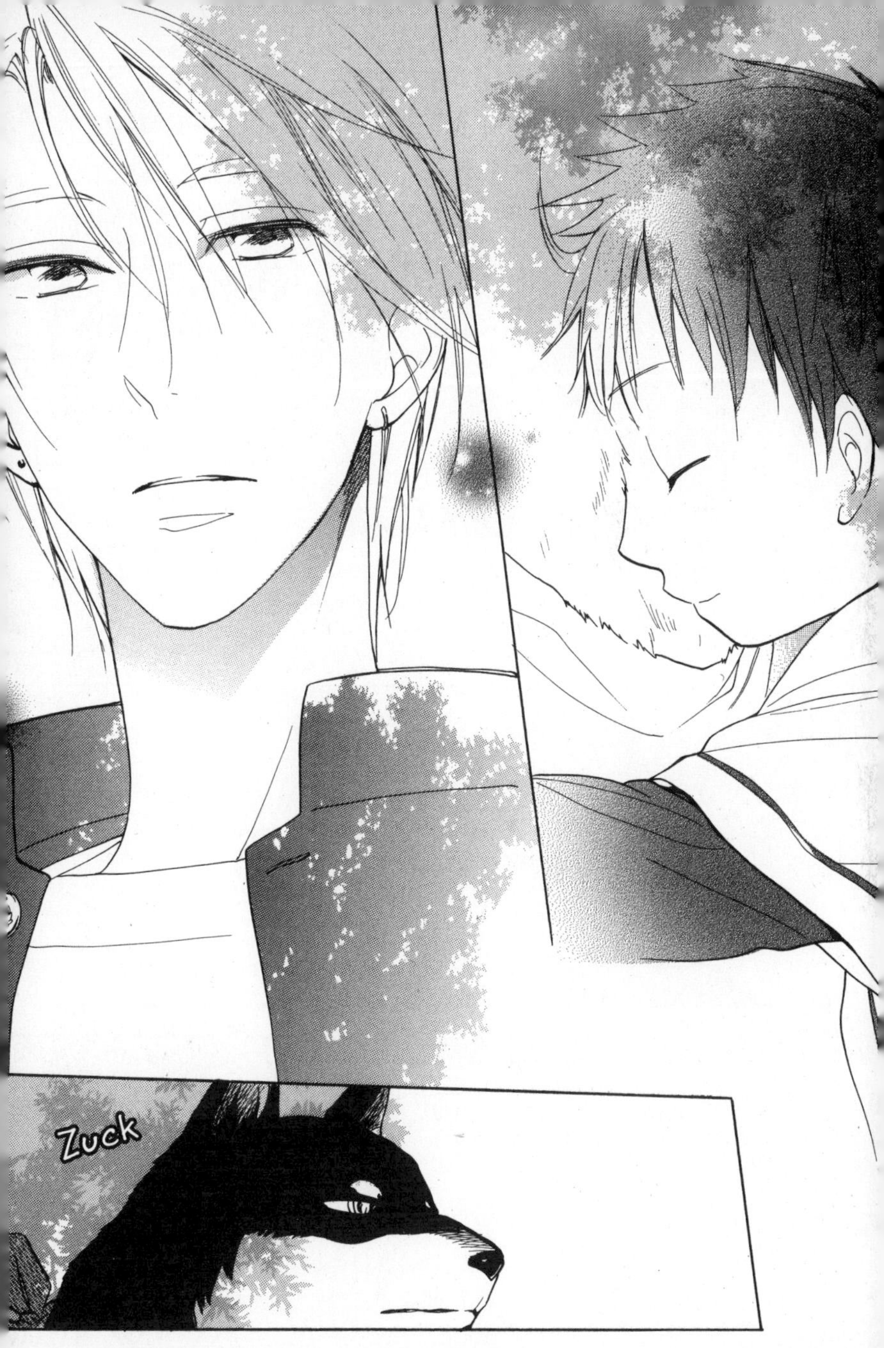
Zuck

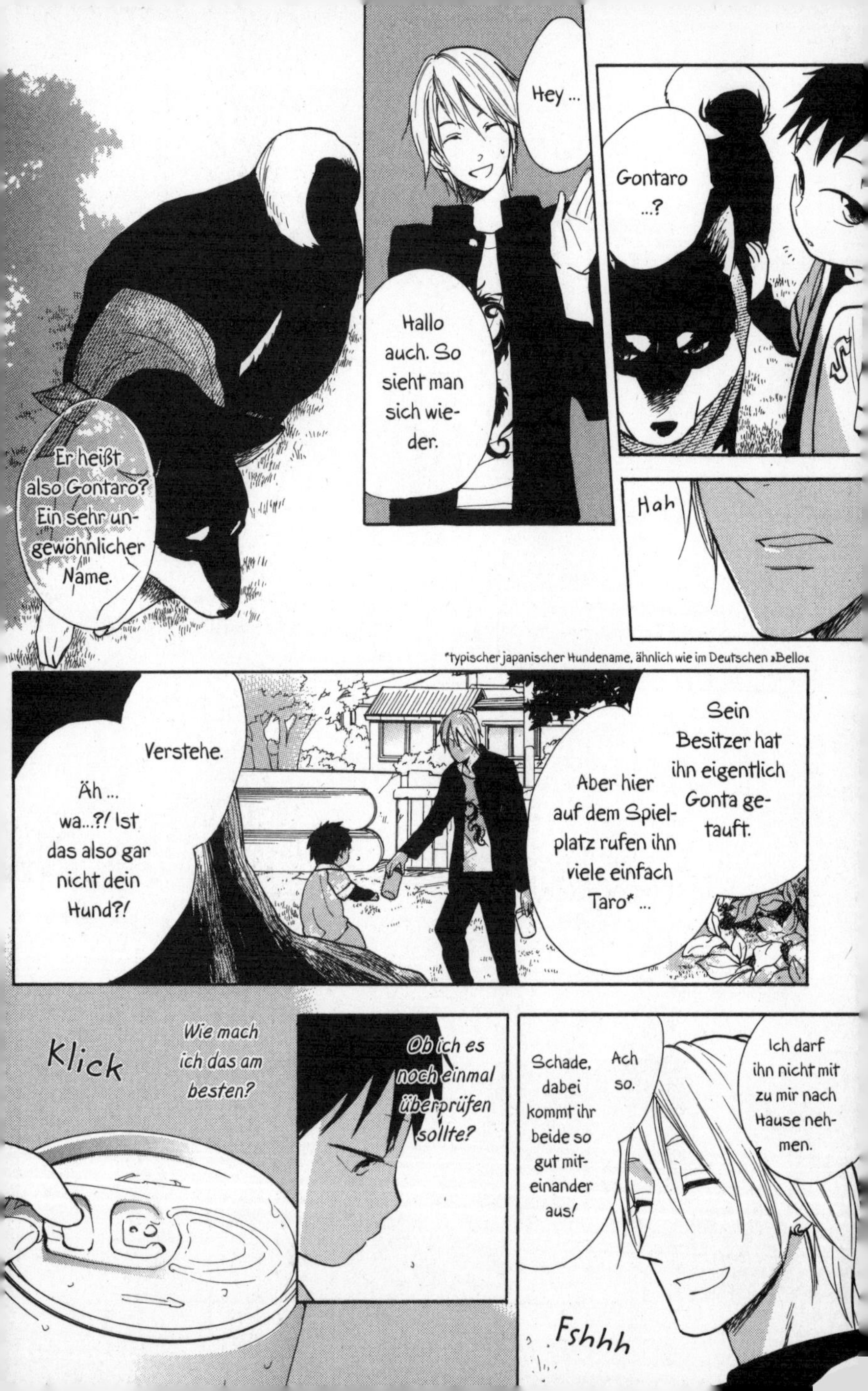

*typischer japanischer Hundename, ähnlich wie im Deutschen »Bello«

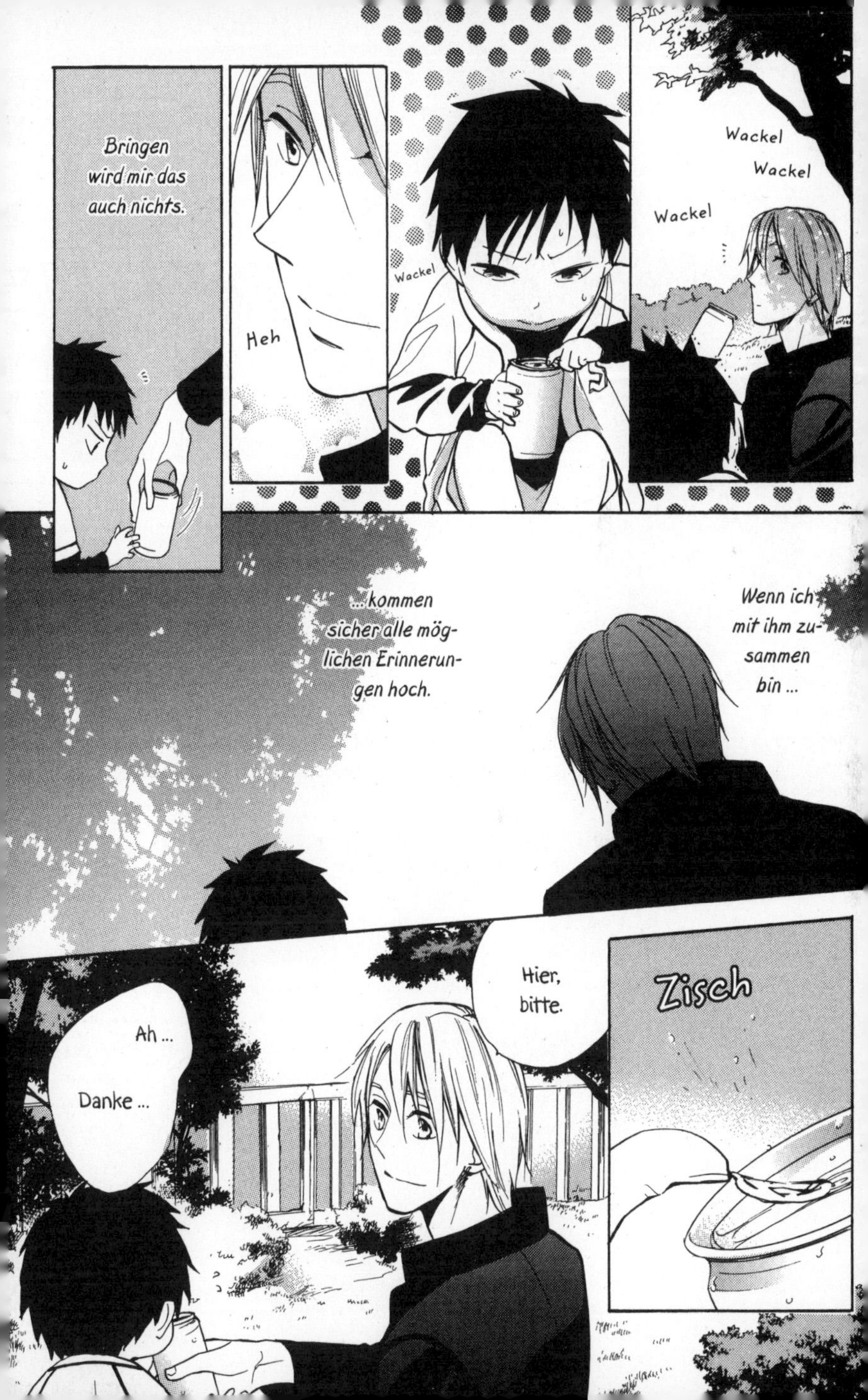

Wackel
Wackel
Wackel
Wackel
Heh
Bringen wird mir das auch nichts.
Wenn ich mit ihm zusammen bin ...
...kommen sicher alle möglichen Erinnerungen hoch.
Zisch
Hier, bitte.
Ah ...
Danke ...

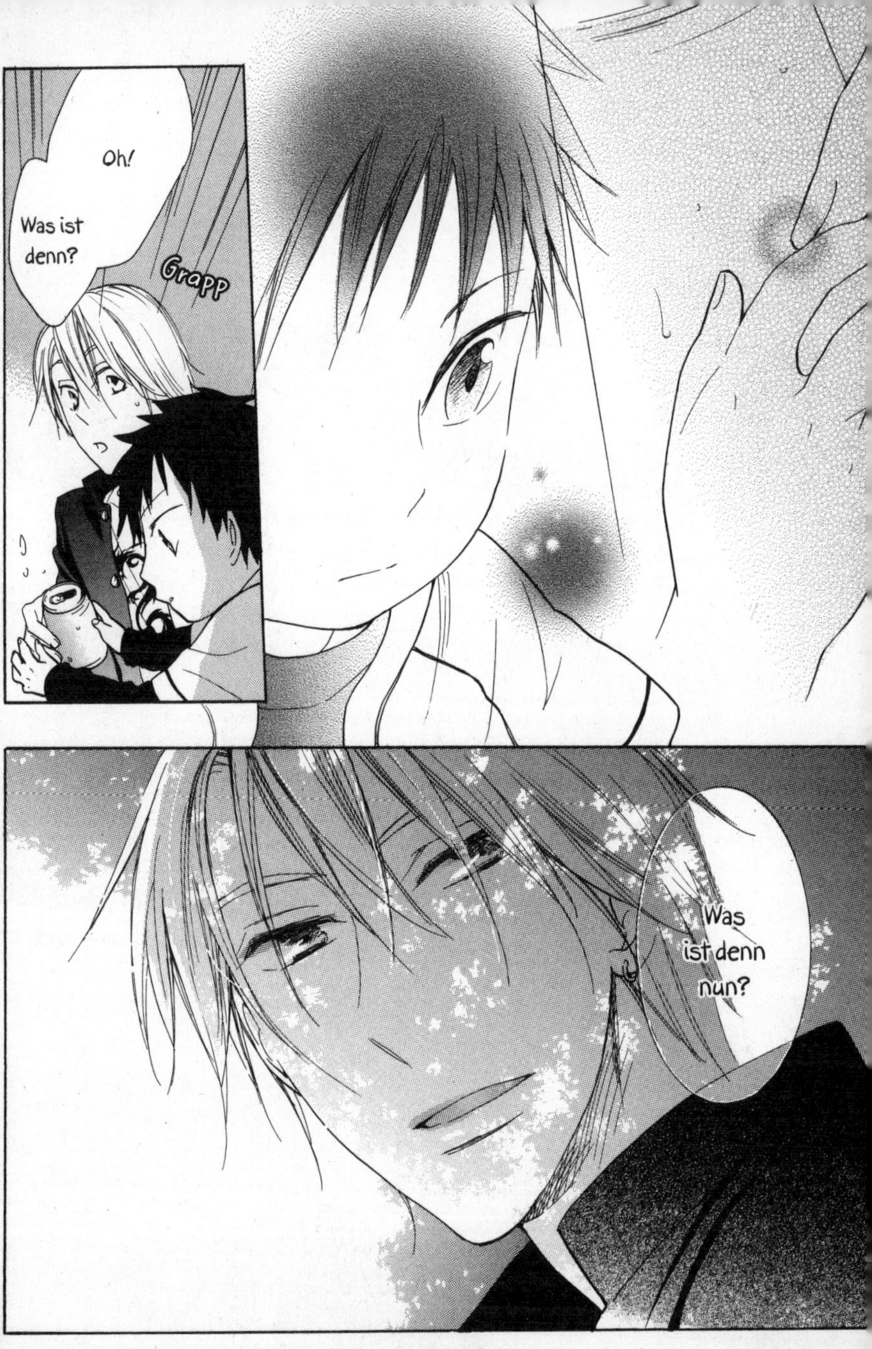
Oh!
Was ist denn?
Grapp
Was ist denn nun?

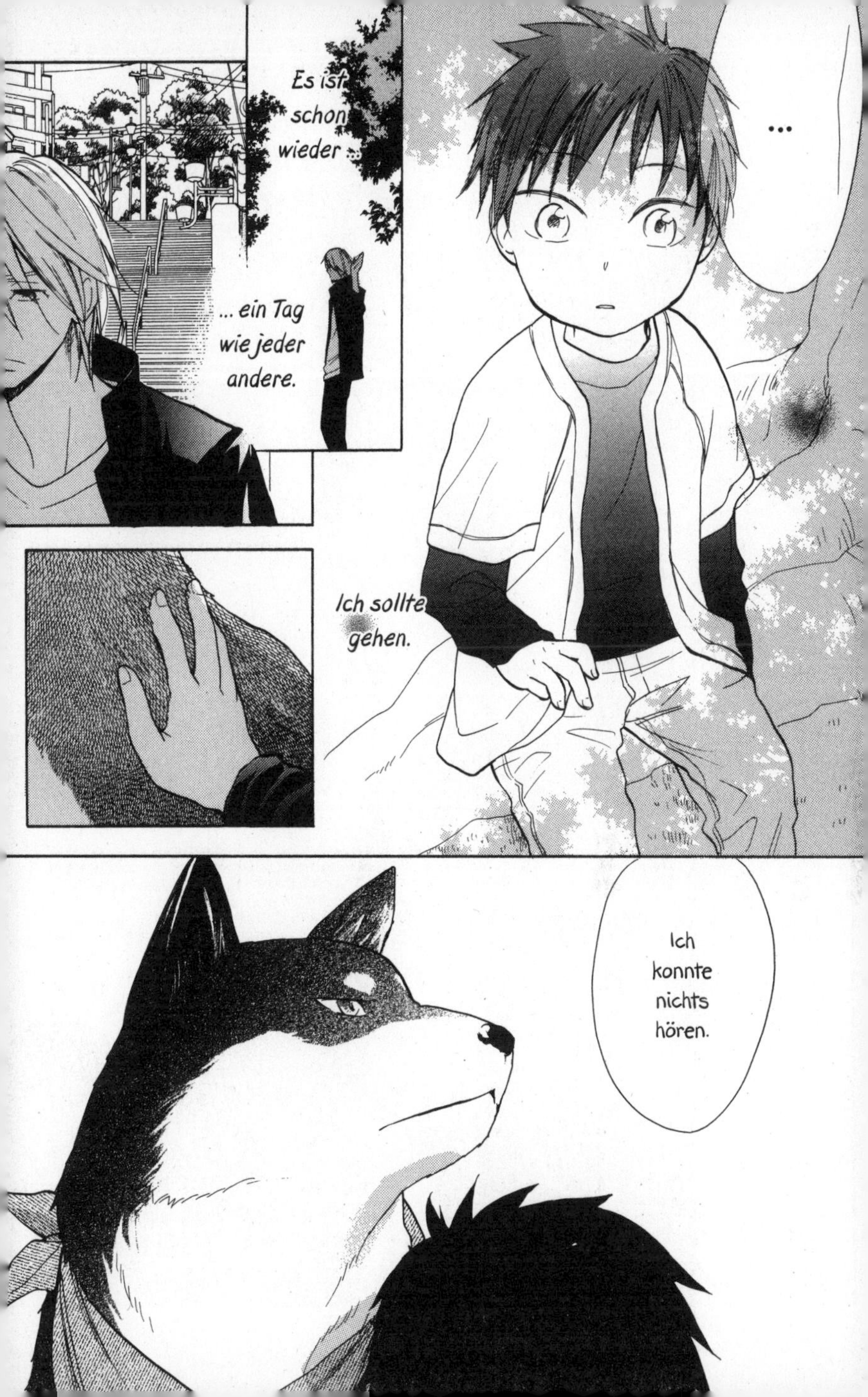
...
Es ist schon wieder ...
... ein Tag wie jeder andere.
Ich sollte gehen.
Ich konnte nichts hören.

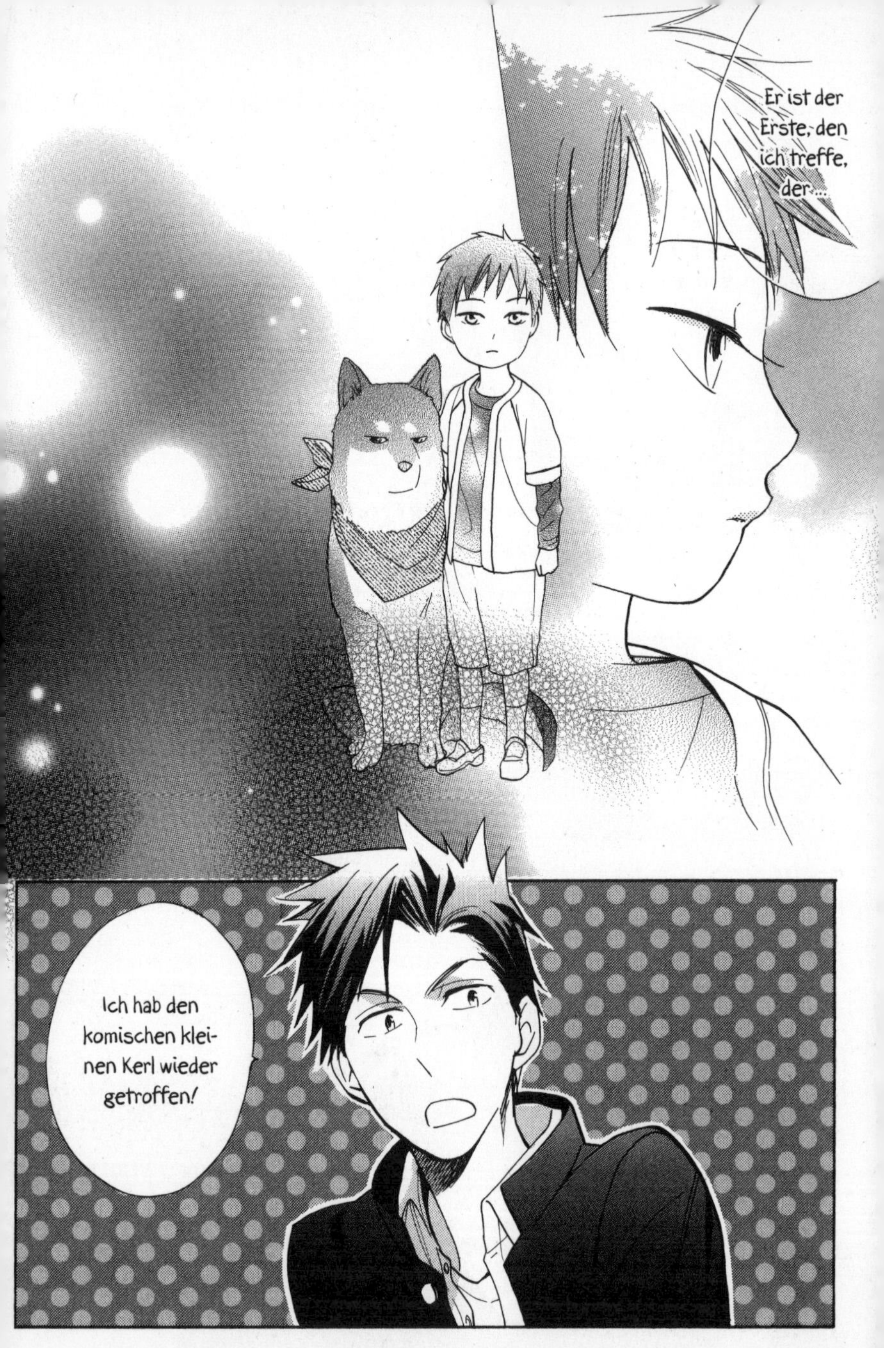
Er ist der Erste, den ich treffe, der ...
Ich hab den komischen klei-nen Kerl wieder getroffen!

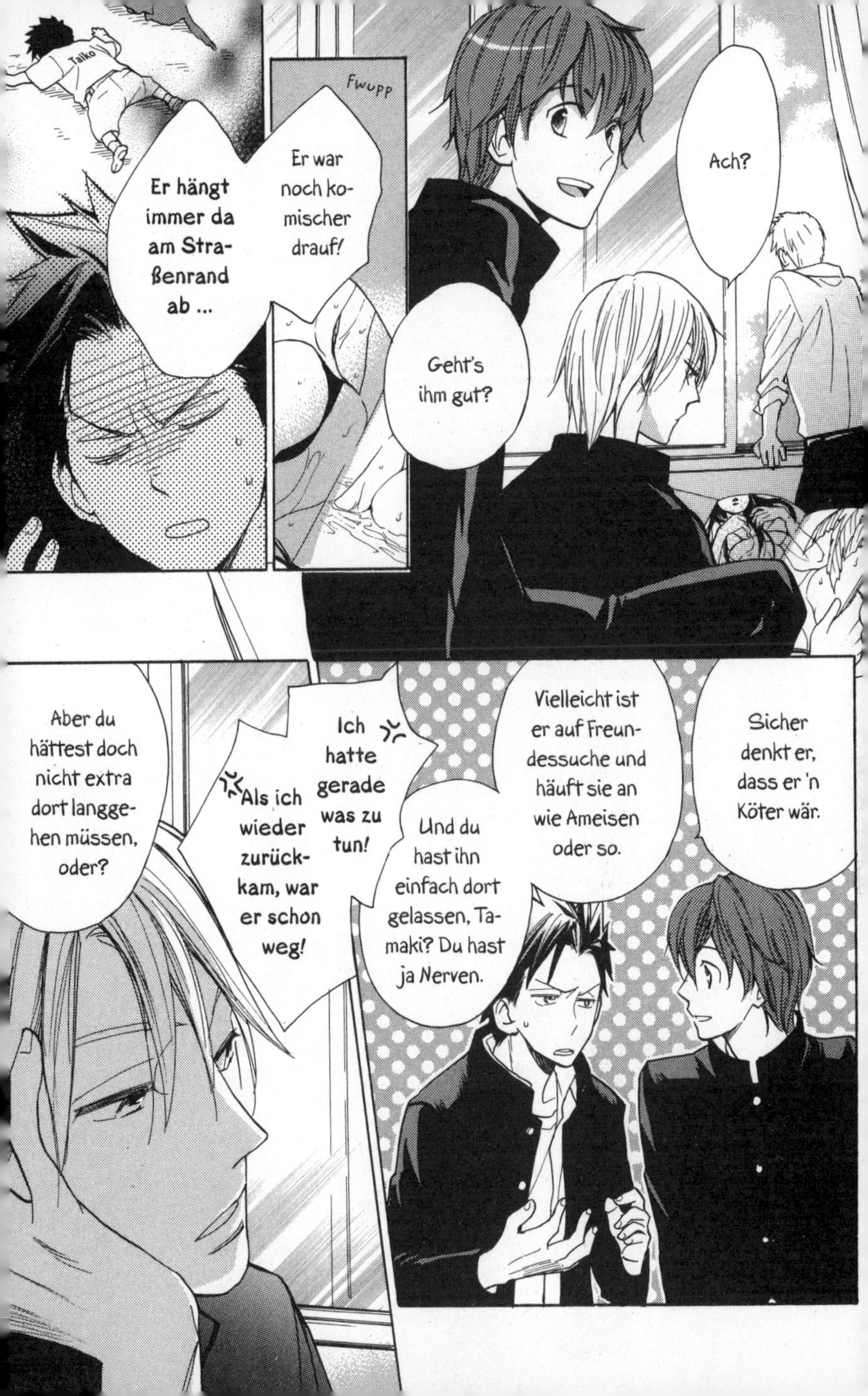
Ach?
Geht's ihm gut?
Fwupp
Er war noch komischer drauf!
Taiko
Er hängt immer da am Straßenrand ab ...
Sicher denkt er, dass er 'n Köter wär.
Vielleicht ist er auf Freundessuche und häuft sie an wie Ameisen oder so.
Und du hast ihn einfach dort gelassen, Tamaki? Du hast ja Nerven.
Ich hatte gerade was zu tun!
Als ich wieder zurückkam, war er schon weg!
Aber du hättest doch nicht extra dort langgehen müssen, oder?

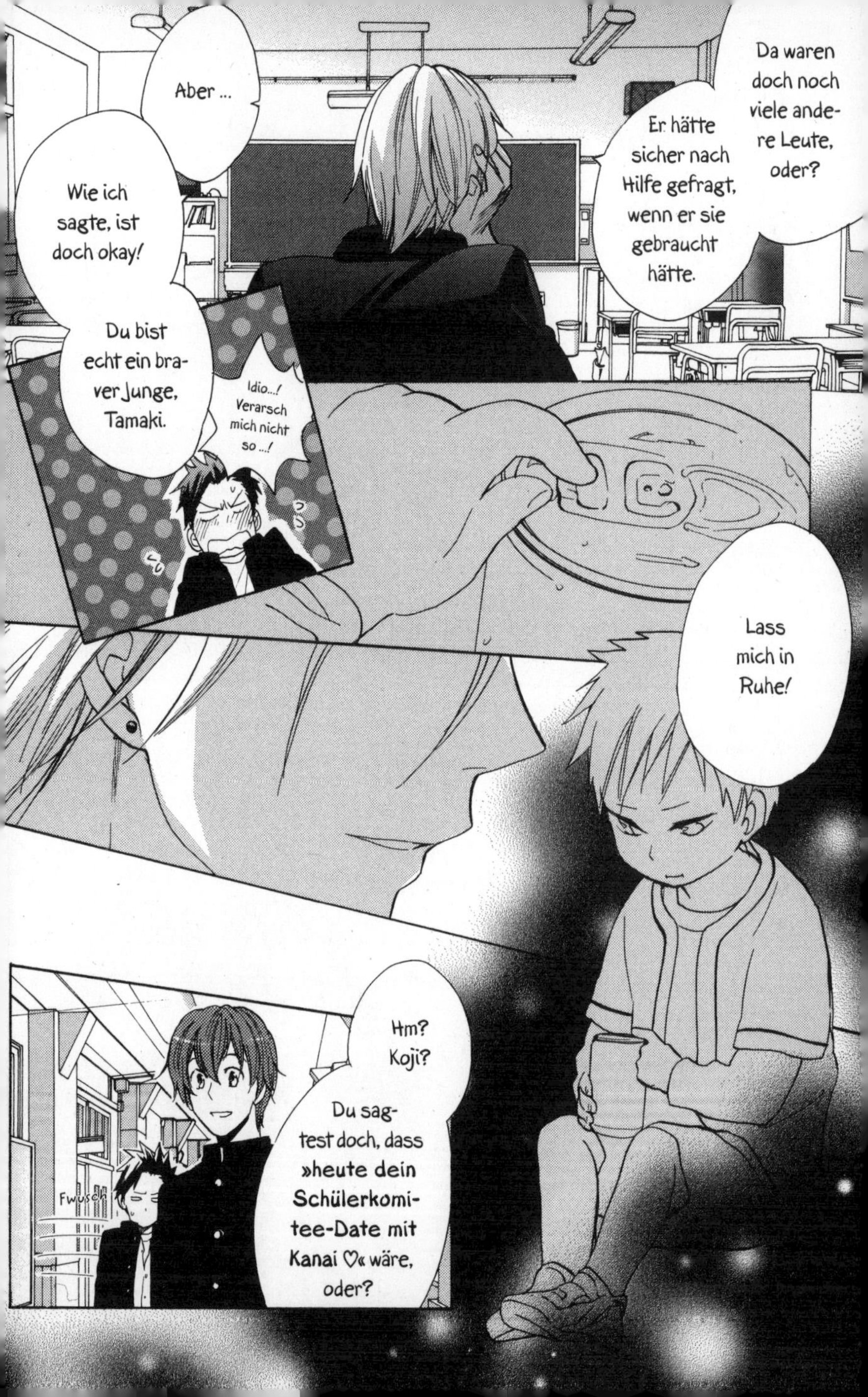
Da waren doch noch viele andere Leute, oder?
Er hätte sicher nach Hilfe gefragt, wenn er sie gebraucht hätte.
Aber ...
Wie ich sagte, ist doch okay!
Du bist echt ein braver Junge, Tamaki.
Idio...! Verarsch mich nicht so ...!
Lass mich in Ruhe!
Hm? Koji?
Du sagtest doch, dass »heute dein Schülerkomitee-Date mit Kanai ♡« wäre, oder?
Fwusch

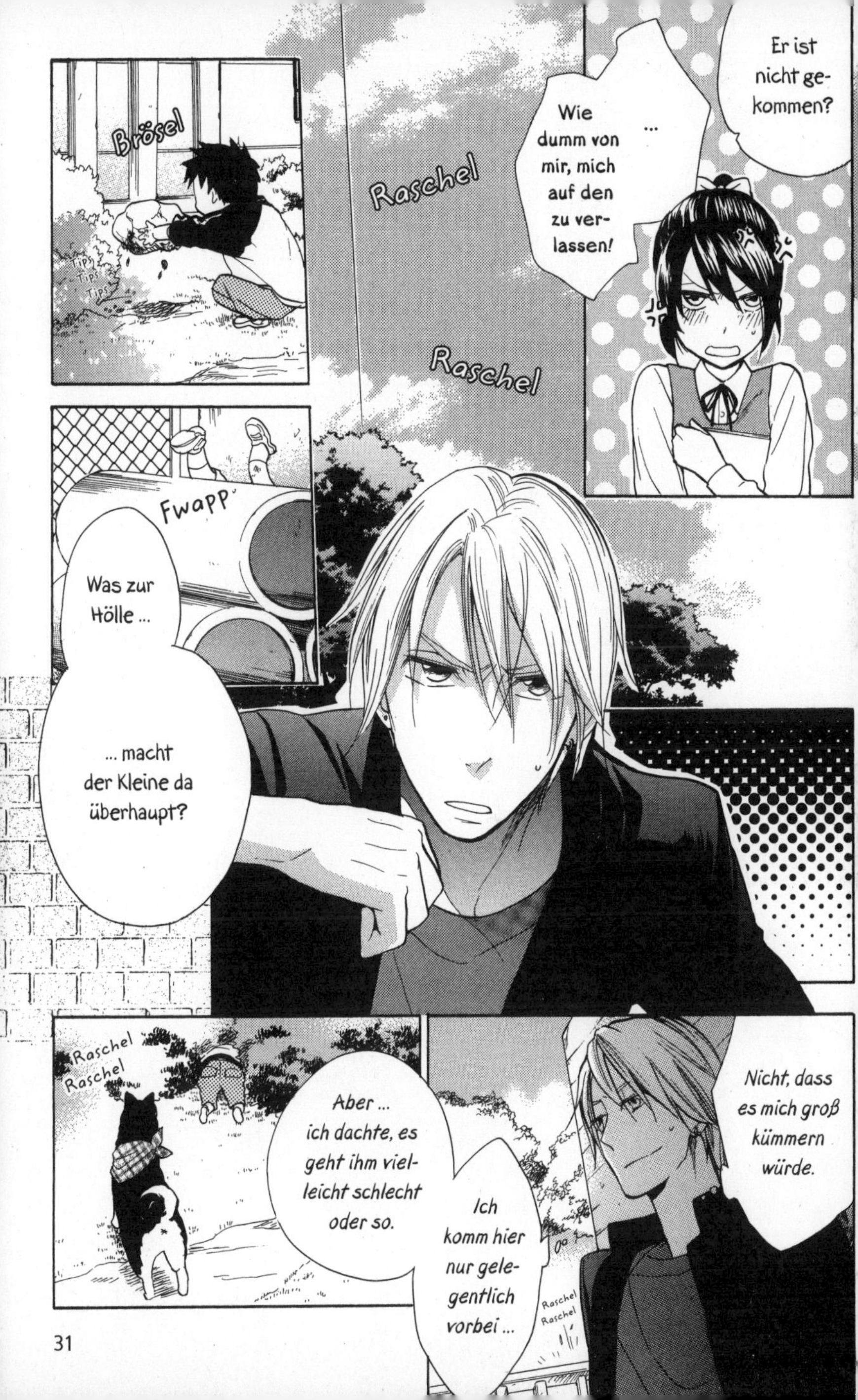
Er ist nicht gekommen?
...
Wie dumm von mir, mich auf den zu verlassen!
Raschel
Raschel
Brösel
Tips
Tips
Tips
Fwapp
Was zur Hölle ...
... macht der Kleine da überhaupt?
Nicht, dass es mich groß kümmern würde.
Ich komm hier nur gelegentlich vorbei ...
Raschel
Raschel
Aber ... ich dachte, es geht ihm vielleicht schlecht oder so.
Raschel
Raschel

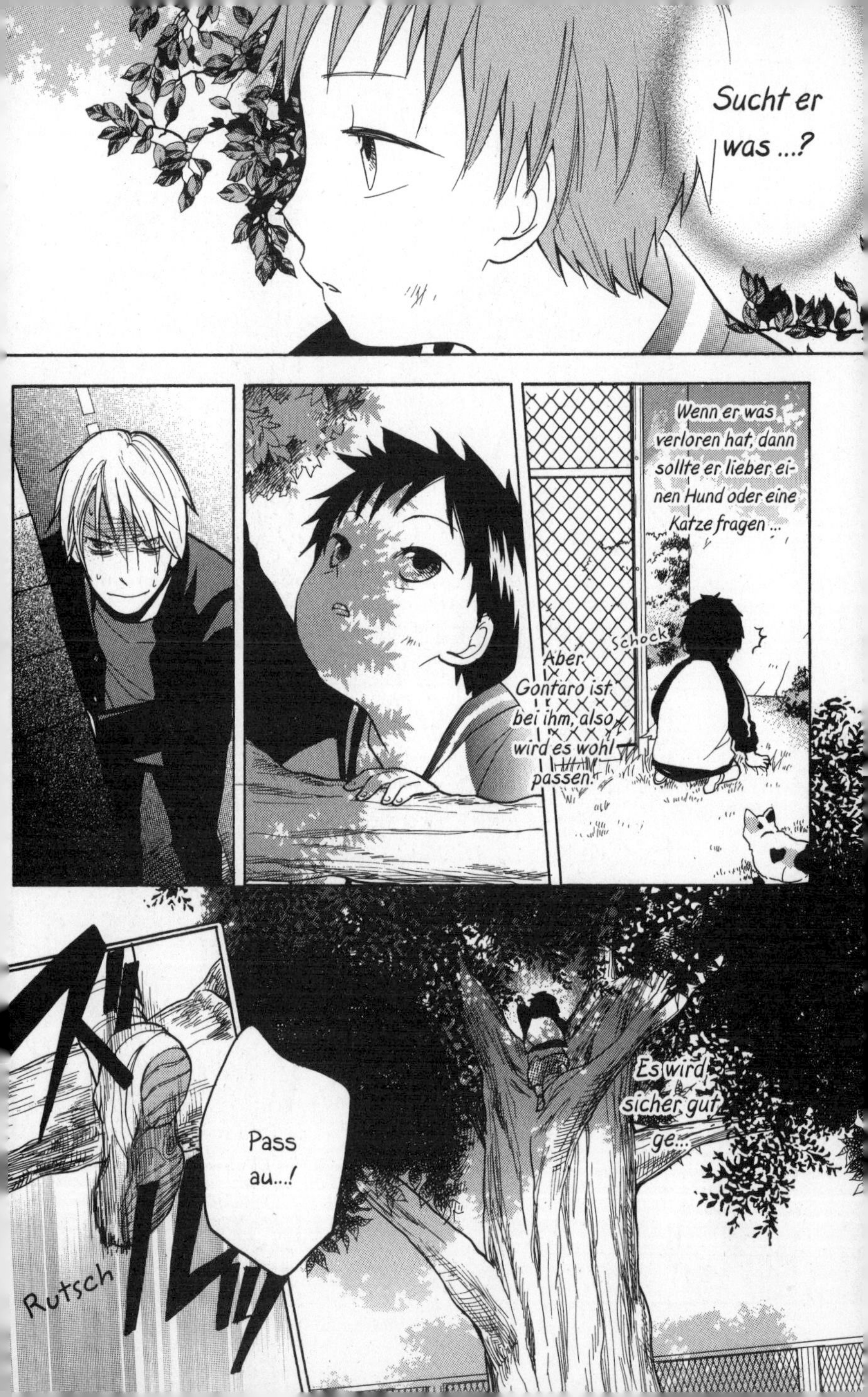
Sucht er was ...?
Wenn er was verloren hat, dann sollte er lieber einen Hund oder eine Katze fragen ...
Schock
Aber Gontaro ist bei ihm, also wird es wohl passen.
Es wird sicher gut ge...
Pass au...!
Rutsch

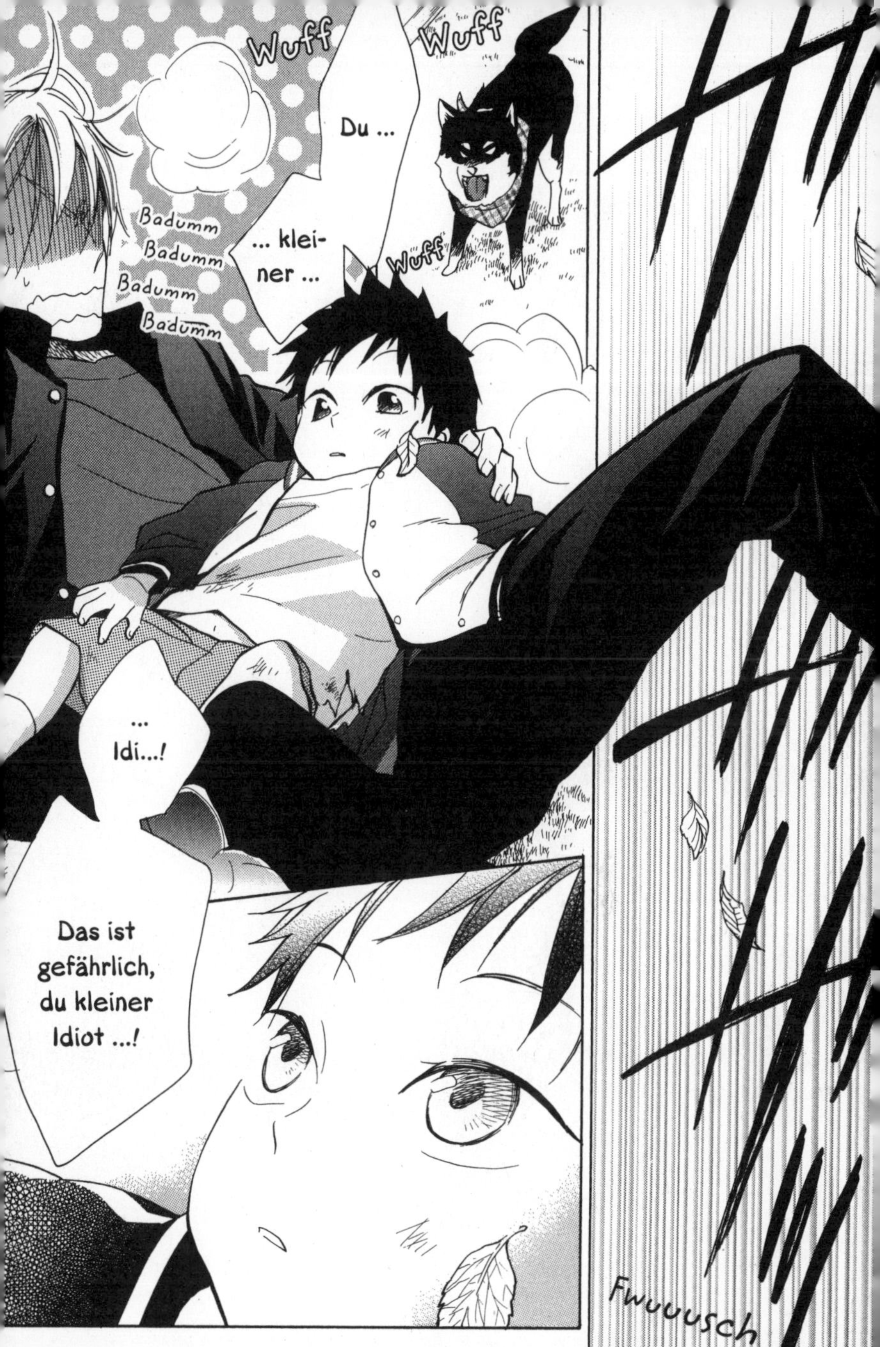
Wuff
Wuff
Du ...
... klei-
ner ...
Wuff
Badumm
Badumm
Badumm
Badumm
...
Idi...!
Das ist
gefährlich,
du kleiner
Idiot ...!
Fwuuusch

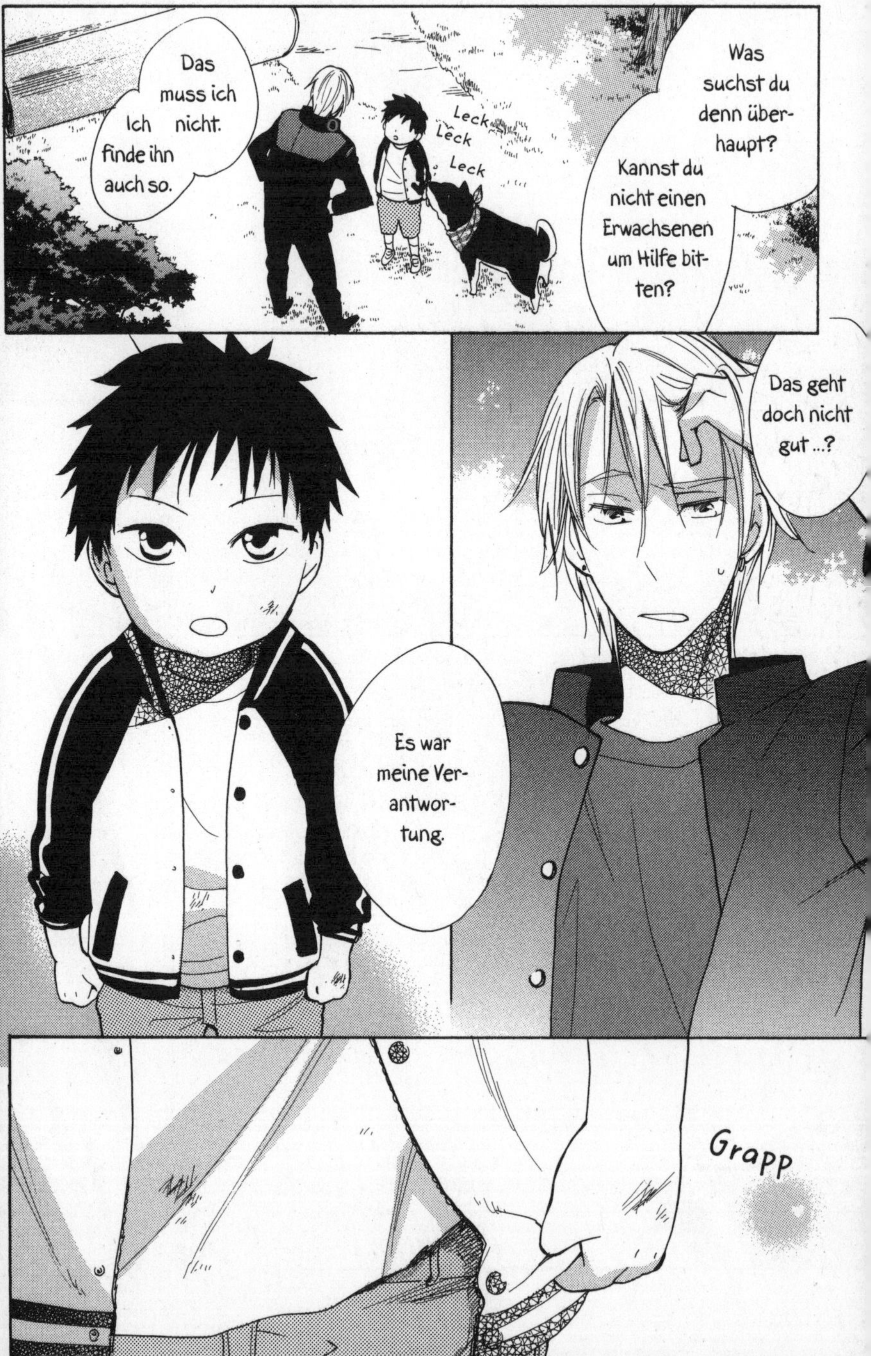
Was suchst du denn überhaupt?
Kannst du nicht einen Erwachsenen um Hilfe bitten?
Das muss ich nicht.
Ich finde ihn auch so.
Leck
Leck
Leck
Das geht doch nicht gut ...?
Es war meine Verantwortung.
Grapp

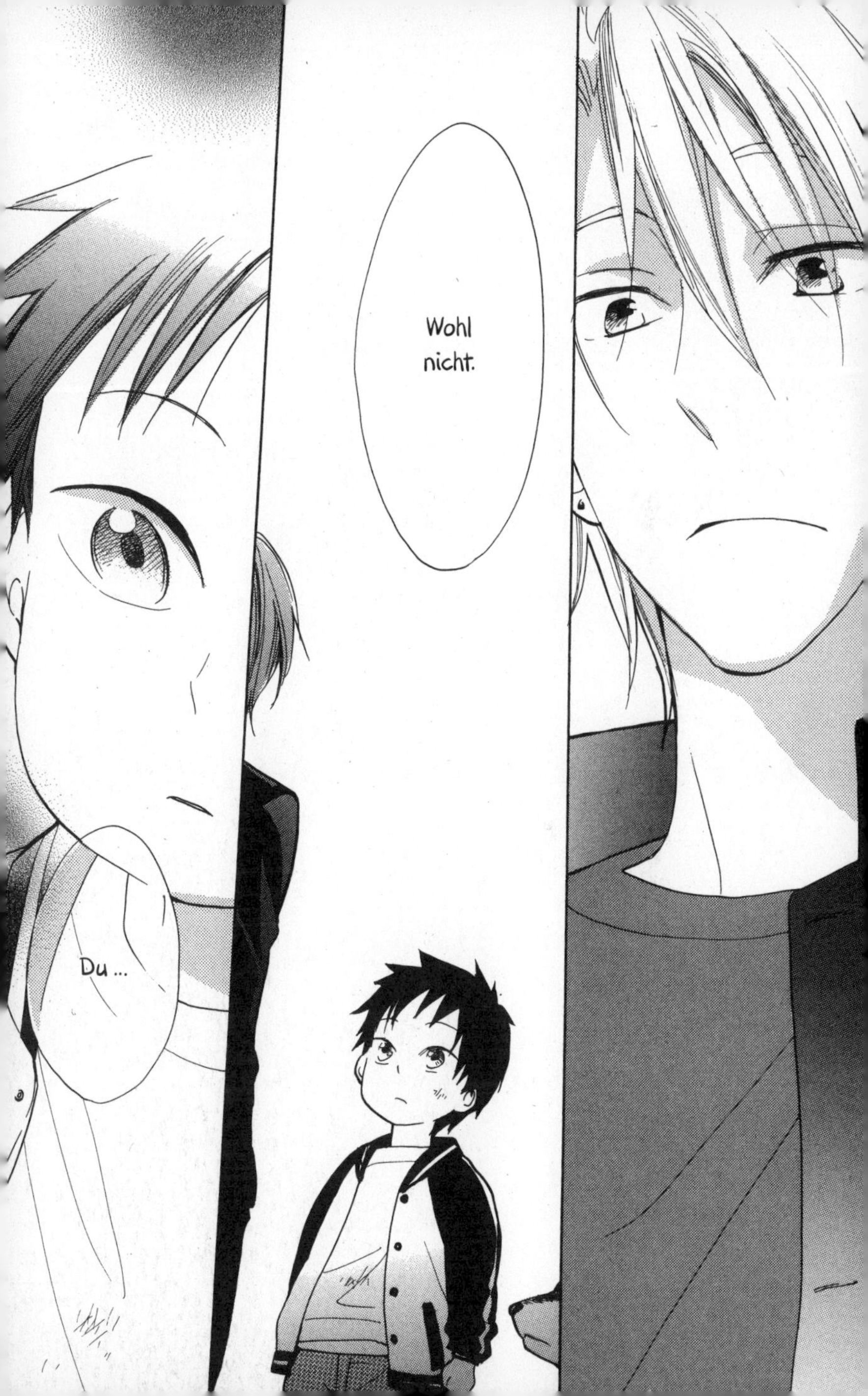
Wohl
nicht.
Du ...

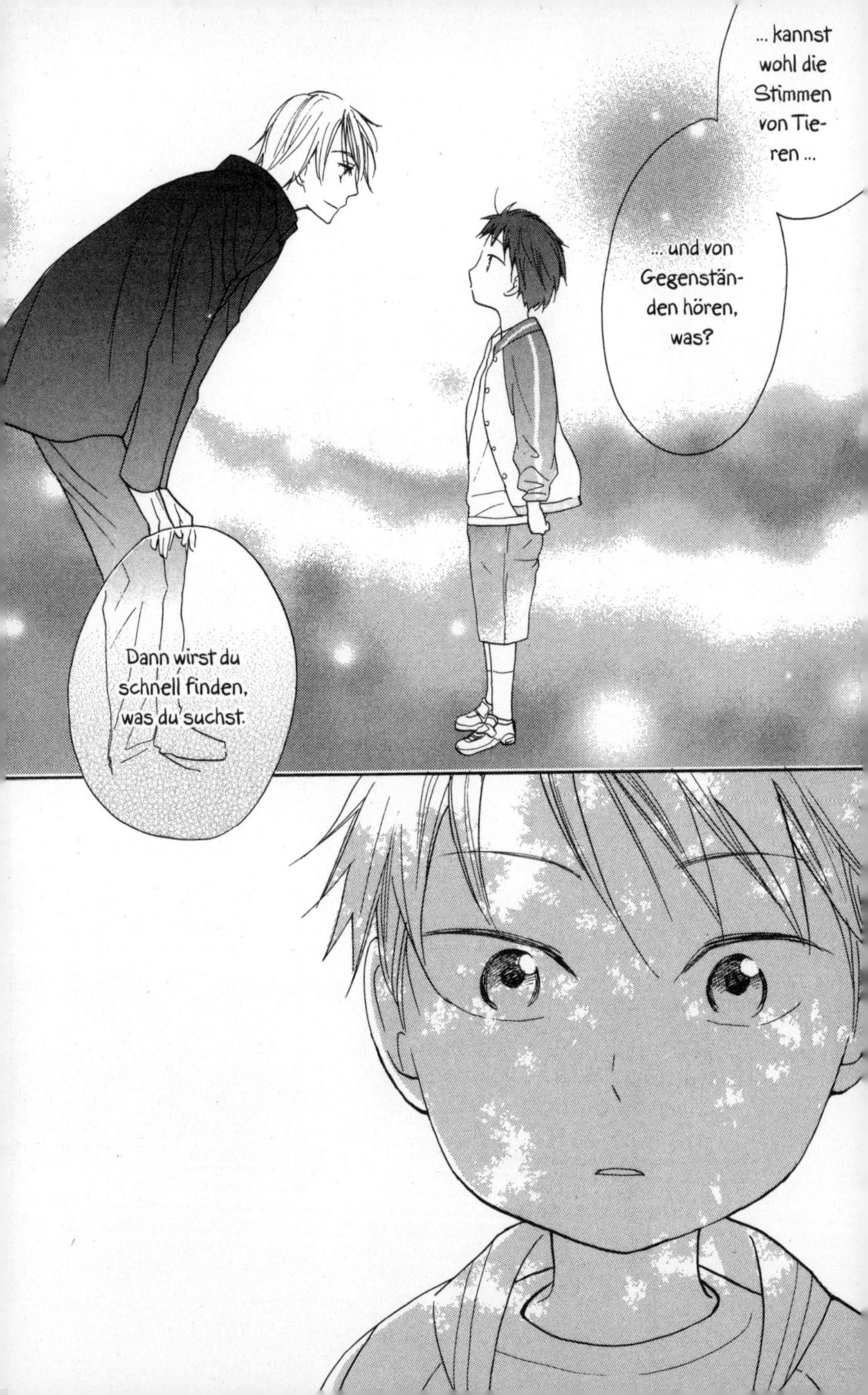
... kannst wohl die Stimmen von Tie-ren ...
... und von Gegenstän-den hören, was?
Dann wirst du schnell finden, was du suchst.

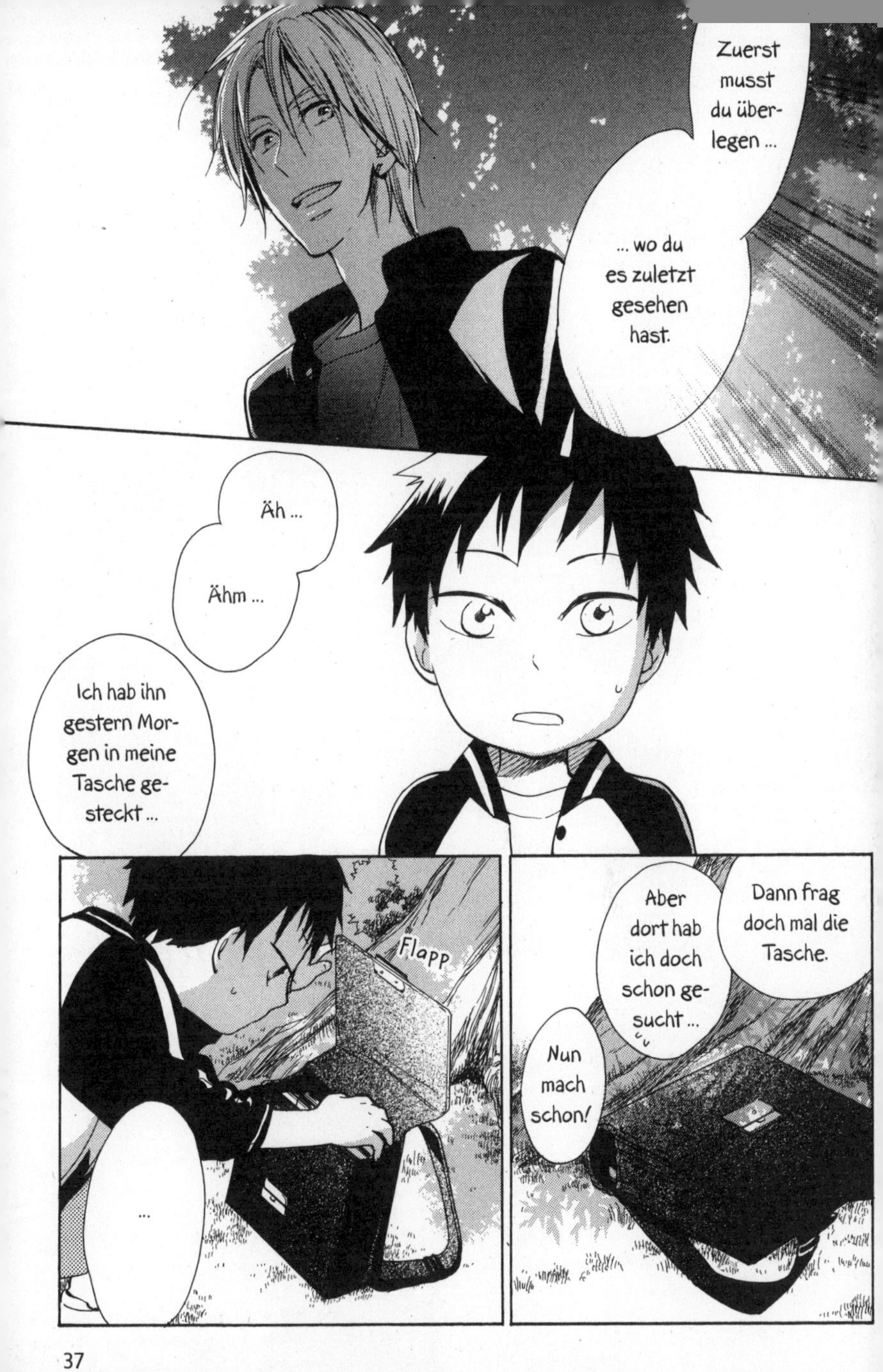
Zuerst musst du über-legen ...
... wo du es zuletzt gesehen hast.
Äh ...
Ähm ...
Ich hab ihn gestern Mor-gen in meine Tasche ge-steckt ...
Dann frag doch mal die Tasche.
Aber dort hab ich doch schon ge-sucht ...
Nun mach schon!
Flapp
...

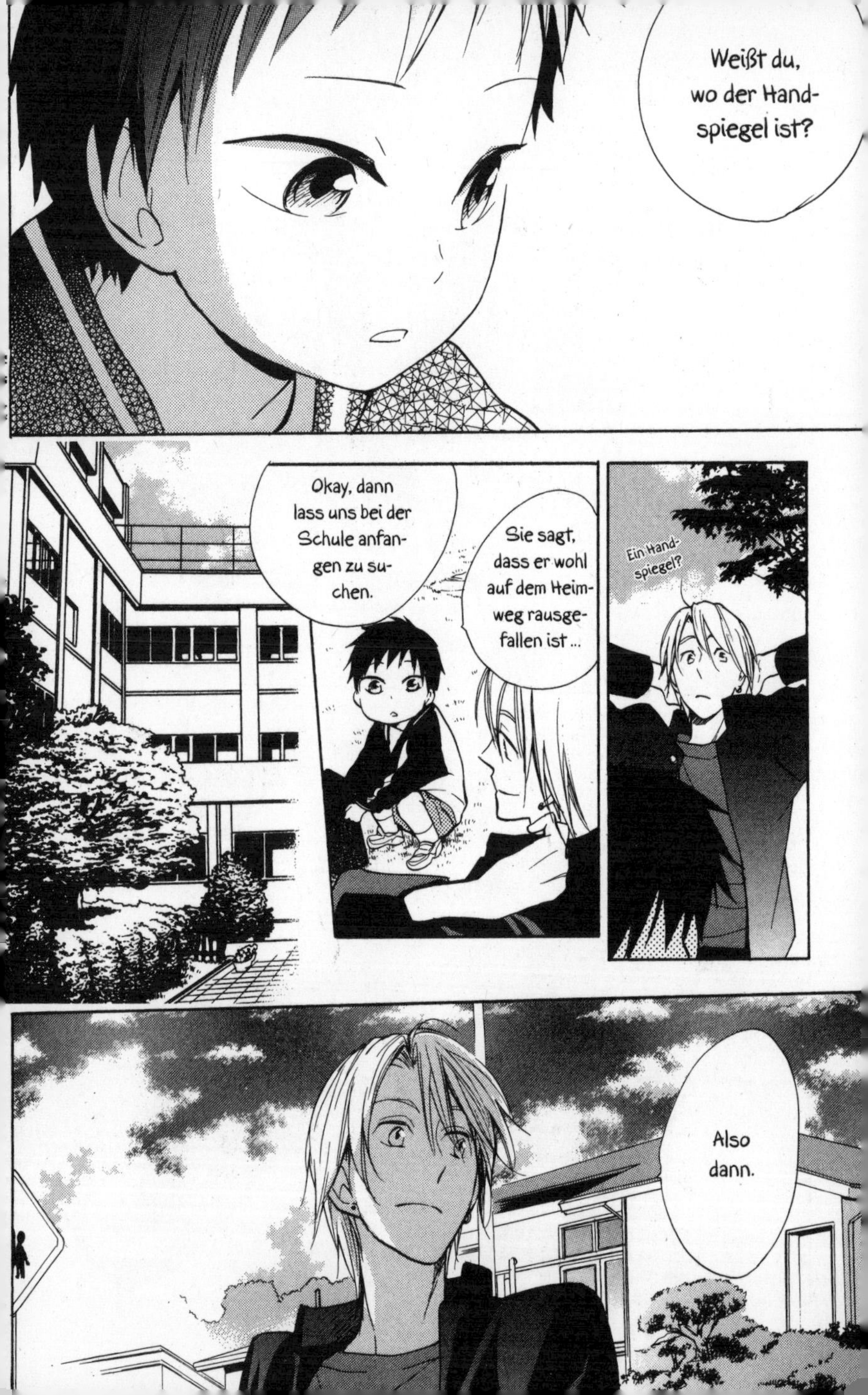
Weißt du, wo der Hand-spiegel ist?
Ein Hand-spiegel?
Sie sagt, dass er wohl auf dem Heim-weg rausge-fallen ist ...
Okay, dann lass uns bei der Schule anfan-gen zu su-chen.
Also dann.

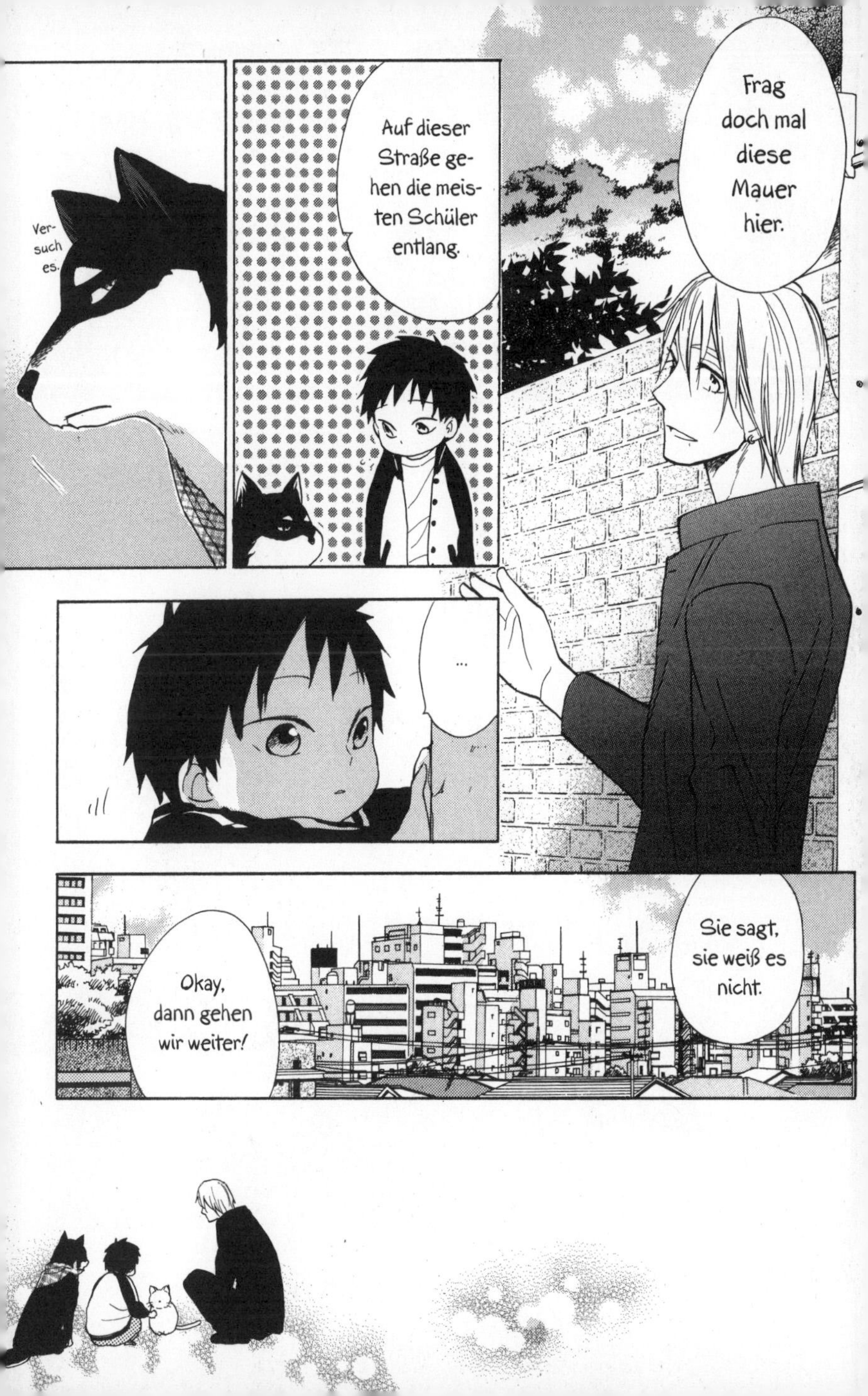

Frag doch mal diese Mauer hier.
Auf dieser Straße gehen die meisten Schüler entlang.
Ver-such es.
...
Sie sagt, sie weiß es nicht.
Okay, dann gehen wir weiter!

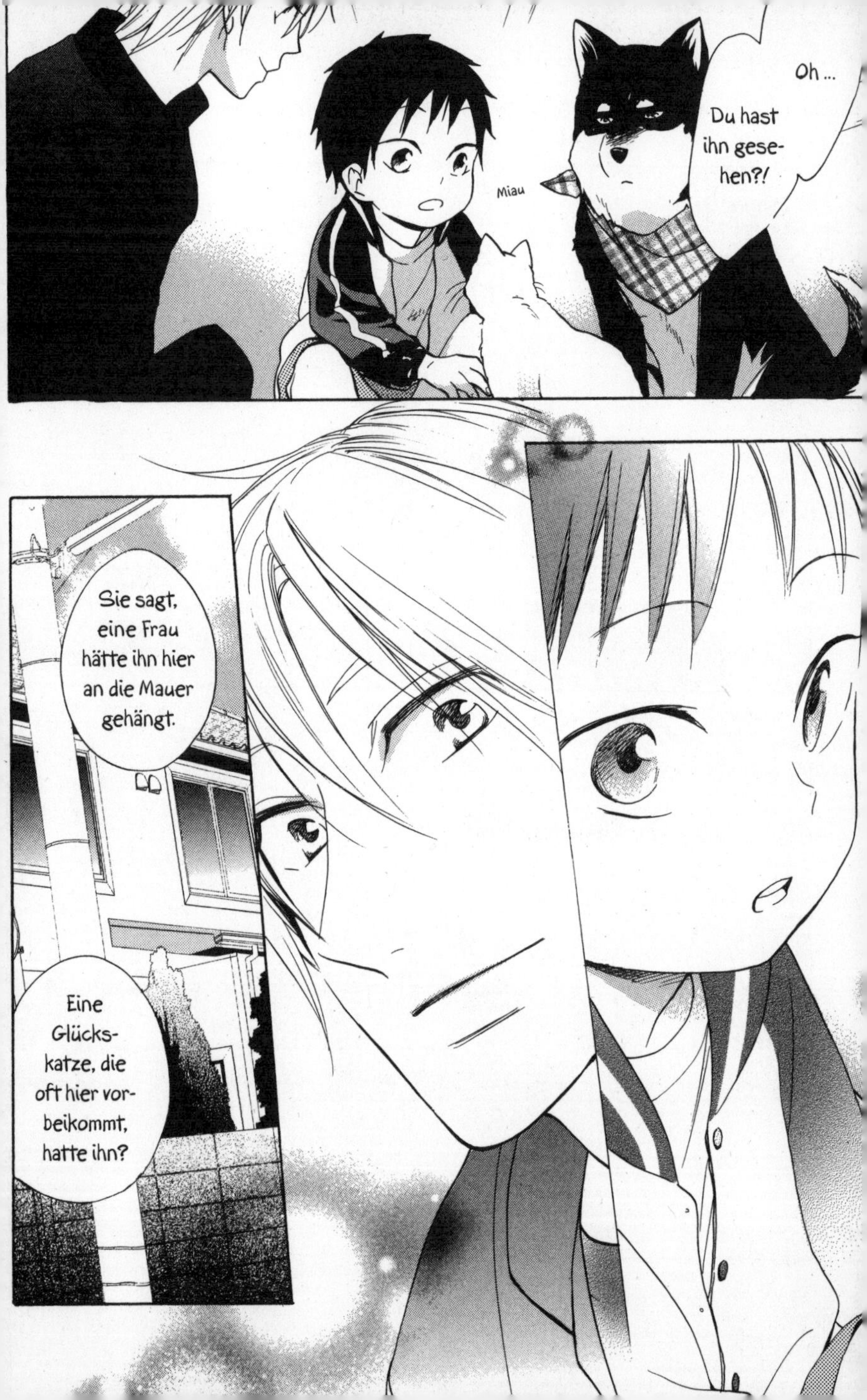
Oh ...
Du hast ihn gesehen?!
Miau
Sie sagt, eine Frau hätte ihn hier an die Mauer gehängt.
Eine Glückskatze, die oft hier vorbeikommt, hatte ihn?

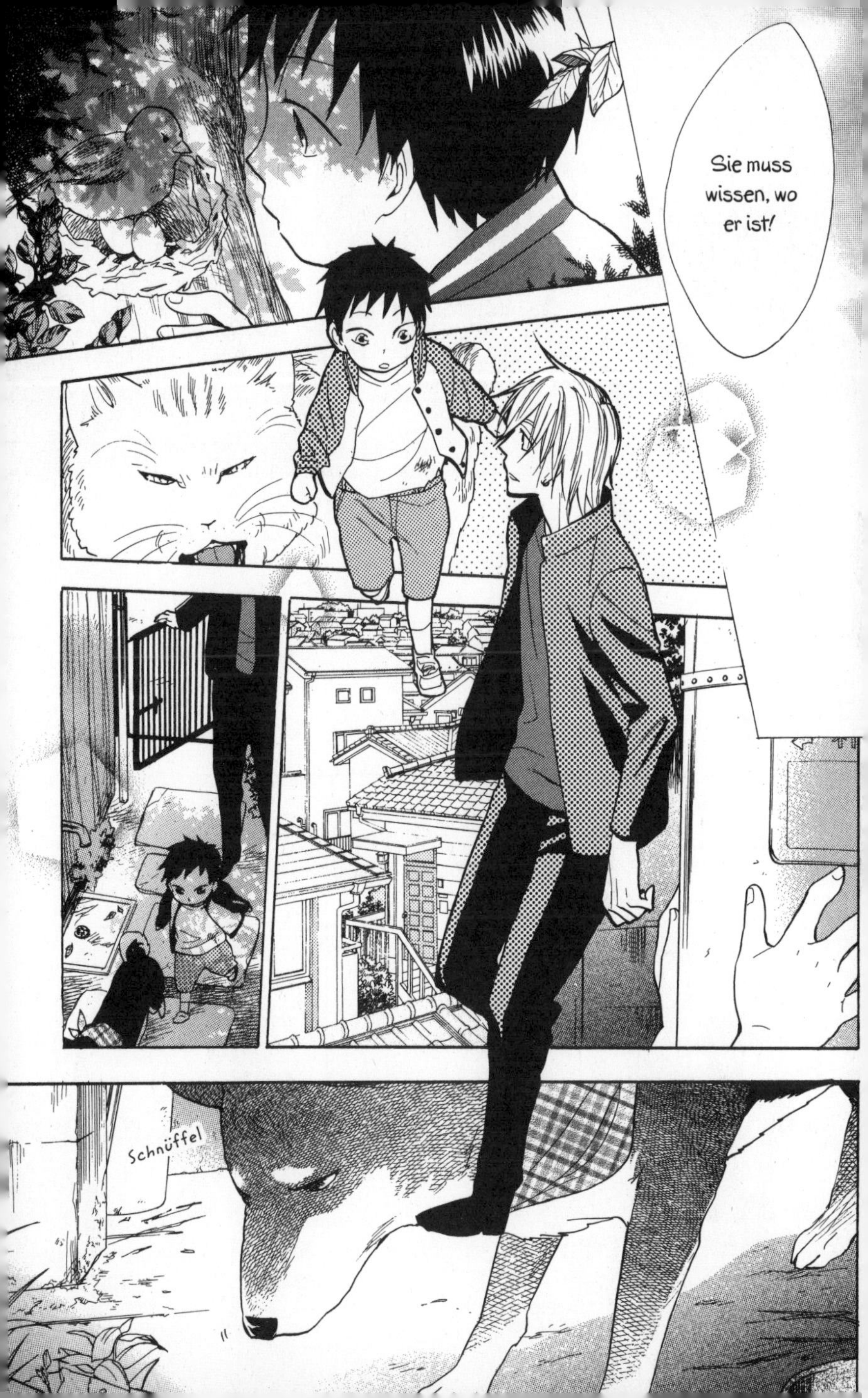
Sie muss wissen, wo er ist!
Schnüffel

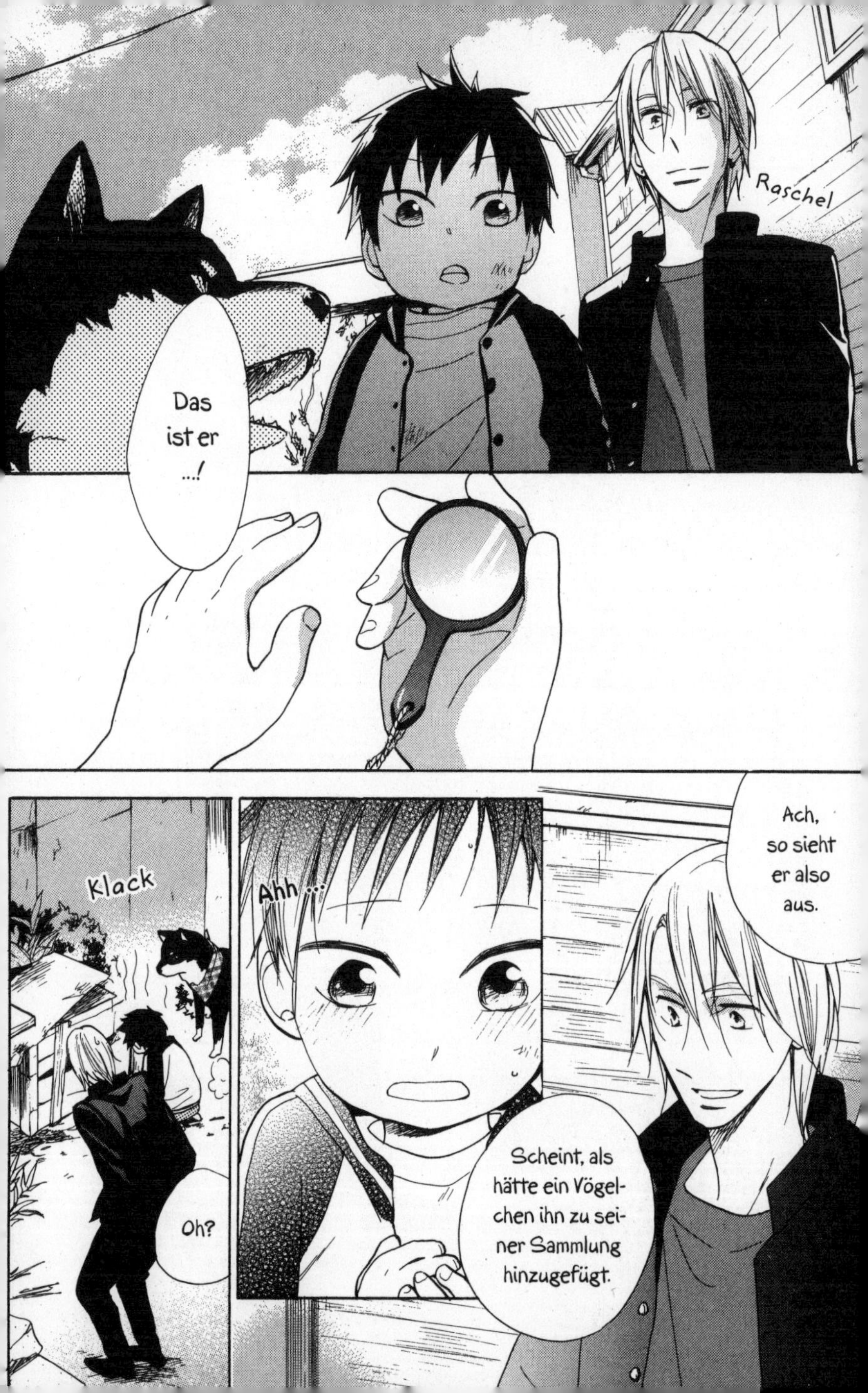
Raschel
Das ist er ...!
Ach, so sieht er also aus.
Scheint, als hätte ein Vögelchen ihn zu seiner Sammlung hinzugefügt.
Ahh ...
Klack
Oh?

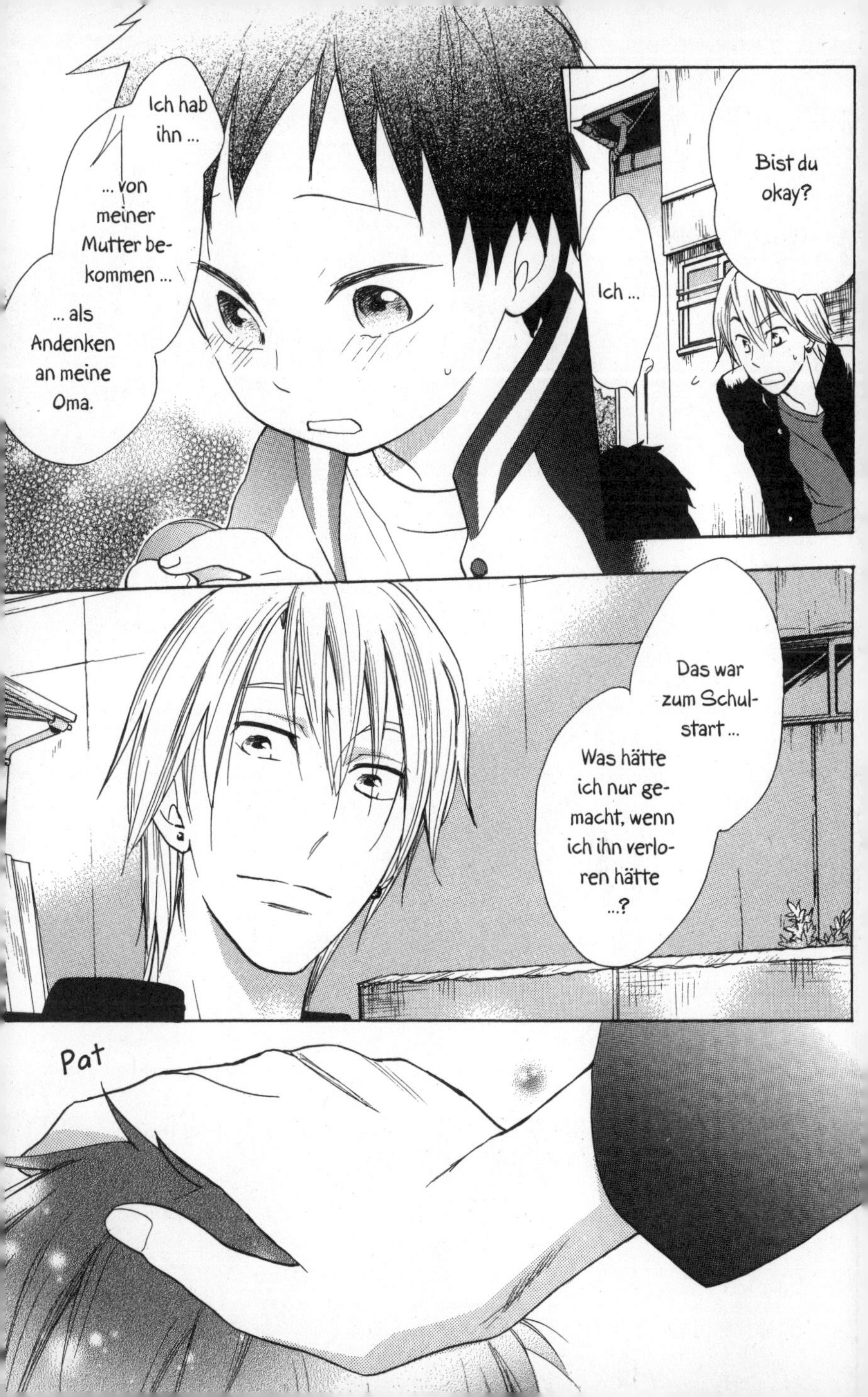

Bist du okay?
Ich ...
Ich hab ihn ...
... von meiner Mutter bekommen ...
... als Andenken an meine Oma.
Das war zum Schulstart ...
Was hätte ich nur gemacht, wenn ich ihn verloren hätte ...?
Pat

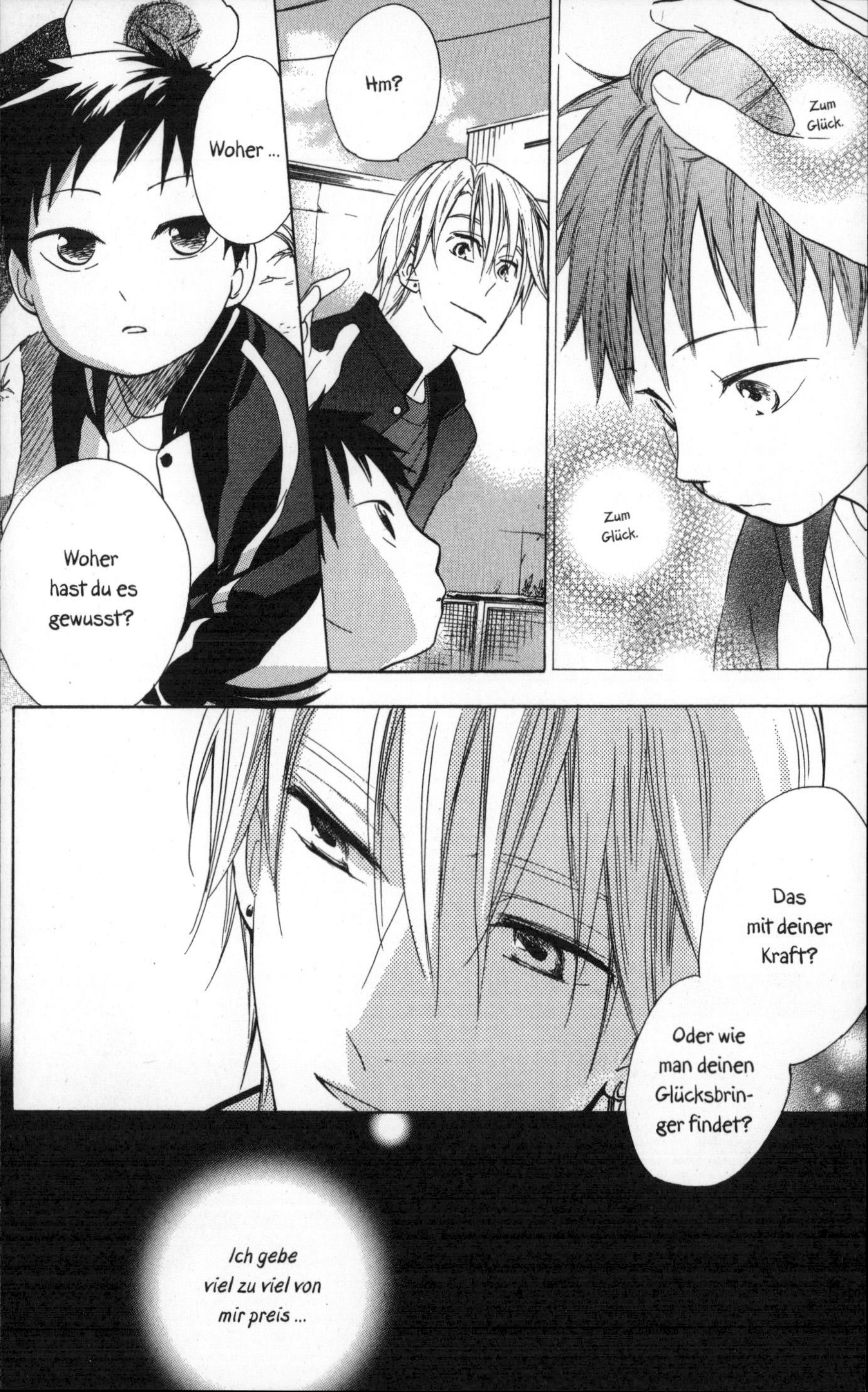
Zum Glück.
Zum Glück.
Hm?
Woher ...
Woher hast du es gewusst?
Das mit deiner Kraft?
Oder wie man deinen Glücksbringer findet?
Ich gebe viel zu viel von mir preis ...

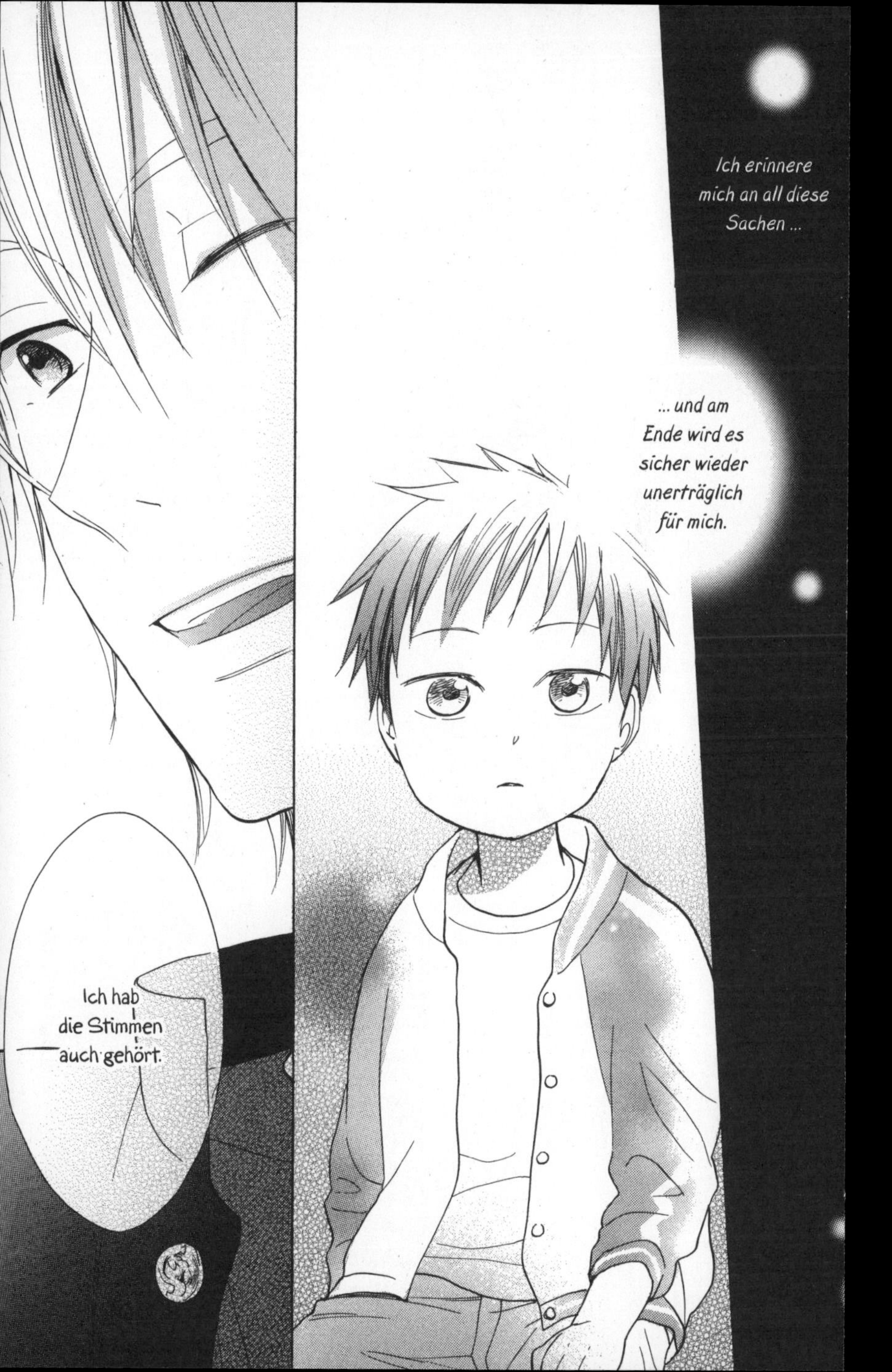

Ich erinnere mich an all diese Sachen ...
... und am Ende wird es sicher wieder unerträglich für mich.
Ich hab die Stimmen auch gehört.

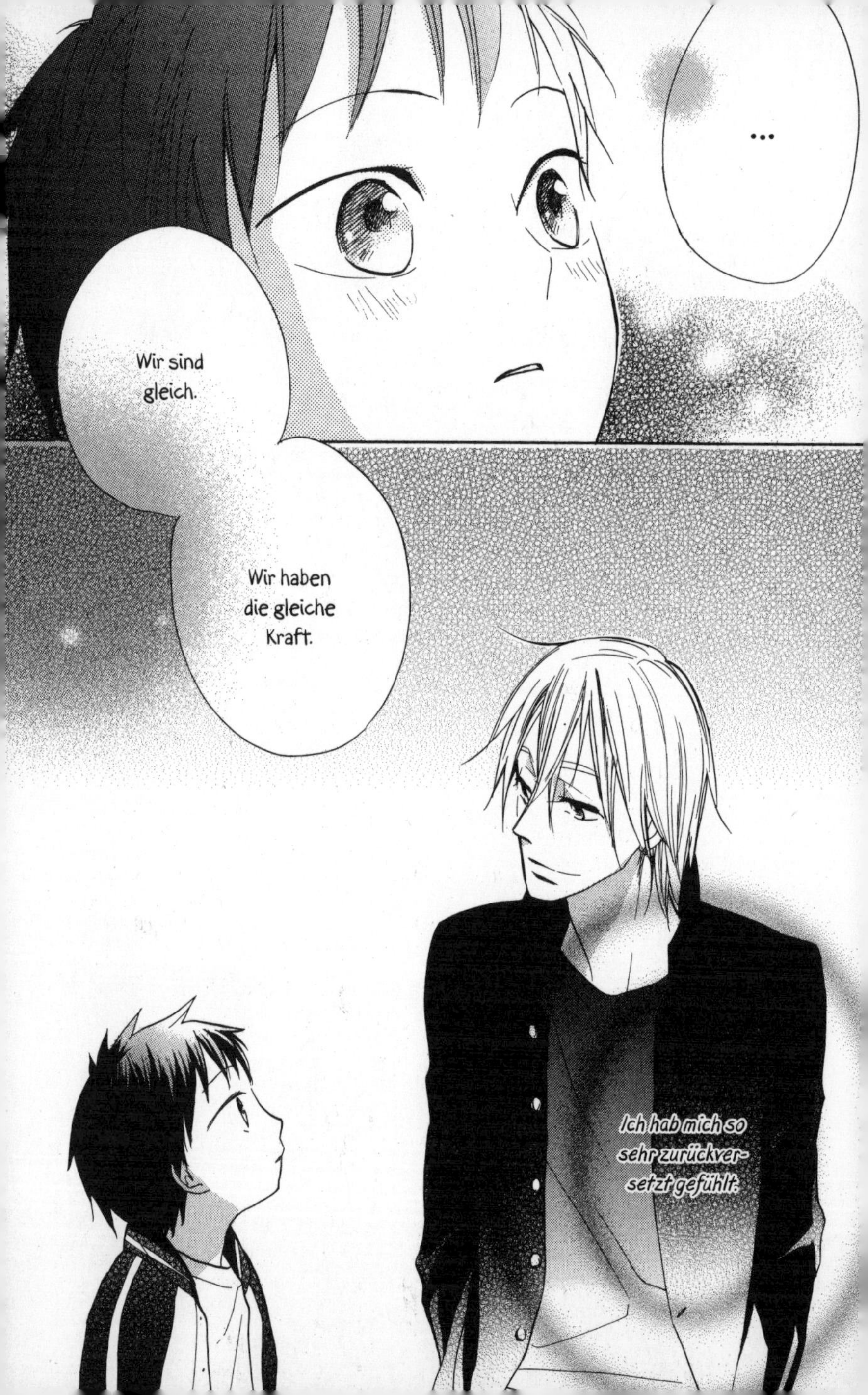
...
Wir sind gleich.
Wir haben die gleiche Kraft.
Ich hab mich so sehr zurückver-setzt gefühlt.

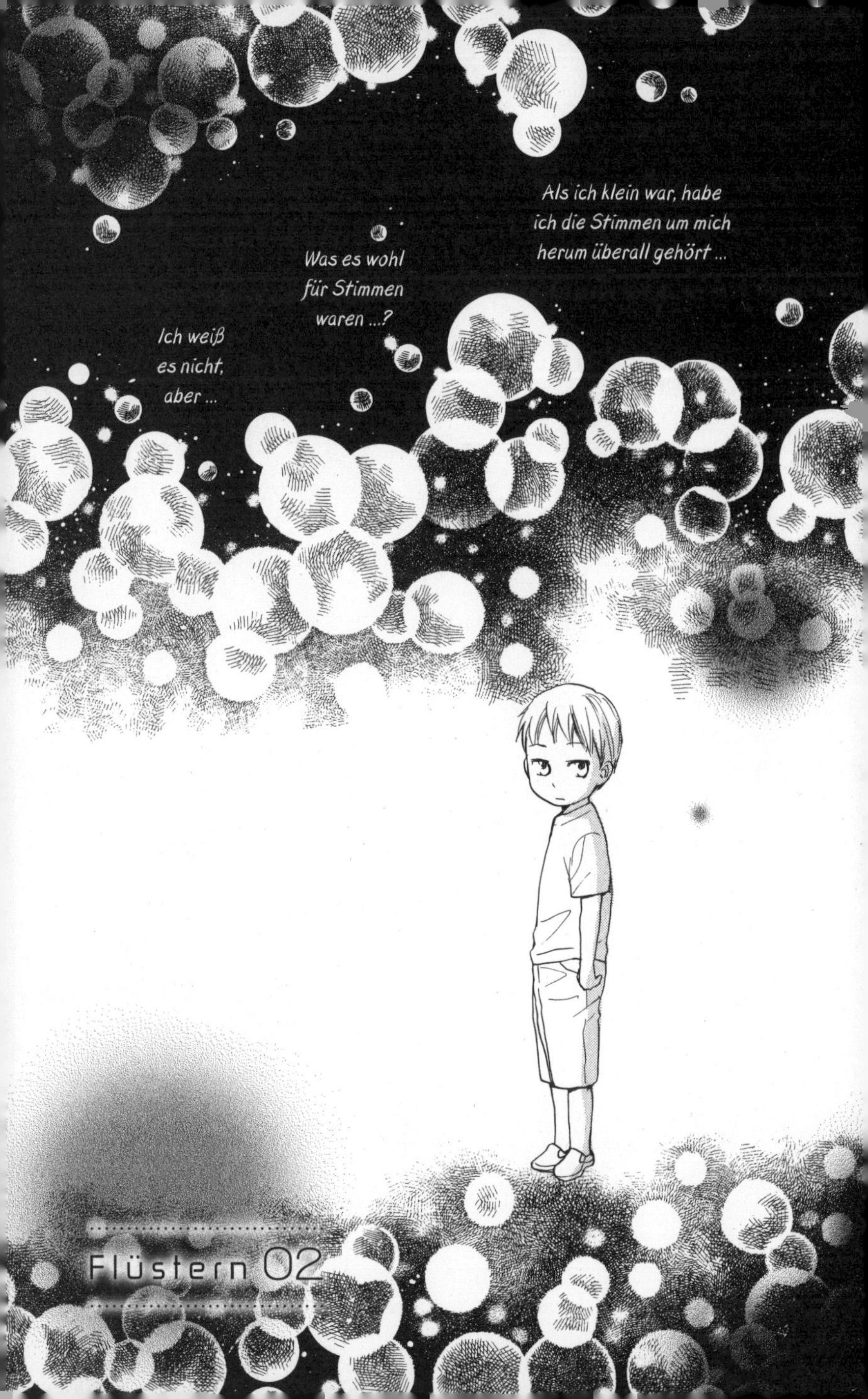
Als ich klein war, habe ich die Stimmen um mich herum überall gehört ...
Was es wohl für Stimmen waren ...?
Ich weiß es nicht, aber ...
Flüstern 02

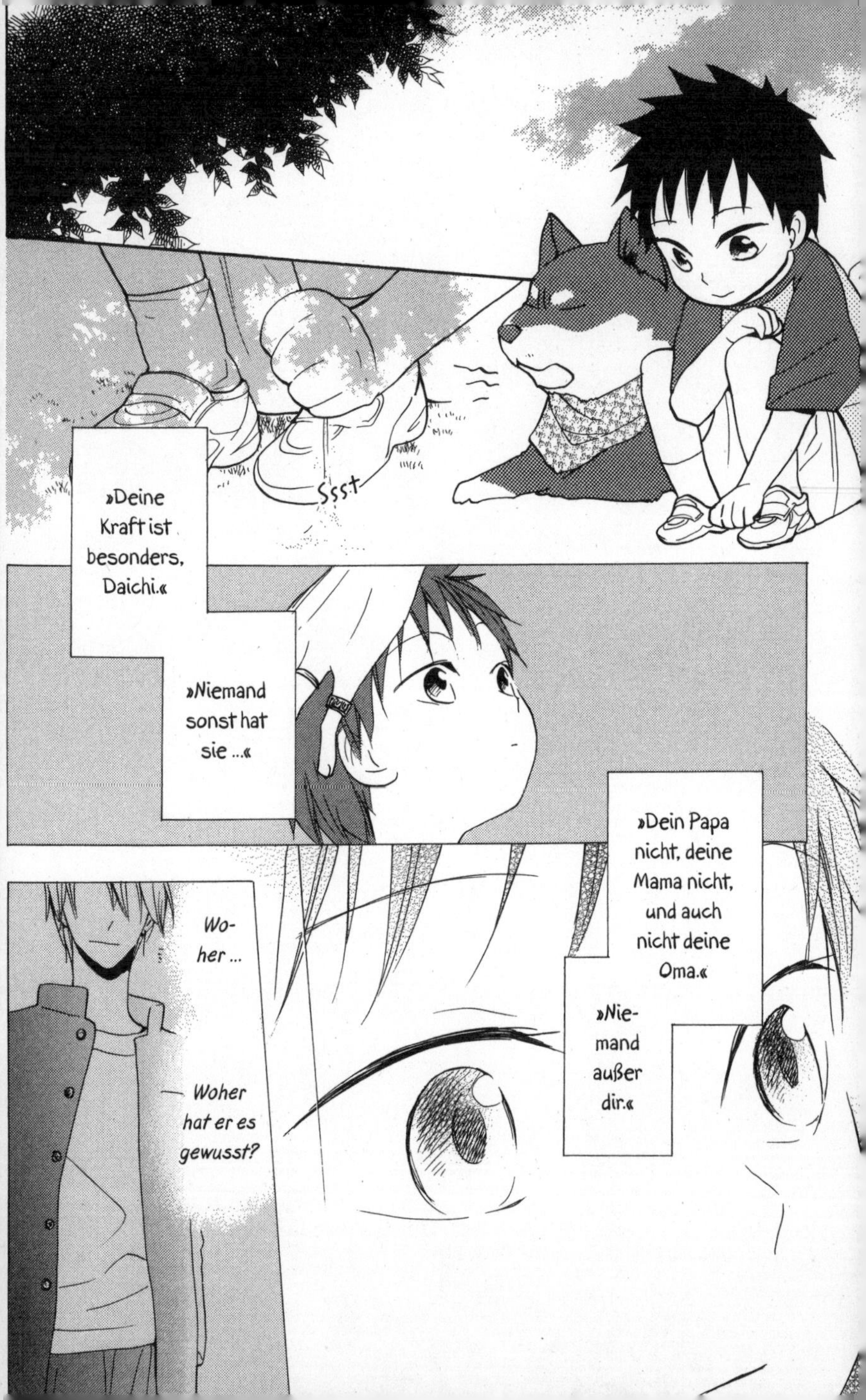

Ssst
»Deine Kraft ist besonders, Daichi.«
»Niemand sonst hat sie ...«
»Dein Papa nicht, deine Mama nicht, und auch nicht deine Oma.«
»Nie-mand außer dir.«
Wo-her ...
Woher hat er es gewusst?

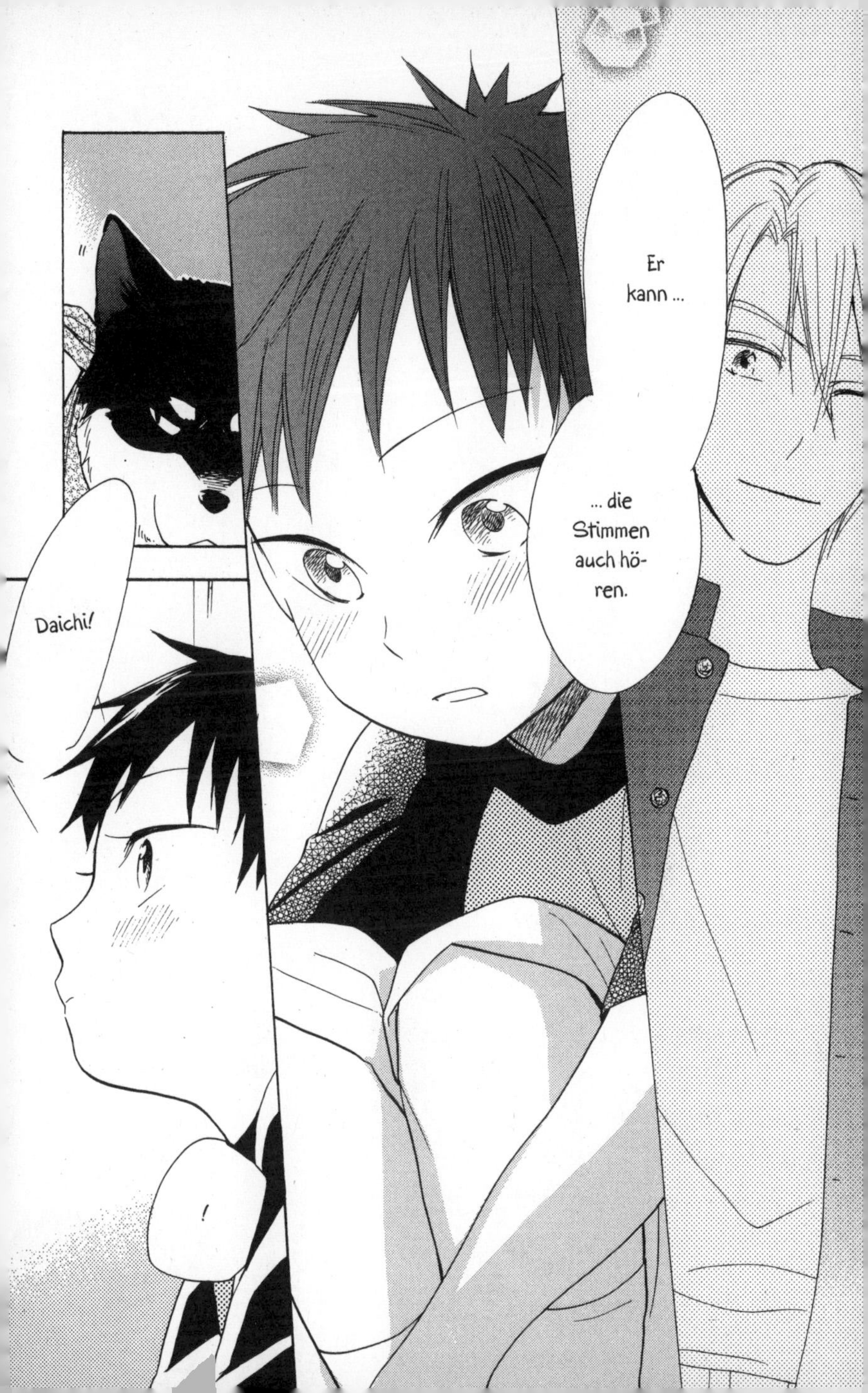
Er kann ...
... die Stimmen auch hö-ren.
Daichi!
!

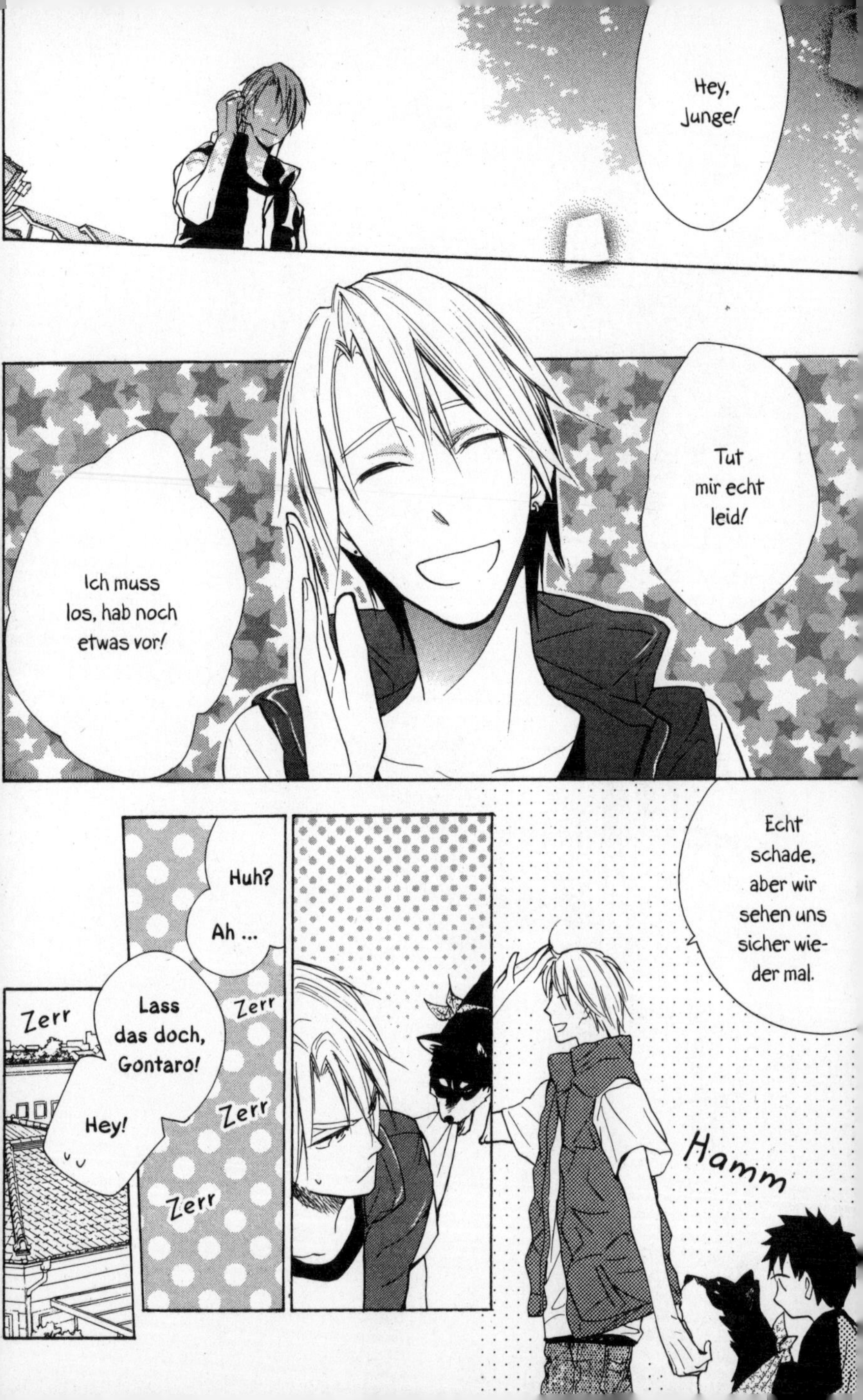

Hey, Junge!
Tut mir echt leid!
Ich muss los, hab noch etwas vor!
Echt schade, aber wir sehen uns sicher wieder mal.
Hamm
Huh?
Ah ...
Zerr
Zerr
Zerr
Lass das doch, Gontaro!
Zerr
Hey!

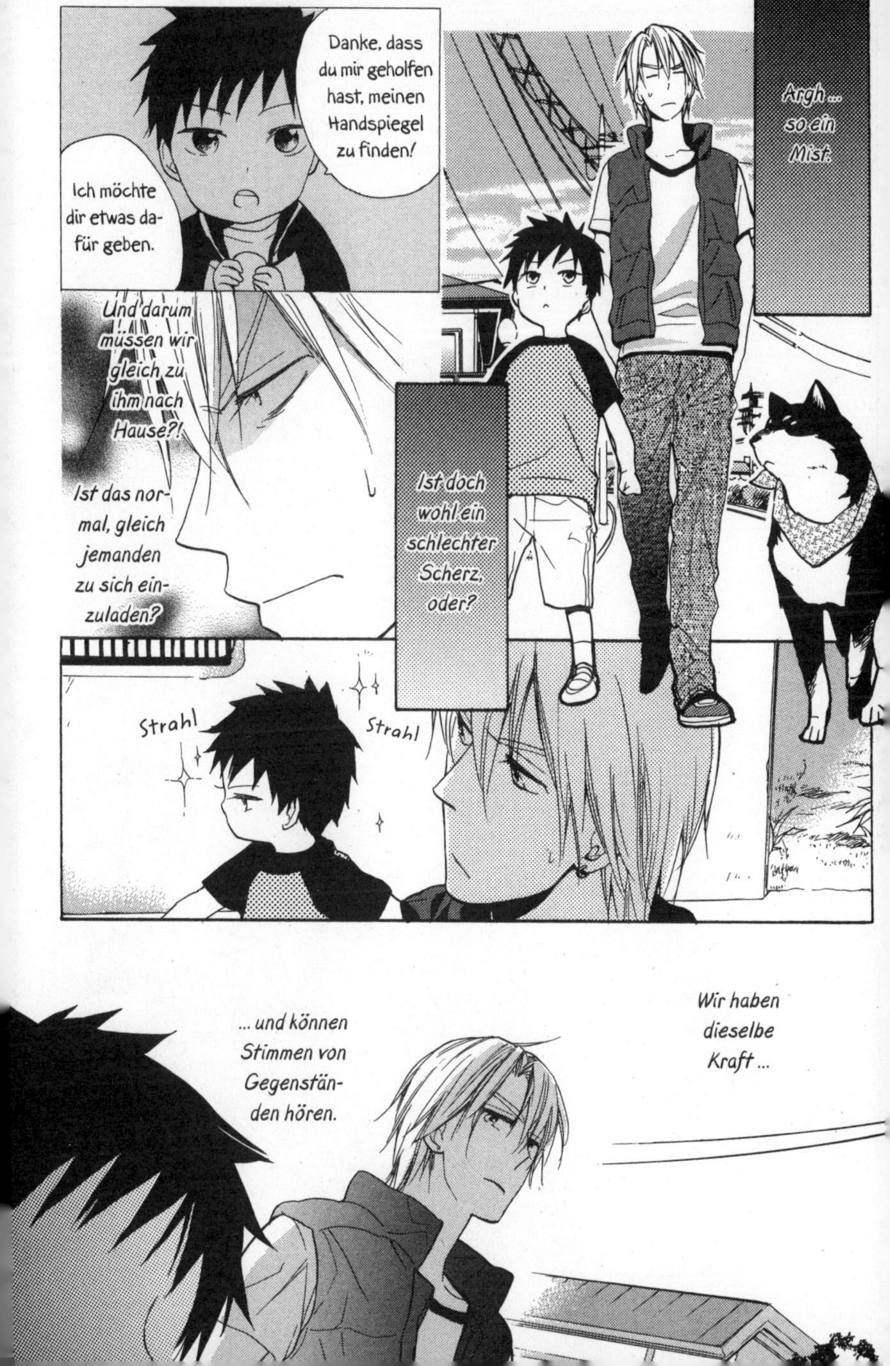

Argh ... so ein Mist.
Danke, dass du mir geholfen hast, meinen Handspiegel zu finden!
Ich möchte dir etwas dafür geben.
Ist doch wohl ein schlechter Scherz, oder?
Und darum müssen wir gleich zu ihm nach Hause?!
Ist das normal, gleich jemanden zu sich einzuladen?
Strahl
Strahl
Wir haben dieselbe Kraft ...
... und können Stimmen von Gegenständen hören.

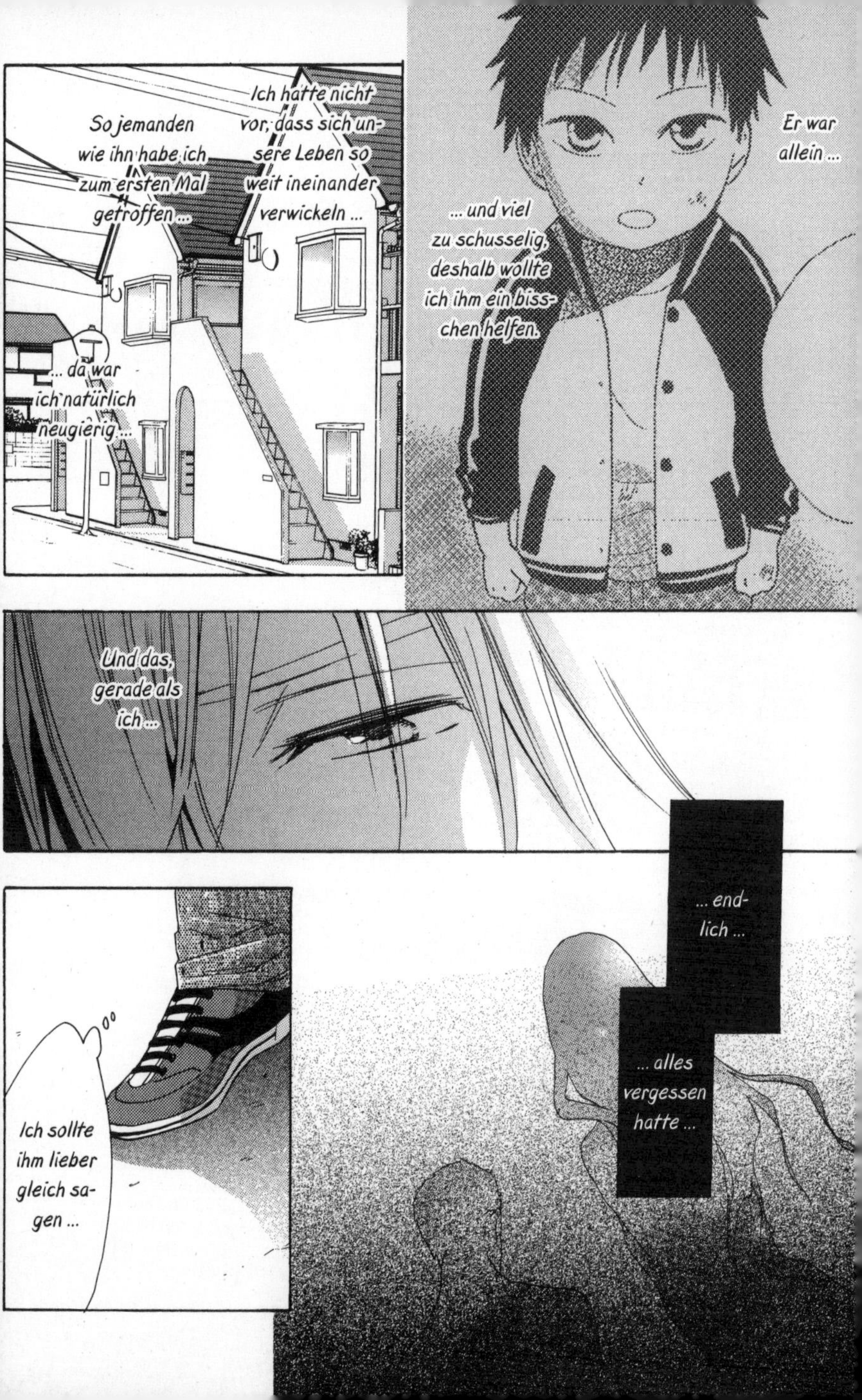
Er war allein ...
... und viel zu schusselig, deshalb wollte ich ihm ein bisschen helfen.
Ich hatte nicht vor, dass sich unsere Leben so weit ineinander verwickeln ...
So jemanden wie ihn habe ich zum ersten Mal getroffen ...
... da war ich natürlich neugierig ...
Und das, gerade als ich ...
... endlich ...
... alles vergessen hatte ...
Ich sollte ihm lieber gleich sagen ...

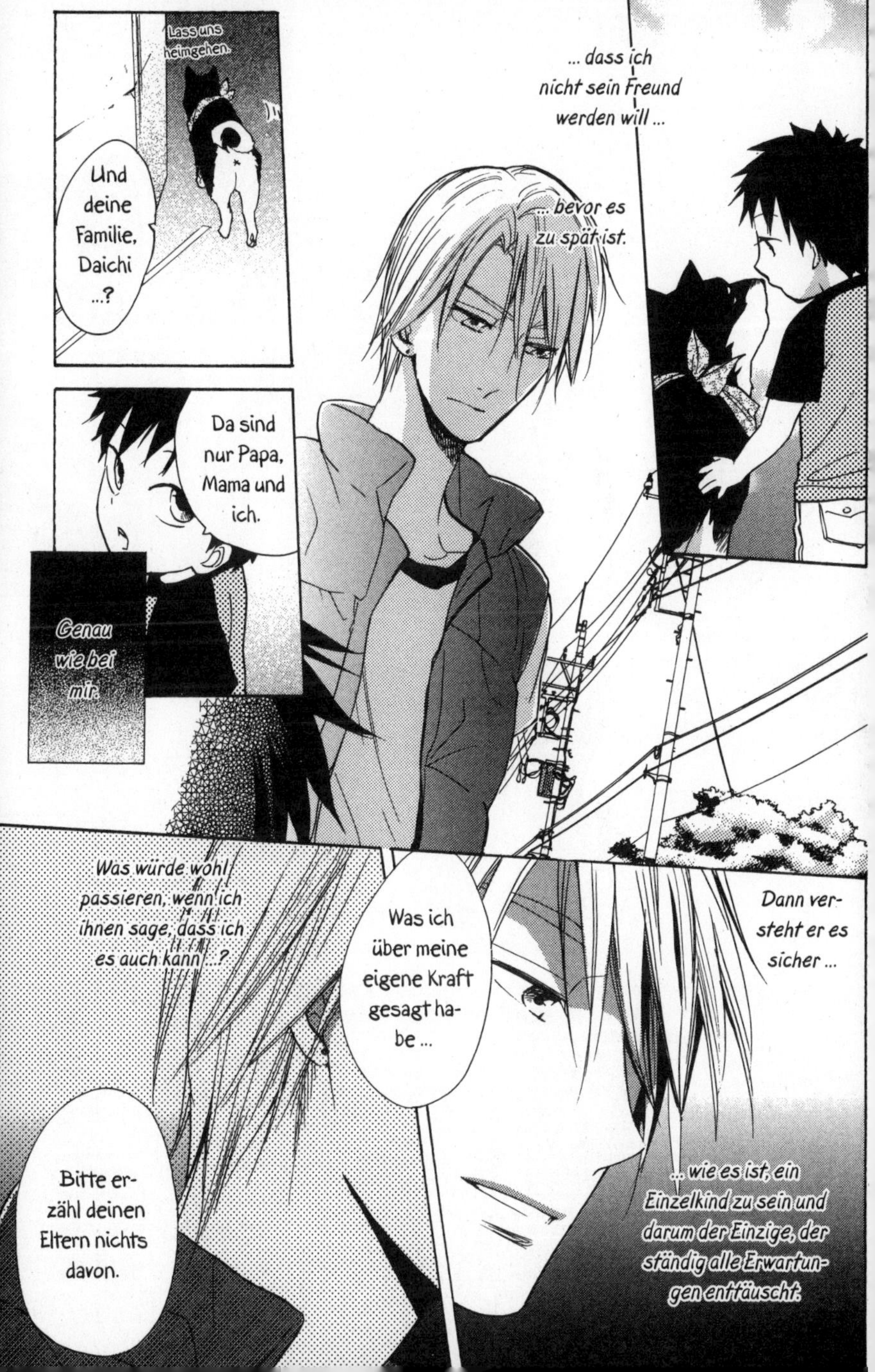

... dass ich nicht sein Freund werden will ...
... bevor es zu spät ist.
Lass uns heimgehen.
Und deine Familie, Daichi ...?
Da sind nur Papa, Mama und ich.
Genau wie bei mir.
Dann versteht er es sicher ...
Was ich über meine eigene Kraft gesagt habe ...
Was würde wohl passieren, wenn ich ihnen sage, dass ich es auch kann ...?
... wie es ist, ein Einzelkind zu sein und darum der Einzige, der ständig alle Erwartungen enttäuscht.
Bitte erzähl deinen Eltern nichts davon.

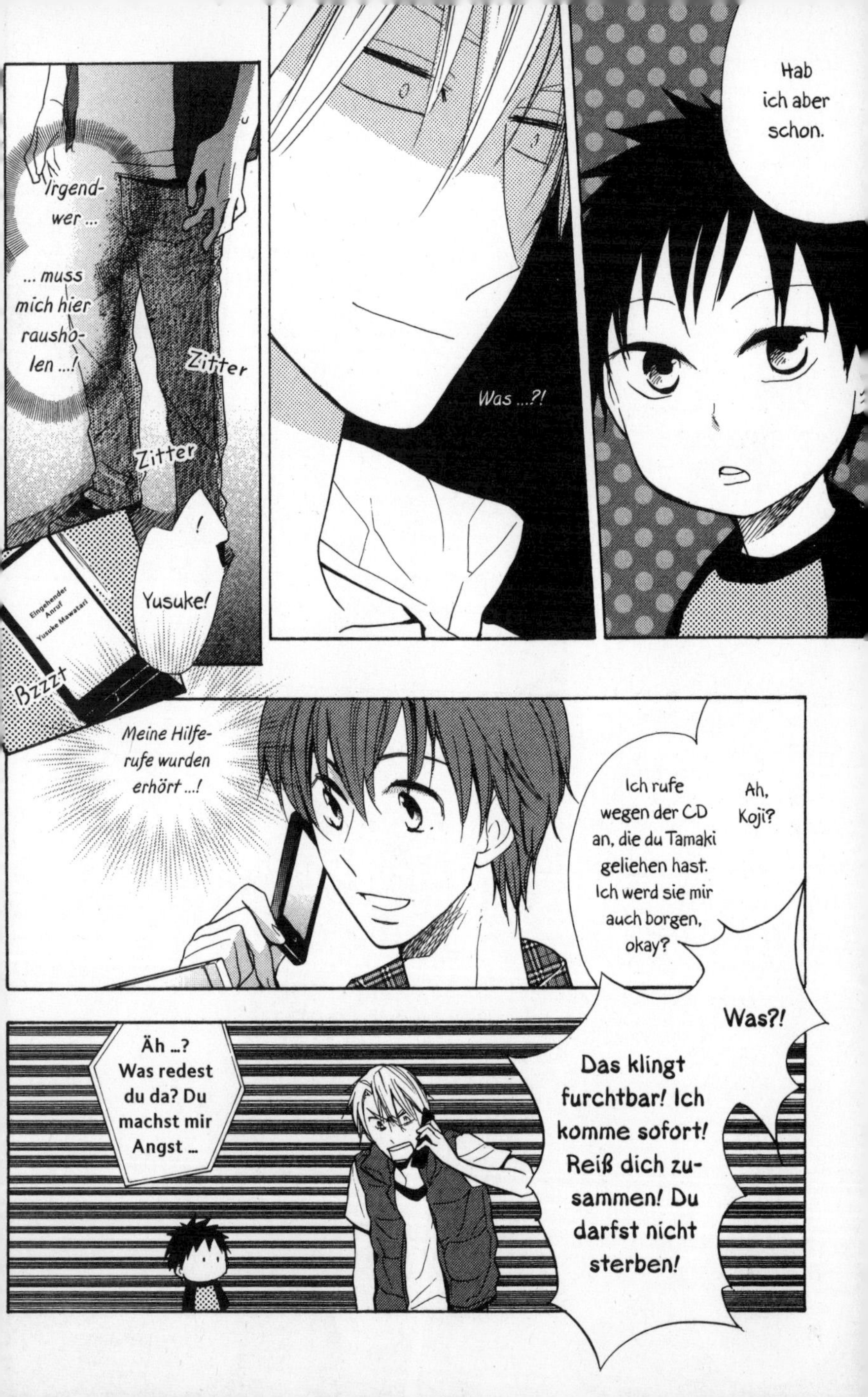
Hab ich aber schon.
Was ...?!
Irgendwer ...
... muss mich hier rausholen ...!
Zitter
Zitter
Yusuke!
Eingehender Anruf Yusuke Mawatari
Bzzzt
Ah, Koji?
Ich rufe wegen der CD an, die du Tamaki geliehen hast. Ich werd sie mir auch borgen, okay?
Meine Hilferufe wurden erhört ...!
Was?!
Das klingt furchtbar! Ich komme sofort! Reiß dich zusammen! Du darfst nicht sterben!
Äh ...? Was redest du da? Du machst mir Angst ...

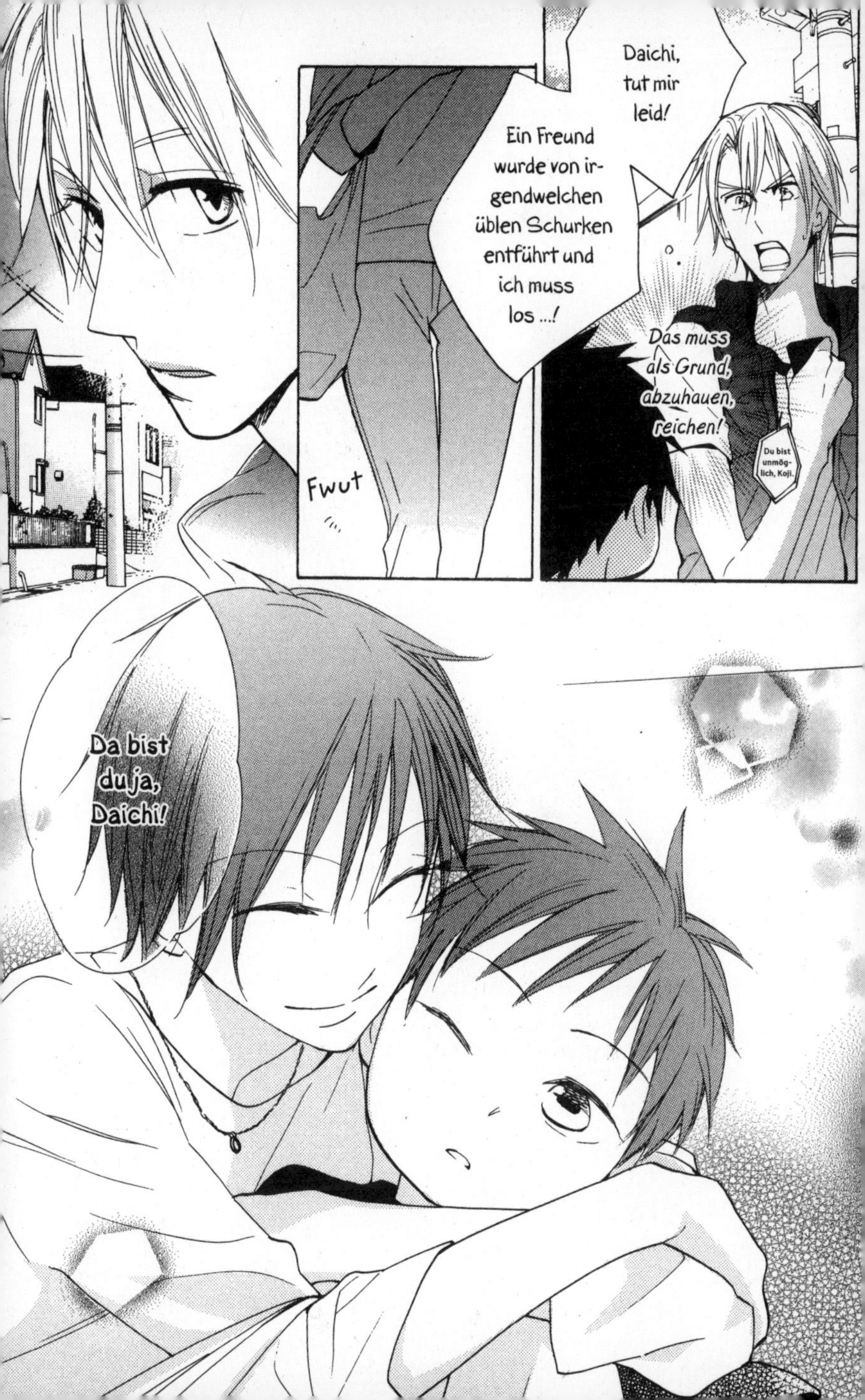
Daichi, tut mir leid!
Ein Freund wurde von irgendwelchen üblen Schurken entführt und ich muss los ...!
Das muss als Grund, abzuhauen, reichen!
Du bist unmöglich, Koji.
Fwut
Da bist du ja, Daichi!

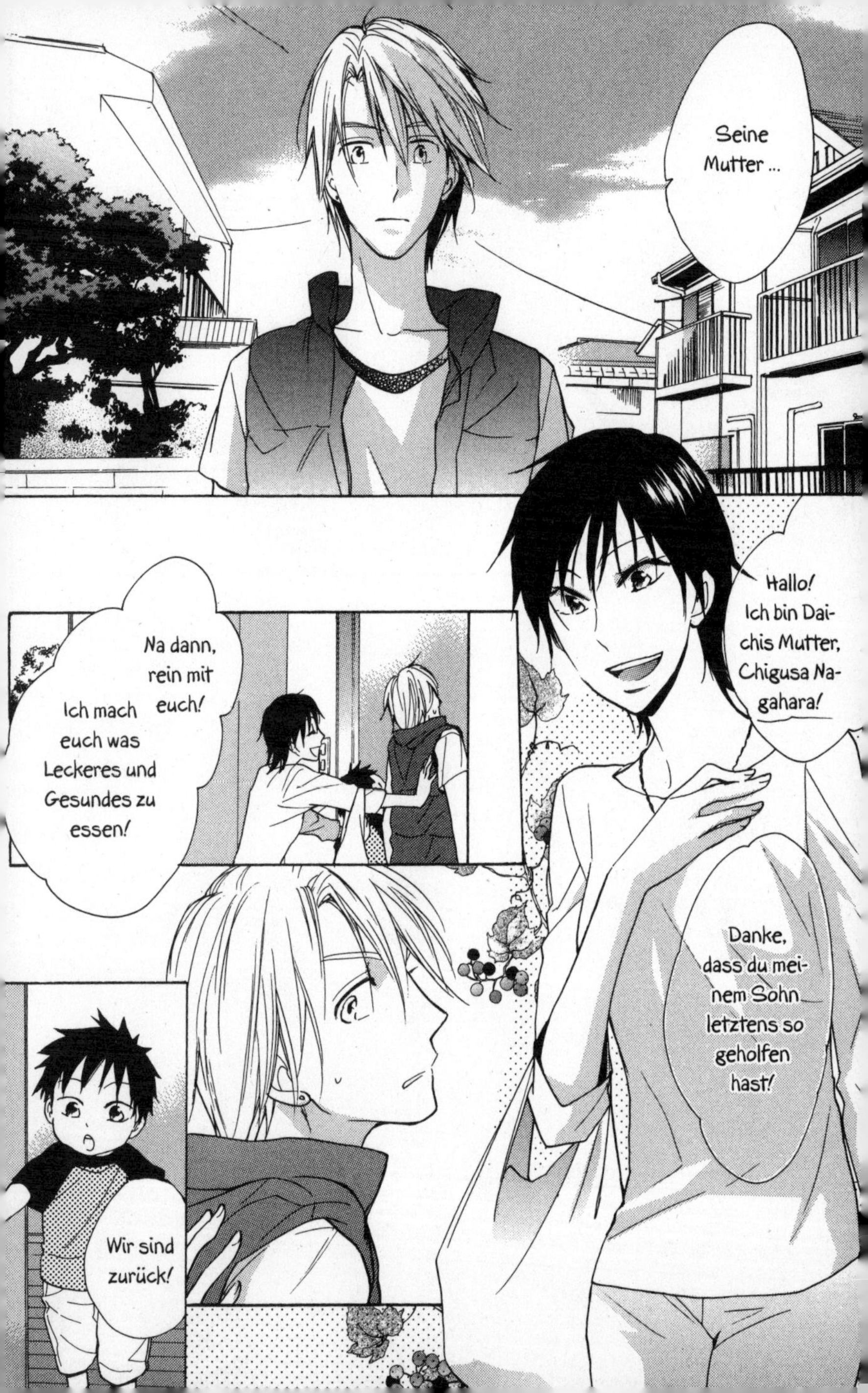

Seine Mutter ...
Hallo! Ich bin Daichis Mutter, Chigusa Nagahara!
Danke, dass du meinem Sohn letztens so geholfen hast!
Wir sind zurück!
Na dann, rein mit euch!
Ich mach euch was Leckeres und Gesundes zu essen!

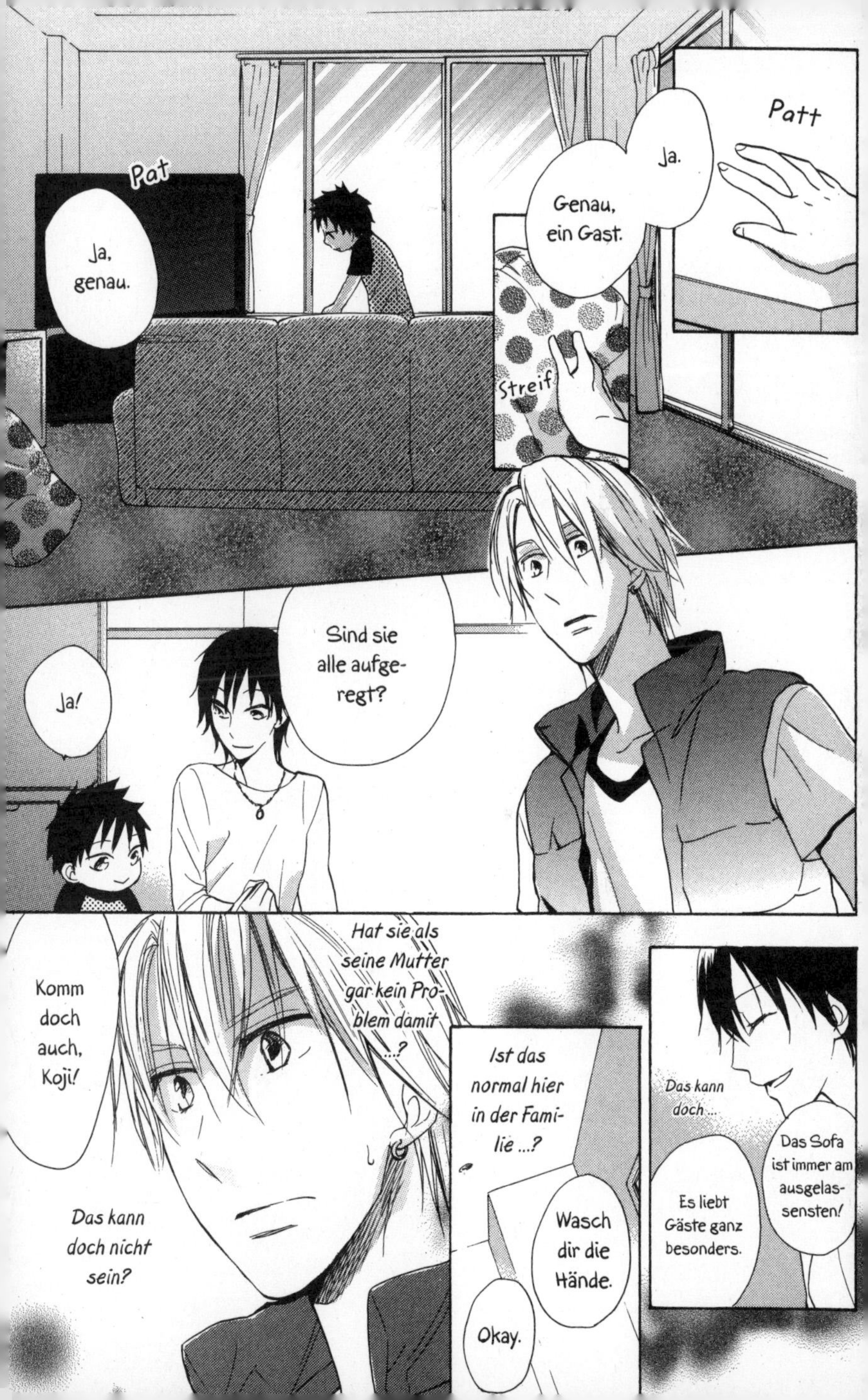

Patt
Ja.
Genau, ein Gast.
Streif
Pat
Ja, genau.
Sind sie alle aufgeregt?
Ja!
Das kann doch ...
Das Sofa ist immer am ausgelassensten!
Es liebt Gäste ganz besonders.
Ist das normal hier in der Familie ...?
Wasch dir die Hände.
Okay.
Hat sie als seine Mutter gar kein Problem damit ...?
Komm doch auch, Koji!
Das kann doch nicht sein?

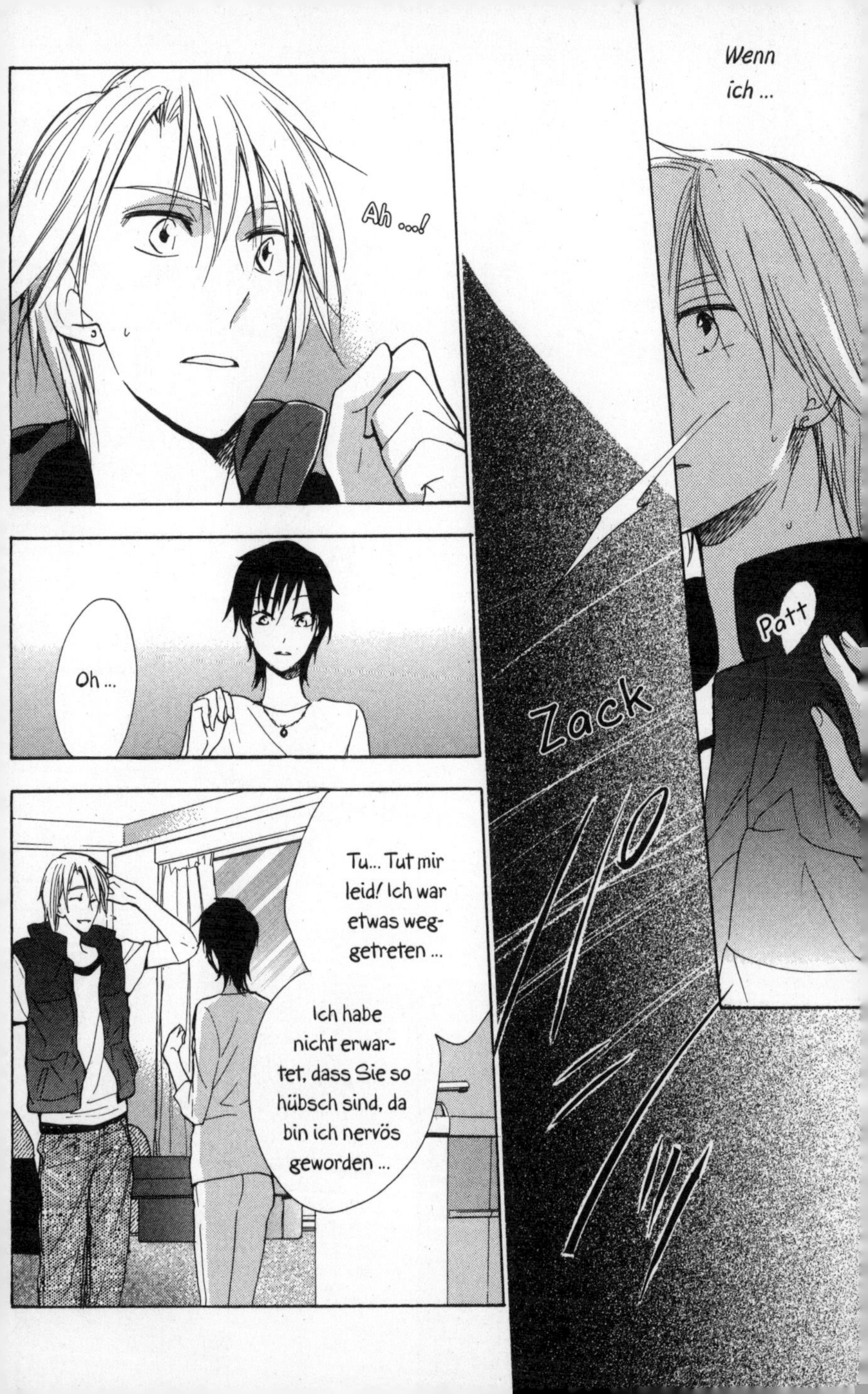
Wenn ich ...
Patt
Zack
Ah ...!
Oh ...
Tu... Tut mir leid! Ich war etwas weggetreten ...
Ich habe nicht erwartet, dass Sie so hübsch sind, da bin ich nervös geworden ...

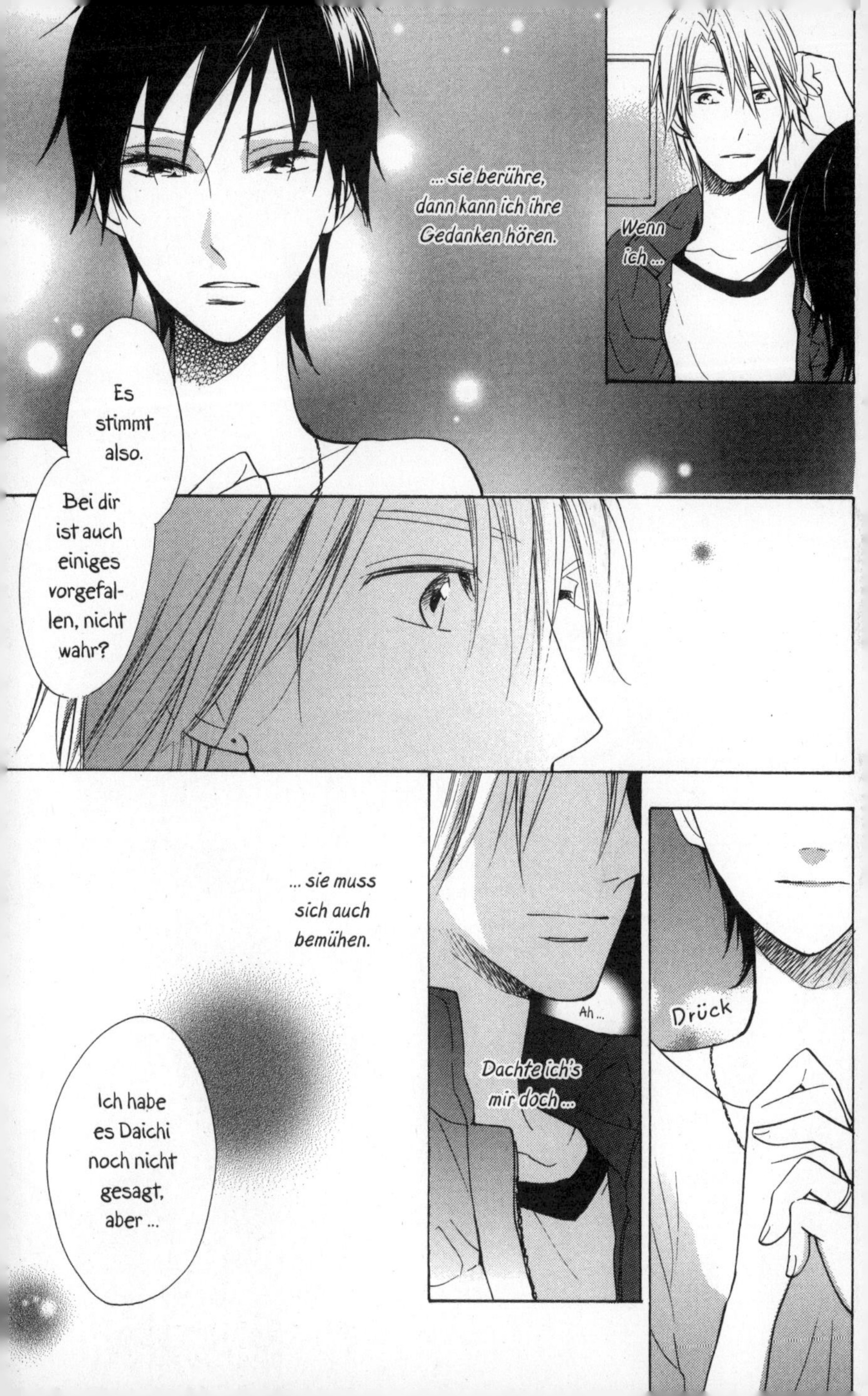

Wenn ich ...
... sie berühre, dann kann ich ihre Gedanken hören.
Es stimmt also.
Bei dir ist auch einiges vorgefallen, nicht wahr?
Drück
Ah ...
Dachte ich's mir doch ...
Ich habe es Daichi noch nicht gesagt, aber ...
... sie muss sich auch bemühen.

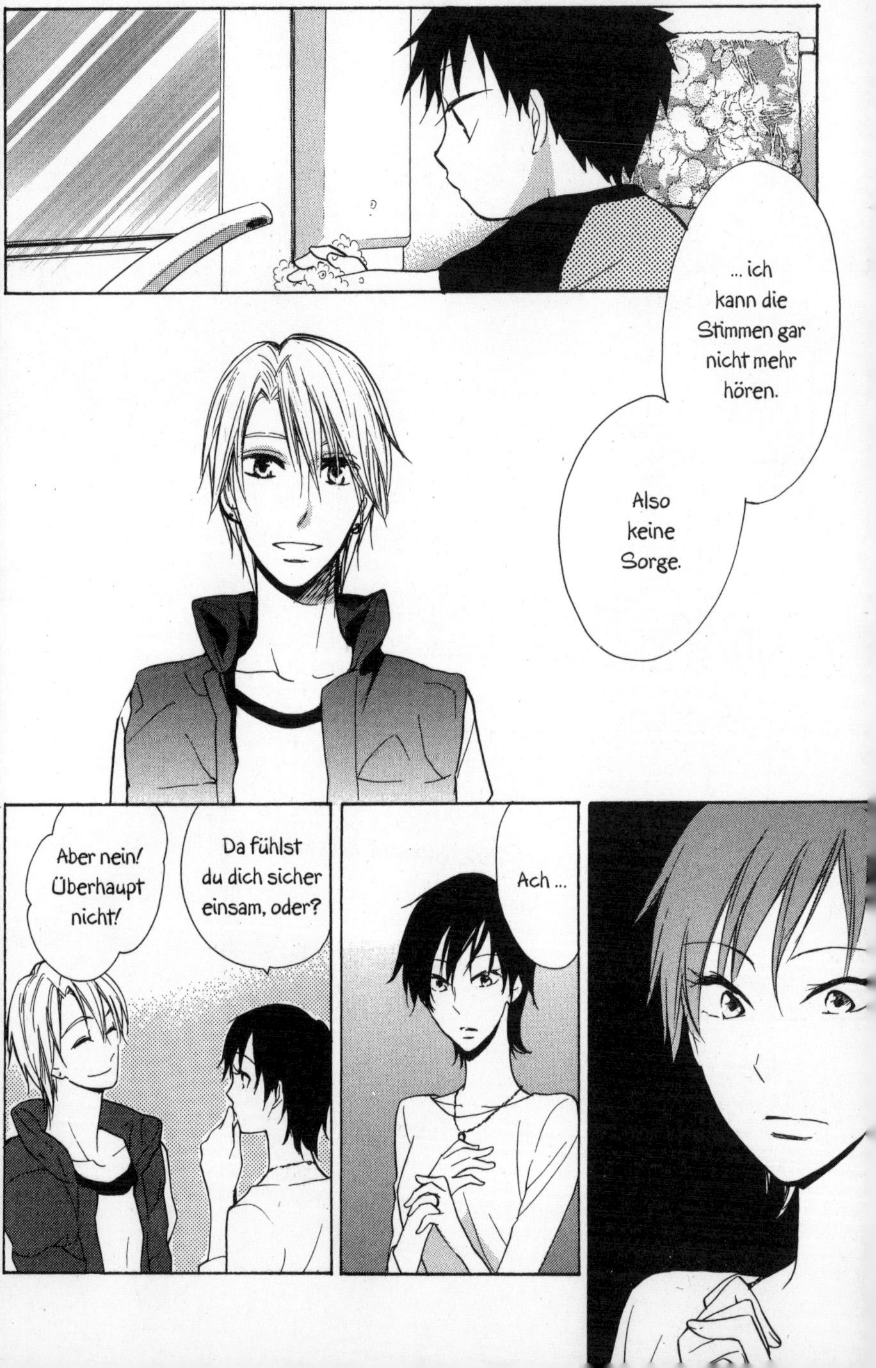

... ich kann die Stimmen gar nicht mehr hören.
Also keine Sorge.
Ach ...
Da fühlst du dich sicher einsam, oder?
Aber nein! Überhaupt nicht!

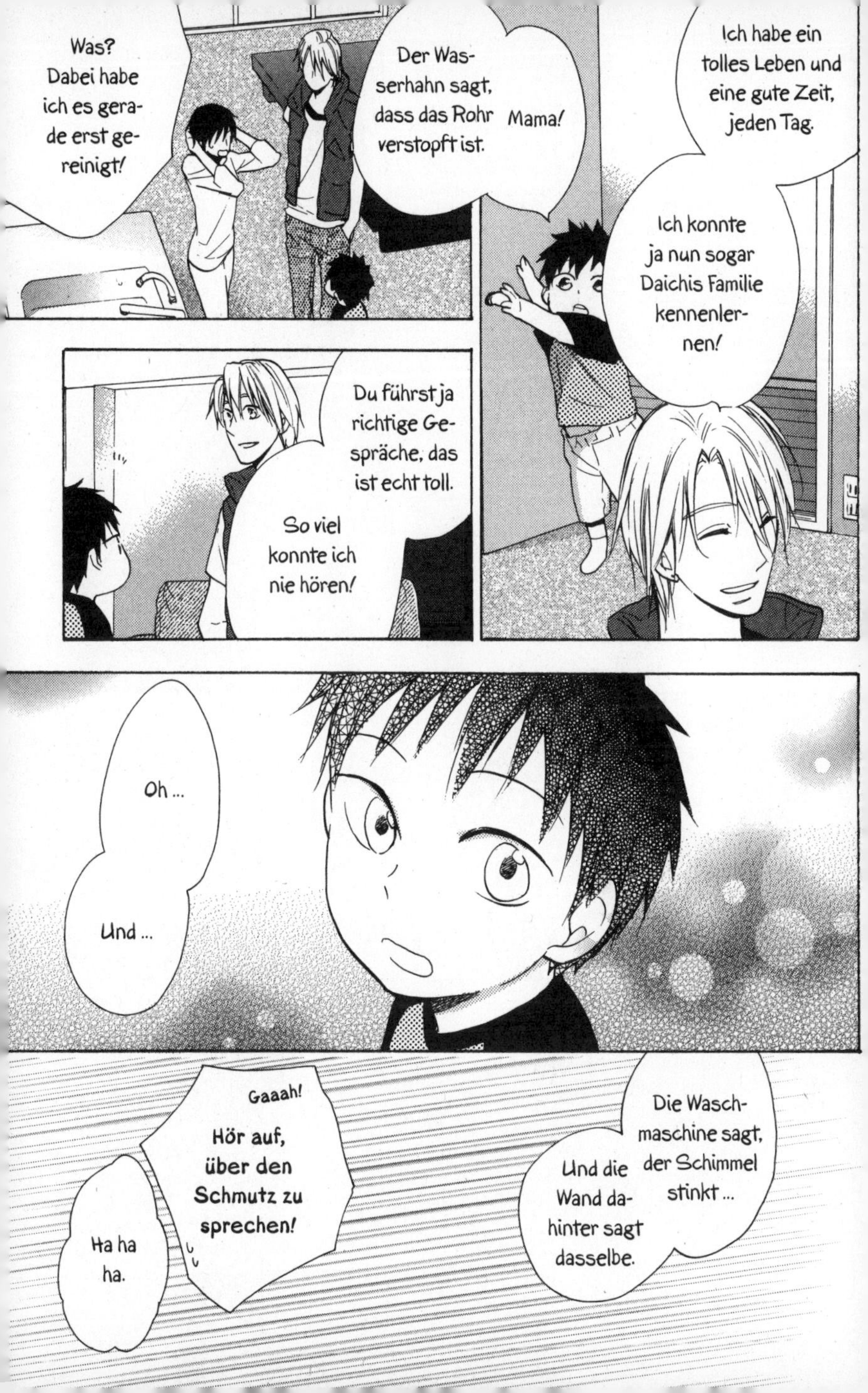
Ich habe ein tolles Leben und eine gute Zeit, jeden Tag.
Ich konnte ja nun sogar Daichis Familie kennenlernen!
Mama!
Der Wasserhahn sagt, dass das Rohr verstopft ist.
Was? Dabei habe ich es gerade erst gereinigt!
Du führst ja richtige Gespräche, das ist echt toll.
So viel konnte ich nie hören!
Oh ...
Und ...
Die Waschmaschine sagt, der Schimmel stinkt ...
Und die Wand dahinter sagt dasselbe.
Gaaah!
Hör auf, über den Schmutz zu sprechen!
Ha ha ha.

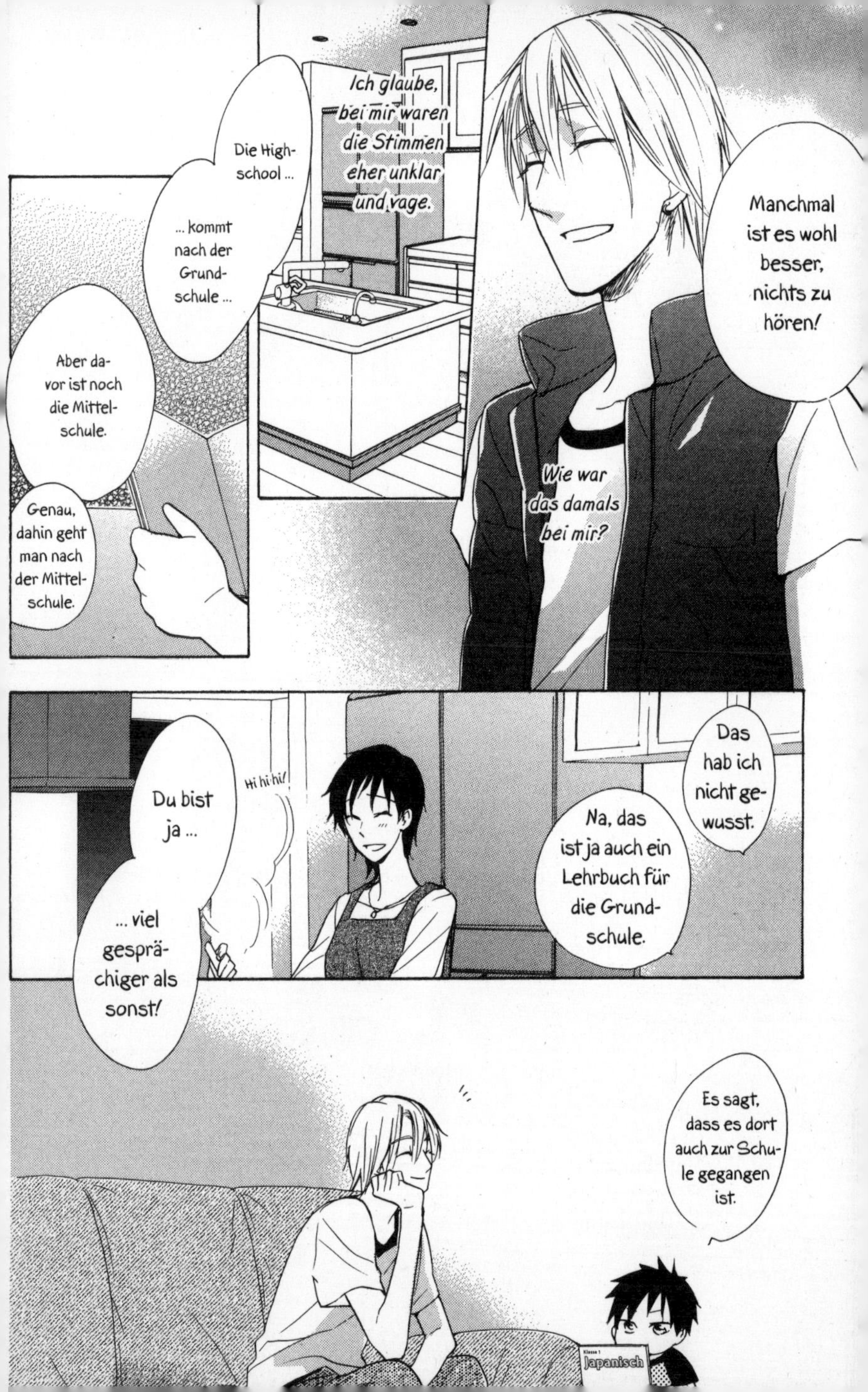

Manchmal ist es wohl besser, nichts zu hören!
Ich glaube, bei mir waren die Stimmen eher unklar und vage.
Wie war das damals bei mir?
Die Highschool ...
... kommt nach der Grundschule ...
Aber davor ist noch die Mittelschule.
Genau, dahin geht man nach der Mittelschule.
Das hab ich nicht gewusst.
Na, das ist ja auch ein Lehrbuch für die Grundschule.
Hi hi hi!
Du bist ja ...
... viel gesprächiger als sonst!
Es sagt, dass es dort auch zur Schule gegangen ist.
Klasse 1 Japanisch

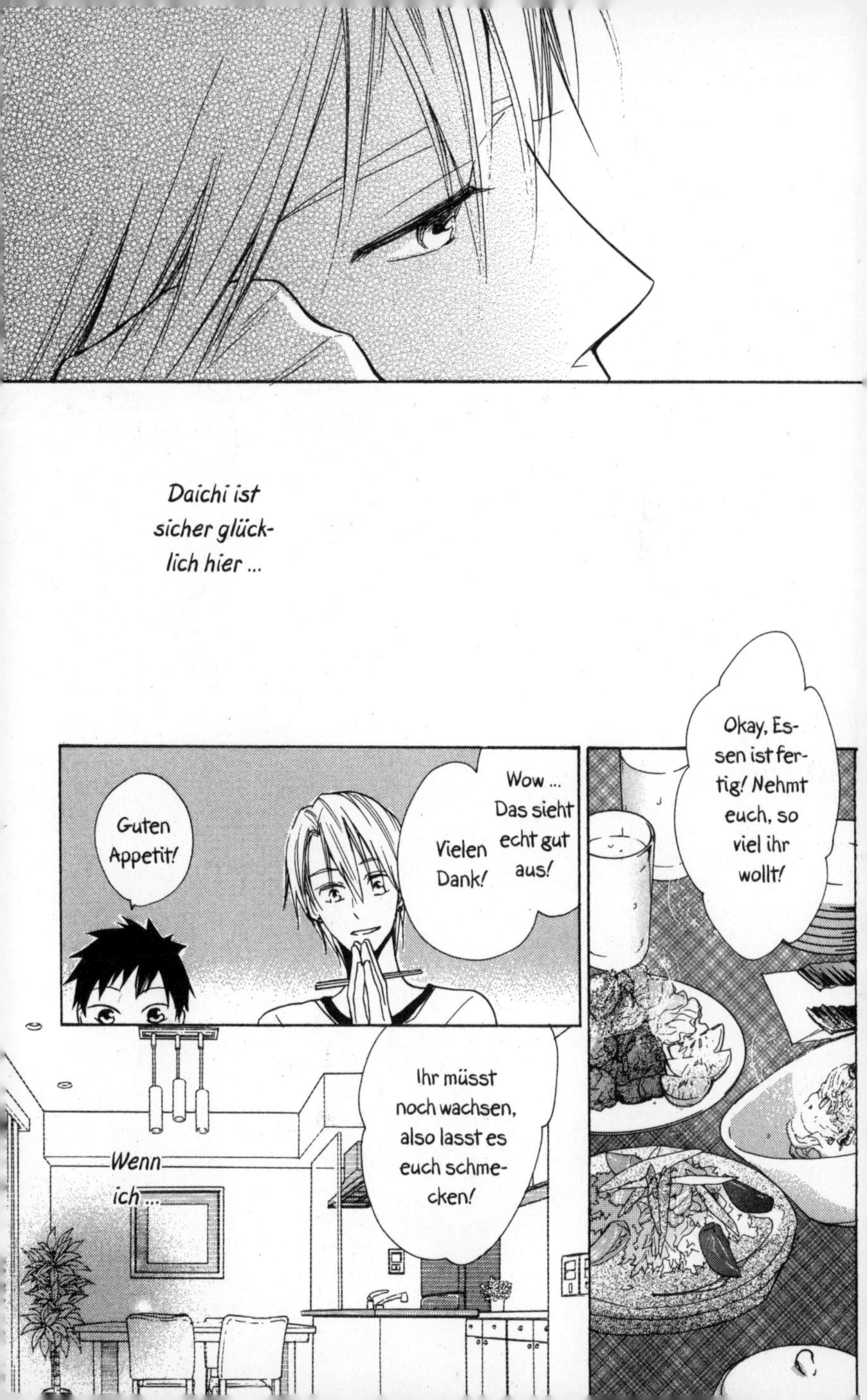
Daichi ist sicher glück-lich hier ...
Okay, Es-sen ist fer-tig! Nehmt euch, so viel ihr wollt!
Wow ... Das sieht echt gut aus!
Vielen Dank!
Guten Appetit!
Ihr müsst noch wachsen, also lasst es euch schme-cken!
Wenn ich ...

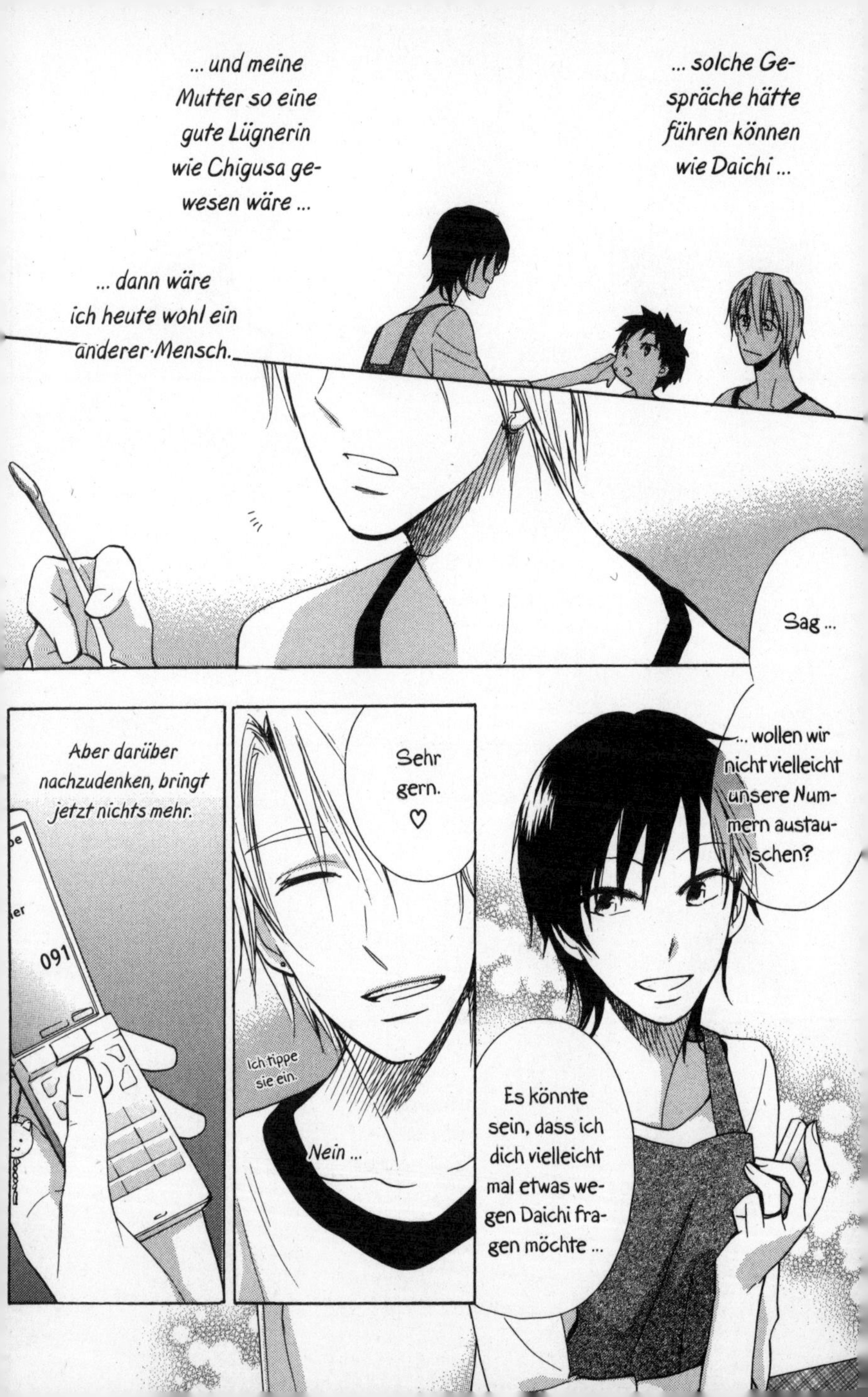
... solche Gespräche hätte führen können wie Daichi ...
... und meine Mutter so eine gute Lügnerin wie Chigusa gewesen wäre ...
... dann wäre ich heute wohl ein anderer Mensch.
Sag ...
... wollen wir nicht vielleicht unsere Nummern austauschen?
Es könnte sein, dass ich dich vielleicht mal etwas wegen Daichi fragen möchte ...
Sehr gern. ♡
Nein ...
Ich tippe sie ein.
Aber darüber nachzudenken, bringt jetzt nichts mehr.

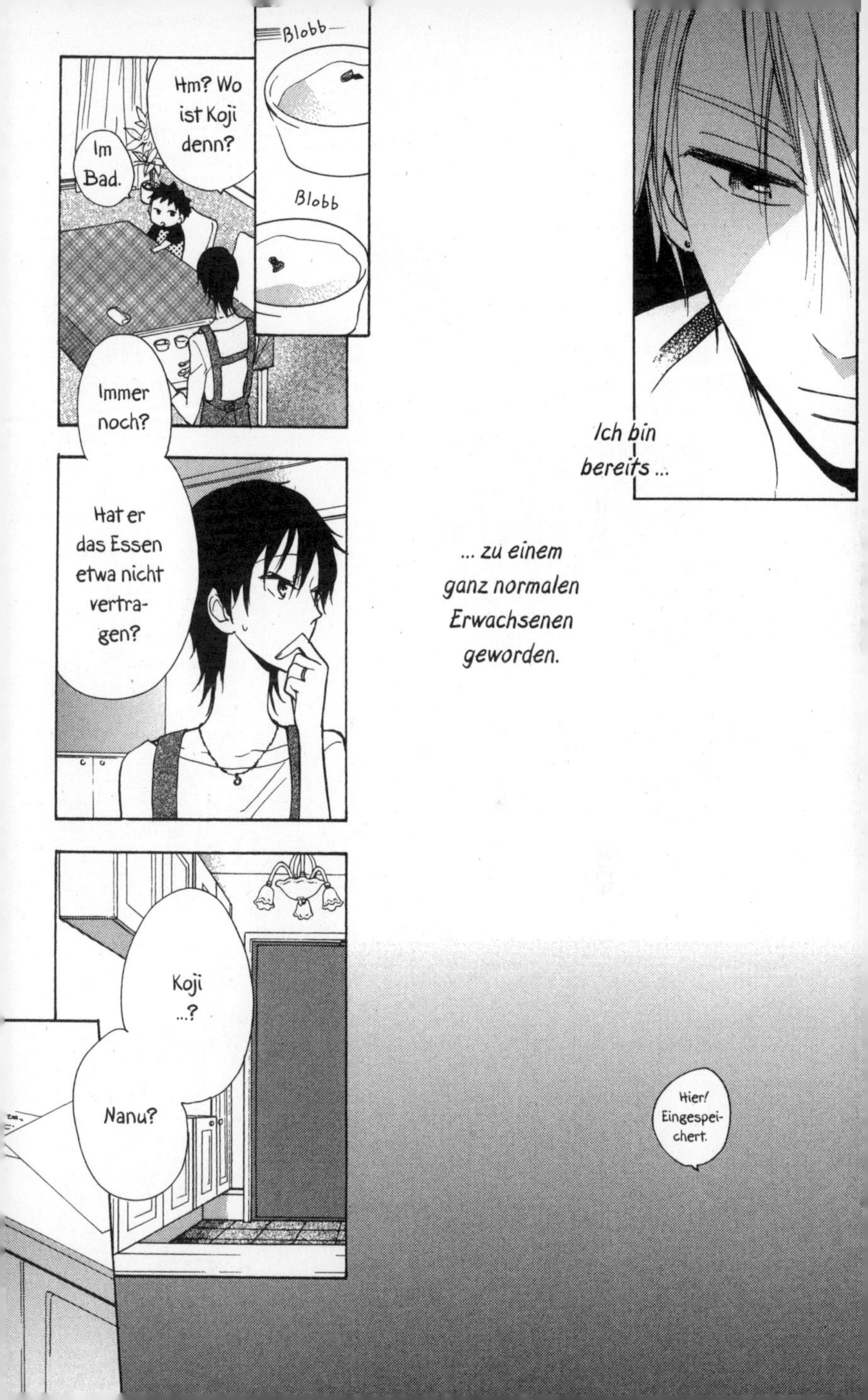
Ich bin bereits ...
... zu einem ganz normalen Erwachsenen geworden.
Hier! Eingespeichert.
Blobb
Blobb
Hm? Wo ist Koji denn?
Im Bad.
Immer noch?
Hat er das Essen etwa nicht vertragen?
Koji ...?
Nanu?

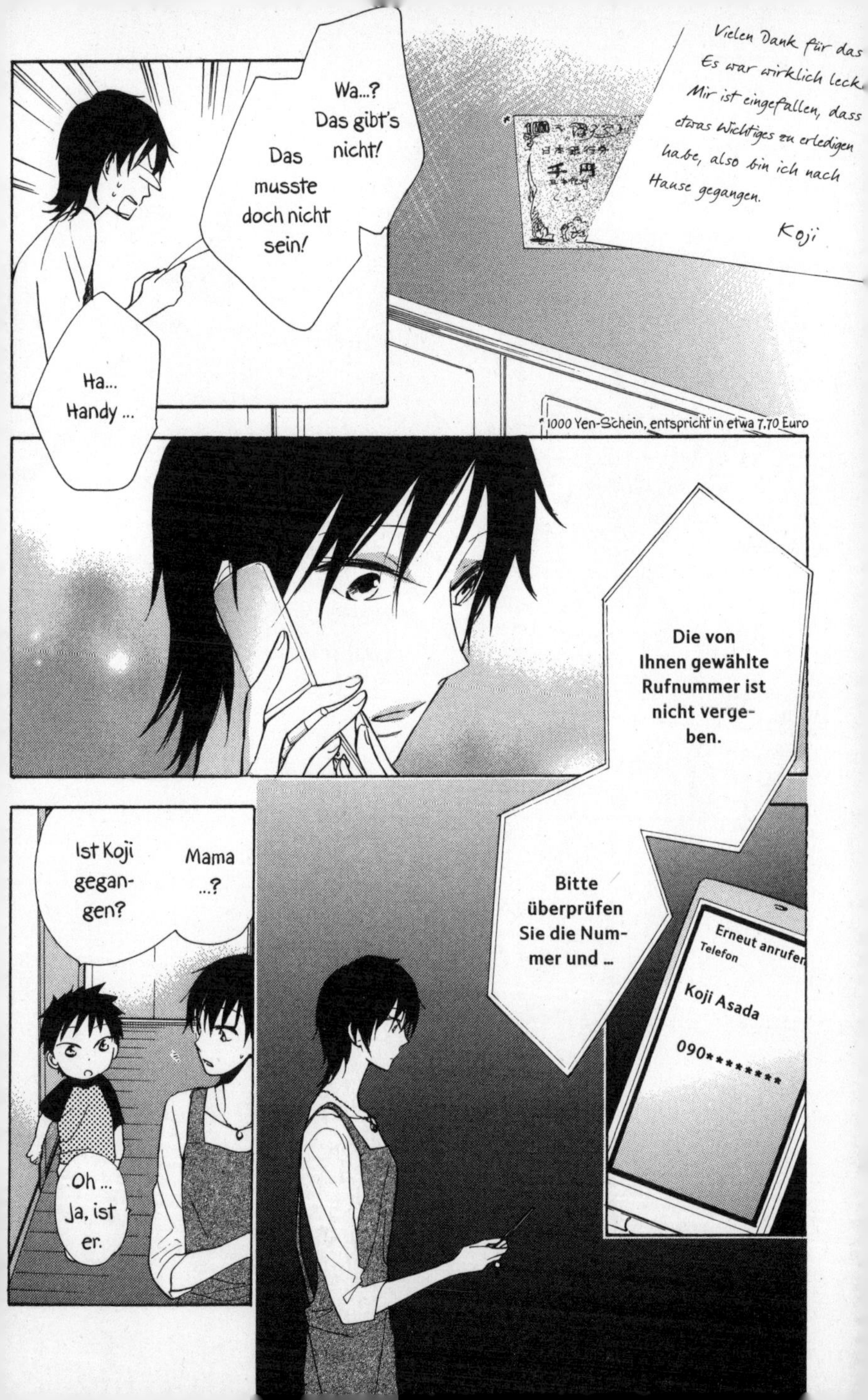

Vielen Dank für das
Es war wirklich leck
Mir ist eingefallen, dass
etwas Wichtiges zu erledigen
habe, also bin ich nach
Hause gegangen.
Koji
Wa...? Das gibt's nicht!
Das musste doch nicht sein!
Ha... Handy ...
*1000 Yen-Schein, entspricht in etwa 7,70 Euro
Die von Ihnen gewählte Rufnummer ist nicht verge-ben.
Bitte überprüfen Sie die Num-mer und ...
Erneut anrufen
Telefon
Koji Asada
090********
Mama ...?
Ist Koji gegan-gen?
Oh ... Ja, ist er.

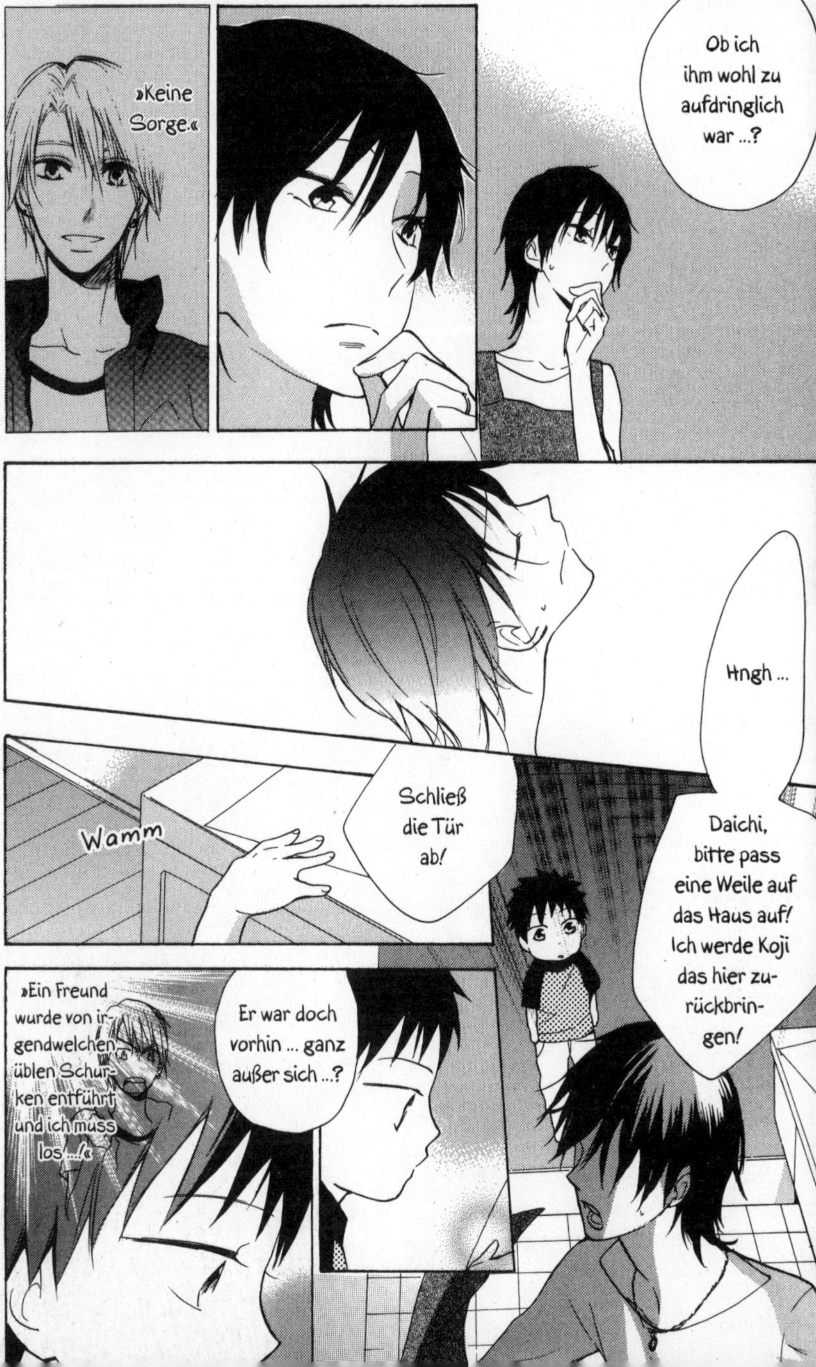
Ob ich ihm wohl zu aufdringlich war ...?
»Keine Sorge.«
Hngh ...
Daichi, bitte pass eine Weile auf das Haus auf! Ich werde Koji das hier zurückbringen!
Schließ die Tür ab!
Wamm
Er war doch vorhin ... ganz außer sich ...?
»Ein Freund wurde von irgendwelchen üblen Schurken entführt und ich muss los ...!«

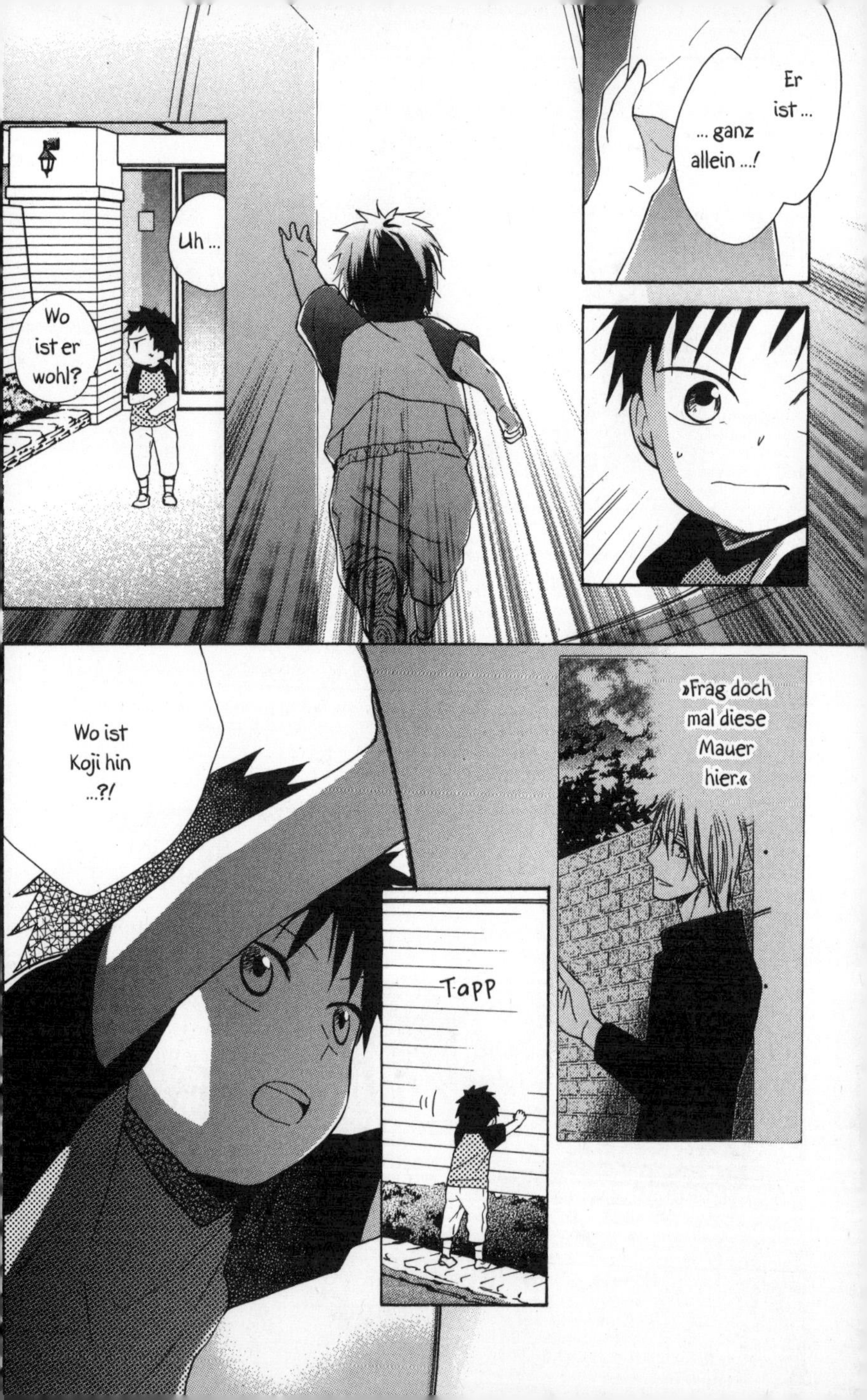
Er ist ...
... ganz allein ...!
Uh ...
Wo ist er wohl?
»Frag doch mal diese Mauer hier.«
Wo ist Koji hin ...?!
Tapp

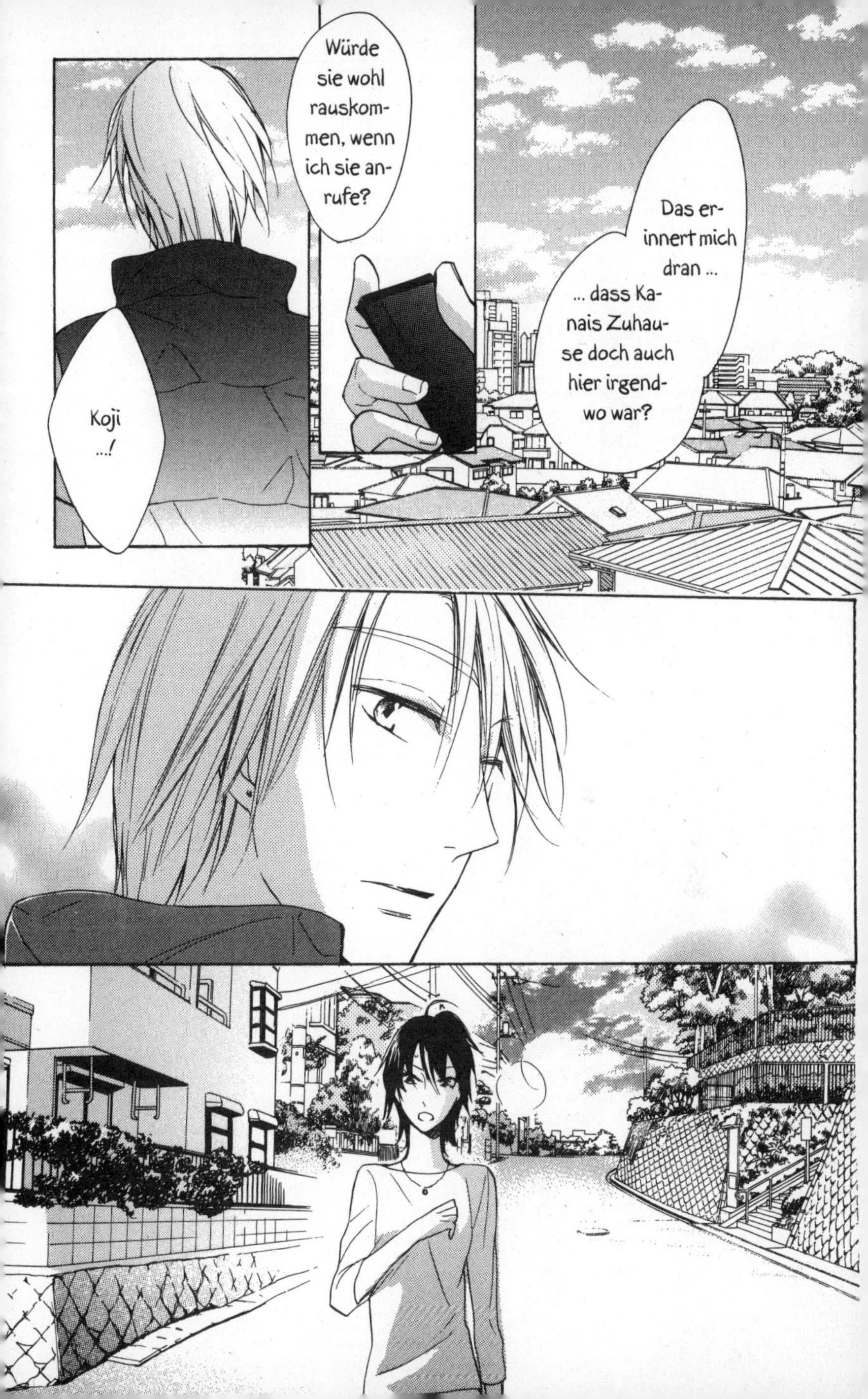
Das erinnert mich dran ...
... dass Kanais Zuhause doch auch hier irgendwo war?
Würde sie wohl rauskommen, wenn ich sie anrufe?
Koji ...!

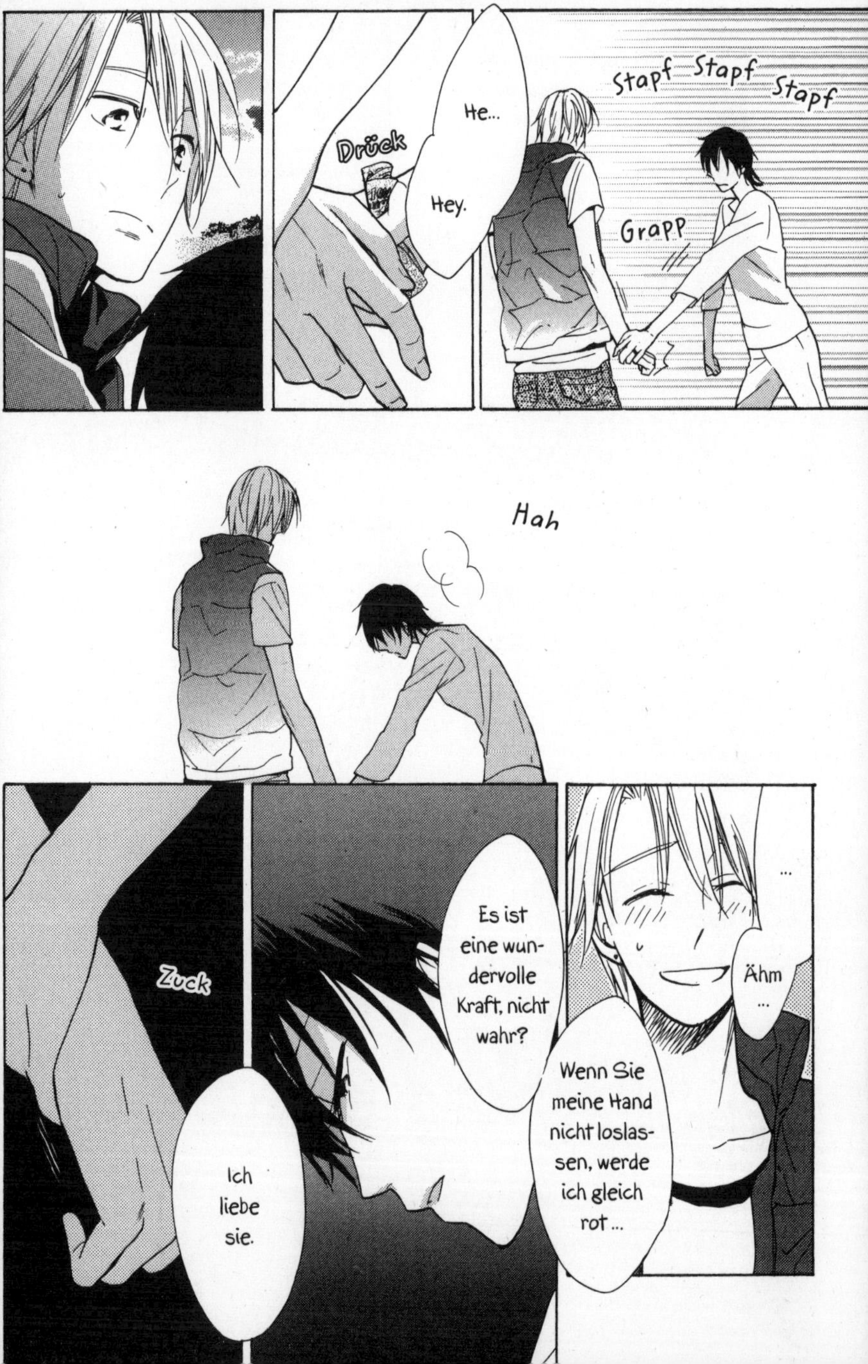
Stapf Stapf Stapf
Grapp
He...
Hey.
Drück
Hah
...
Ähm ...
Es ist eine wundervolle Kraft, nicht wahr?
Wenn Sie meine Hand nicht loslassen, werde ich gleich rot ...
Zuck
Ich liebe sie.

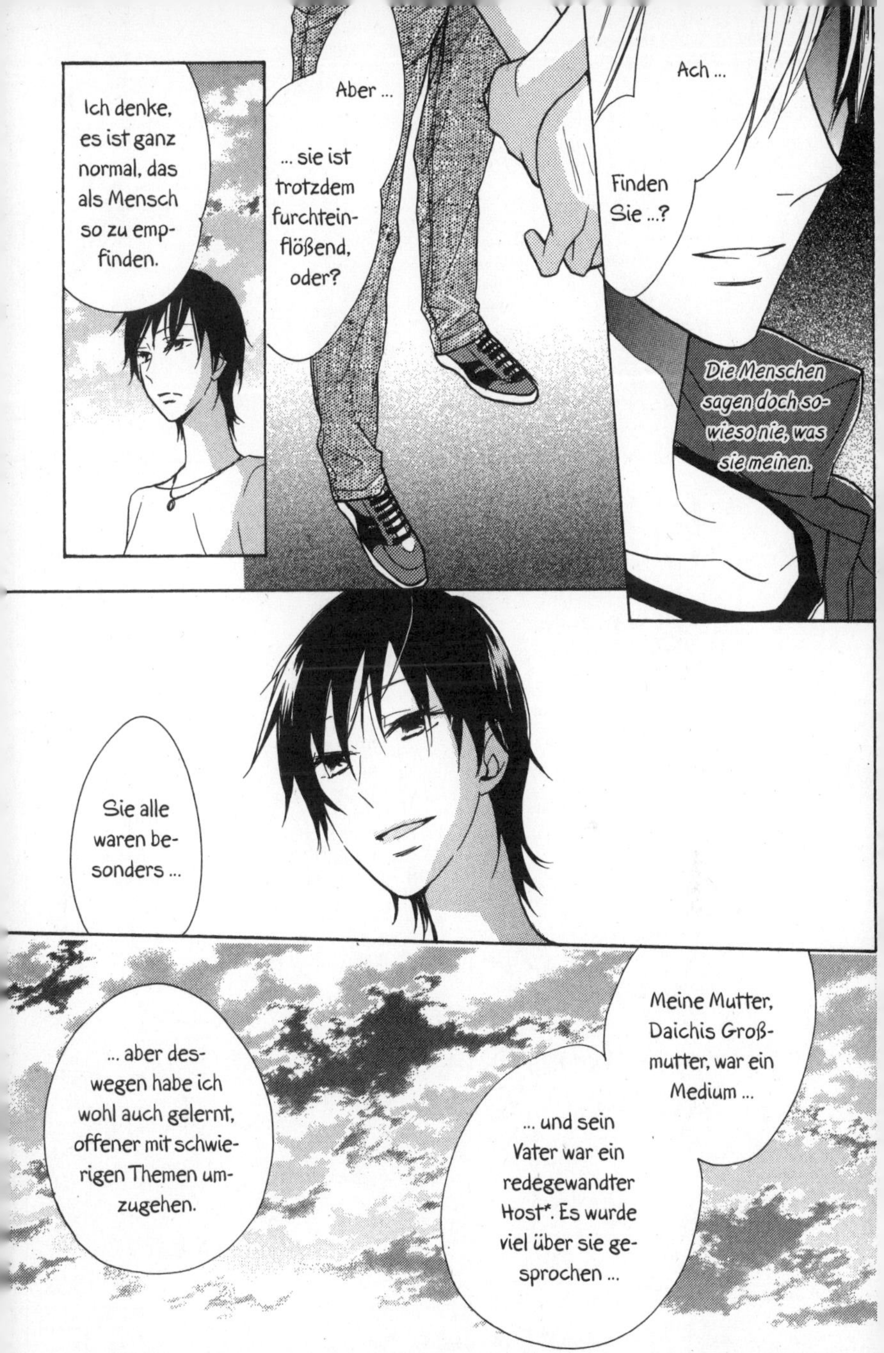

*attraktiver Barmitarbeiter, der den Kundinnen romantische Gefühle vorspielt, um sie zum Kaufen zu animieren oder teure Geschenke zu erhalten

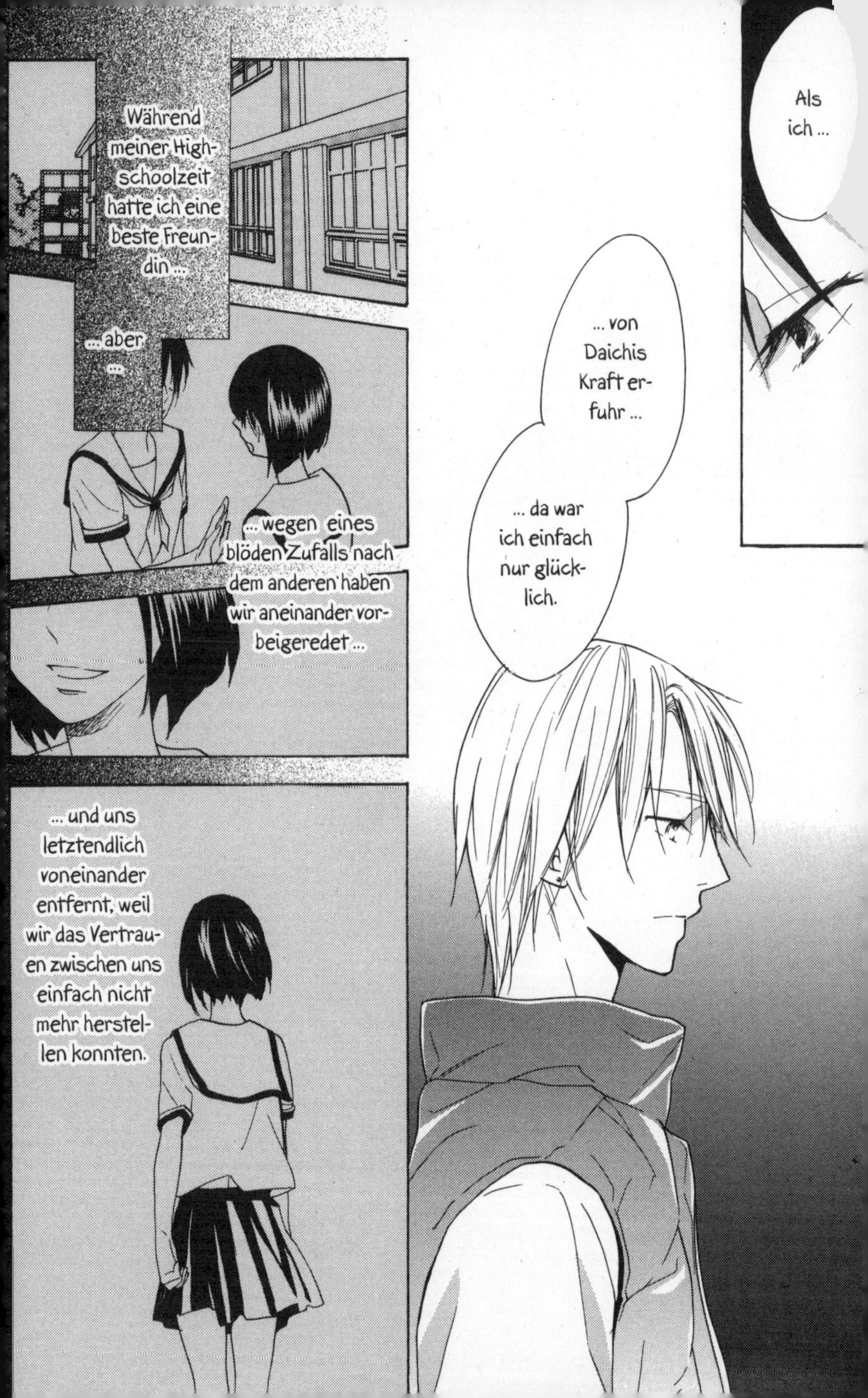
Als ich ...
... von Daichis Kraft erfuhr ...
... da war ich einfach nur glücklich.
Während meiner Highschoolzeit hatte ich eine beste Freundin ...
... aber ...
... wegen eines blöden Zufalls nach dem anderen haben wir aneinander vorbeigeredet ...
... und uns letztendlich voneinander entfernt, weil wir das Vertrauen zwischen uns einfach nicht mehr herstellen konnten.

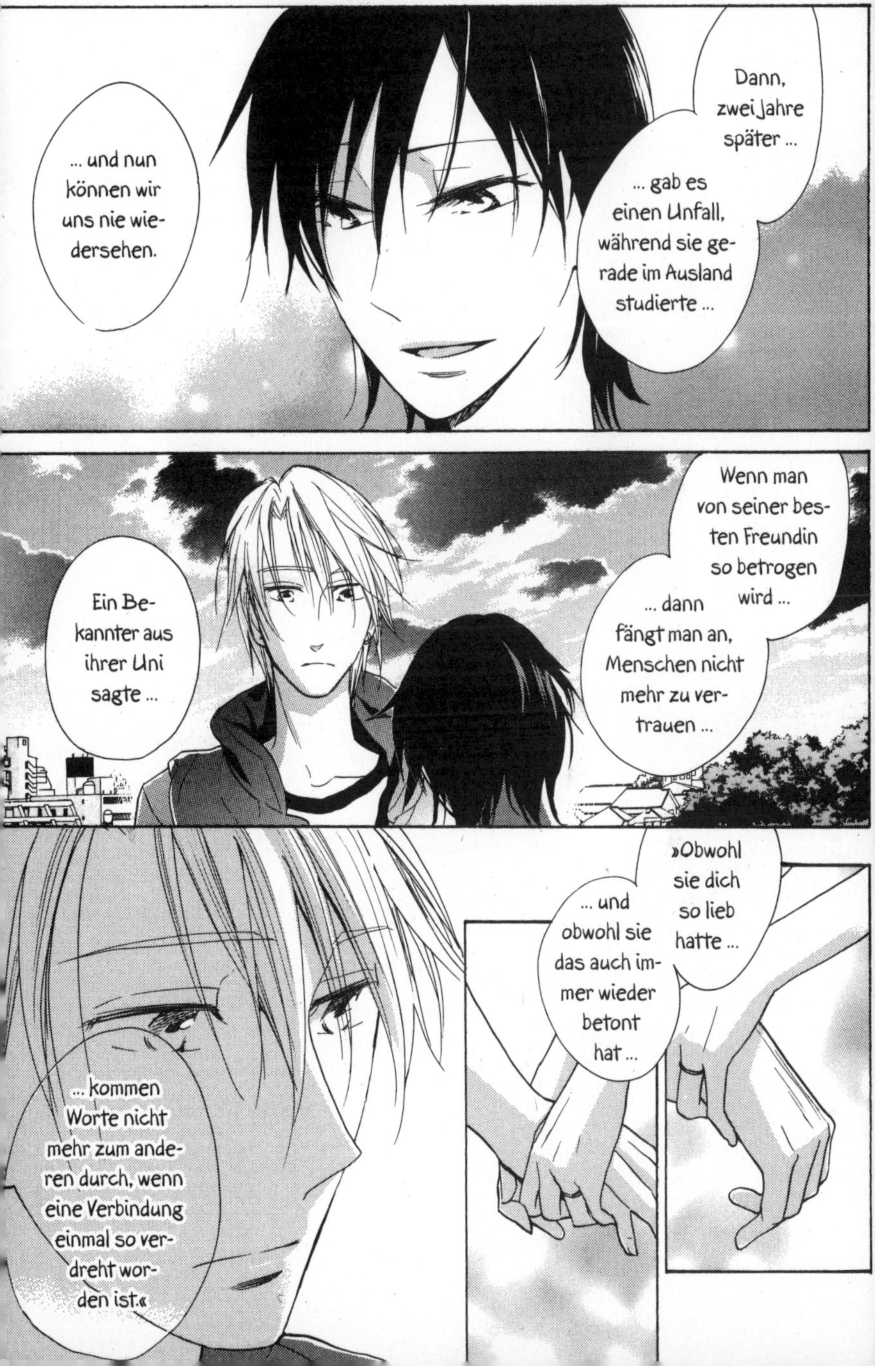
Dann, zwei Jahre später ...
... gab es einen Unfall, während sie gerade im Ausland studierte ...
... und nun können wir uns nie wiedersehen.
Wenn man von seiner besten Freundin so betrogen wird ...
... dann fängt man an, Menschen nicht mehr zu vertrauen ...
Ein Bekannter aus ihrer Uni sagte ...
»Obwohl sie dich so lieb hatte ...
... und obwohl sie das auch immer wieder betont hat ...
... kommen Worte nicht mehr zum anderen durch, wenn eine Verbindung einmal so verdreht worden ist.«

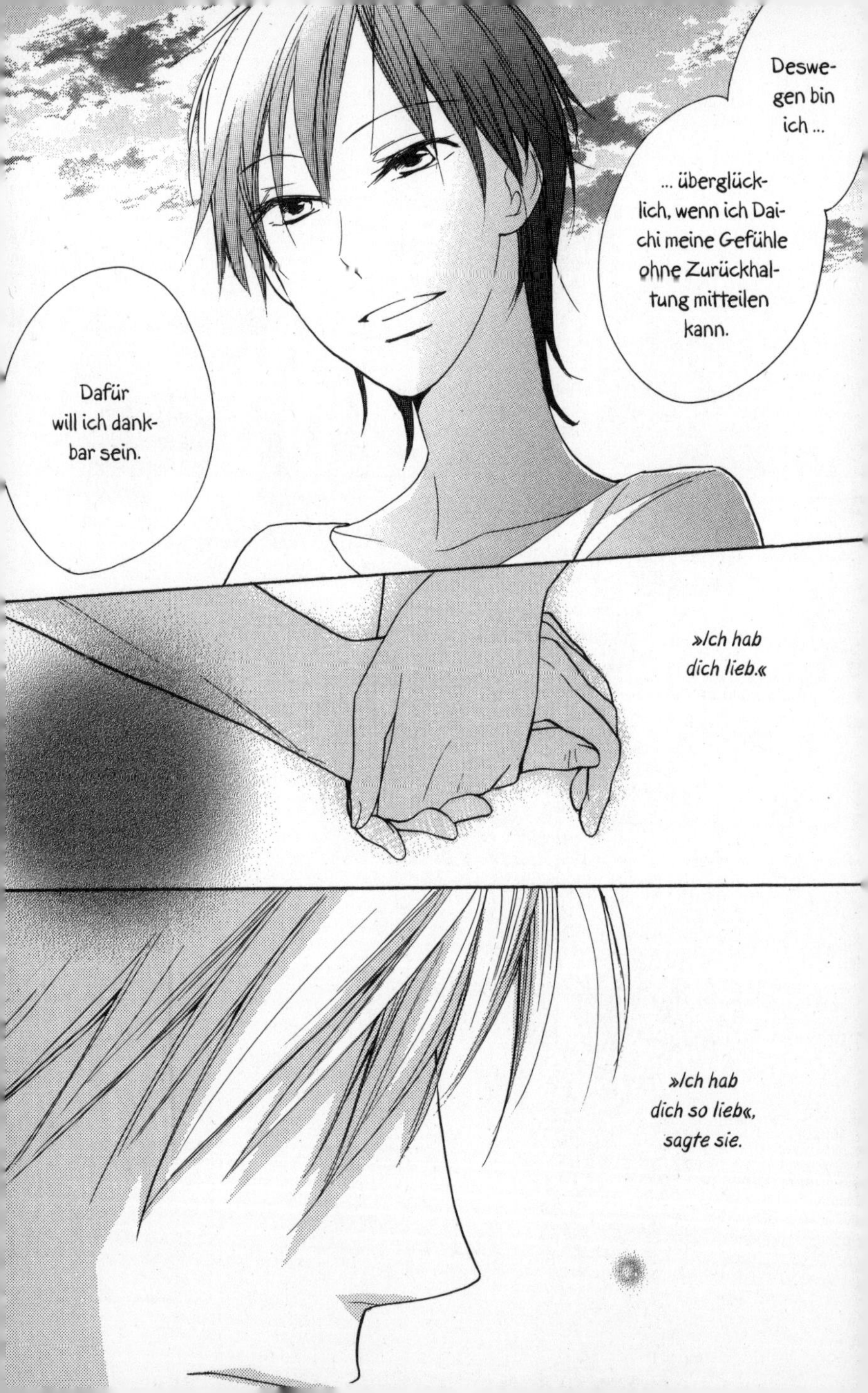
Deswegen bin ich ...
... überglücklich, wenn ich Daichi meine Gefühle ohne Zurückhaltung mitteilen kann.
Dafür will ich dankbar sein.
»Ich hab dich lieb.«
»Ich hab dich so lieb«, sagte sie.

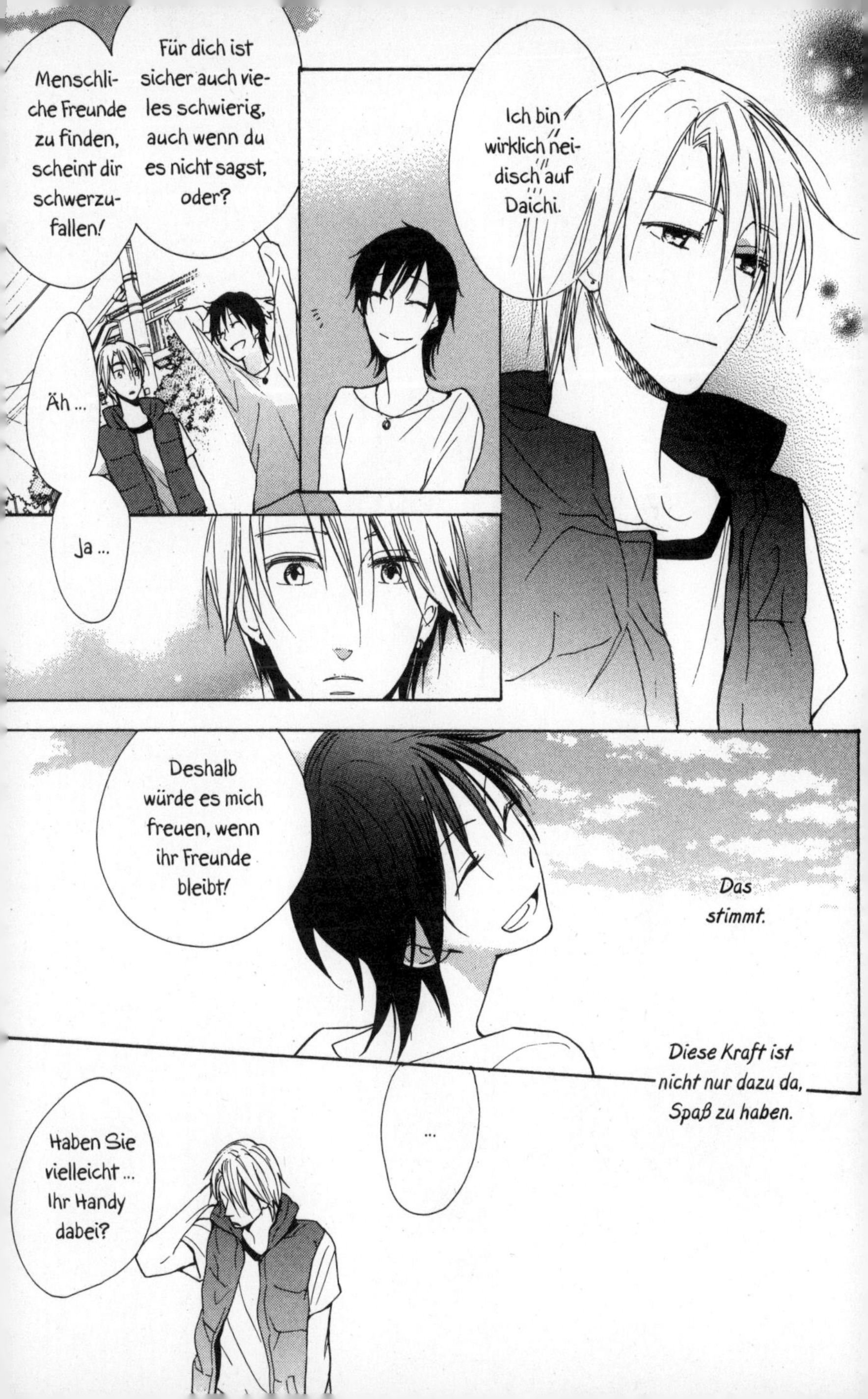

Ich bin wirklich neidisch auf Daichi.
Für dich ist sicher auch vieles schwierig, auch wenn du es nicht sagst, oder?
Menschliche Freunde zu finden, scheint dir schwerzufallen!
Äh ...
Ja ...
Deshalb würde es mich freuen, wenn ihr Freunde bleibt!
Das stimmt.
Diese Kraft ist nicht nur dazu da, Spaß zu haben.
...
Haben Sie vielleicht ... Ihr Handy dabei?

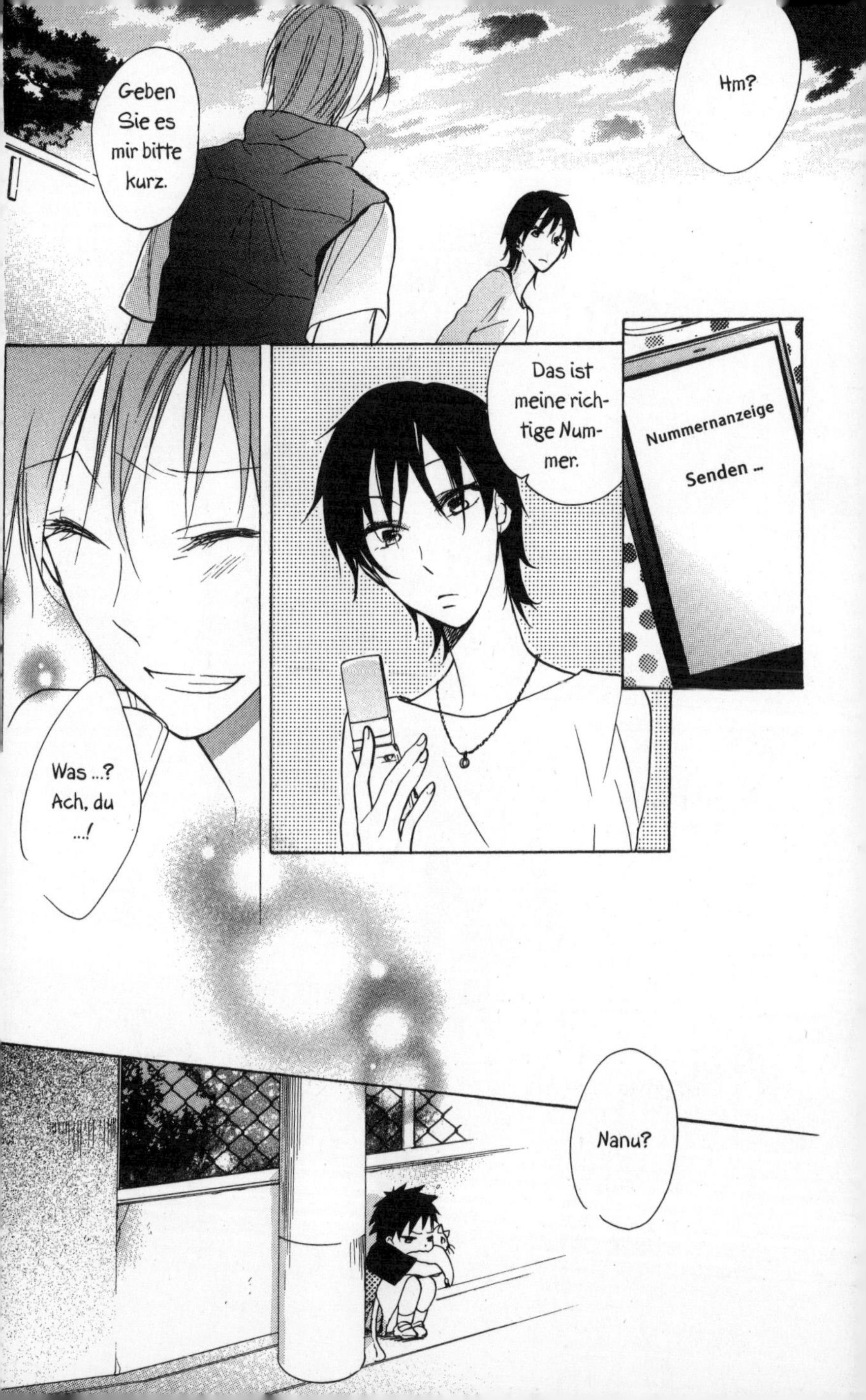
Hm?
Geben Sie es mir bitte kurz.
Nummernanzeige
Senden ...
Das ist meine richtige Nummer.
Was ...? Ach, du ...!
Nanu?

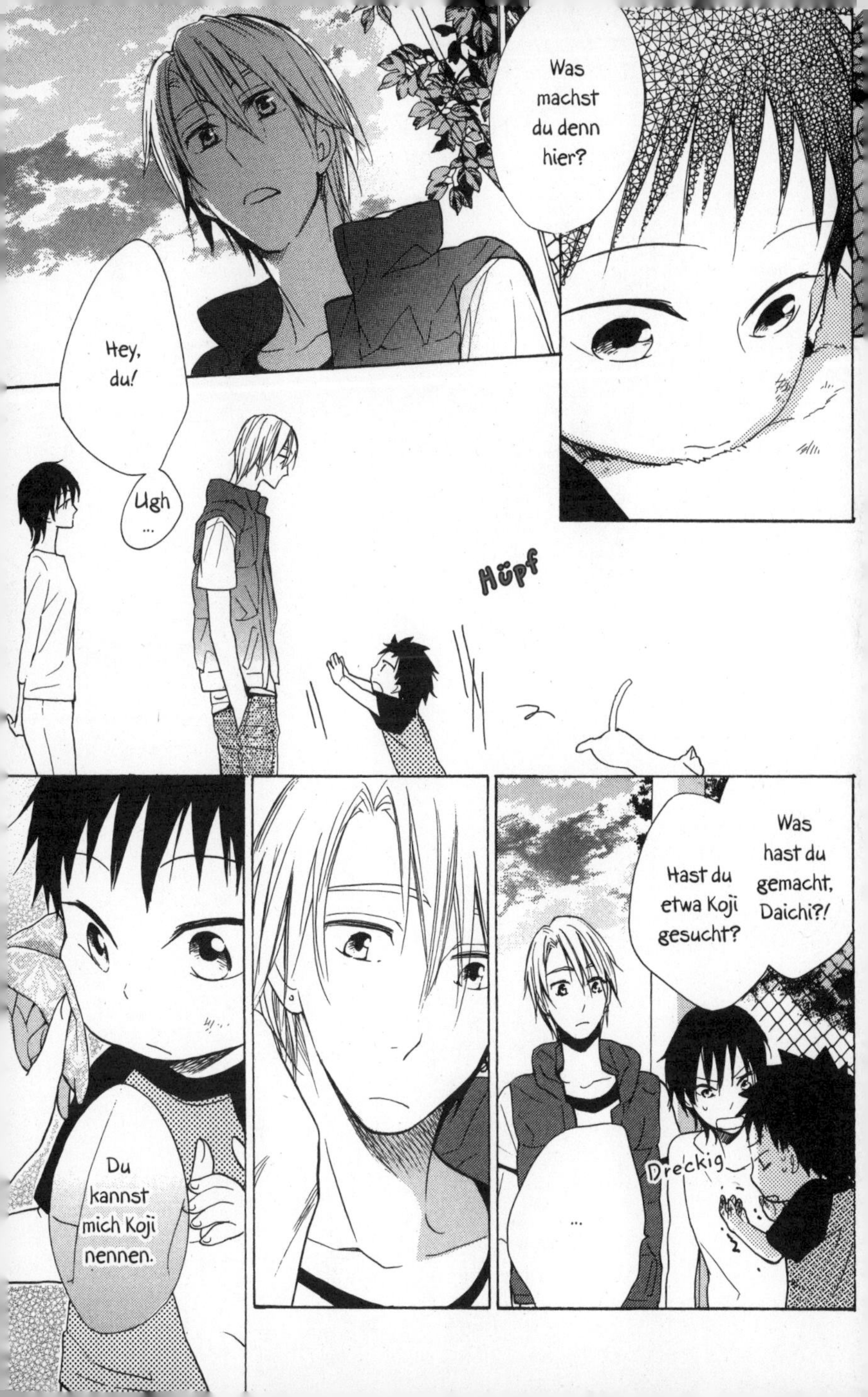
Was machst du denn hier?
Hey, du!
Ugh ...
Hüpf
Was hast du gemacht, Daichi?!
Hast du etwa Koji gesucht?
Dreckig
...
Du kannst mich Koji nennen.

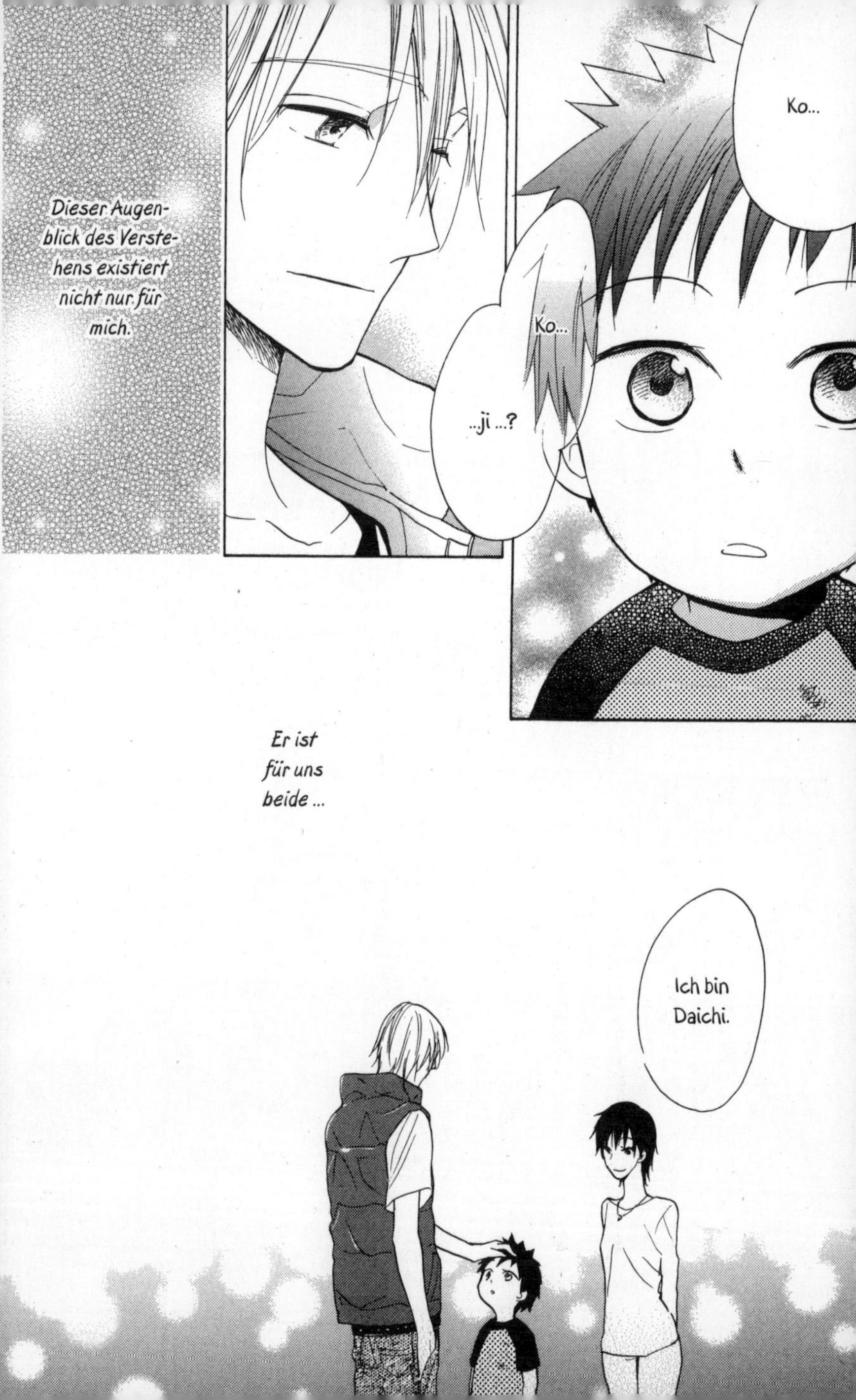
Ko...
Ko...
..ji ...?
Dieser Augen-
blick des Verste-
hens existiert
nicht nur für
mich.
Er ist
für uns
beide ...
Ich bin
Daichi.

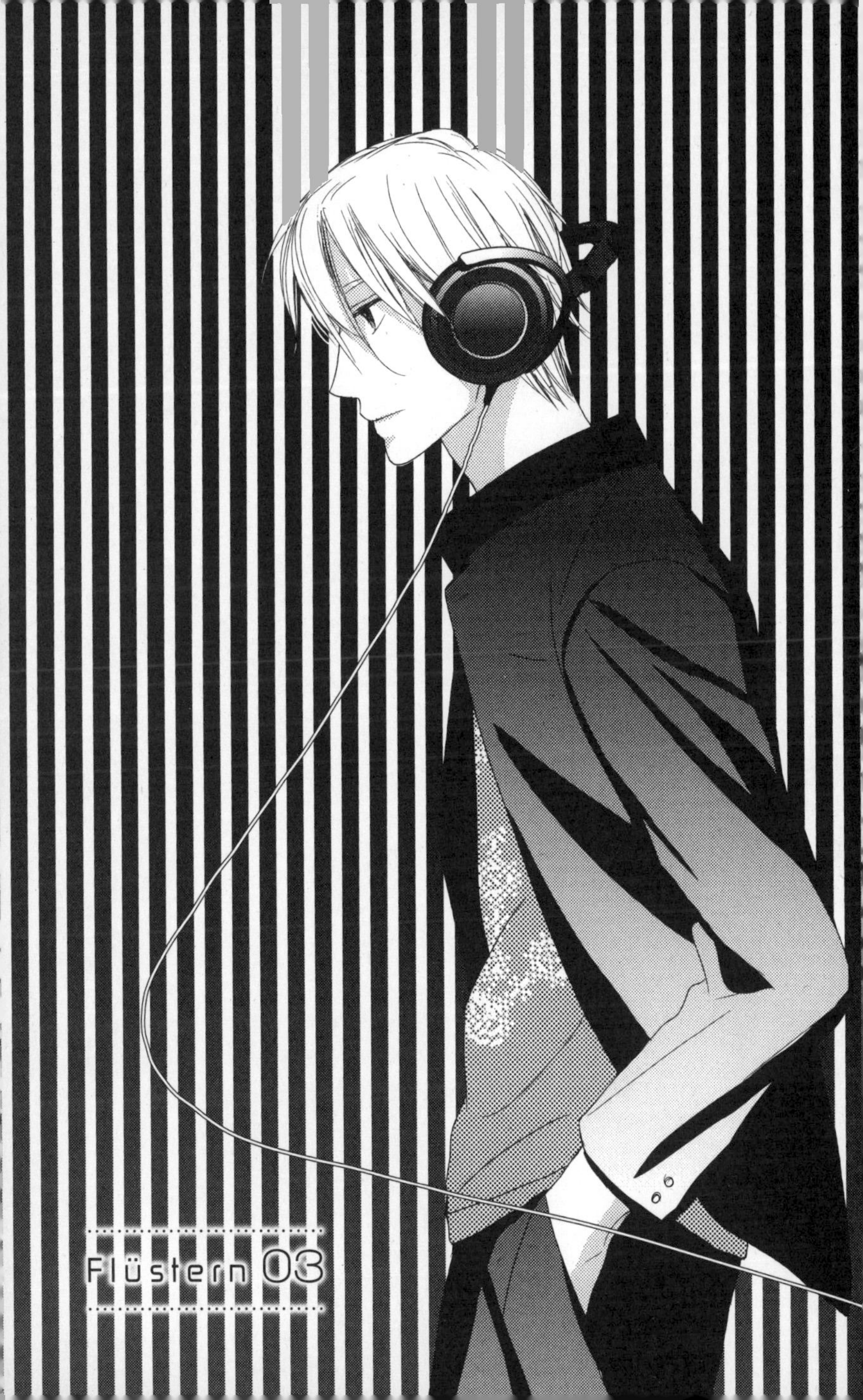
Flüstern 03

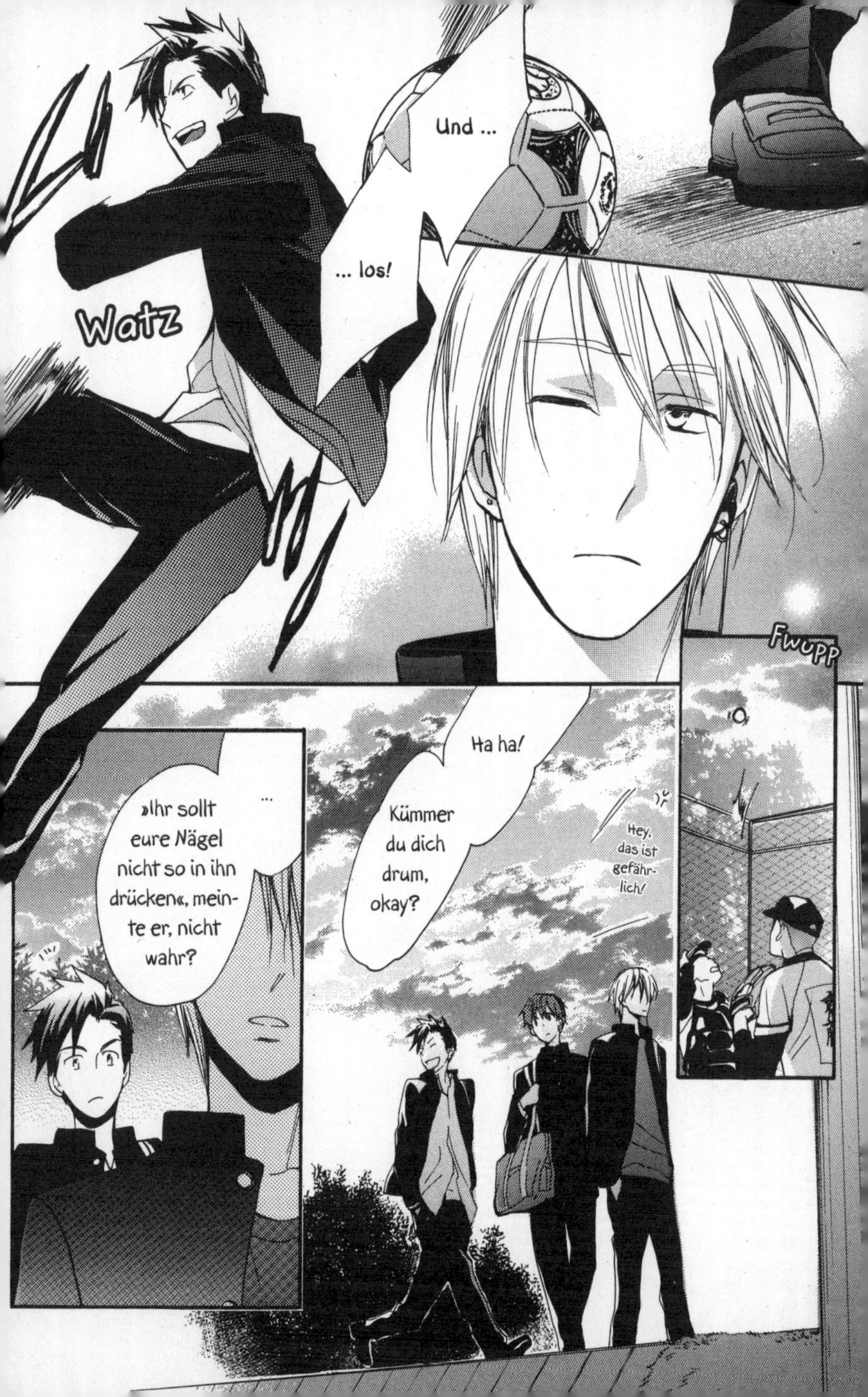
Und ...
... los!
Watz
Fwupp
Ha ha!
Kümmer du dich drum, okay?
...
»Ihr sollt eure Nägel nicht so in ihn drücken«, meinte er, nicht wahr?
Hey, das ist gefährlich!

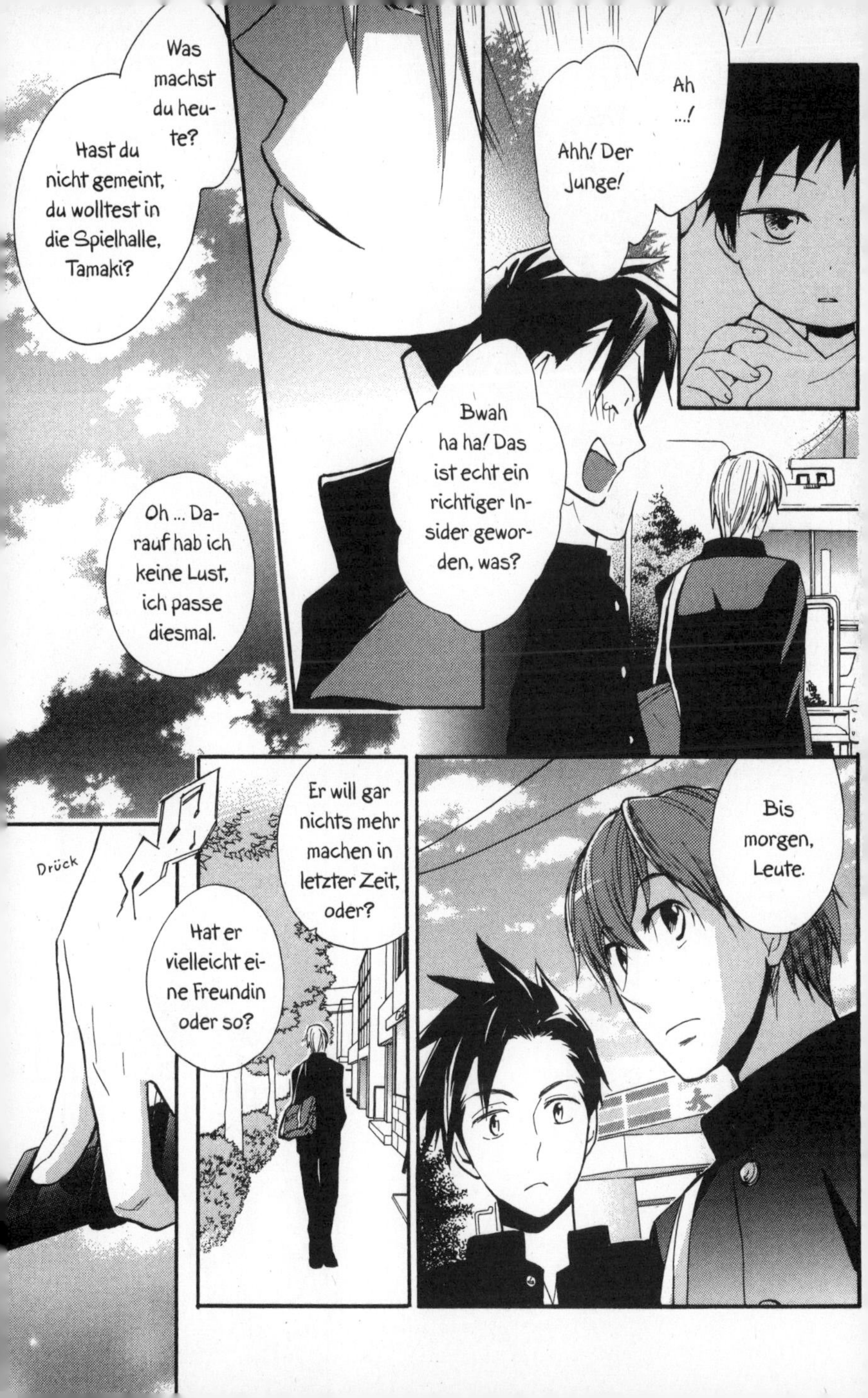
Ah ...!
Ahh! Der Junge!
Was machst du heu-te?
Hast du nicht gemeint, du wolltest in die Spielhalle, Tamaki?
Bwah ha ha! Das ist echt ein richtiger In-sider gewor-den, was?
Oh ... Da-rauf hab ich keine Lust, ich passe diesmal.
Bis morgen, Leute.
Er will gar nichts mehr machen in letzter Zeit, oder?
Hat er vielleicht ei-ne Freundin oder so?
Drück

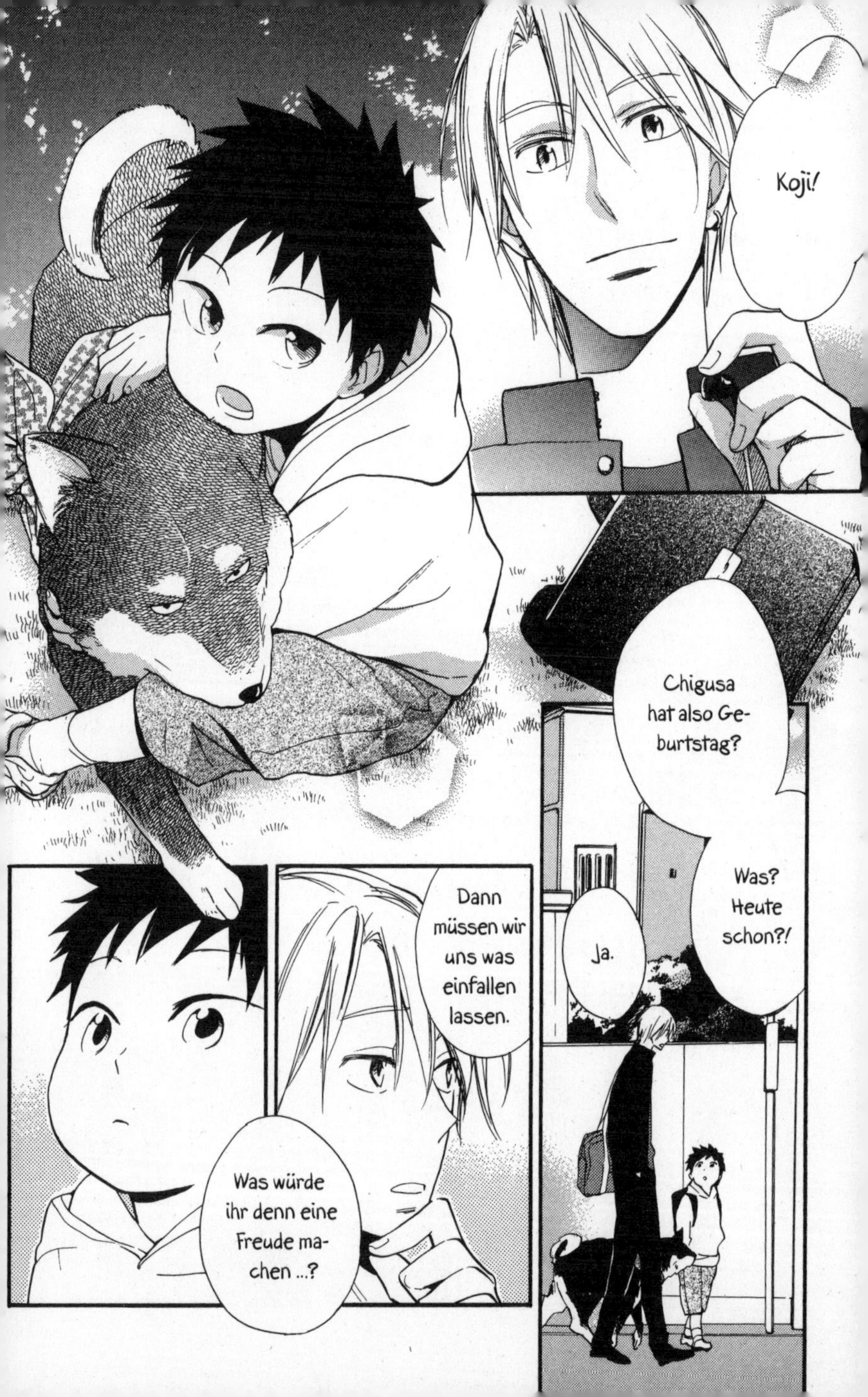
Koji!
Chigusa hat also Geburtstag?
Was? Heute schon?!
Ja.
Dann müssen wir uns was einfallen lassen.
Was würde ihr denn eine Freude machen ...?

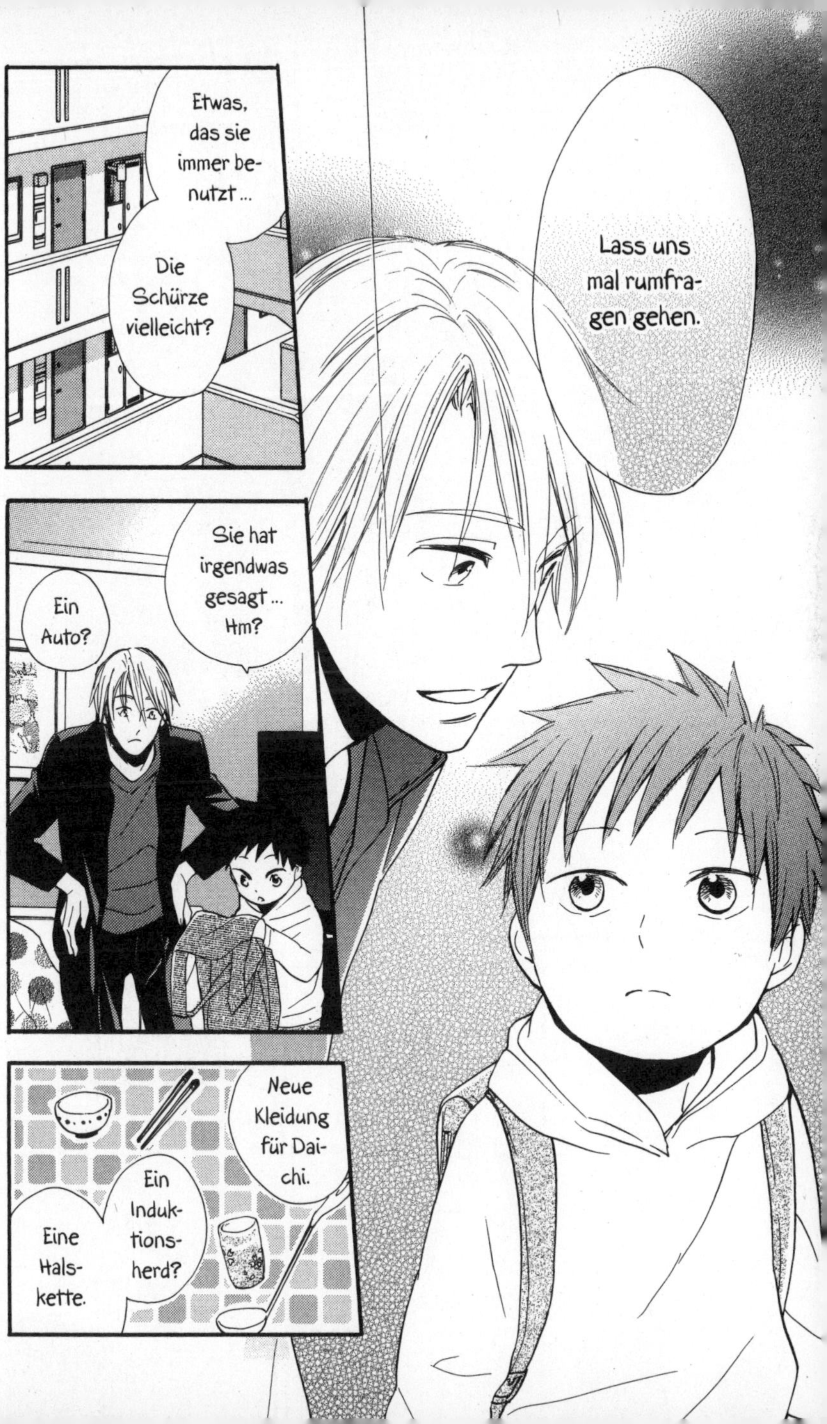
Lass uns mal rumfragen gehen.
Etwas, das sie immer be-nutzt ...
Die Schürze vielleicht?
Sie hat irgendwas gesagt ... Hm?
Ein Auto?
Neue Kleidung für Dai-chi.
Ein Induk-tions-herd?
Eine Hals-kette.

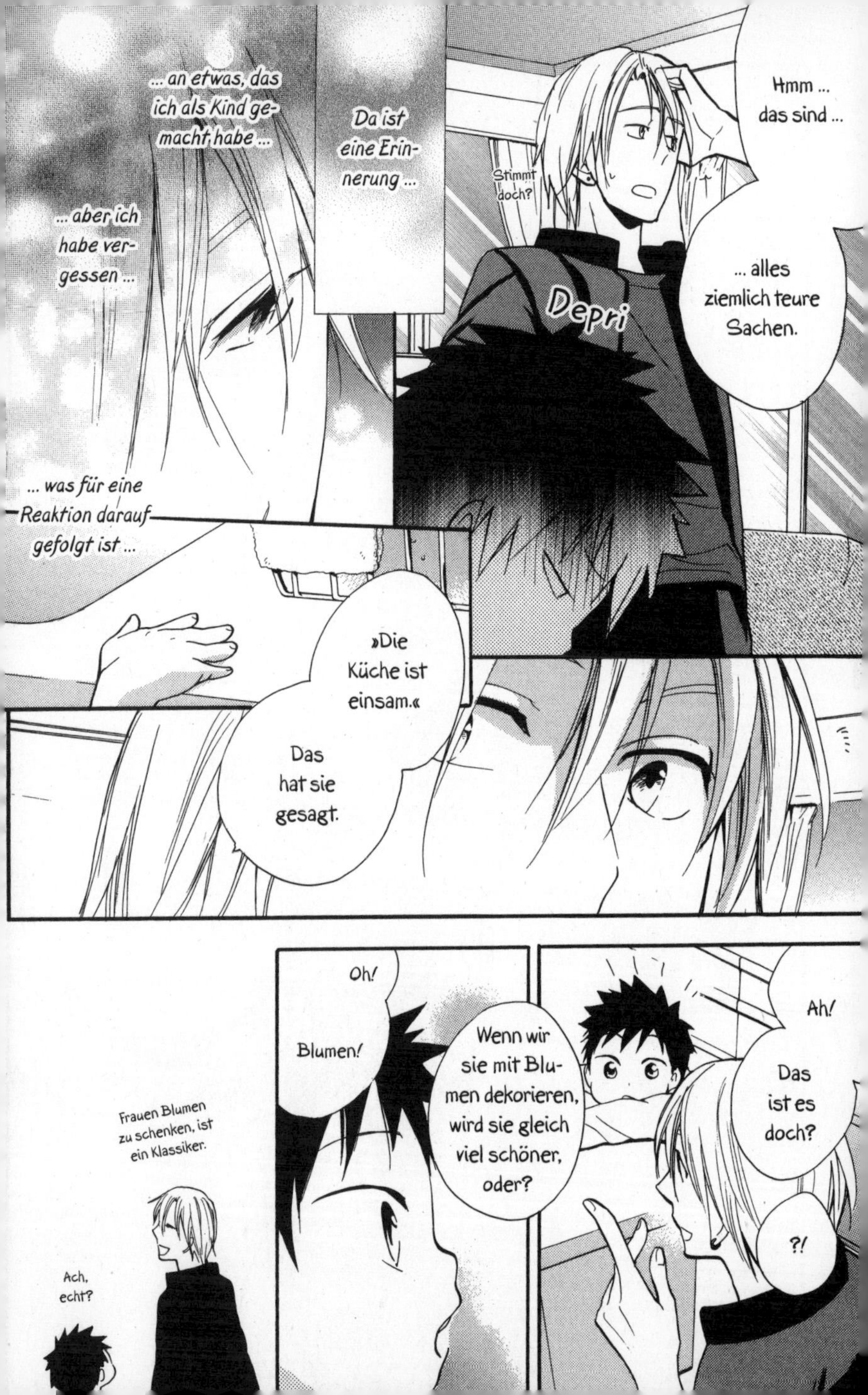
Hmm ... das sind ...
Stimmt doch?
... alles ziemlich teure Sachen.
Depri
Da ist eine Erinnerung ...
... an etwas, das ich als Kind gemacht habe ...
... aber ich habe vergessen ...
... was für eine Reaktion darauf gefolgt ist ...
»Die Küche ist einsam.«
Das hat sie gesagt.
Ah!
Das ist es doch?
?!
Wenn wir sie mit Blumen dekorieren, wird sie gleich viel schöner, oder?
Oh!
Blumen!
Frauen Blumen zu schenken, ist ein Klassiker.
Ach, echt?

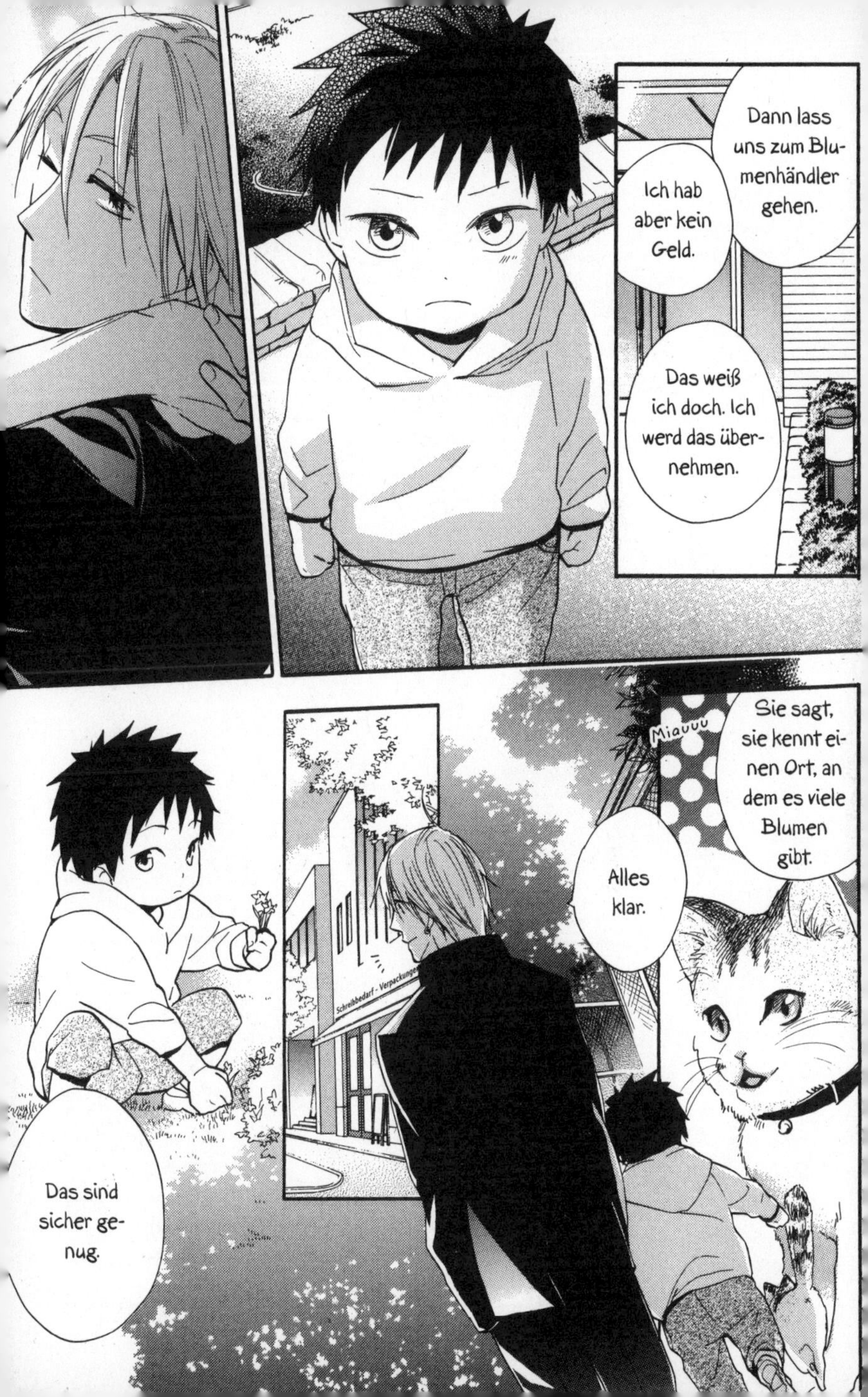
Dann lass uns zum Blumenhändler gehen.
Ich hab aber kein Geld.
Das weiß ich doch. Ich werd das übernehmen.
Sie sagt, sie kennt einen Ort, an dem es viele Blumen gibt.
Miauuu
Alles klar.
Das sind sicher genug.

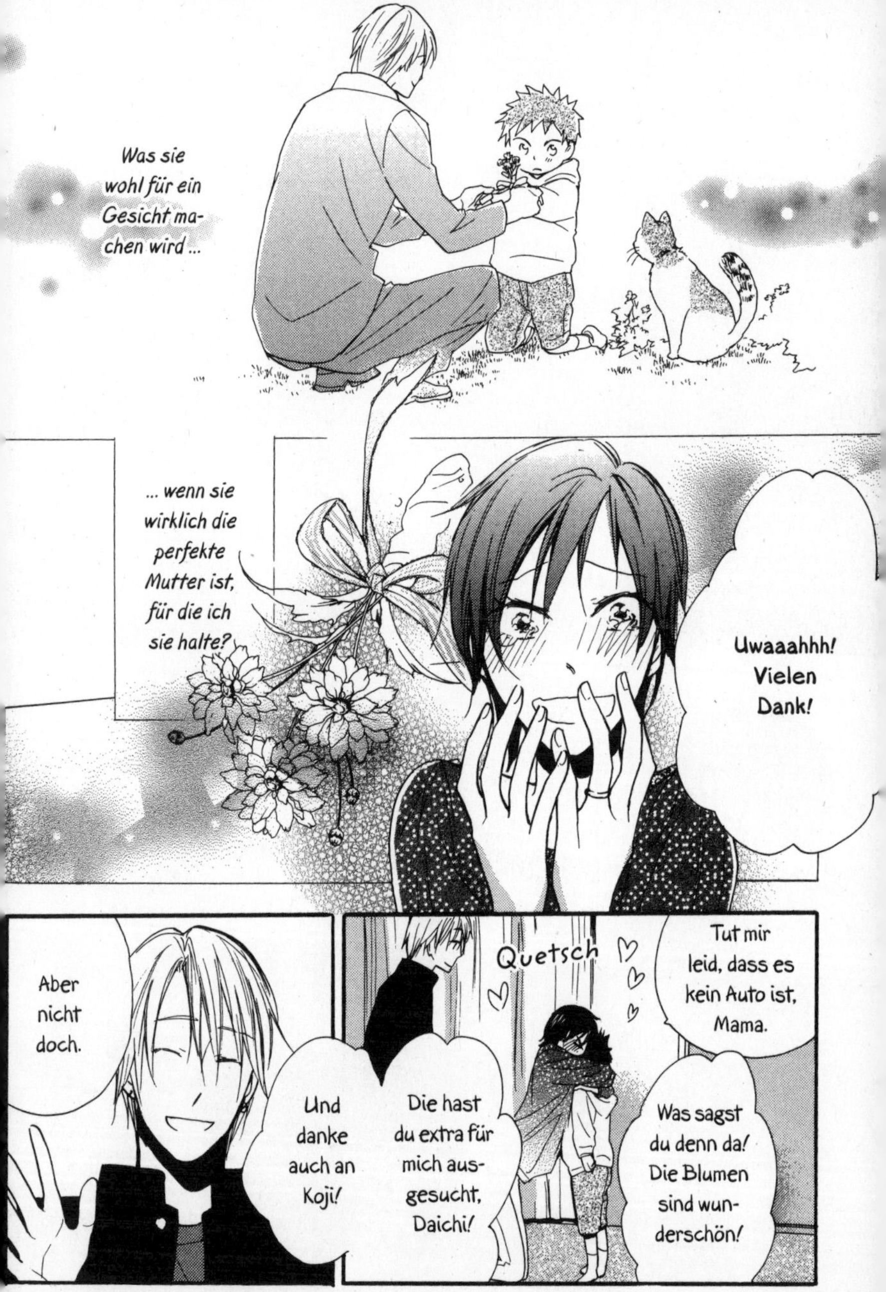
Was sie wohl für ein Gesicht machen wird ...
... wenn sie wirklich die perfekte Mutter ist, für die ich sie halte?
Uwaaahhh! Vielen Dank!
Tut mir leid, dass es kein Auto ist, Mama.
Quetsch
Was sagst du denn da! Die Blumen sind wunderschön!
Die hast du extra für mich ausgesucht, Daichi!
Und danke auch an Koji!
Aber nicht doch.

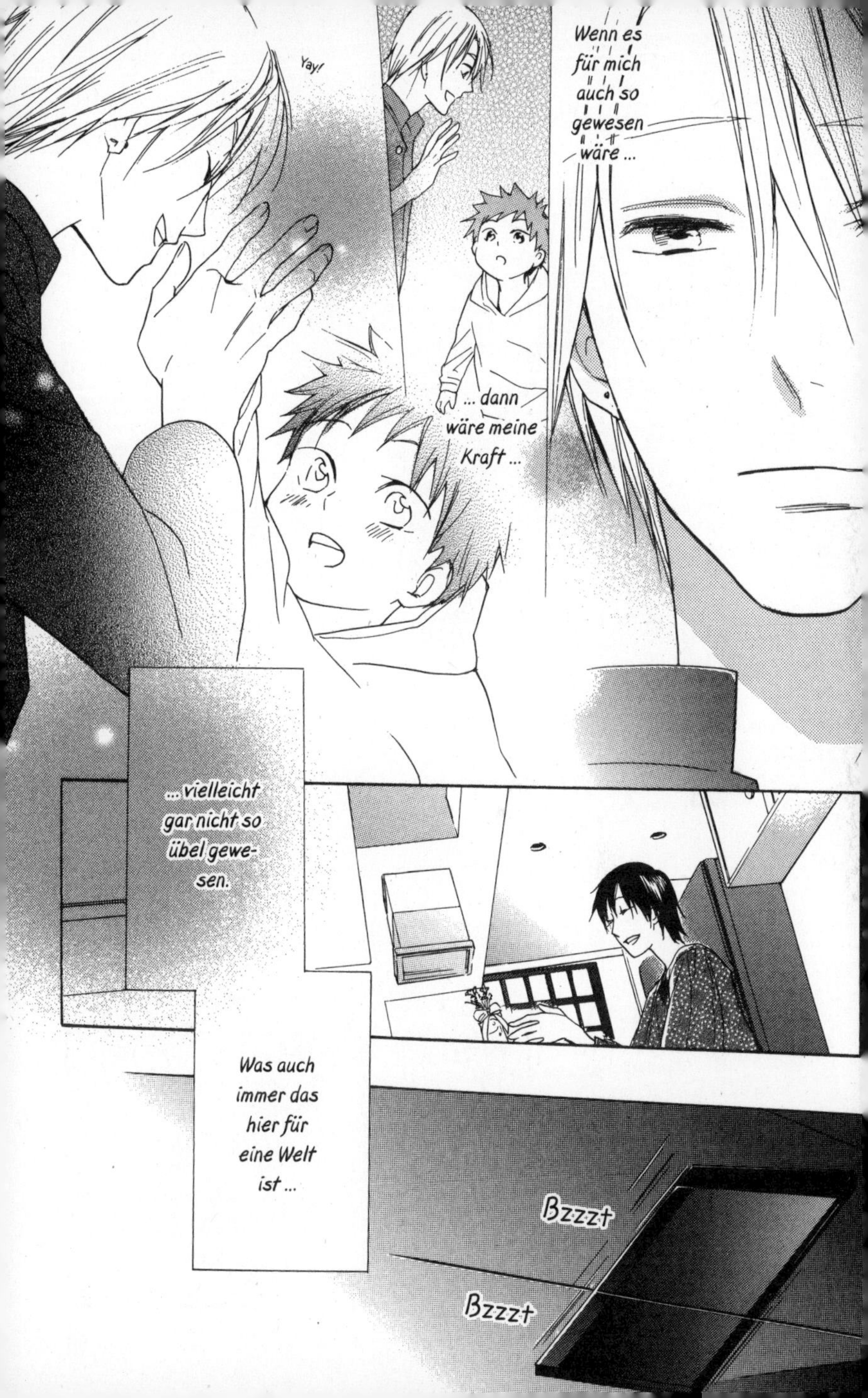
Wenn es für mich auch so gewesen wäre ...
Yay!
... dann wäre meine Kraft ...
... vielleicht gar nicht so übel gewesen.
Was auch immer das hier für eine Welt ist ...
Bzzzt
Bzzzt

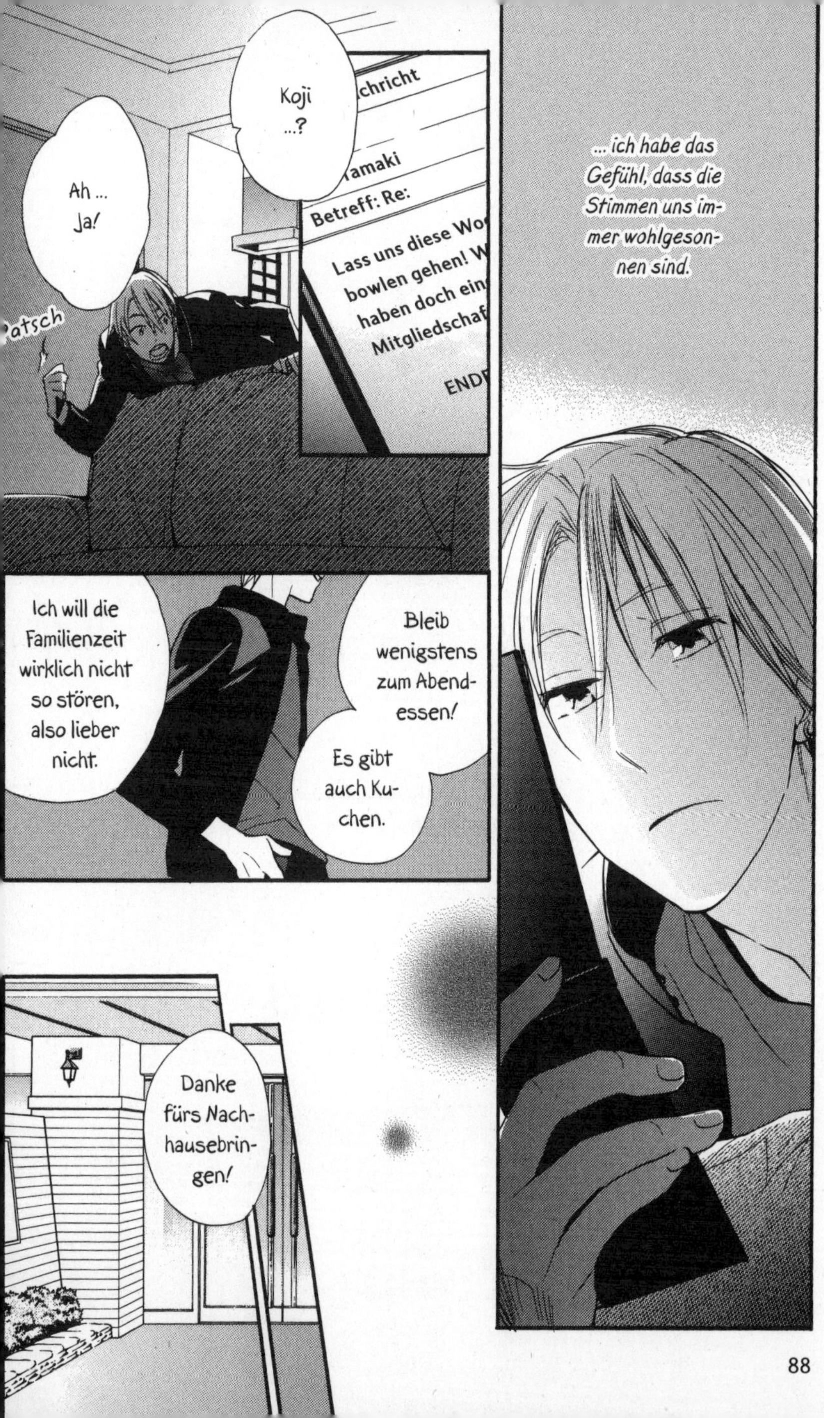

... ich habe das Gefühl, dass die Stimmen uns immer wohlgesonnen sind.
Koji ...?
Ah ... Ja!
Patsch
chricht
amaki
Betreff: Re:
Lass uns diese Wo
bowlen gehen! W
haben doch ein
Mitgliedschaf
END
Bleib wenigstens zum Abendessen!
Es gibt auch Kuchen.
Ich will die Familienzeit wirklich nicht so stören, also lieber nicht.
Danke fürs Nachhausebringen!

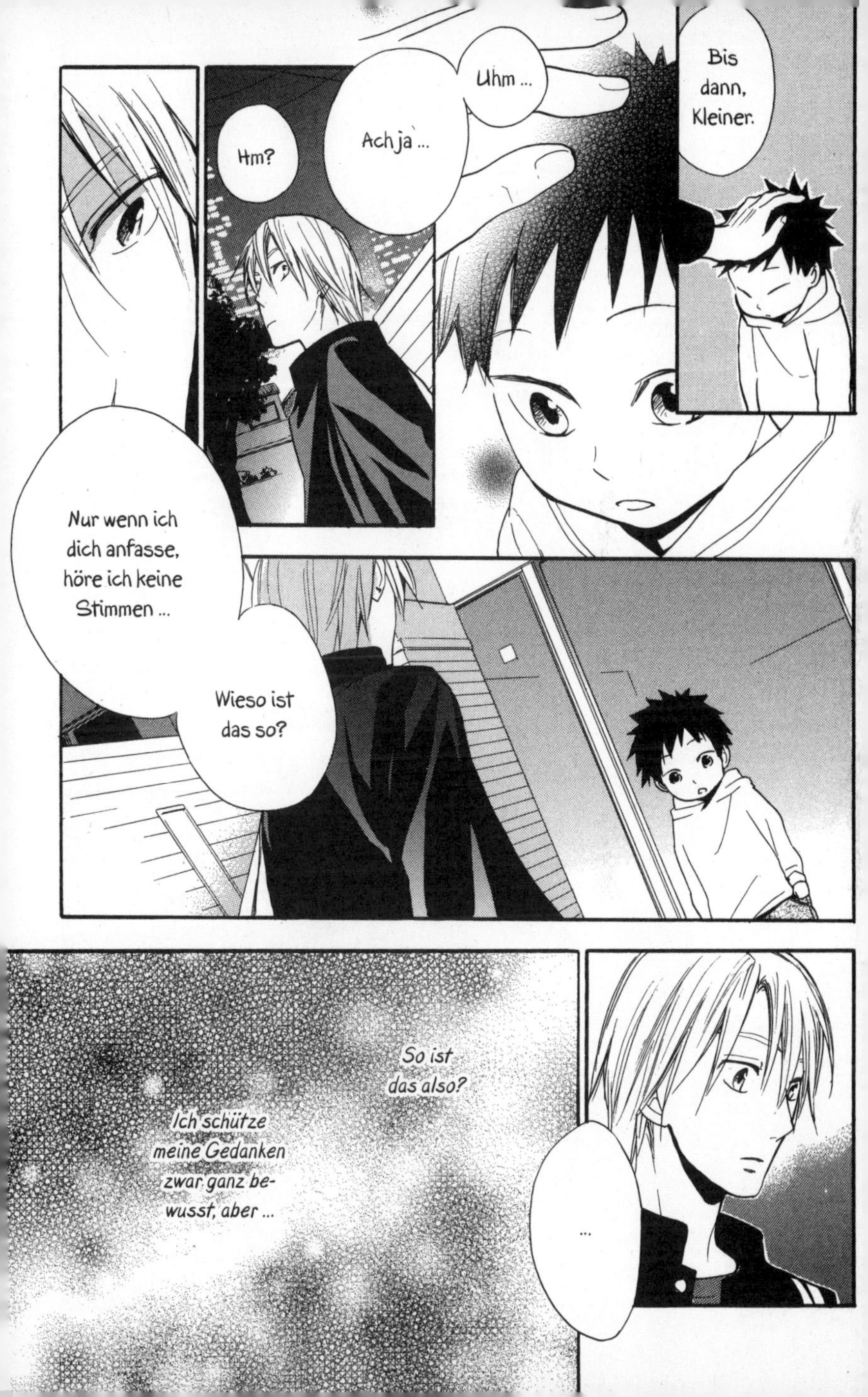
Bis dann, Kleiner.
Uhm ...
Ach ja ...
Hm?
Nur wenn ich dich anfasse, höre ich keine Stimmen ...
Wieso ist das so?
...
So ist das also?
Ich schütze meine Gedanken zwar ganz bewusst, aber ...

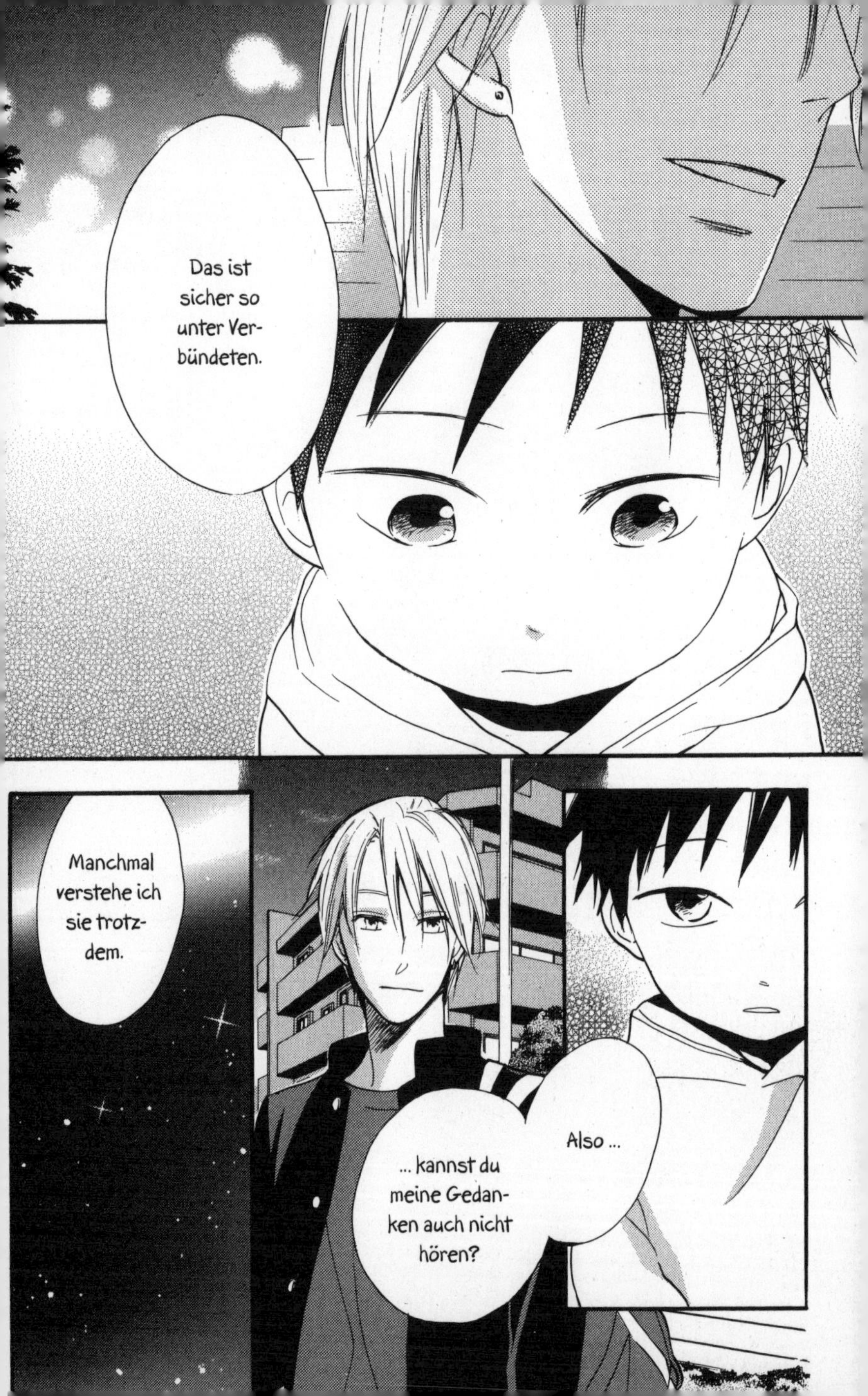
Das ist sicher so unter Verbündeten.
Also ...
... kannst du meine Gedanken auch nicht hören?
Manchmal verstehe ich sie trotzdem.

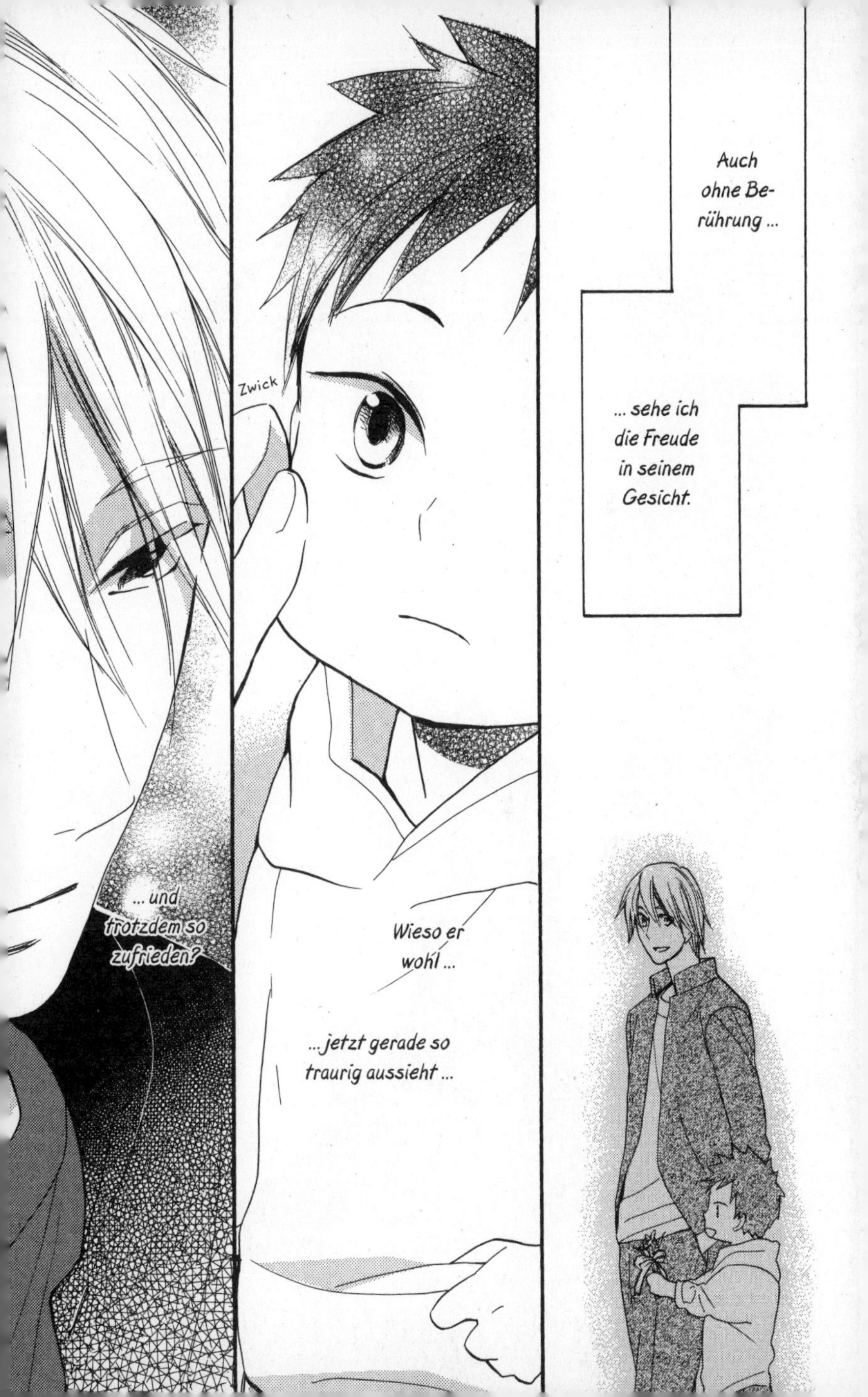
Auch ohne Berührung ...
... sehe ich die Freude in seinem Gesicht.
Zwick
Wieso er wohl ...
... jetzt gerade so traurig aussieht ...
... und trotzdem so zufrieden?

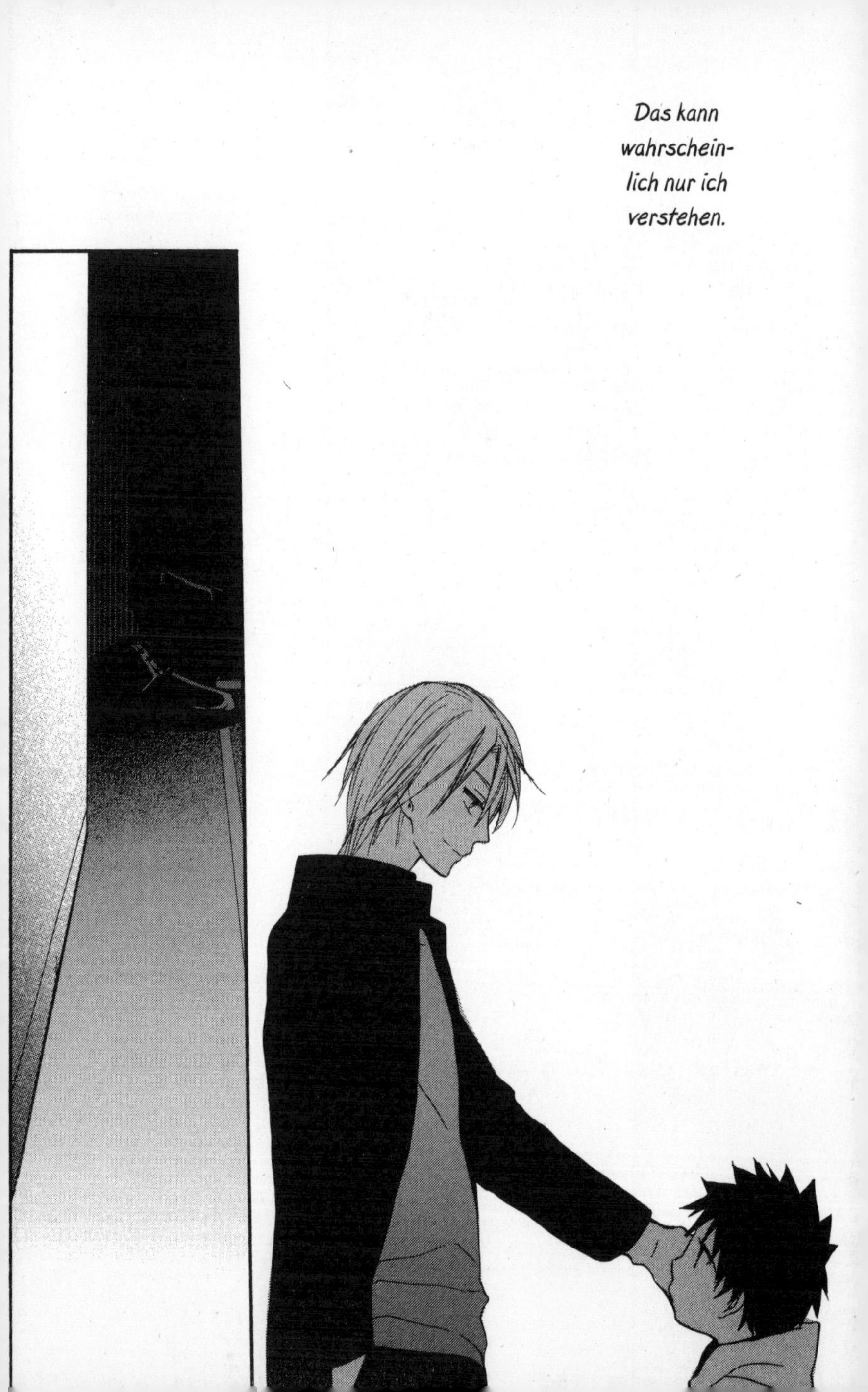
Das kann wahrschein-lich nur ich verstehen.

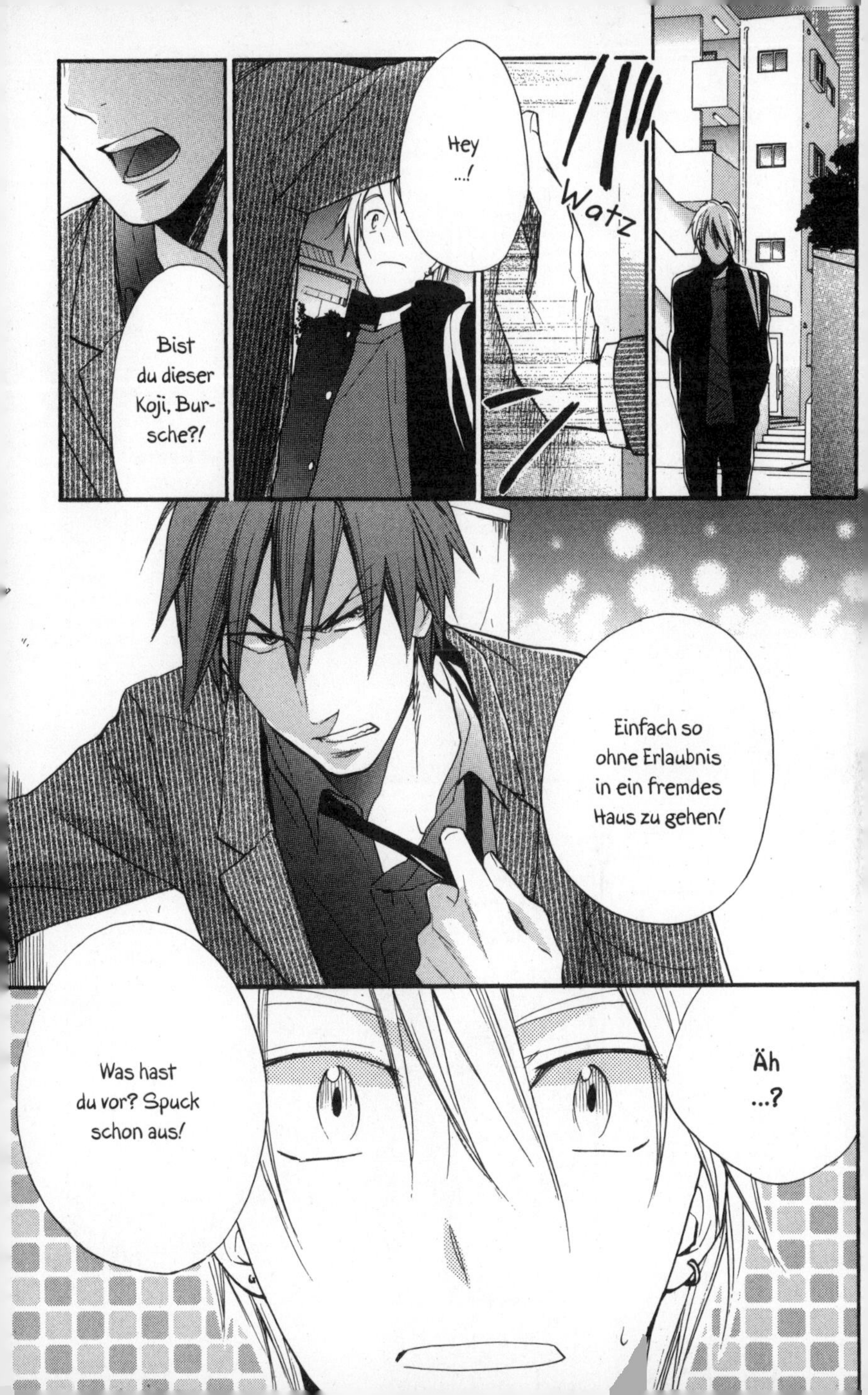
Watz
Hey …!
Bist du dieser Koji, Bursche?!
Einfach so ohne Erlaubnis in ein fremdes Haus zu gehen!
Äh …?
Was hast du vor? Spuck schon aus!

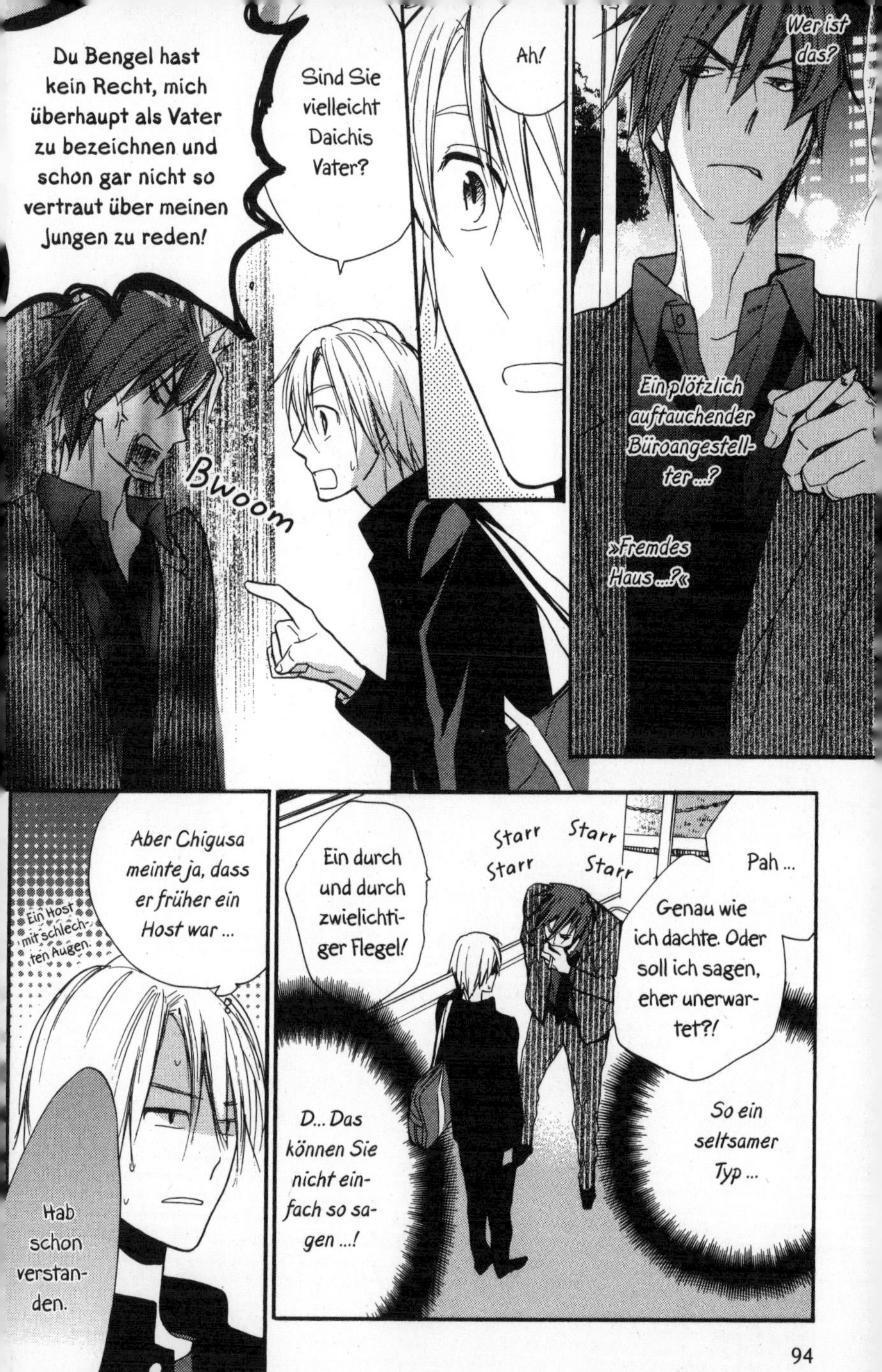
Wer ist das?
Ein plötzlich auftauchender Büroangestell-ter ...?
»Fremdes Haus ...?«
Ah!
Sind Sie vielleicht Daichis Vater?
Du Bengel hast kein Recht, mich überhaupt als Vater zu bezeichnen und schon gar nicht so vertraut über meinen Jungen zu reden!
Bwoom
Starr Starr
Starr Starr
Pah ...
Genau wie ich dachte. Oder soll ich sagen, eher unerwar-tet?!
Ein durch und durch zwielichti-ger Flegel!
So ein seltsamer Typ ...
D... Das können Sie nicht ein-fach so sa-gen ...!
Aber Chigusa meinte ja, dass er früher ein Host war ...
Ein Host mit schlech-ten Augen.
Hab schon verstan-den.

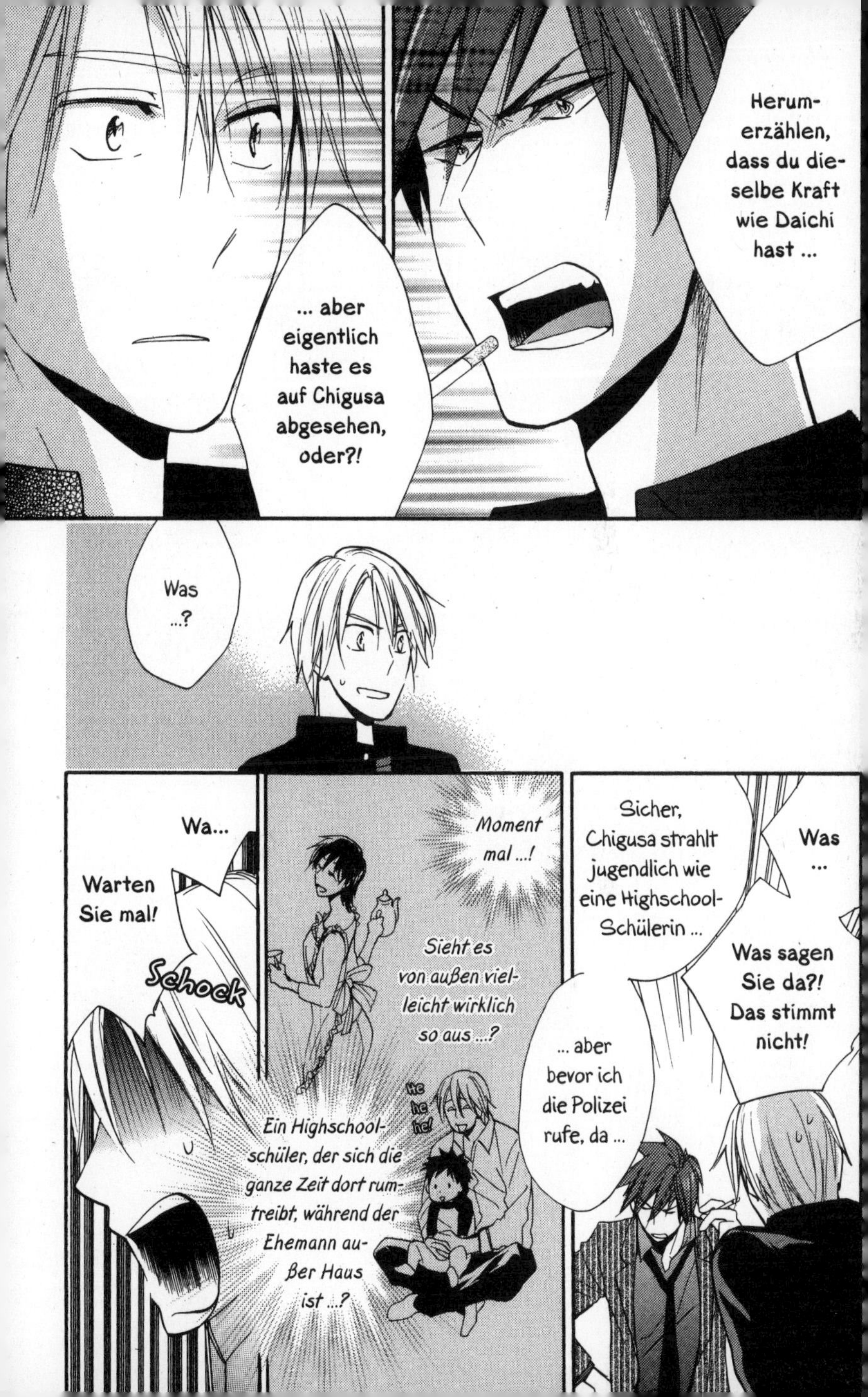

Herumerzählen, dass du dieselbe Kraft wie Daichi hast ...
... aber eigentlich haste es auf Chigusa abgesehen, oder?!
Was ...?
Was ...
Sicher, Chigusa strahlt jugendlich wie eine Highschool-Schülerin ...
Was sagen Sie da?! Das stimmt nicht!
... aber bevor ich die Polizei rufe, da ...
Moment mal ...!
Sieht es von außen vielleicht wirklich so aus ...?
He he he!
Ein Highschoolschüler, der sich die ganze Zeit dort rumtreibt, während der Ehemann außer Haus ist ...?
Wa...
Warten Sie mal!
Schock

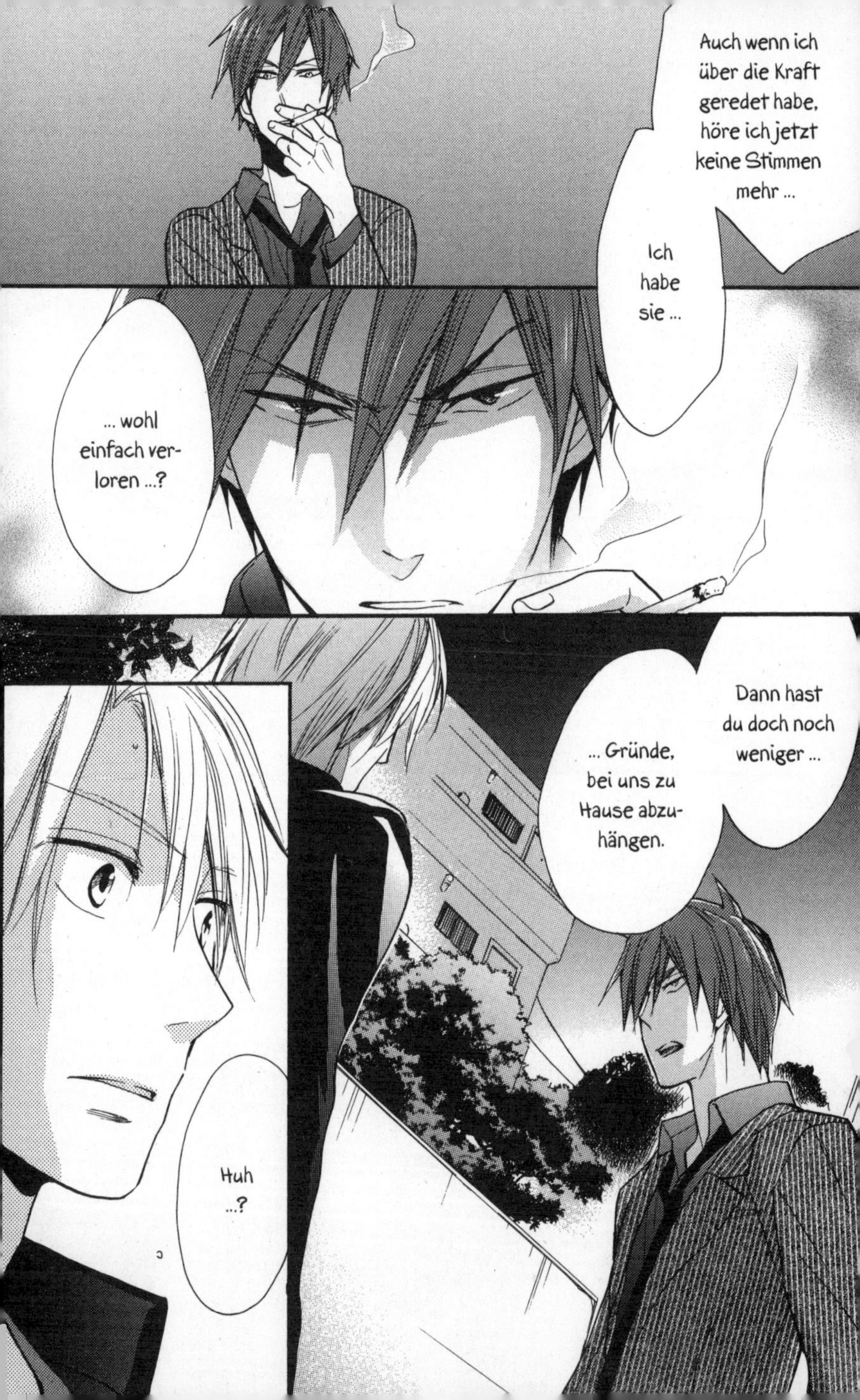
Auch wenn ich über die Kraft geredet habe, höre ich jetzt keine Stimmen mehr ...
Ich habe sie ...
... wohl einfach verloren ...?
Dann hast du doch noch weniger ...
... Gründe, bei uns zu Hause abzuhängen.
Huh ...?

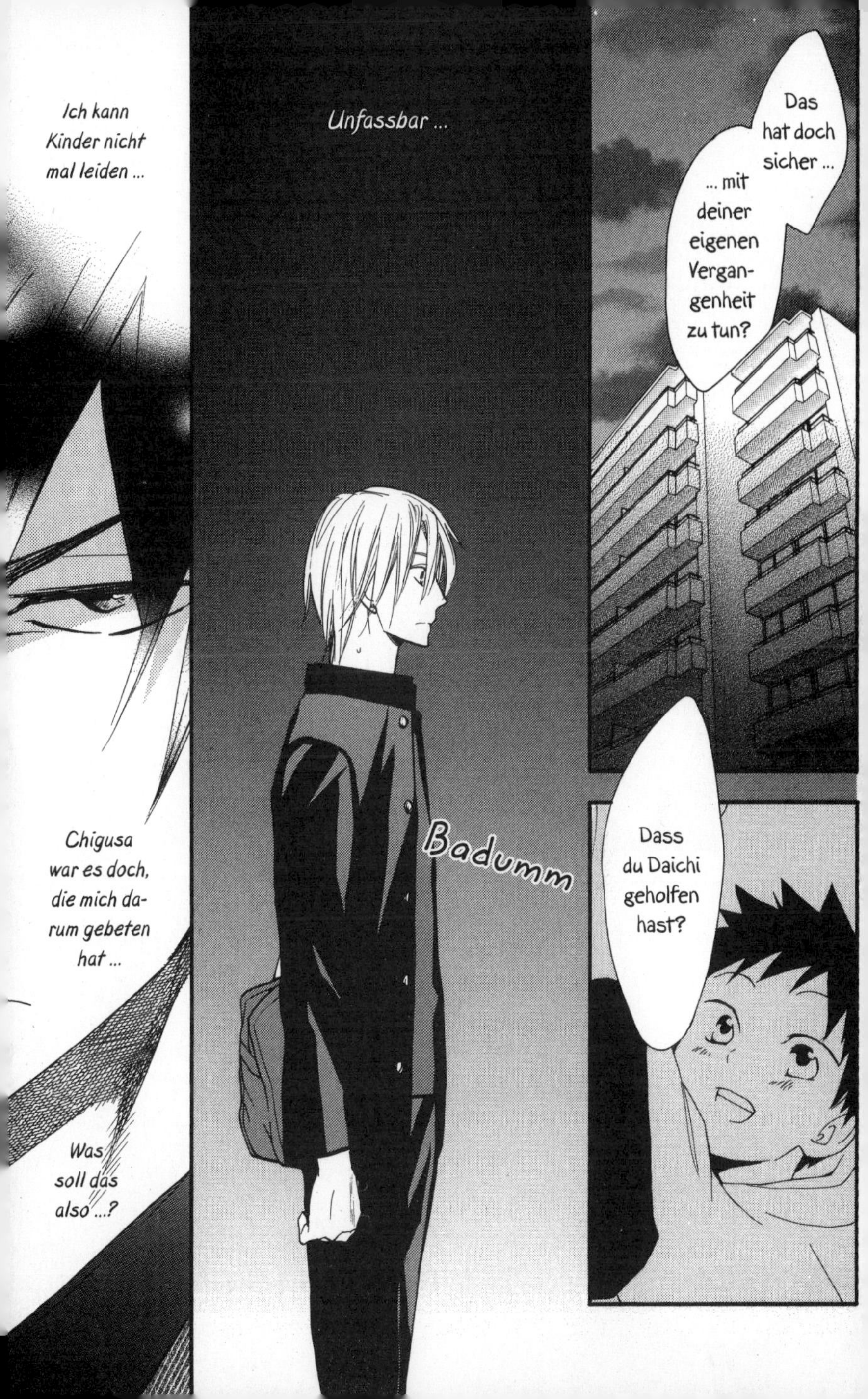
Das hat doch sicher ...
... mit deiner eigenen Vergangenheit zu tun?
Dass du Daichi geholfen hast?
Unfassbar ...
Badumm
Ich kann Kinder nicht mal leiden ...
Chigusa war es doch, die mich darum gebeten hat ...
Was soll das also ...?

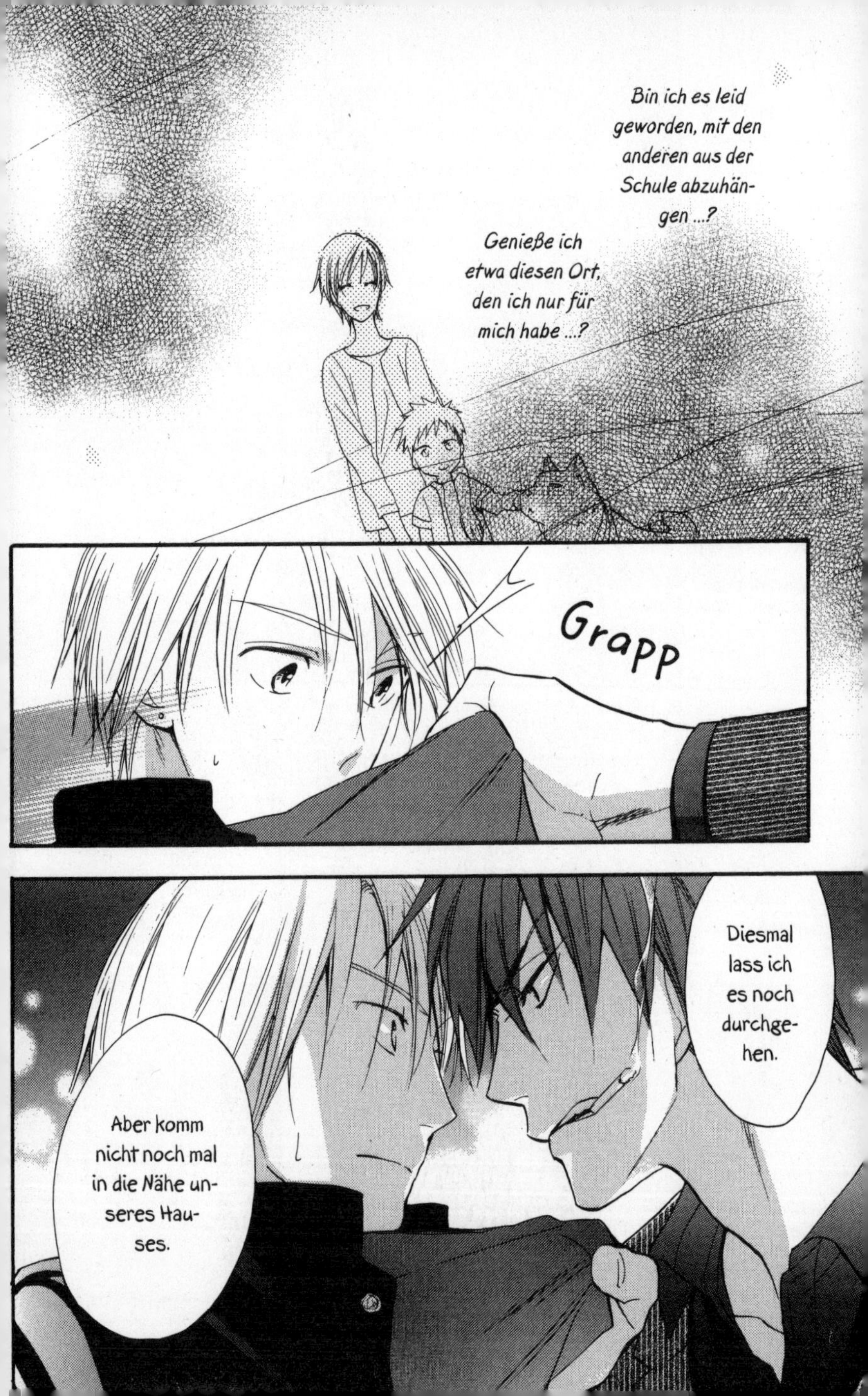
Bin ich es leid geworden, mit den anderen aus der Schule abzuhängen ...?
Genieße ich etwa diesen Ort, den ich nur für mich habe ...?
Grapp
Diesmal lass ich es noch durchgehen.
Aber komm nicht noch mal in die Nähe unseres Hauses.

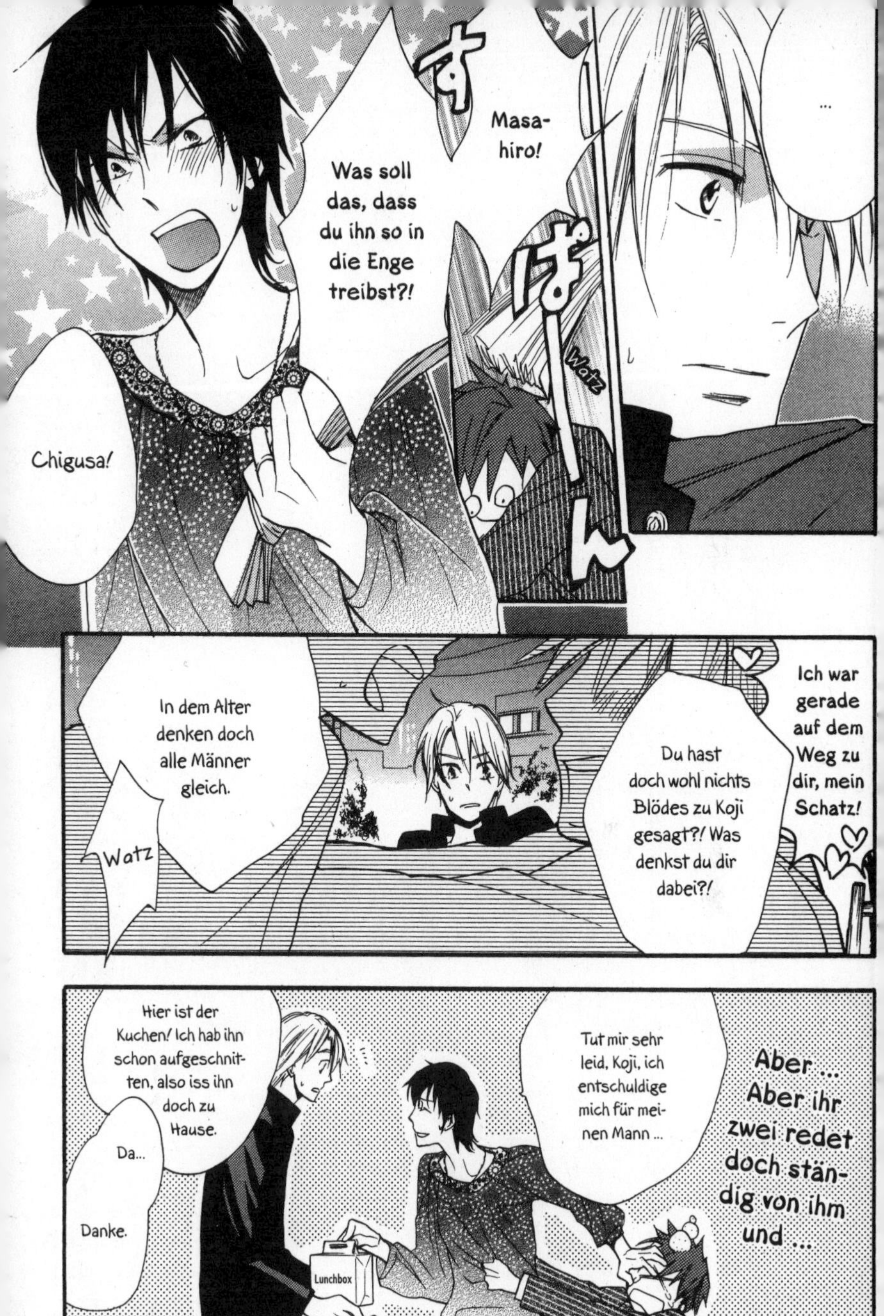
…
Masa-hiro!
Watz
Was soll das, dass du ihn so in die Enge treibst?!
Chigusa!
Ich war gerade auf dem Weg zu dir, mein Schatz!
Du hast doch wohl nichts Blödes zu Koji gesagt?! Was denkst du dir dabei?!
In dem Alter denken doch alle Männer gleich.
Watz
Aber … Aber ihr zwei redet doch ständig von ihm und …
Tut mir sehr leid, Koji, ich entschuldige mich für meinen Mann …
Hier ist der Kuchen! Ich hab ihn schon aufgeschnitten, also iss ihn doch zu Hause.
Da…
Danke.
Lunchbox

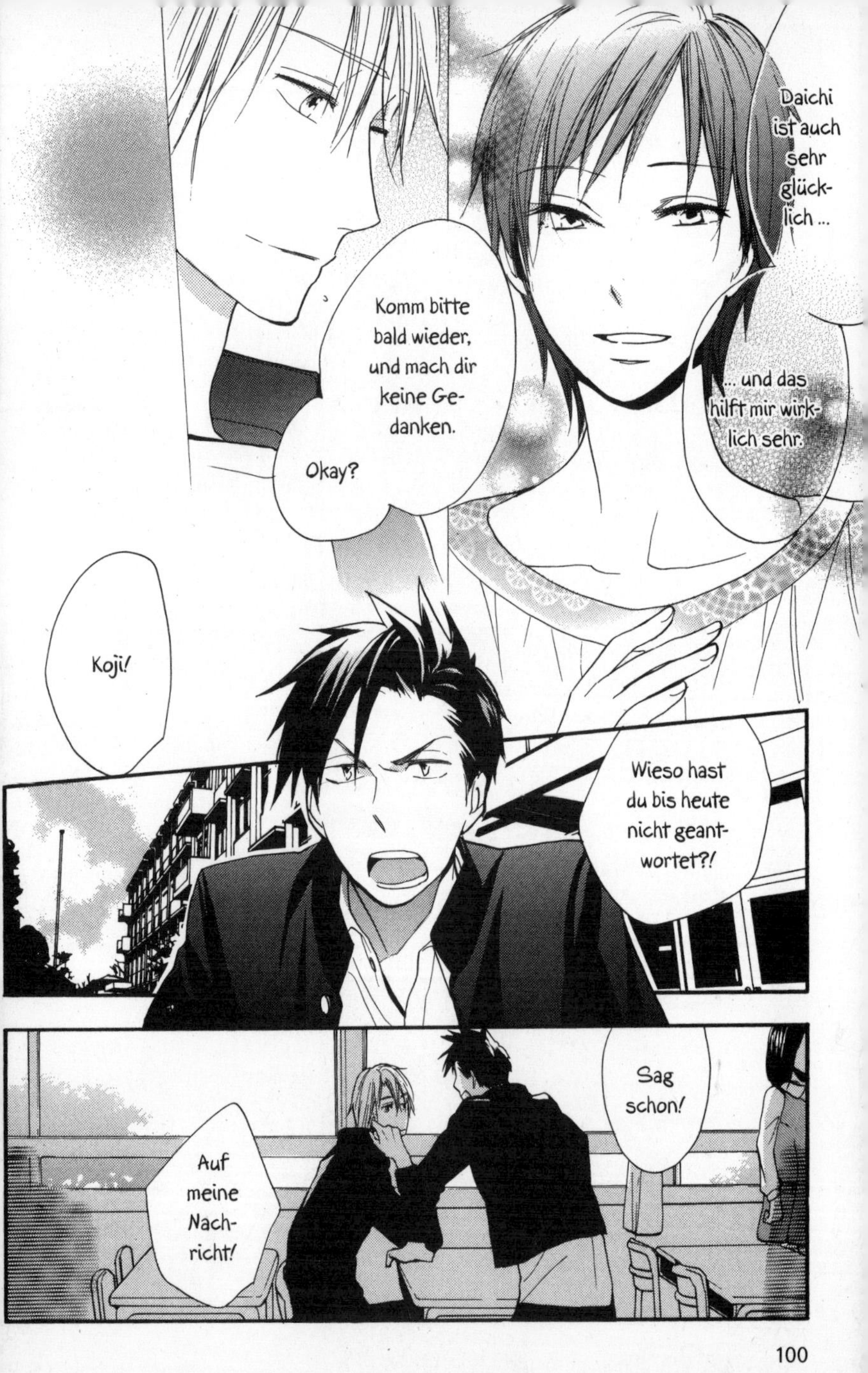
Daichi ist auch sehr glück-lich ...
... und das hilft mir wirk-lich sehr.
Komm bitte bald wieder, und mach dir keine Ge-danken.
Okay?
Koji!
Wieso hast du bis heute nicht geant-wortet?!
Sag schon!
Auf meine Nach-richt!

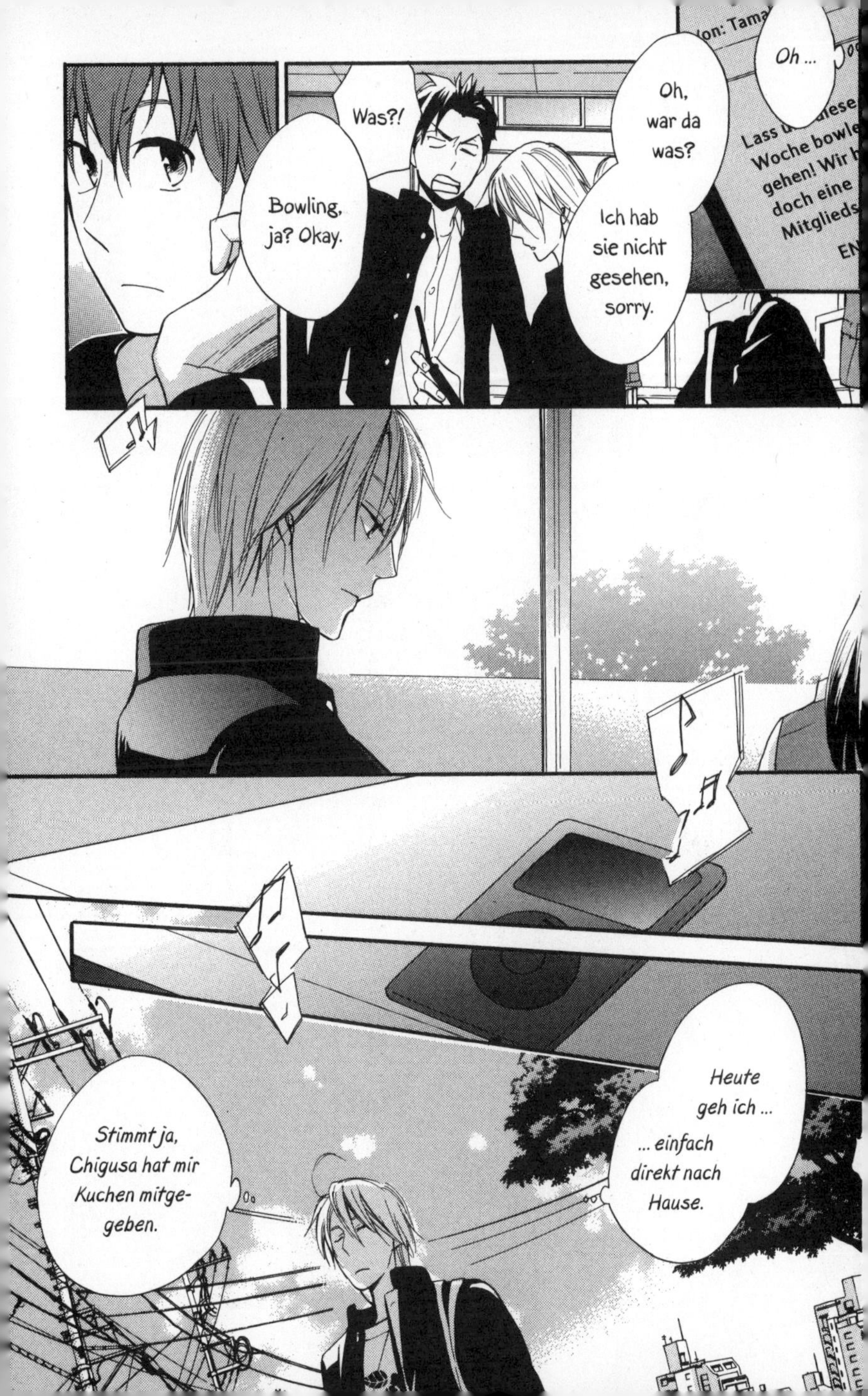
Oh ...
Oh, war da was?
Ich hab sie nicht gesehen, sorry.
Was?!
Bowling, ja? Okay.
Heute geh ich ...
... einfach direkt nach Hause.
Stimmt ja, Chigusa hat mir Kuchen mitgegeben.

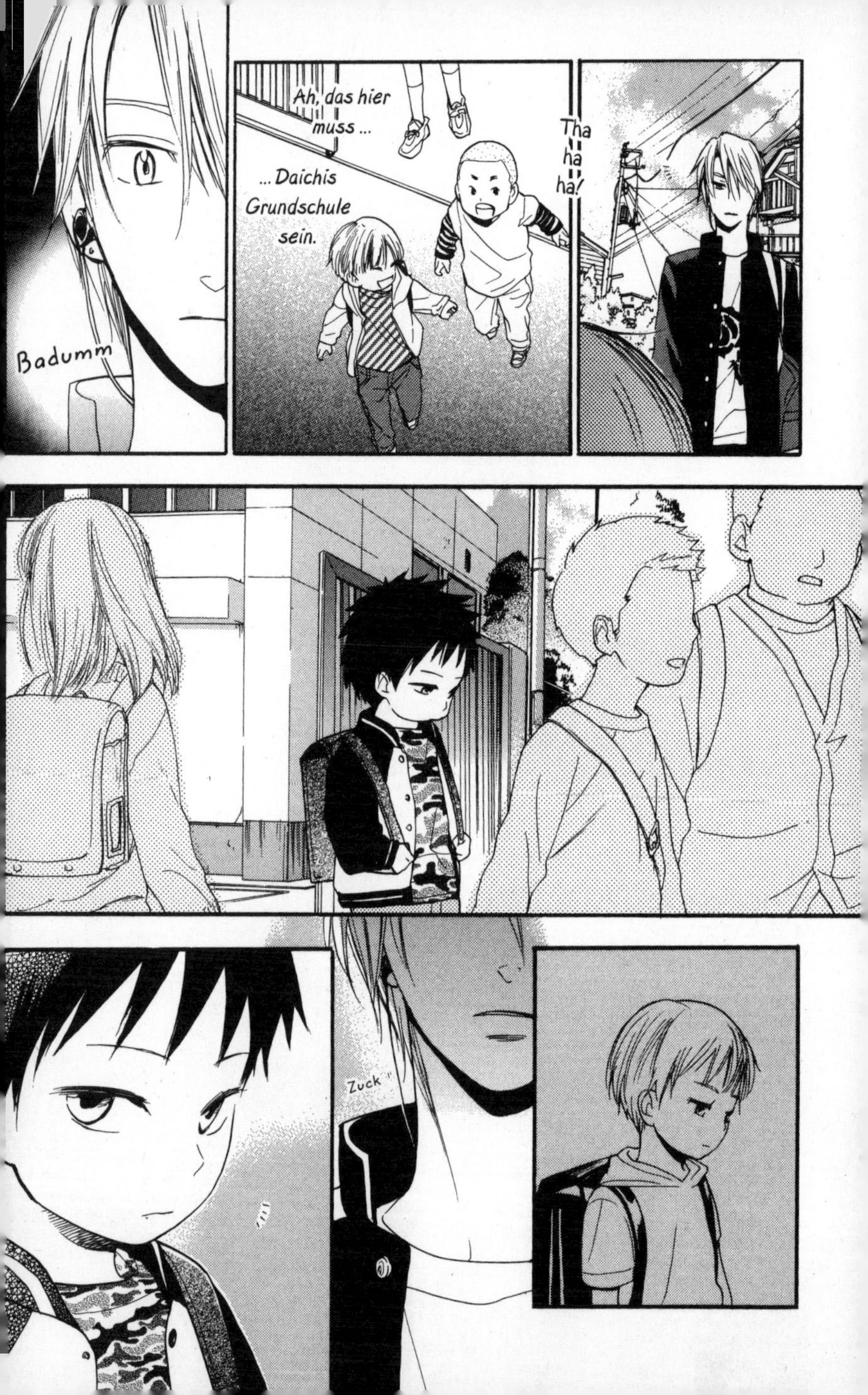
Tha ha ha!
Ah, das hier muss ...
... Daichis Grundschule sein.
Badumm
Zuck

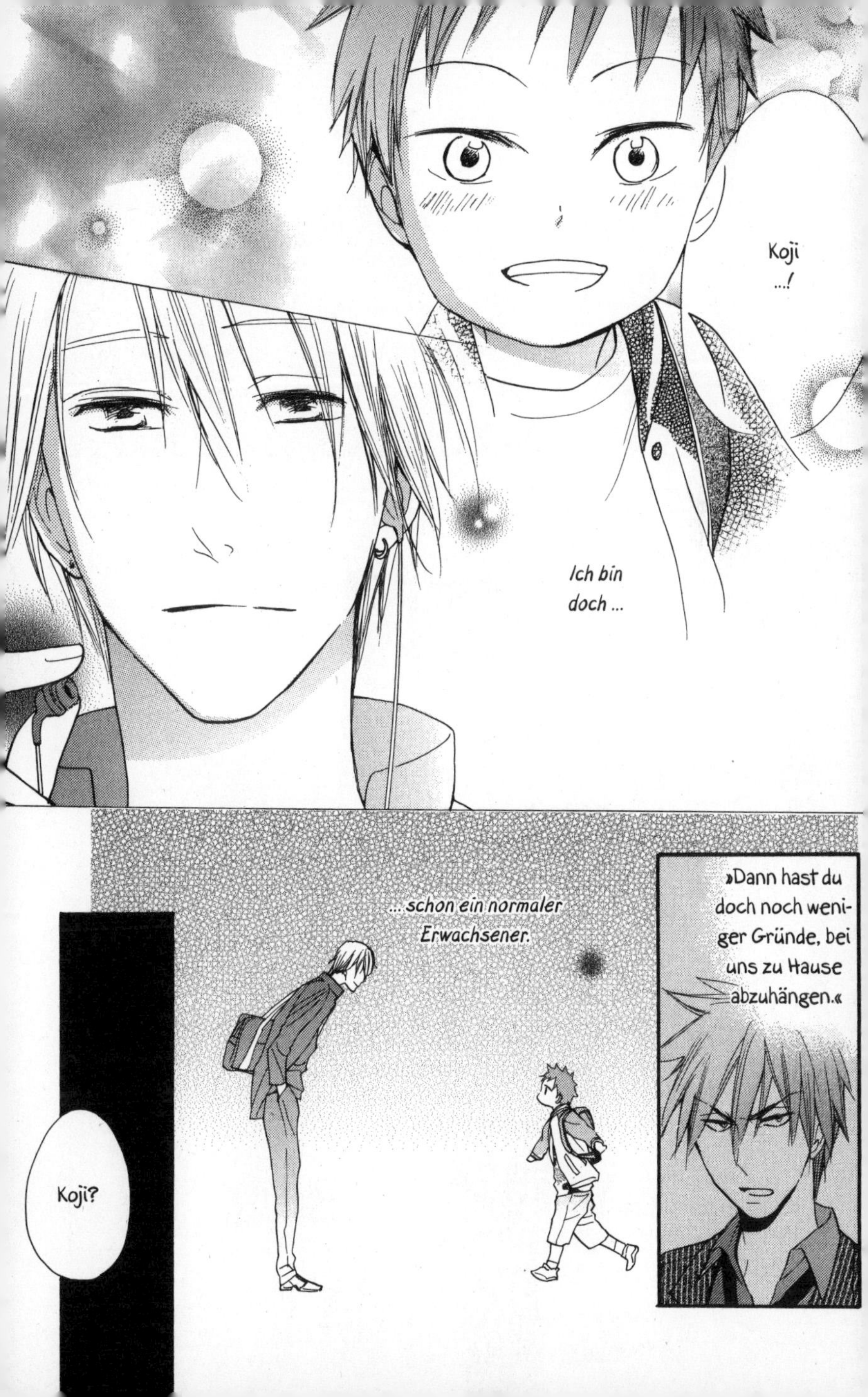
Koji ...!
Ich bin doch ...
»Dann hast du doch noch weniger Gründe, bei uns zu Hause abzuhängen.«
... schon ein normaler Erwachsener.
Koji?

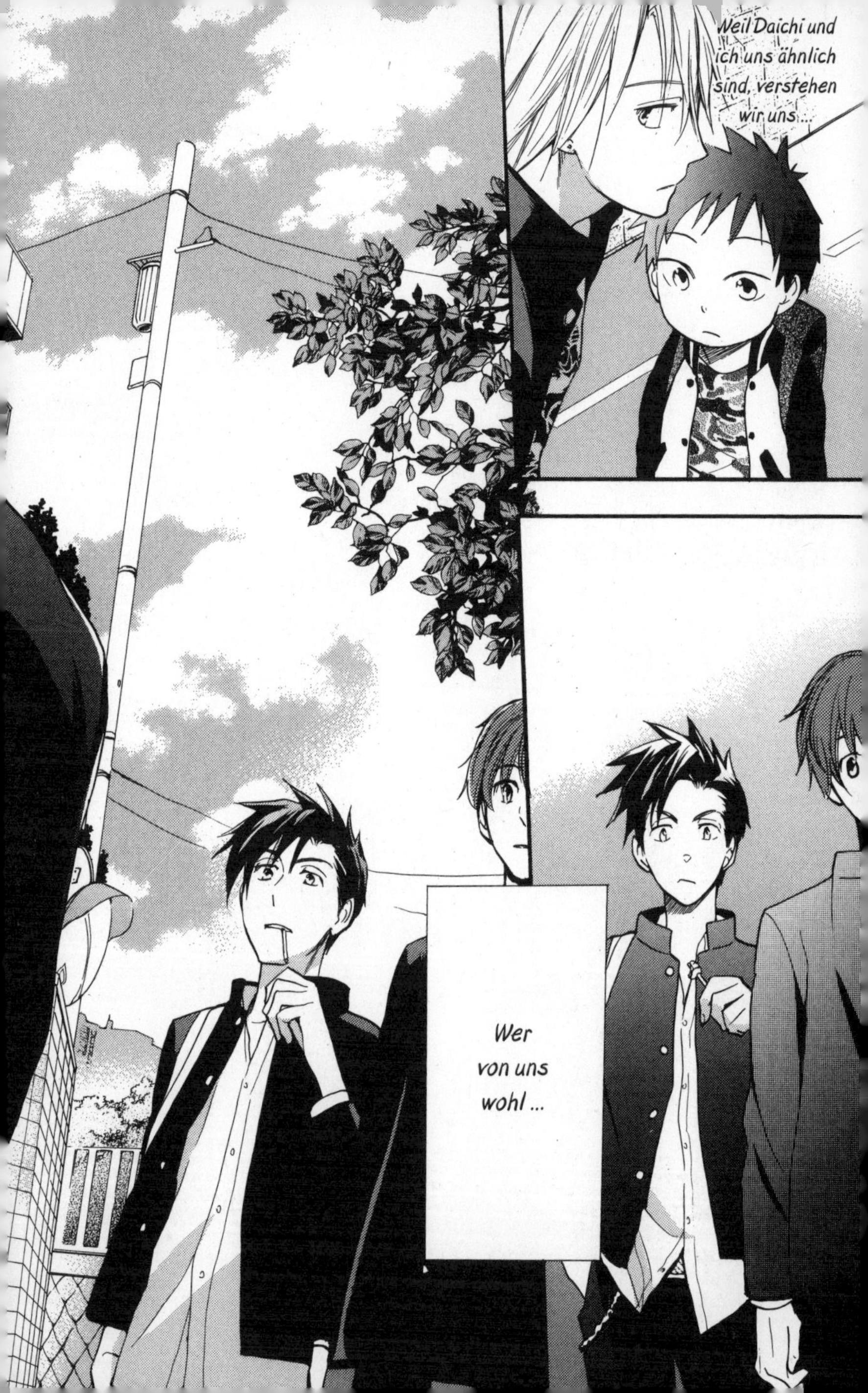
Weil Daichi und ich uns ähnlich sind, verstehen wir uns ...
Wer von uns wohl ...

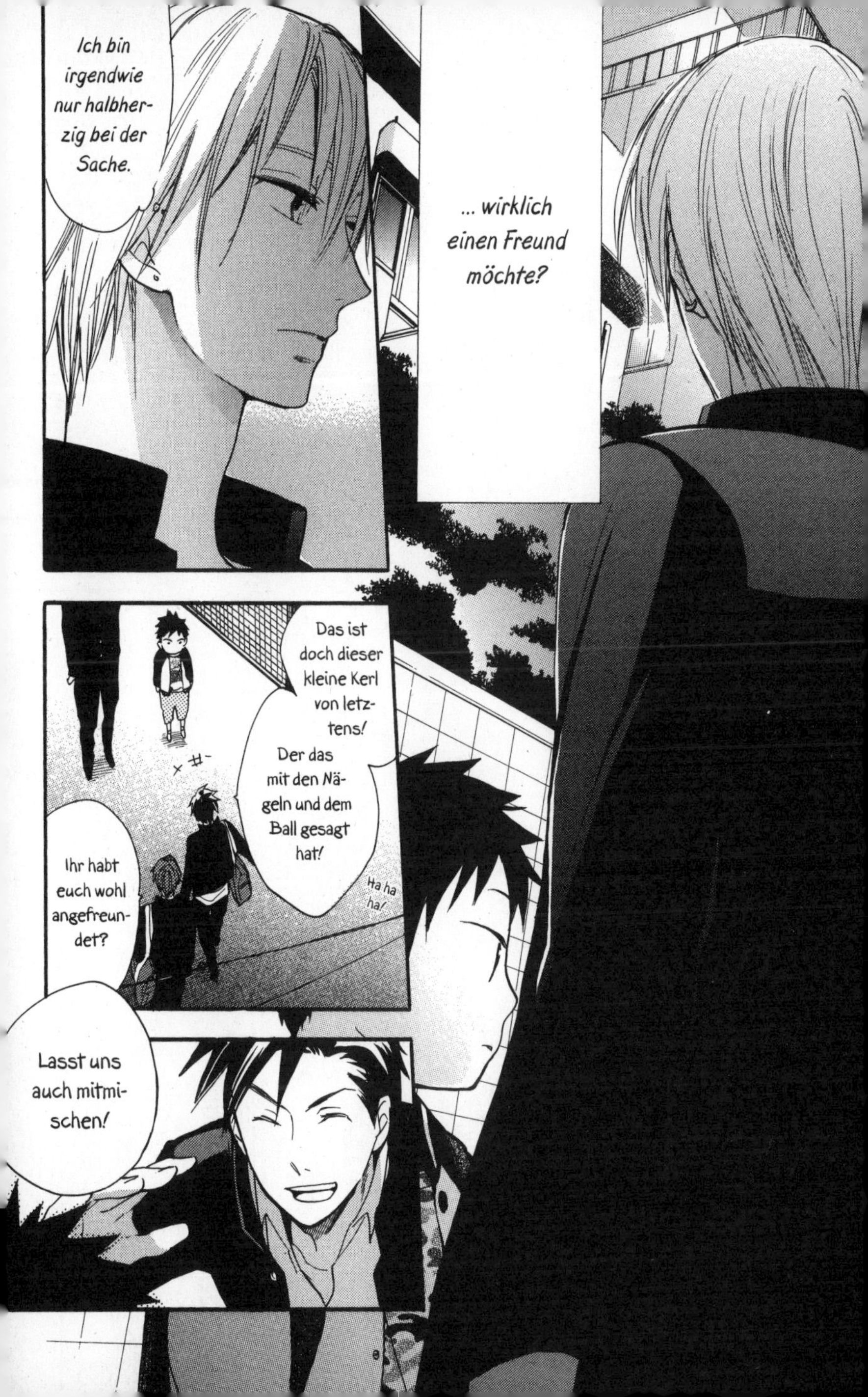
... wirklich einen Freund möchte?
Ich bin irgendwie nur halbherzig bei der Sache.
Das ist doch dieser kleine Kerl von letztens!
Der das mit den Nägeln und dem Ball gesagt hat!
Ha ha ha!
Ihr habt euch wohl angefreundet?
Lasst uns auch mitmischen!

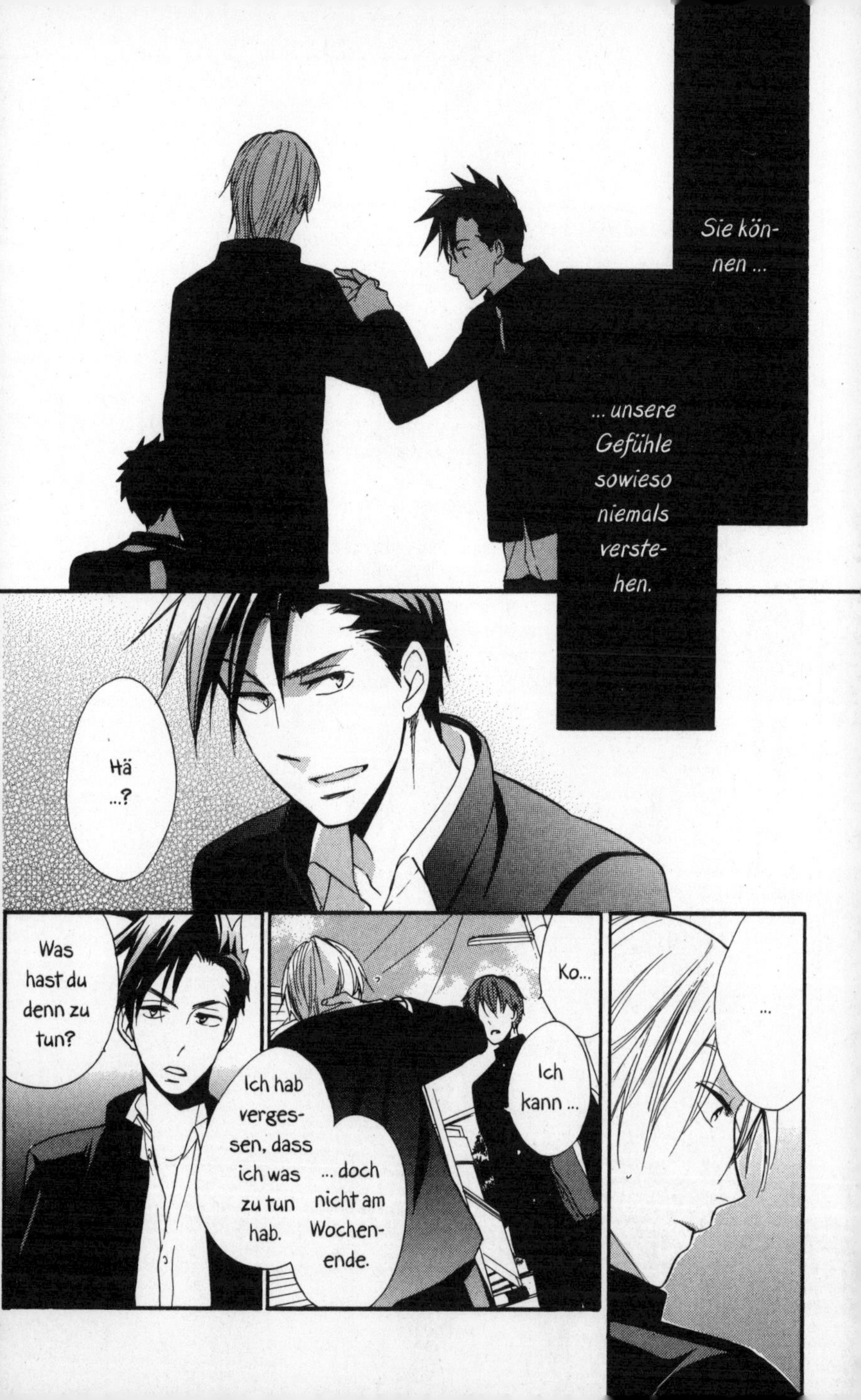
Sie kön-
nen ...
... unsere
Gefühle
sowieso
niemals
verste-
hen.
Hä
...?
...
Ko...
Ich
kann ...
... doch
nicht am
Wochen-
ende.
Ich hab
verges-
sen, dass
ich was
zu tun
hab.
Was
hast du
denn zu
tun?

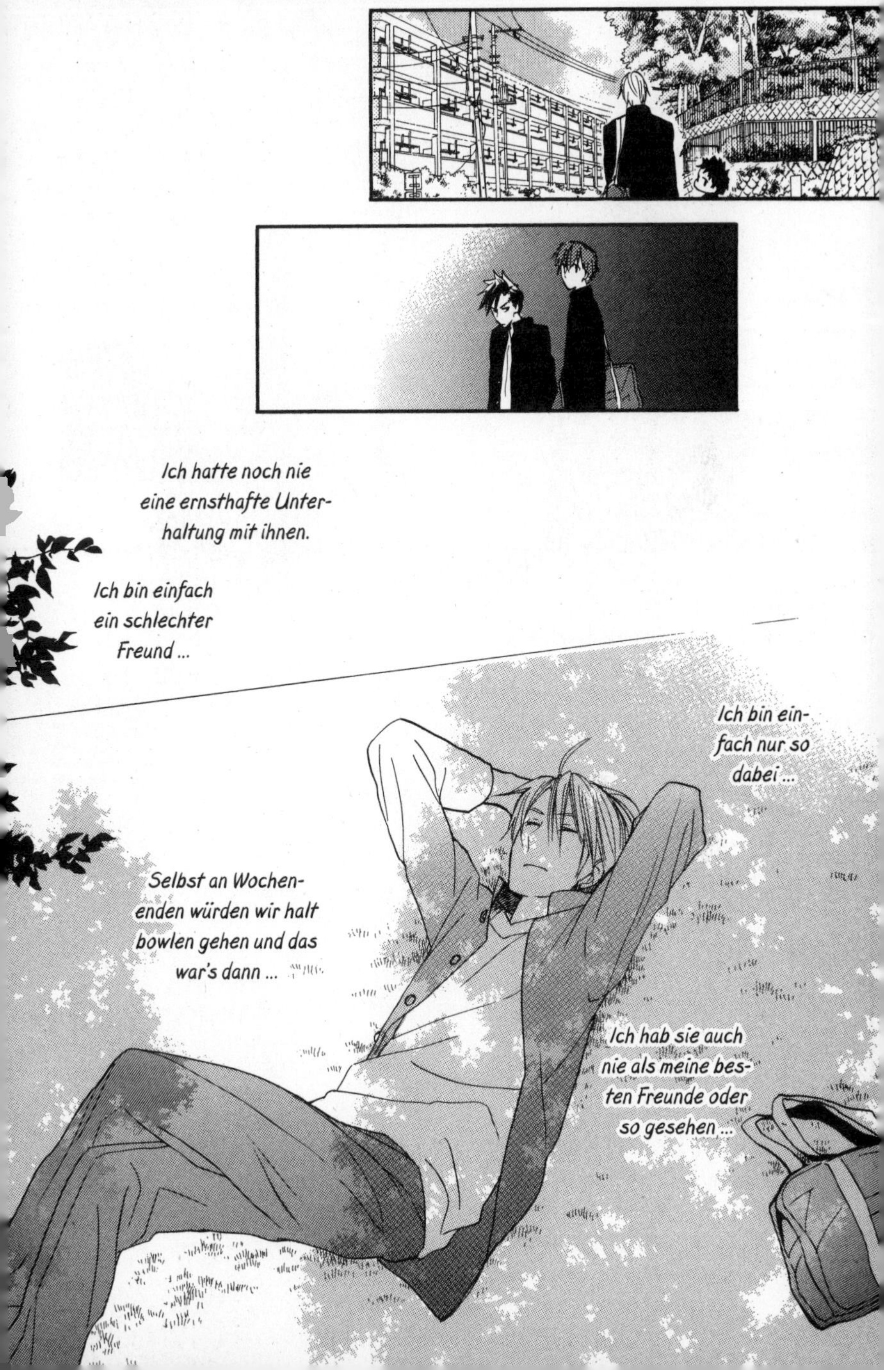
Ich hatte noch nie eine ernsthafte Unterhaltung mit ihnen.
Ich bin einfach ein schlechter Freund ...
Ich bin einfach nur so dabei ...
Selbst an Wochenenden würden wir halt bowlen gehen und das war's dann ...
Ich hab sie auch nie als meine besten Freunde oder so gesehen ...

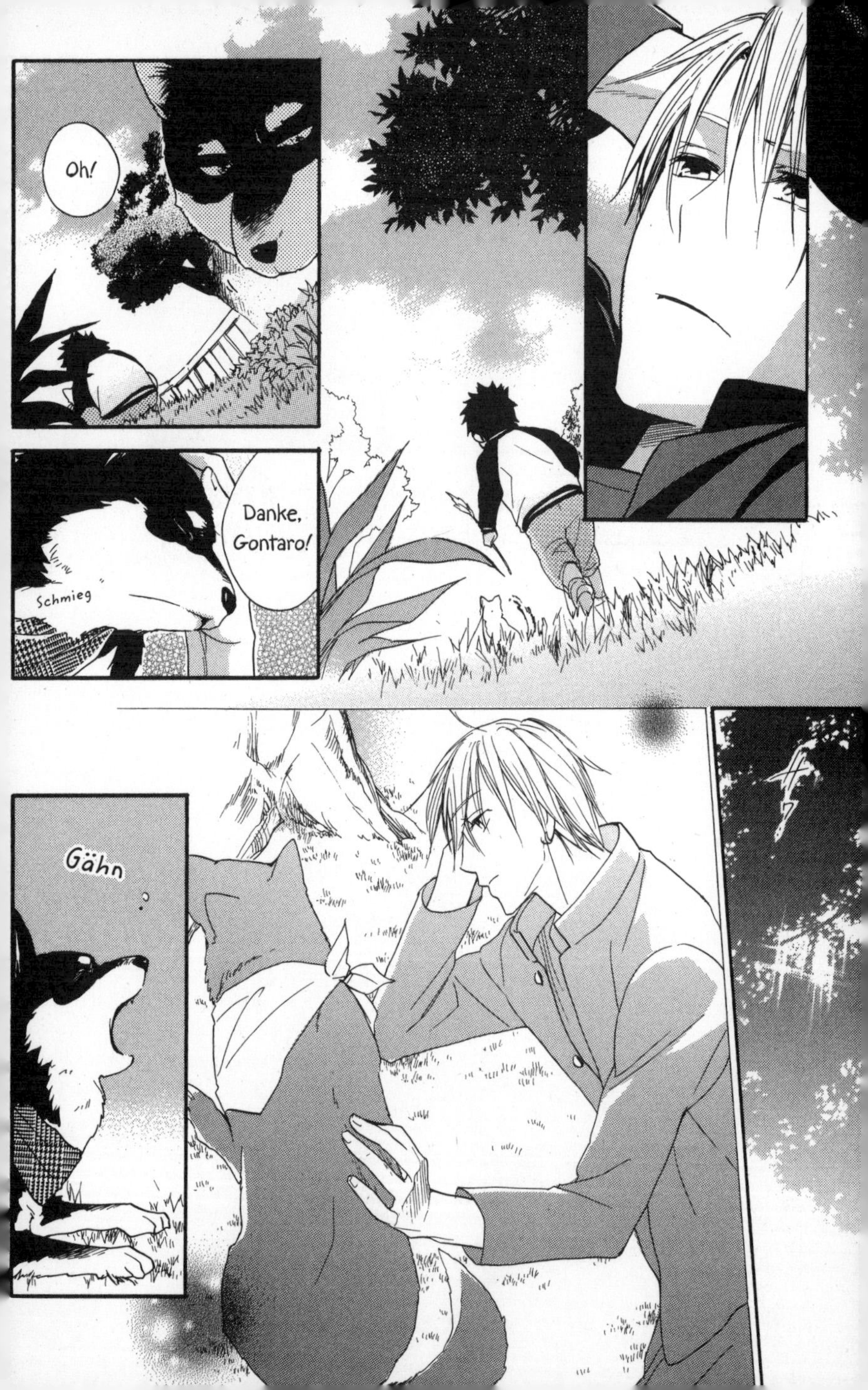

Oh!
Danke, Gontaro!
Schmieg
Gähn

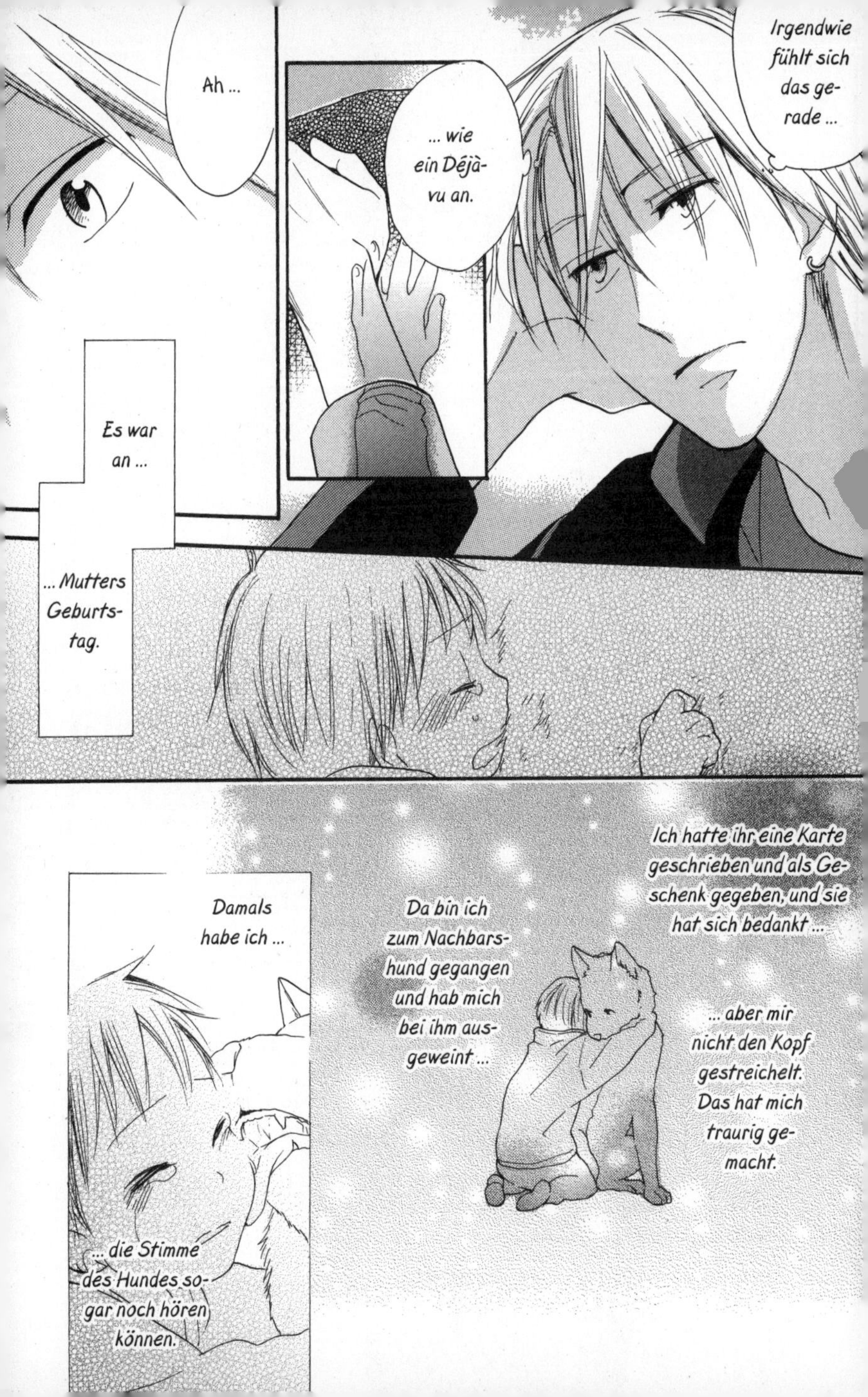

Irgendwie fühlt sich das gerade ...
... wie ein Déjà-vu an.
Ah ...
Es war an ...
... Mutters Geburtstag.
Ich hatte ihr eine Karte geschrieben und als Geschenk gegeben, und sie hat sich bedankt ...
... aber mir nicht den Kopf gestreichelt. Das hat mich traurig gemacht.
Da bin ich zum Nachbarshund gegangen und hab mich bei ihm ausgeweint ...
Damals habe ich ...
... die Stimme des Hundes sogar noch hören können.

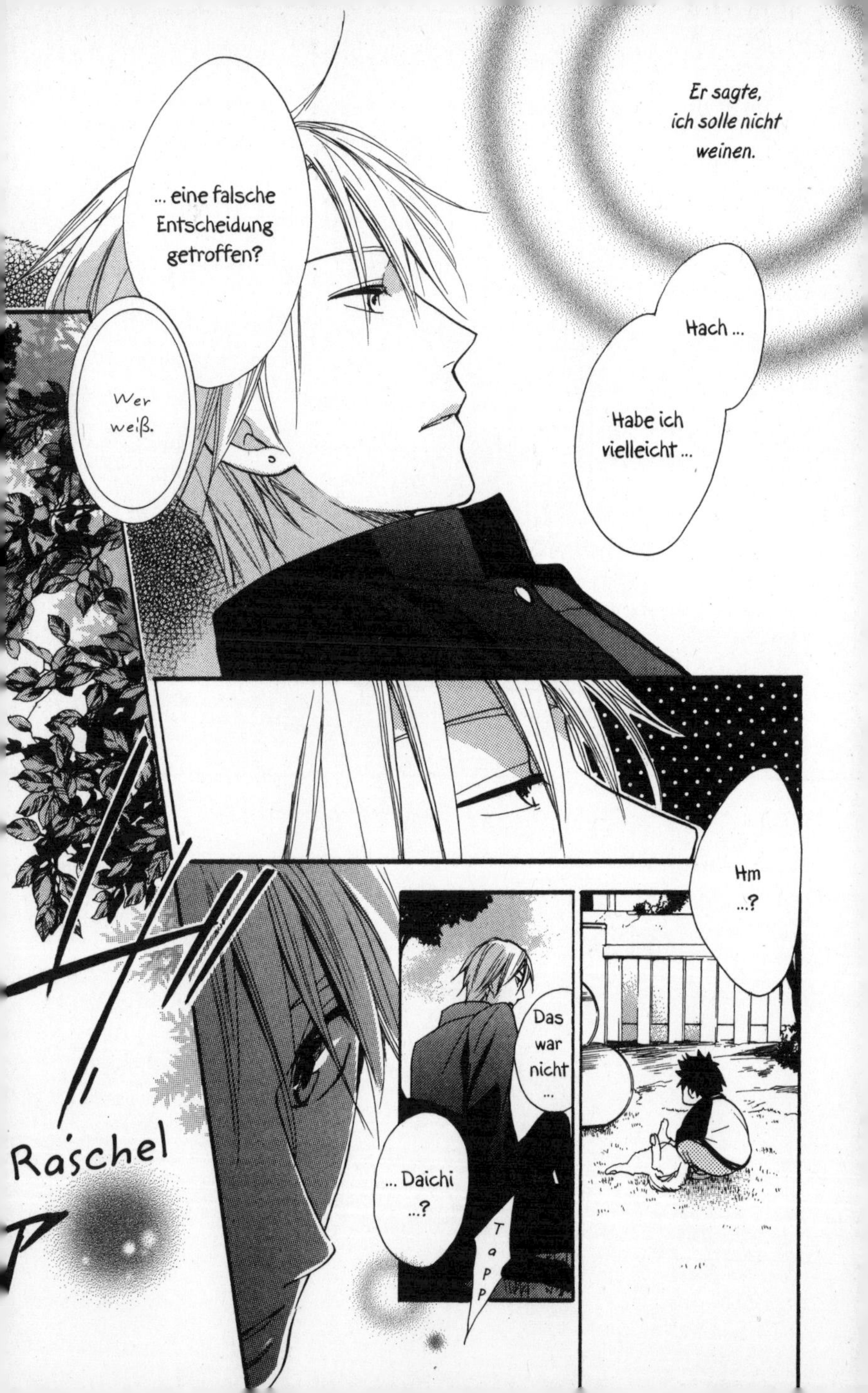

Er sagte, ich solle nicht weinen.
Hach ...
Habe ich vielleicht ...
... eine falsche Entscheidung getroffen?
Wer weiß.
Hm ...?
Das war nicht ...
... Daichi ...?
Tapp
Raschel

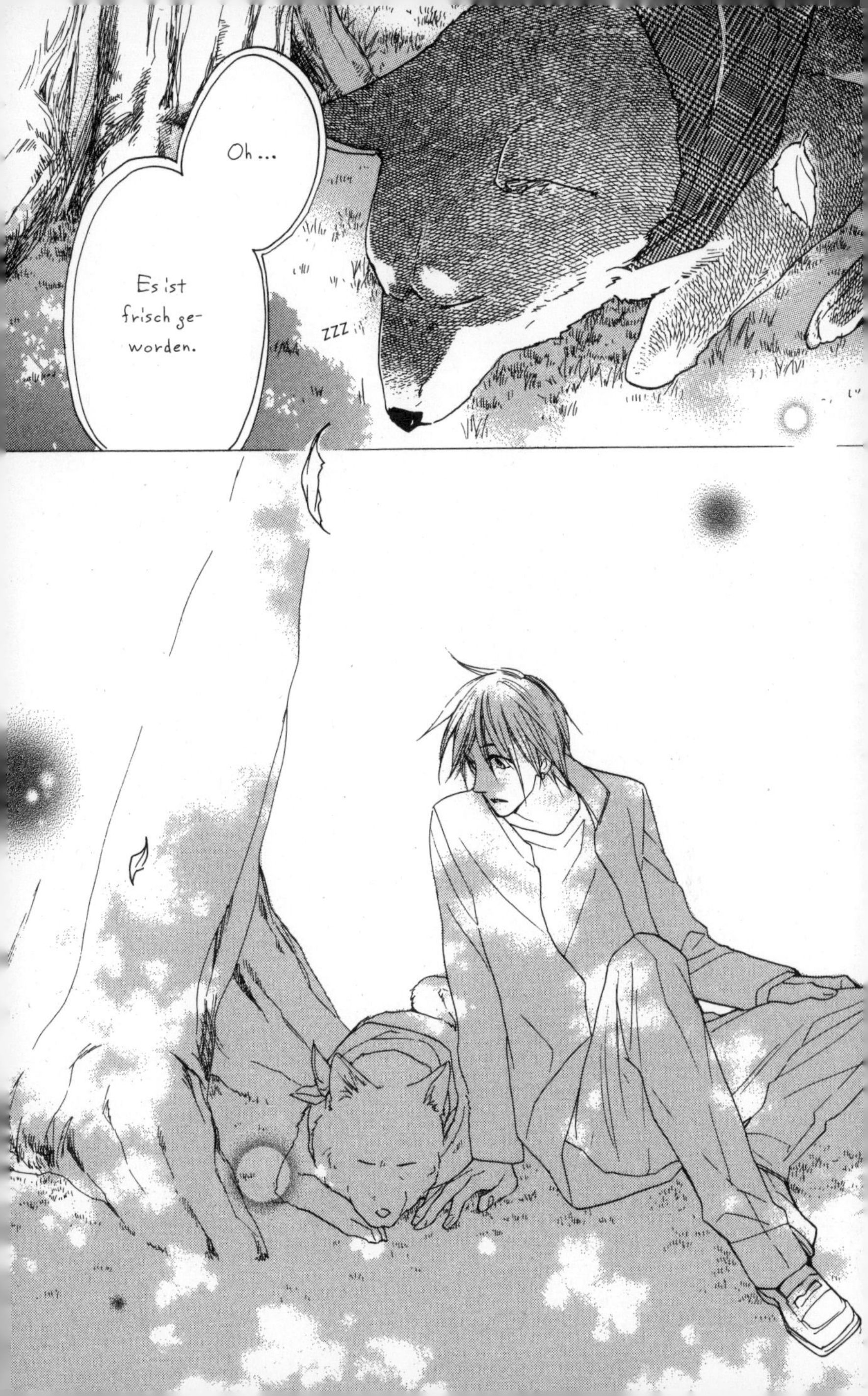
Oh ...
Es ist frisch ge-worden.
ZZZ

Hiso Hiso

Flüstern in der Stille

Flüstern 04

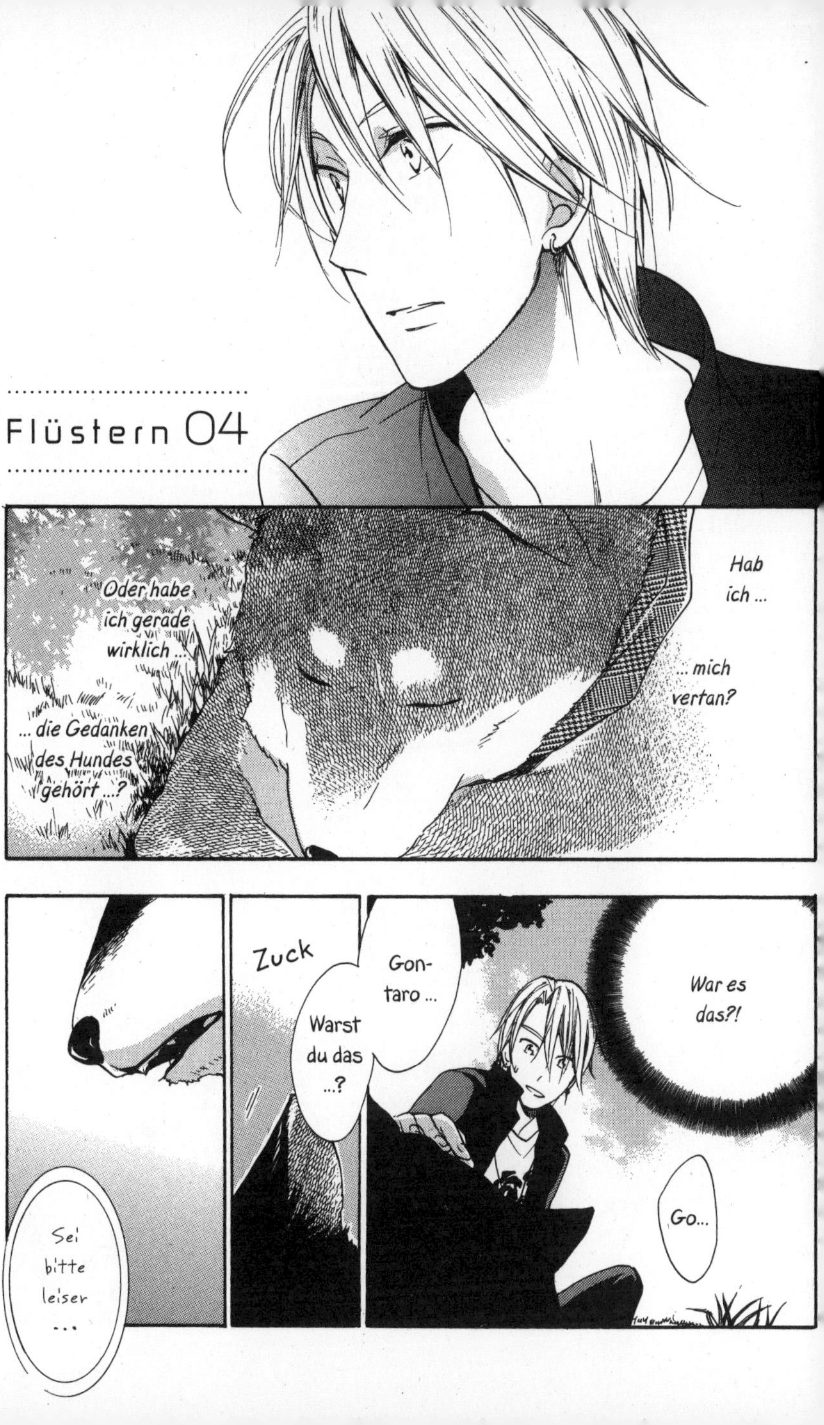

Hab ich ...
... mich vertan?
Oder habe ich gerade wirklich ...
... die Gedanken des Hundes gehört ...?
War es das?!
Go...
Gon-taro ...
Zuck
Warst du das ...?
Sei bitte leiser ...

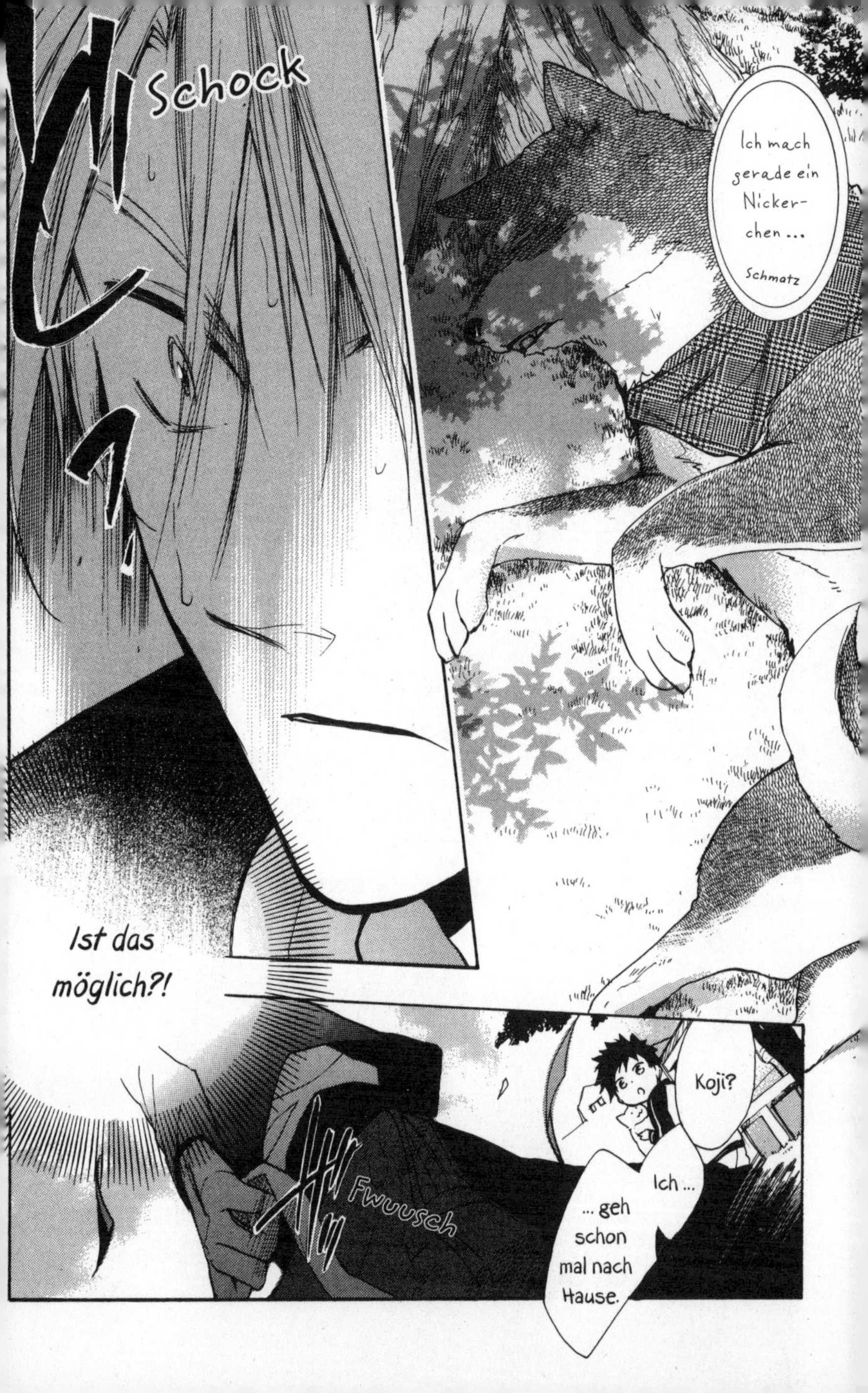
Schock
Ich mach gerade ein Nickerchen ...
Schmatz
Ist das möglich?!
Koji?
Fwuusch
Ich ...
... geh schon mal nach Hause.

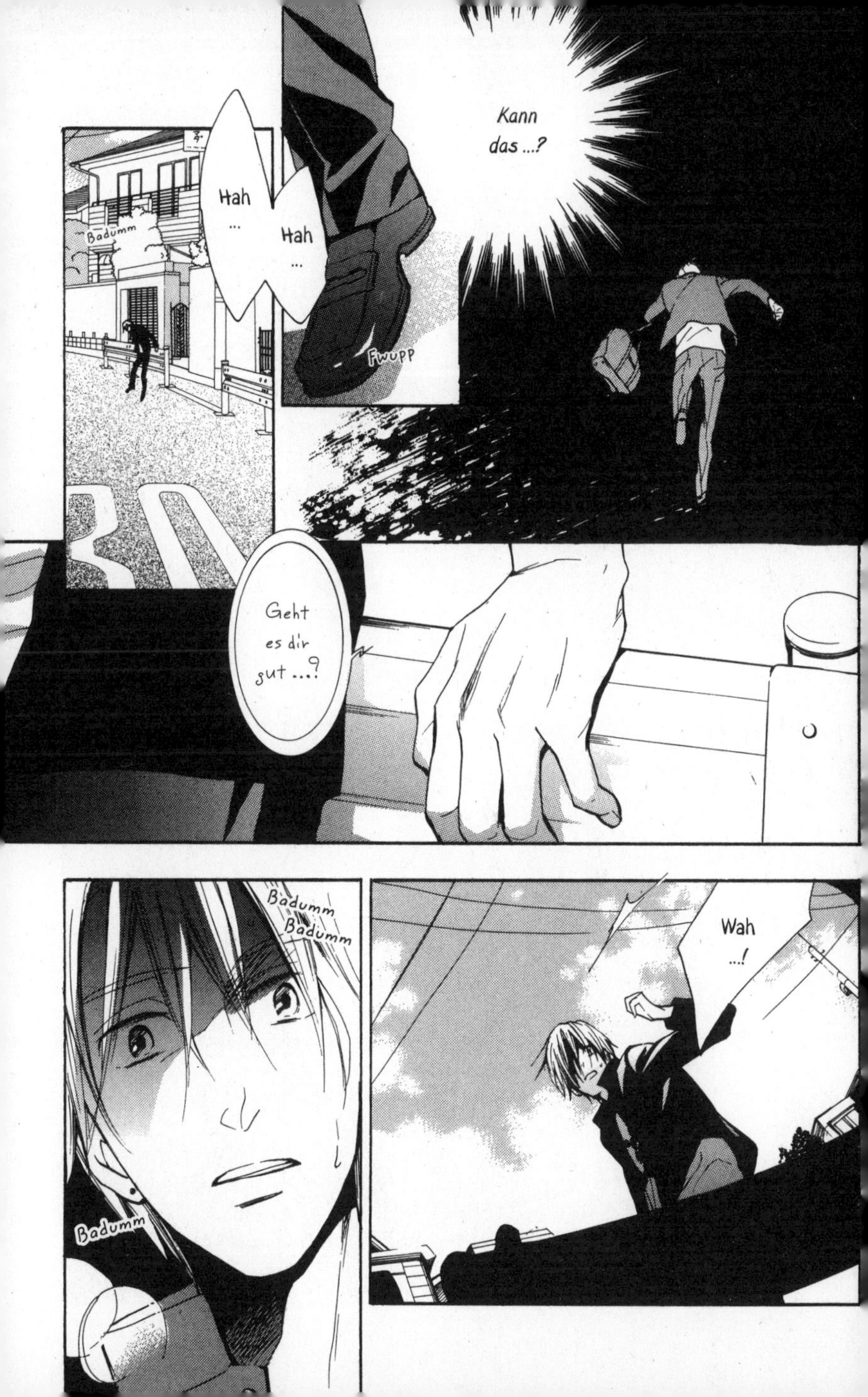

Kann das ...?
Fwupp
Hah ...
Hah ...
Badumm
Geht es dir gut ...?
Wah ...!
Badumm
Badumm
Badumm

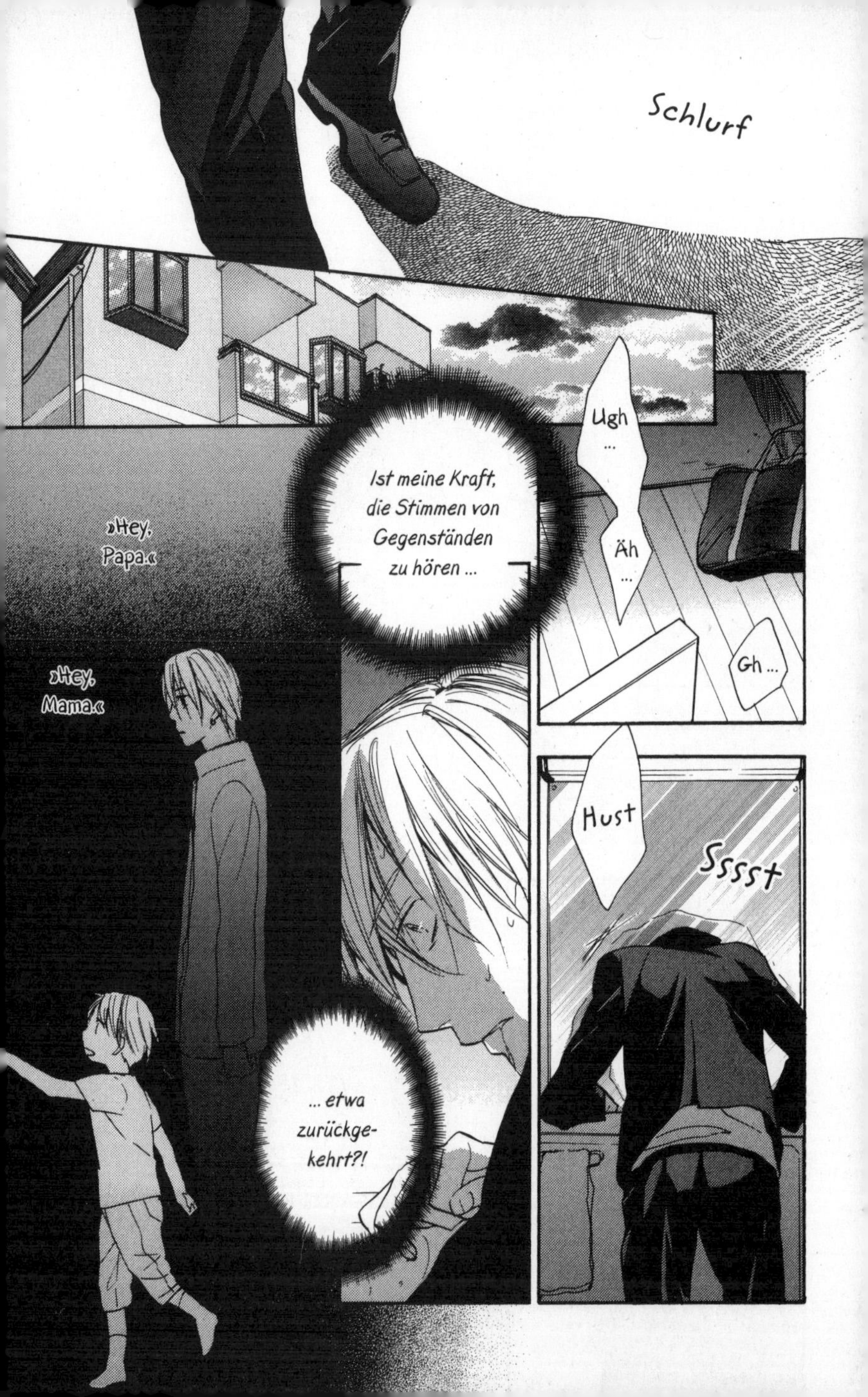
Schlurf
Ugh ...
Äh ...
Gh ...
Ist meine Kraft, die Stimmen von Gegenständen zu hören ...
»Hey, Papa.«
»Hey, Mama.«
Hust
Sssst
... etwa zurückgekehrt?!

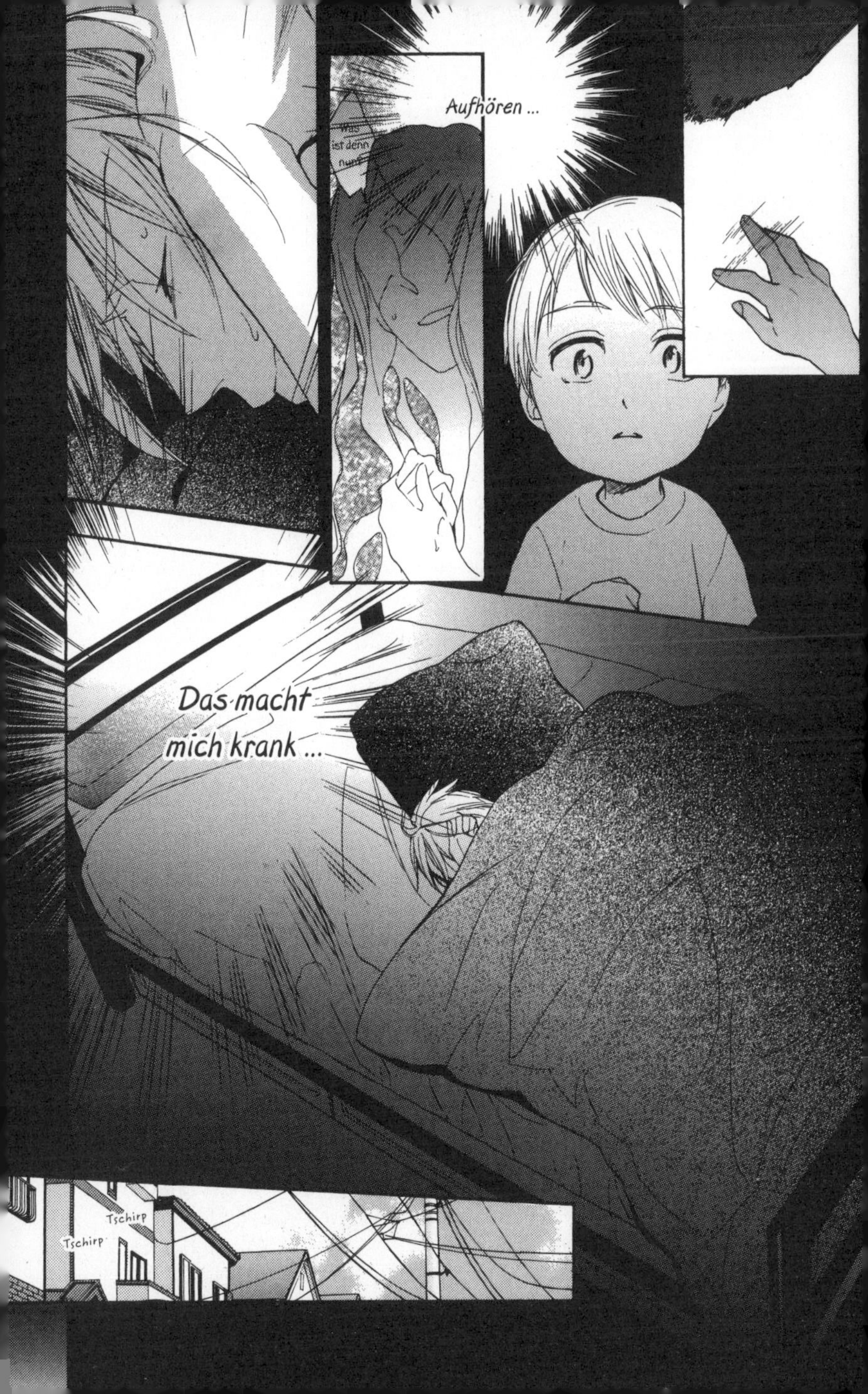
Aufhören ...
Was ist denn nun?
Das macht mich krank ...
Tschirp
Tschirp

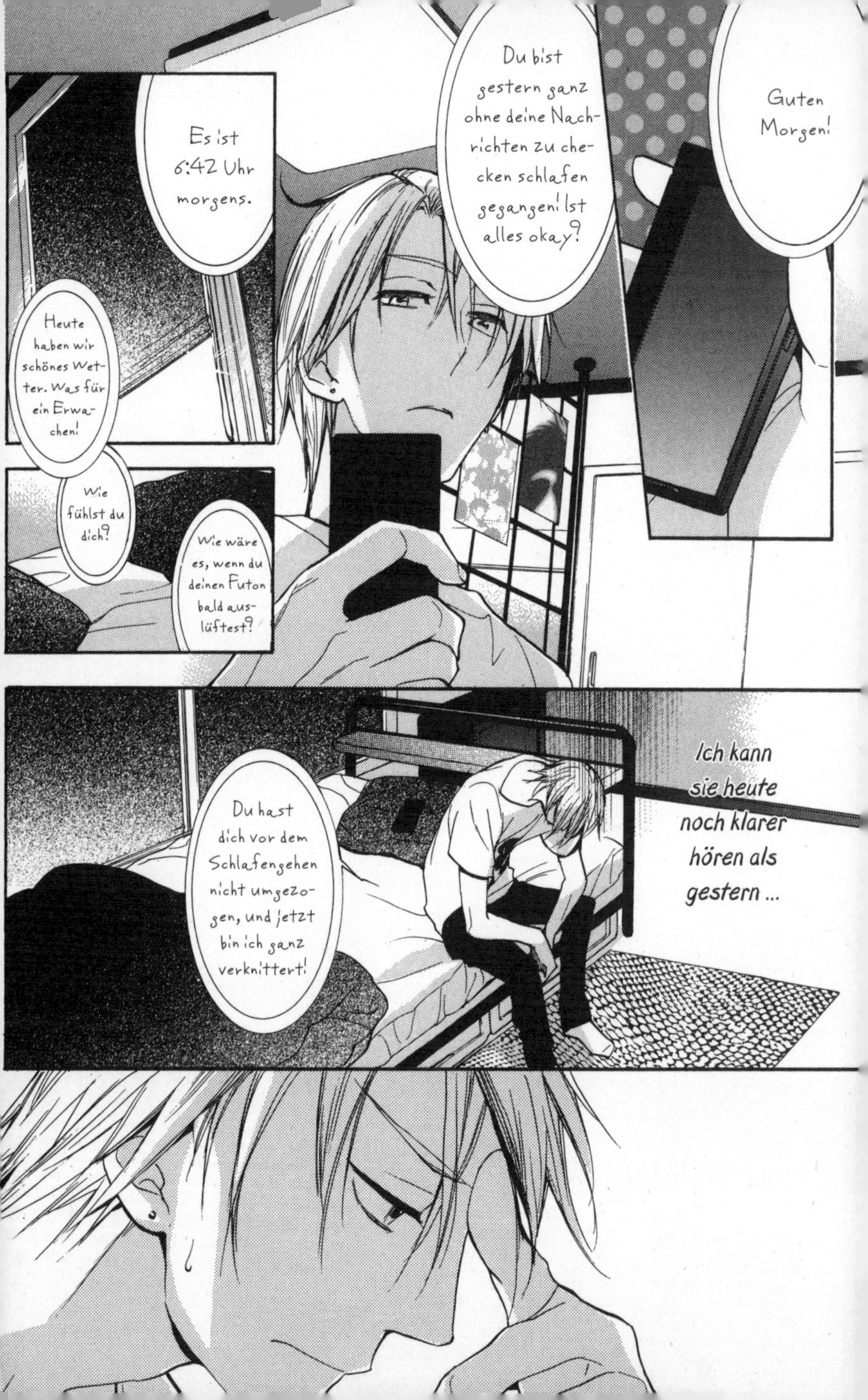
Guten Morgen!
Du bist gestern ganz ohne deine Nachrichten zu checken schlafen gegangen! Ist alles okay?
Es ist 6:42 Uhr morgens.
Heute haben wir schönes Wetter. Was für ein Erwachen!
Wie fühlst du dich?
Wie wäre es, wenn du deinen Futon bald auslüftest?
Ich kann sie heute noch klarer hören als gestern ...
Du hast dich vor dem Schlafengehen nicht umgezogen, und jetzt bin ich ganz verknittert!

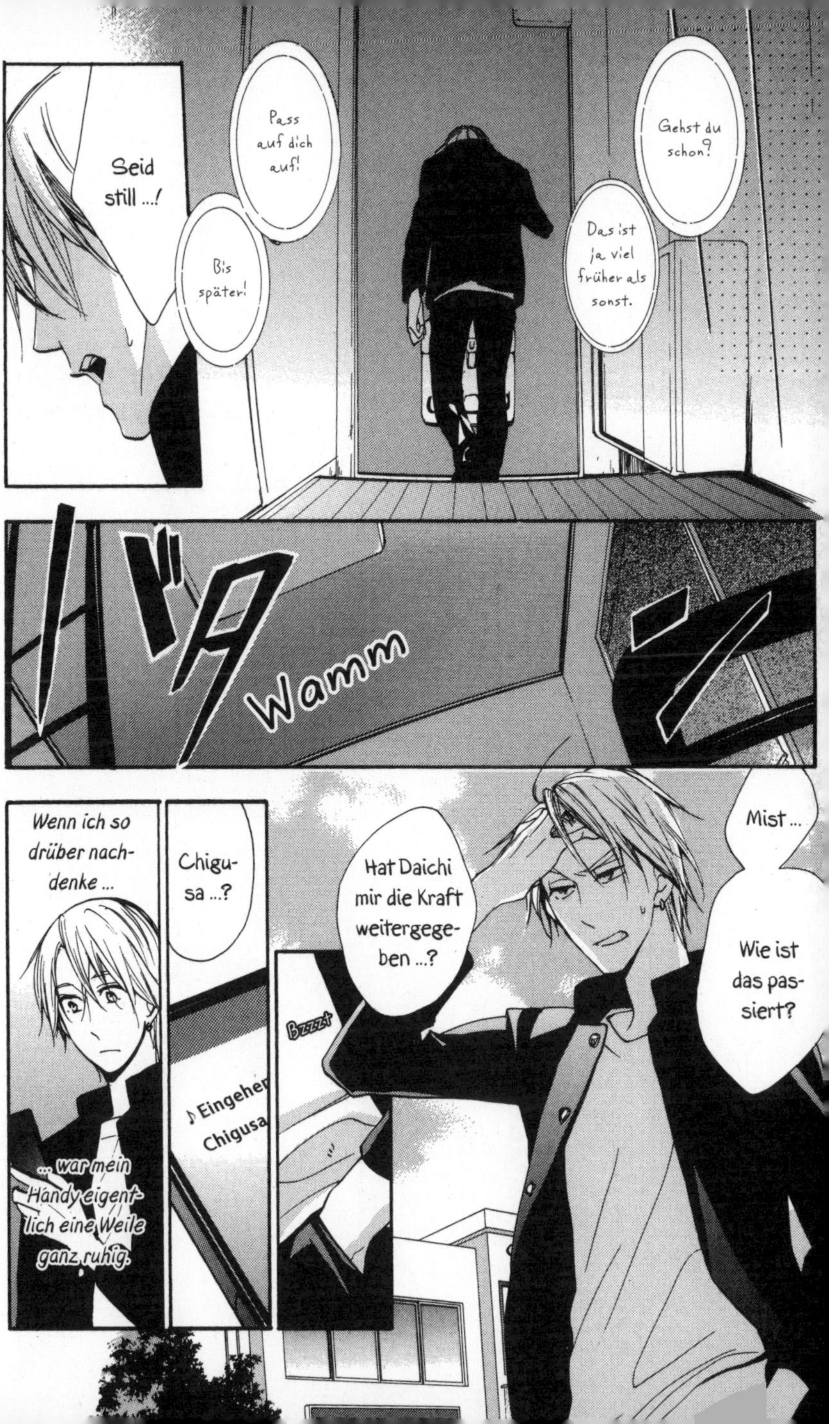
Gehst du schon?
Das ist ja viel früher als sonst.
Pass auf dich auf!
Bis später!
Seid still ...!
Wamm
Mist ...
Wie ist das passiert?
Hat Daichi mir die Kraft weitergegeben ...?
Bzzzt
♪ Eingehe
Chigusa
Chigusa ...?
Wenn ich so drüber nachdenke ...
... war mein Handy eigentlich eine Weile ganz ruhig.

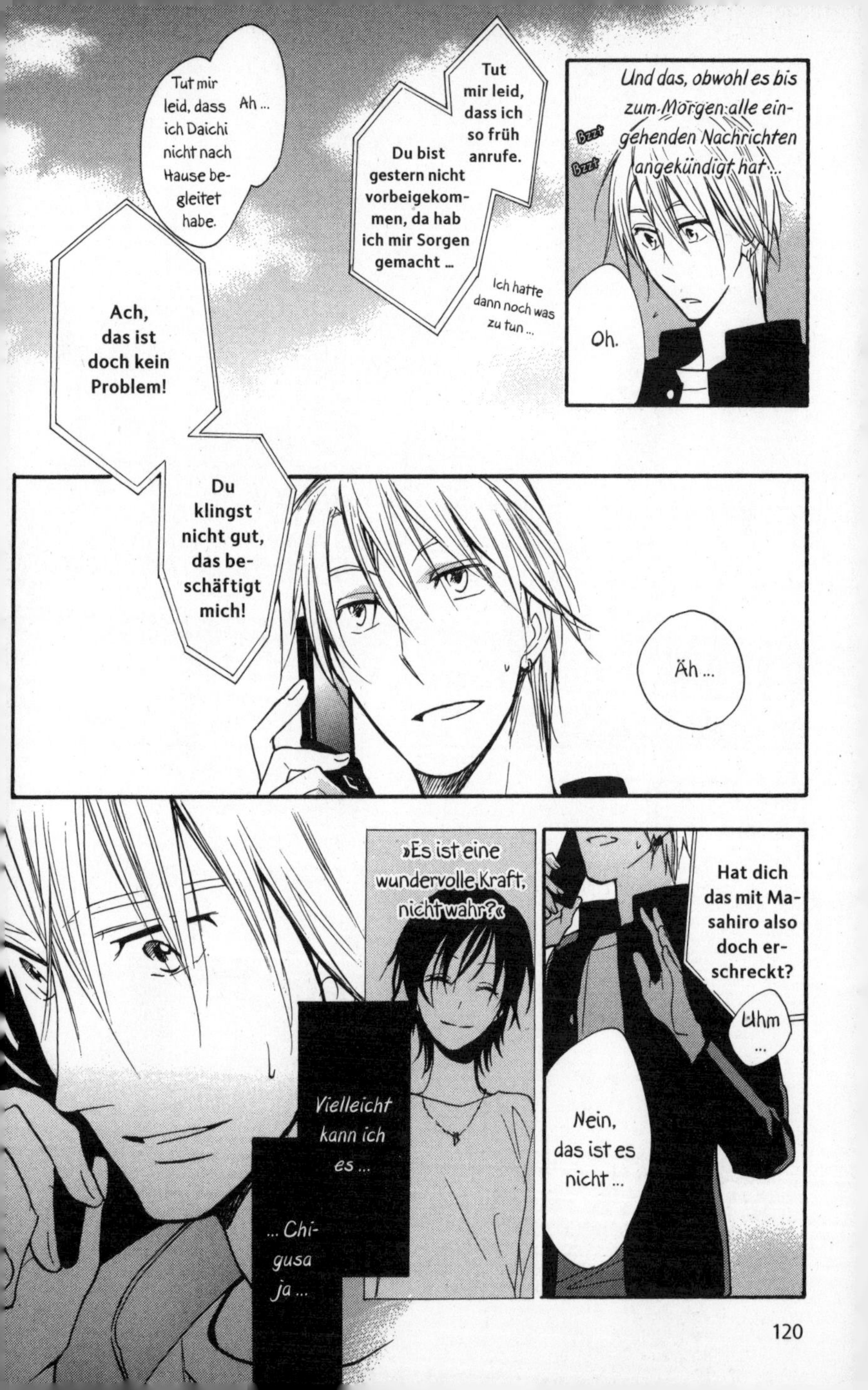
Und das, obwohl es bis zum Morgen alle eingehenden Nachrichten angekündigt hat ...
Bzzt
Bzzt
Oh.
Tut mir leid, dass ich so früh anrufe.
Du bist gestern nicht vorbeigekommen, da hab ich mir Sorgen gemacht ...
Ich hatte dann noch was zu tun ...
Ah ...
Tut mir leid, dass ich Daichi nicht nach Hause begleitet habe.
Ach, das ist doch kein Problem!
Du klingst nicht gut, das beschäftigt mich!
Äh ...
Hat dich das mit Masahiro also doch erschreckt?
Uhm ...
Nein, das ist es nicht ...
»Es ist eine wundervolle Kraft, nicht wahr?«
Vielleicht kann ich es ...
... Chigusa ja ...

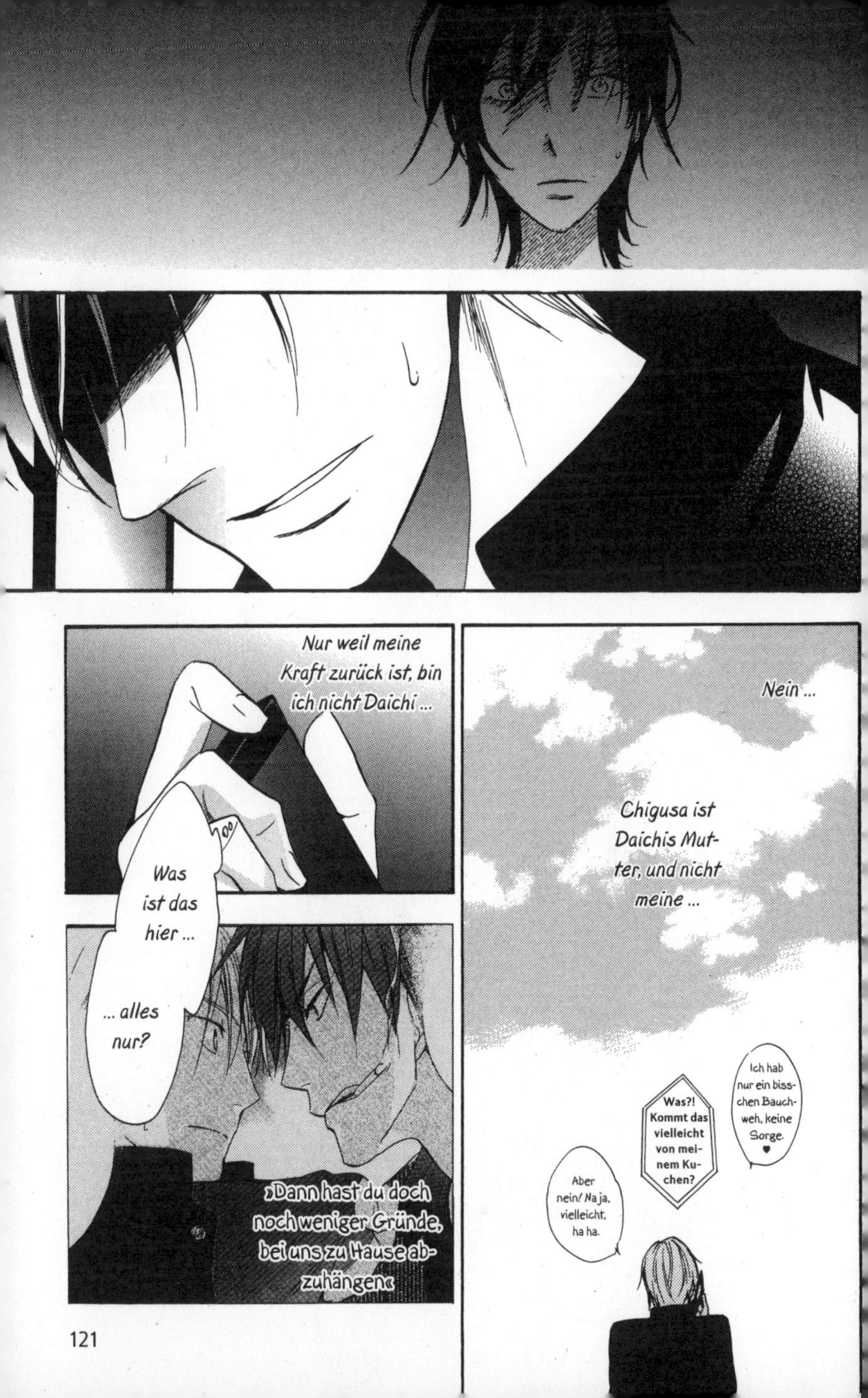

Nein …
Chigusa ist Daichis Mutter, und nicht meine …
Nur weil meine Kraft zurück ist, bin ich nicht Daichi …
Was ist das hier …
… alles nur?
»Dann hast du doch noch weniger Gründe, bei uns zu Hause abzuhängen«
Ich hab nur ein bisschen Bauchweh, keine Sorge. ♥
Was?! Kommt das vielleicht von meinem Kuchen?
Aber nein! Na ja, vielleicht, ha ha.

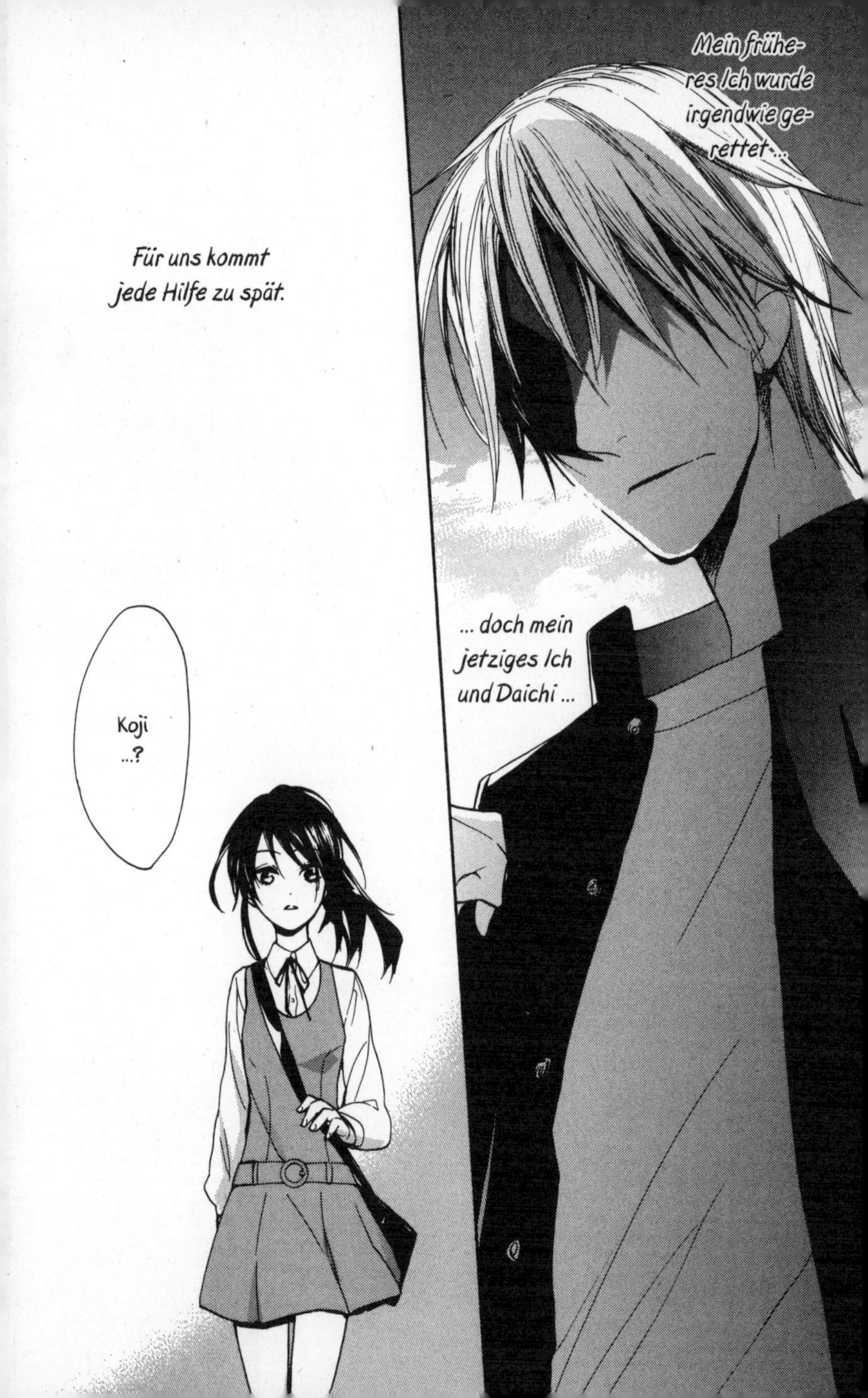
Mein früheres Ich wurde irgendwie gerettet ...
... doch mein jetziges Ich und Daichi ...
Für uns kommt jede Hilfe zu spät.
Koji ...?

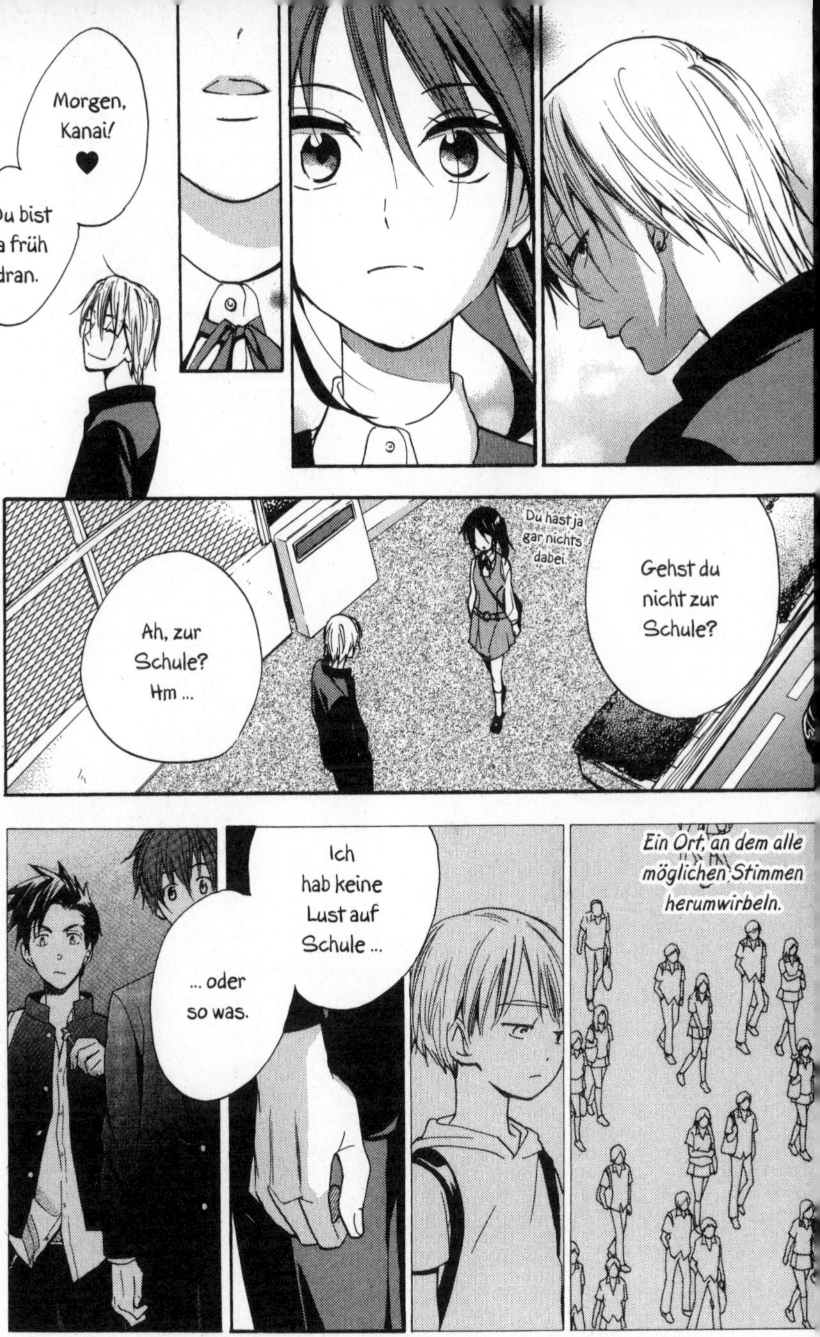
Morgen, Kanai! ♥
Du bist ja früh dran.
Gehst du nicht zur Schule?
Du hast ja gar nichts dabei.
Ah, zur Schule? Hm ...
Ein Ort, an dem alle möglichen Stimmen herumwirbeln.
Ich hab keine Lust auf Schule ...
... oder so was.

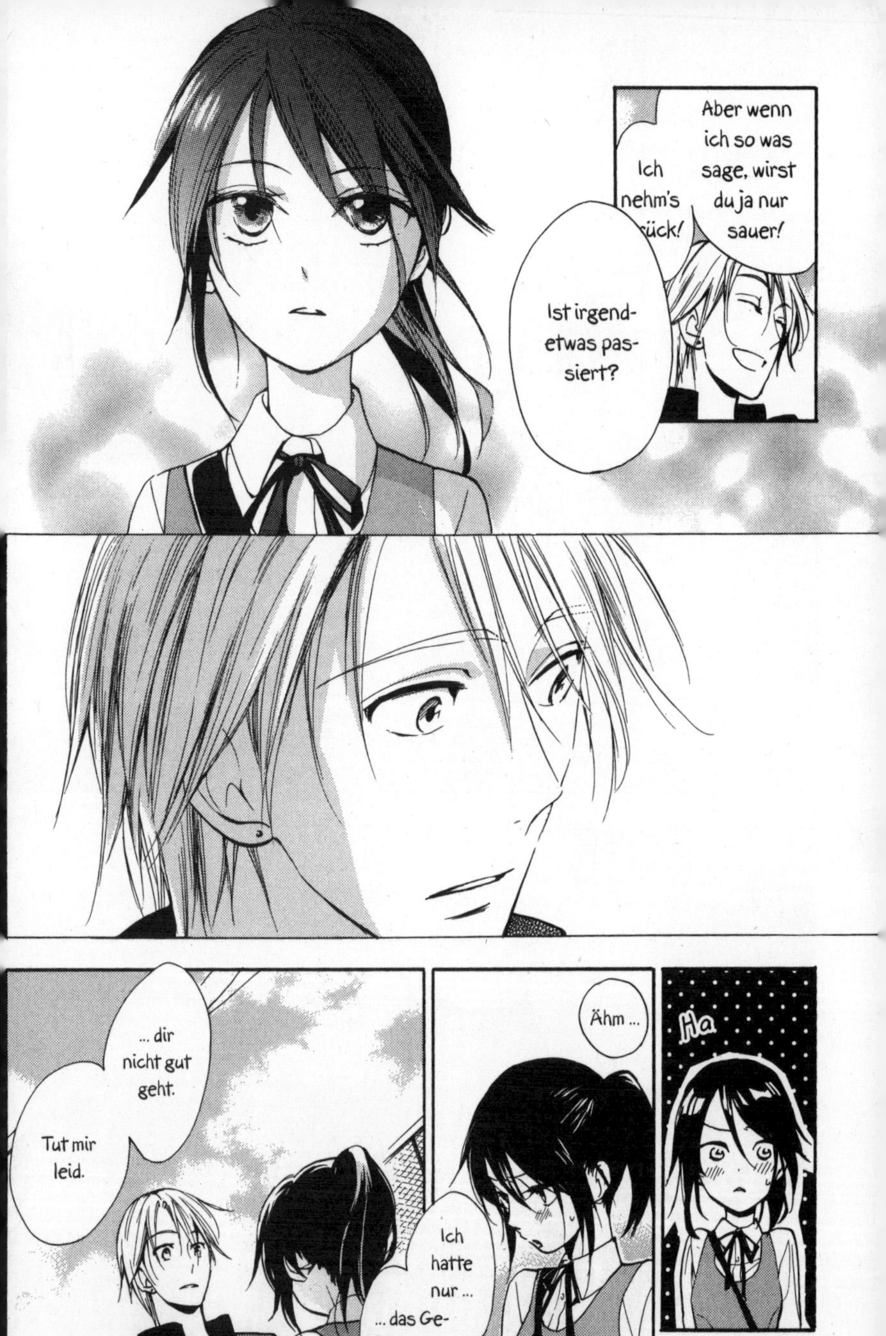
Aber wenn ich so was sage, wirst du ja nur sauer!
Ich nehm's rück!
Ist irgend-etwas pas-siert?
Ha
Ähm ...
Ich hatte nur ...
... das Ge-fühl, dass es ...
Tut mir leid.
... dir nicht gut geht.

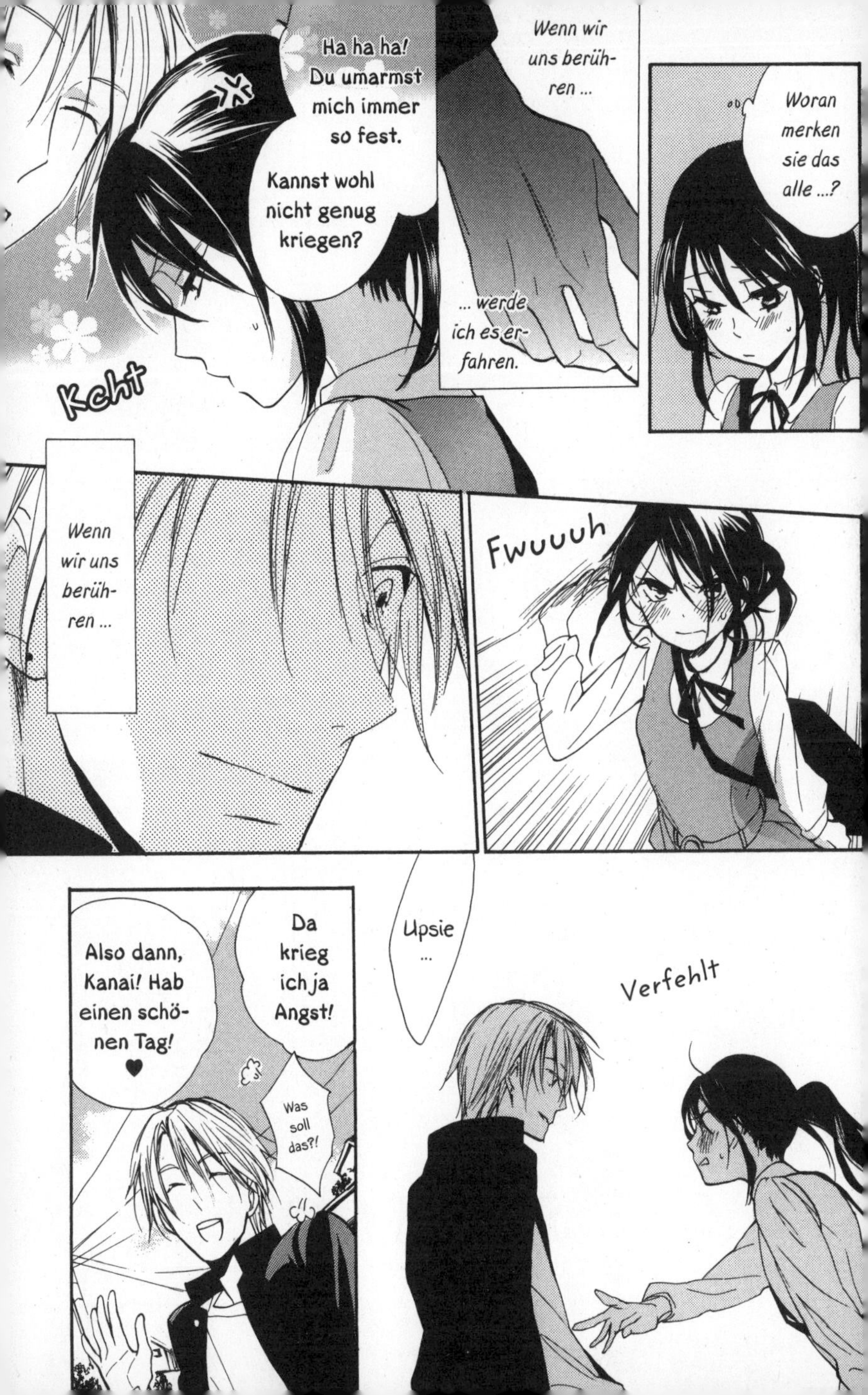
Woran merken sie das alle ...?
Wenn wir uns berühren ...
... werde ich es erfahren.
Ha ha ha! Du umarmst mich immer so fest.
Kannst wohl nicht genug kriegen?
Kcht
Fwuuuh
Wenn wir uns berühren ...
Upsie ...
Verfehlt
Da krieg ich ja Angst!
Also dann, Kanai! Hab einen schönen Tag! ♥
Was soll das?!

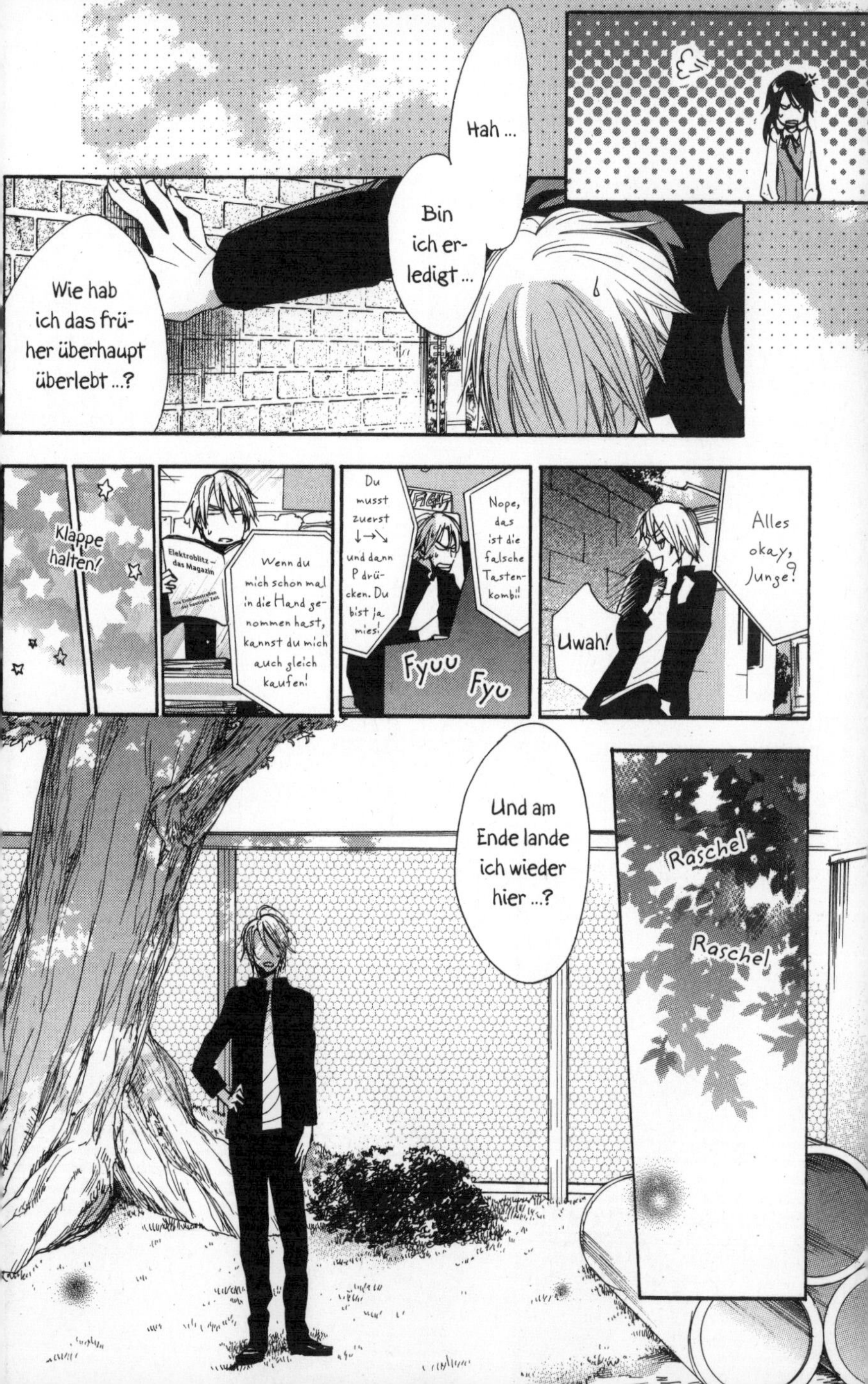

Hah ...
Bin ich erledigt ...
Wie hab ich das früher überhaupt überlebt ...?
Alles okay, Junge?
Uwah!
Nope, das ist die falsche Tastenkombi!
Du musst zuerst ↓→↘ und dann P drücken. Du bist ja mies!
Fyuu
Fyu
Elektroblitz – das Magazin
Wenn du mich schon mal in die Hand genommen hast, kannst du mich auch gleich kaufen!
Klappe halten!
Und am Ende lande ich wieder hier ...?
Raschel
Raschel

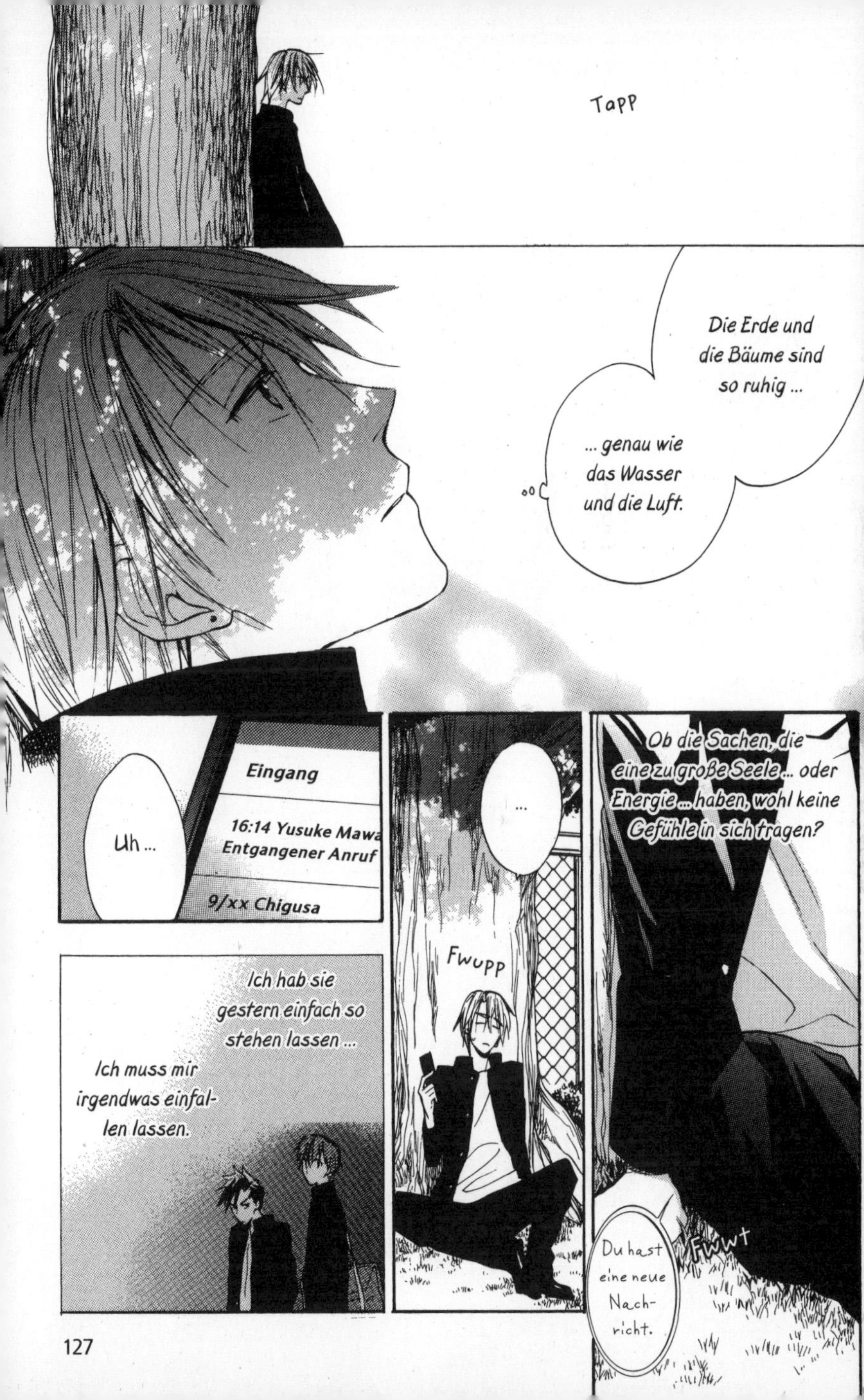
Tapp
Die Erde und die Bäume sind so ruhig ...
... genau wie das Wasser und die Luft.
Ob die Sachen, die eine zu große Seele ... oder Energie ... haben, wohl keine Gefühle in sich tragen?
...
Uh ...
Eingang
16:14 Yusuke Mawa
Entgangener Anruf
9/xx Chigusa
Fwupp
Ich hab sie gestern einfach so stehen lassen ...
Ich muss mir irgendwas einfallen lassen.
Fwwt
Du hast eine neue Nachricht.

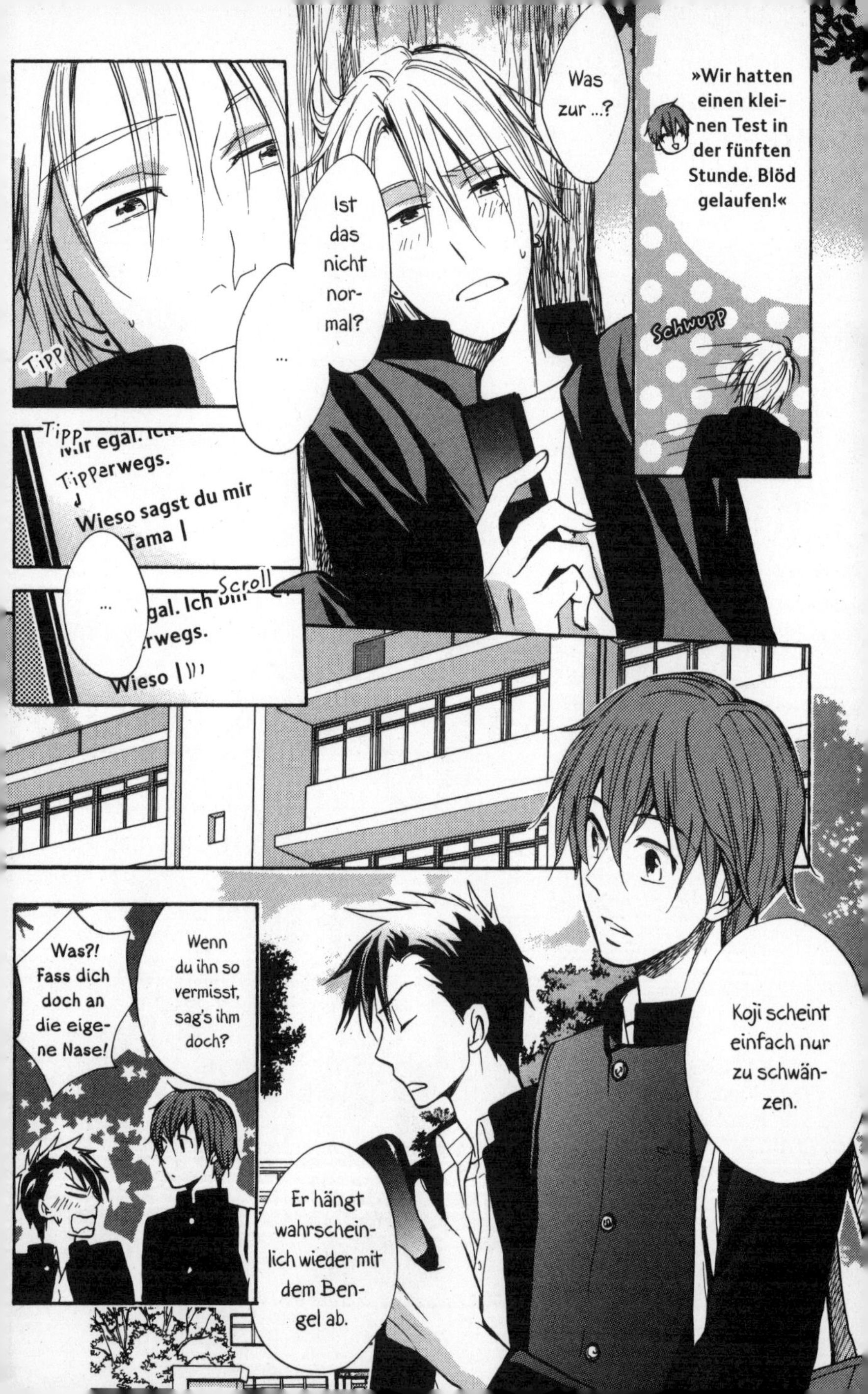
»Wir hatten einen kleinen Test in der fünften Stunde. Blöd gelaufen!«
Schwupp
Was zur ...?
Ist das nicht normal?
...
Tipp
Tipp
Tipperwegs.
Wieso sagst du mir
Tama
Scroll
...
gal. Ich bin
rwegs.
Wieso
Koji scheint einfach nur zu schwänzen.
Er hängt wahrscheinlich wieder mit dem Bengel ab.
Wenn du ihn so vermisst, sag's ihm doch?
Was?! Fass dich doch an die eigene Nase!

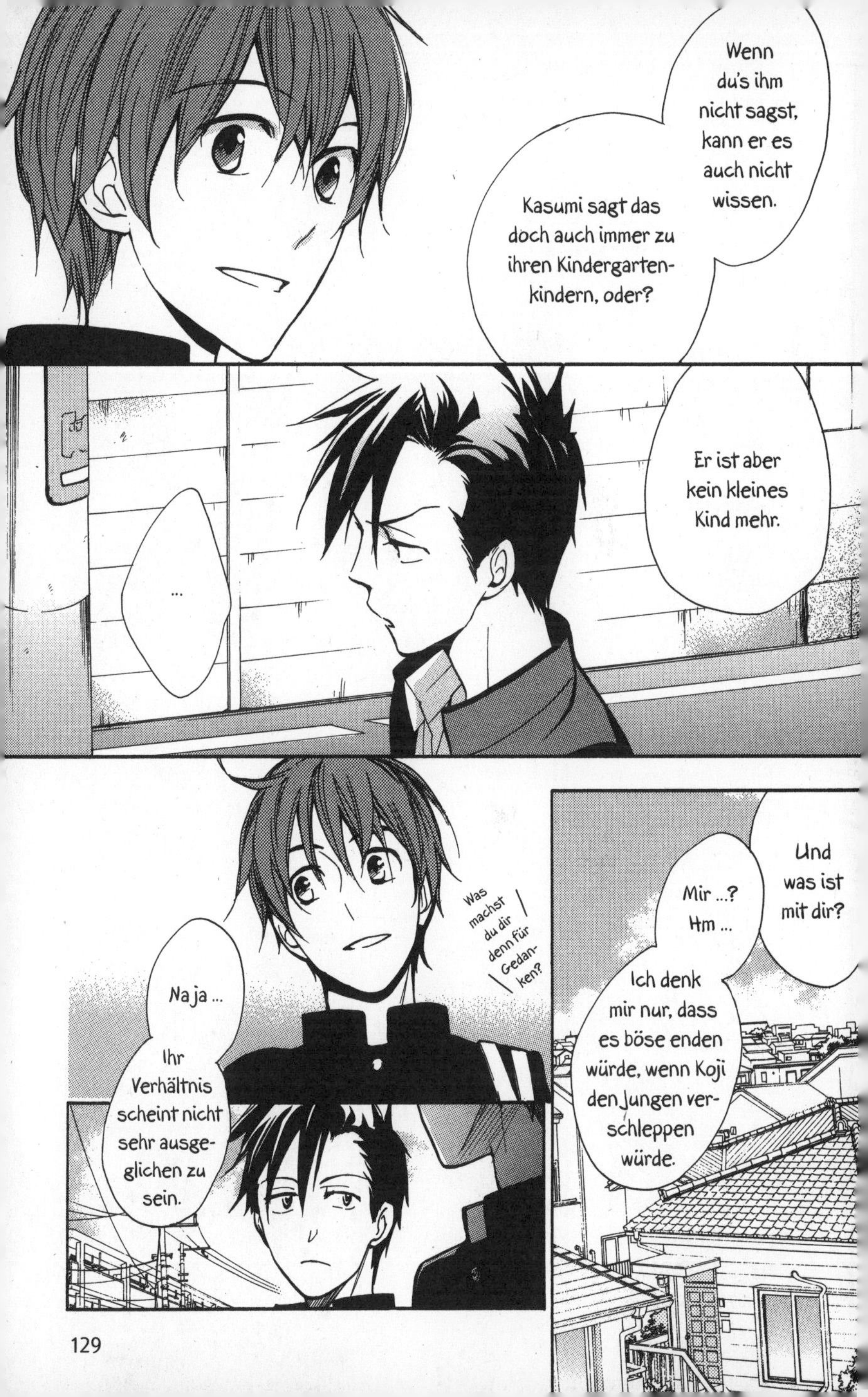
Wenn du's ihm nicht sagst, kann er es auch nicht wissen.
Kasumi sagt das doch auch immer zu ihren Kindergarten-kindern, oder?
Er ist aber kein kleines Kind mehr.
...
Und was ist mit dir?
Mir ...? Hm ...
Ich denk mir nur, dass es böse enden würde, wenn Koji den Jungen ver-schleppen würde.
Was machst du dir denn für Gedan-ken?
Na ja ...
Ihr Verhältnis scheint nicht sehr ausge-glichen zu sein.

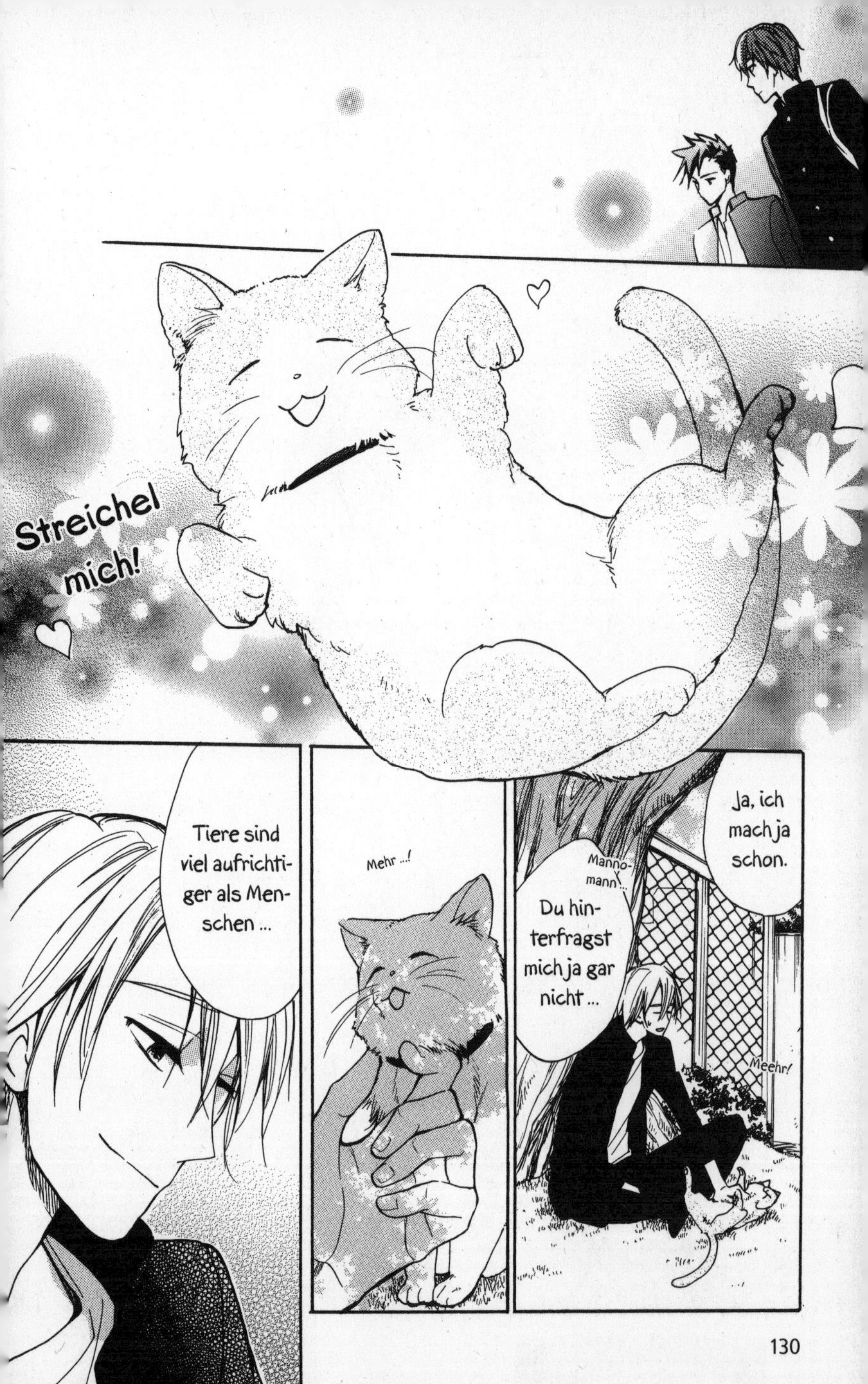
Streichel mich!
Ja, ich mach ja schon.
Mannomann ...
Du hinterfragst mich ja gar nicht ...
Meehr!
Mehr ...!
Tiere sind viel aufrichtiger als Menschen ...

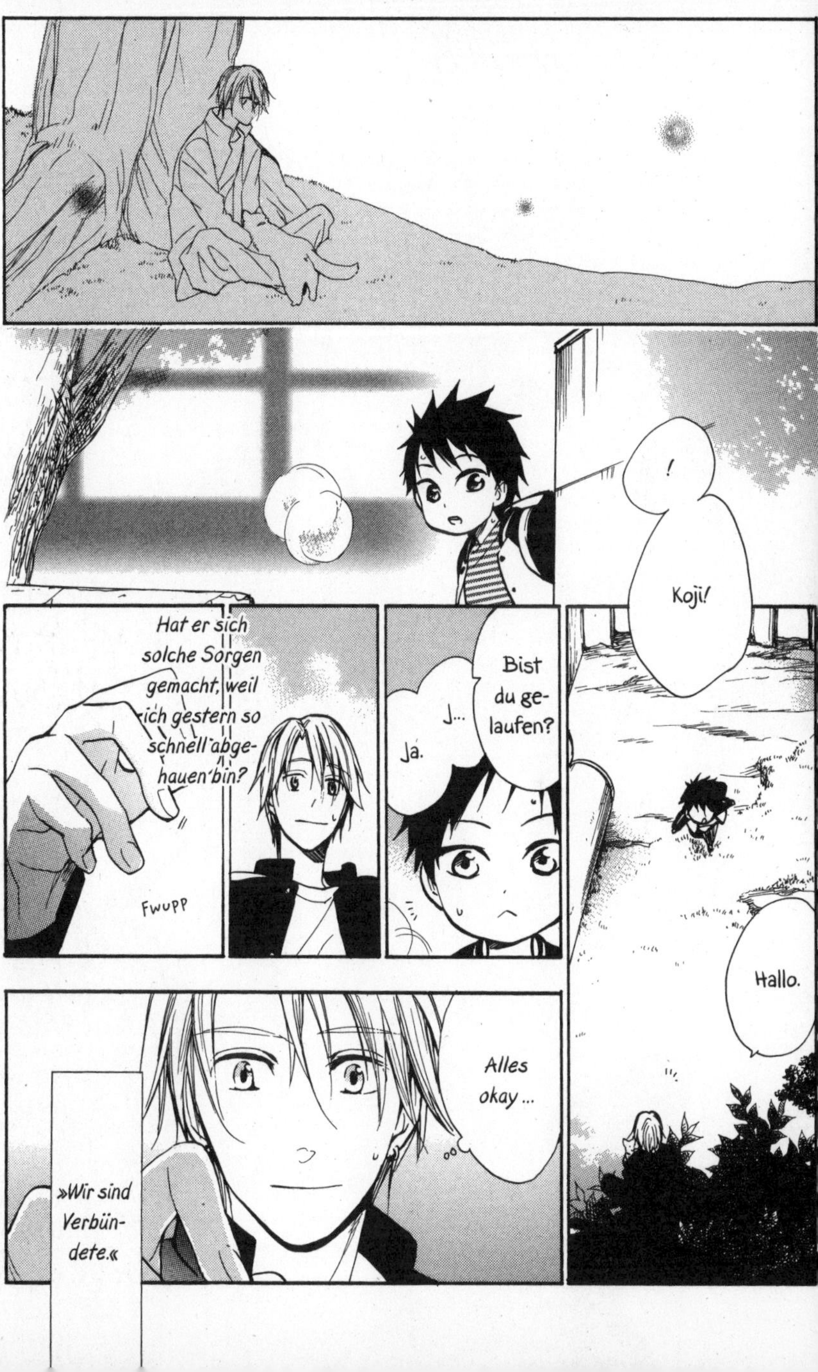
!
Koji!
Hallo.
Bist du gelaufen?
J…
Ja.
Hat er sich solche Sorgen gemacht, weil ich gestern so schnell abgehauen bin?
Fwupp
Alles okay …
»Wir sind Verbündete.«

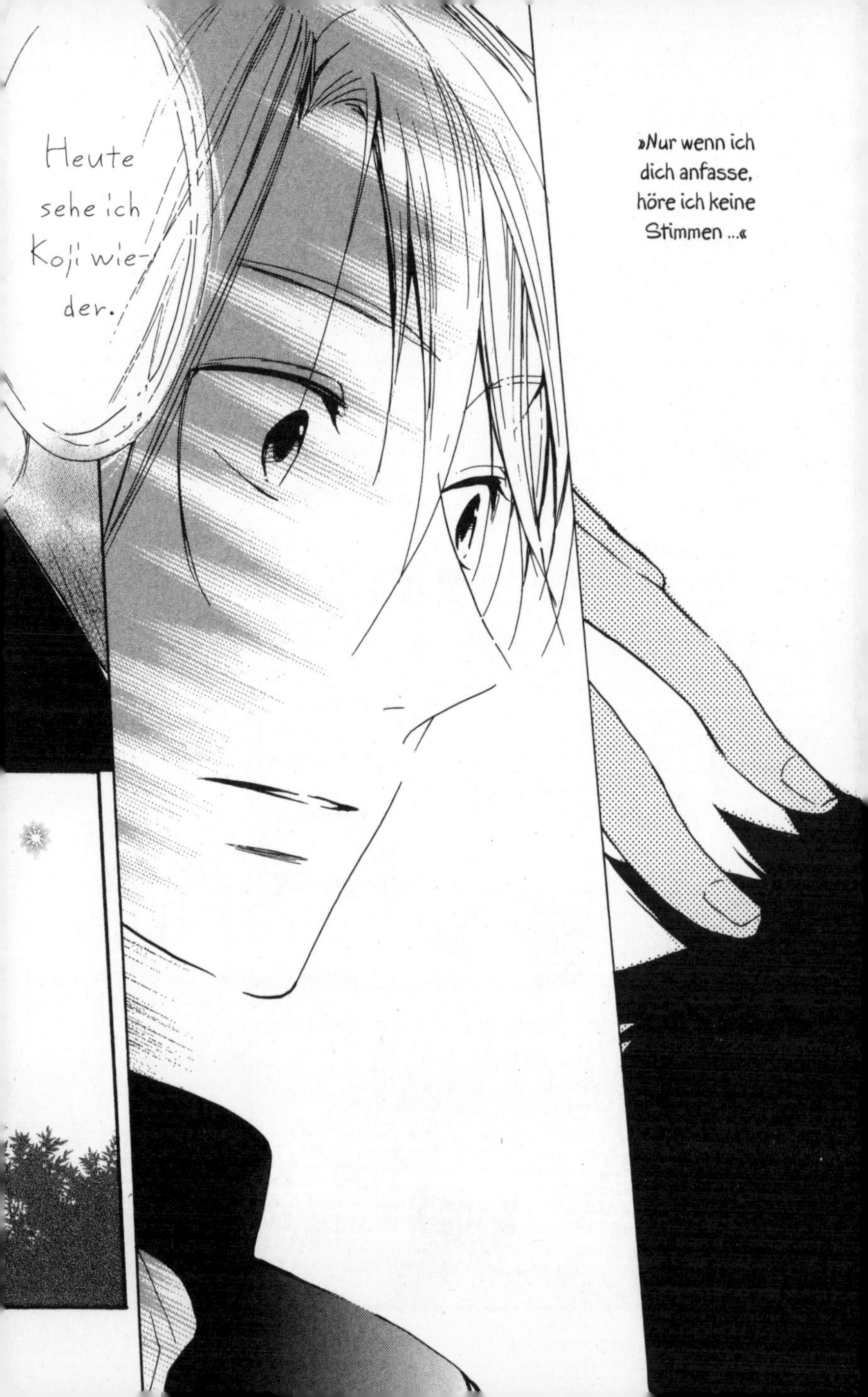
»Nur wenn ich dich anfasse, höre ich keine Stimmen ...«
Heute sehe ich Koji wieder.

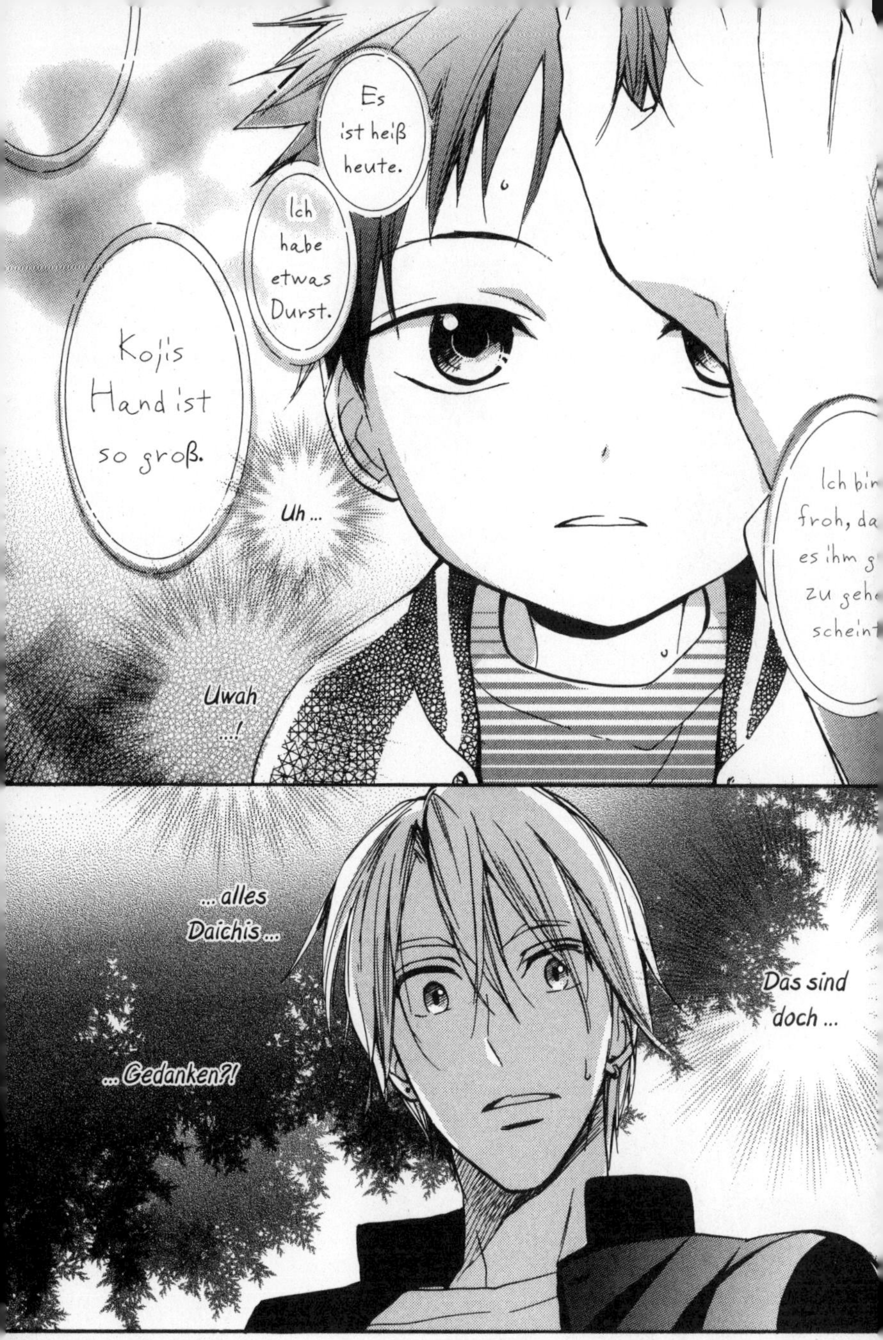

Ich bin froh, da es ihm g zu geh scheint
Es ist heiß heute.
Ich habe etwas Durst.
Kojis Hand ist so groß.
Uh ...
Uwah ...!
Das sind doch ...
... alles Daichis ...
... Gedanken?!

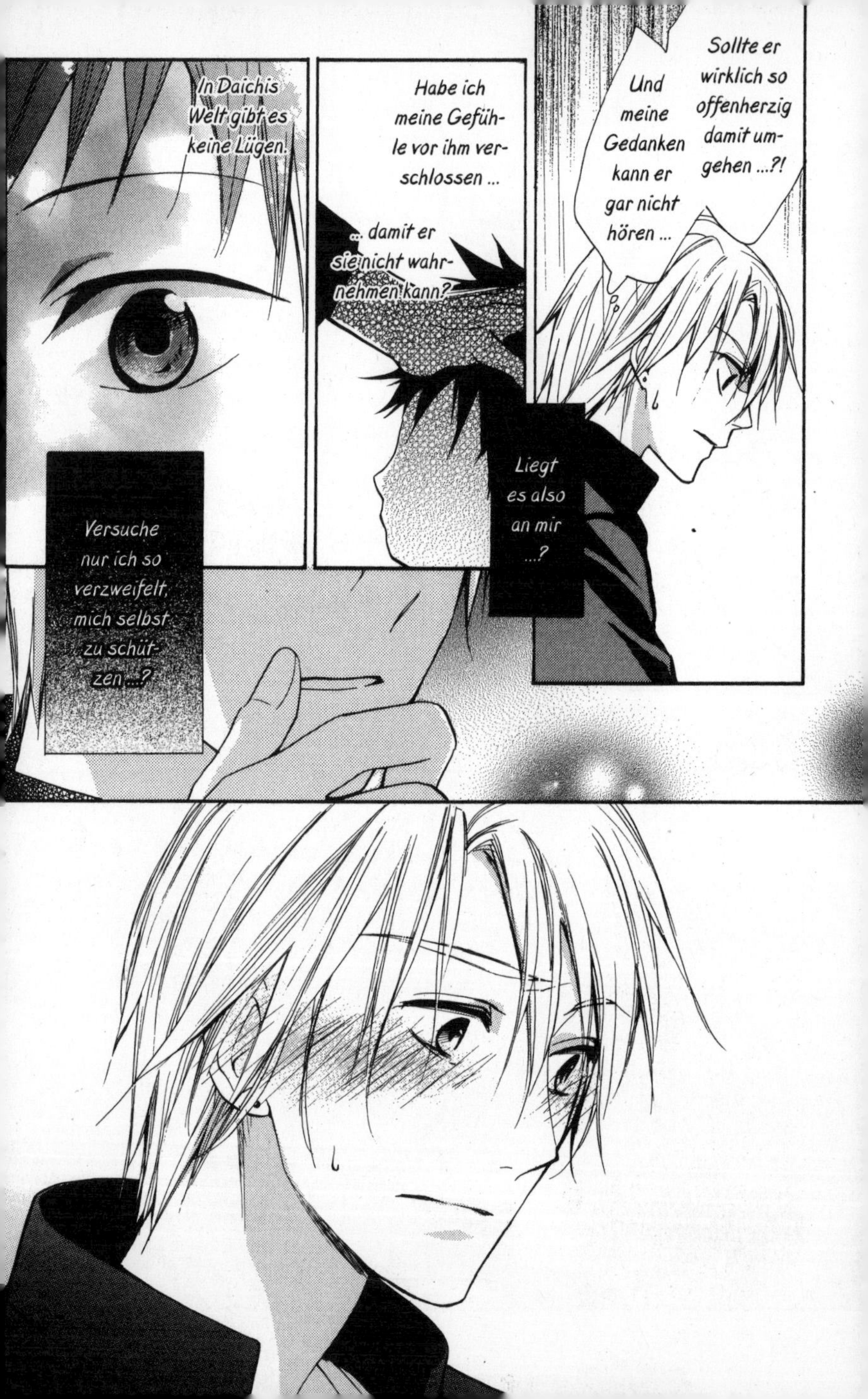

Sollte er wirklich so offenherzig damit umgehen ...?!
Und meine Gedanken kann er gar nicht hören ...
Habe ich meine Gefühle vor ihm verschlossen ...
... damit er sie nicht wahrnehmen kann?
In Daichis Welt gibt es keine Lügen.
Liegt es also an mir ...?
Versuche nur ich so verzweifelt, mich selbst zu schützen ...?

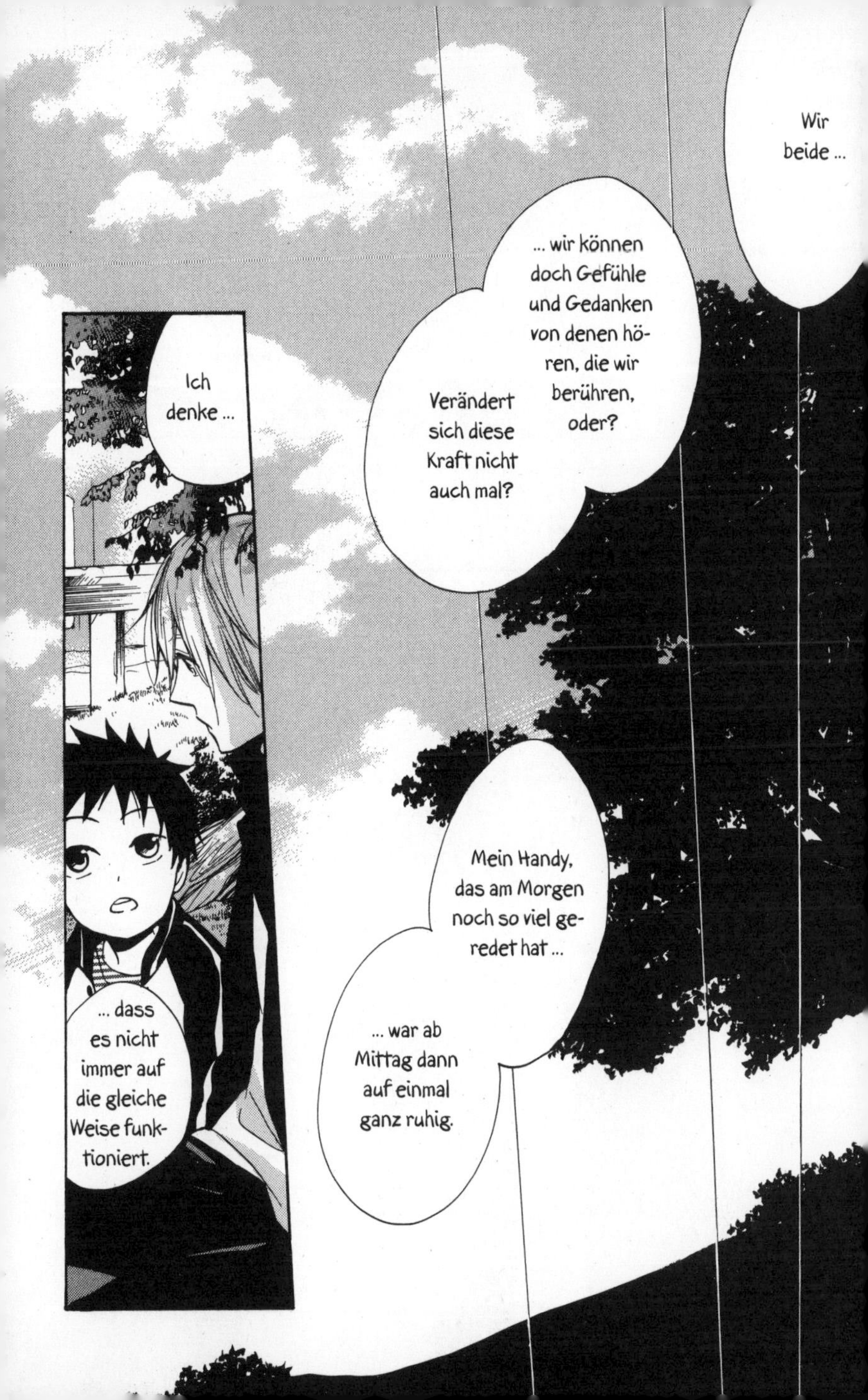
Wir beide ...
... wir können doch Gefühle und Gedanken von denen hören, die wir berühren, oder?
Verändert sich diese Kraft nicht auch mal?
Mein Handy, das am Morgen noch so viel geredet hat ...
... war ab Mittag dann auf einmal ganz ruhig.
Ich denke ...
... dass es nicht immer auf die gleiche Weise funktioniert.

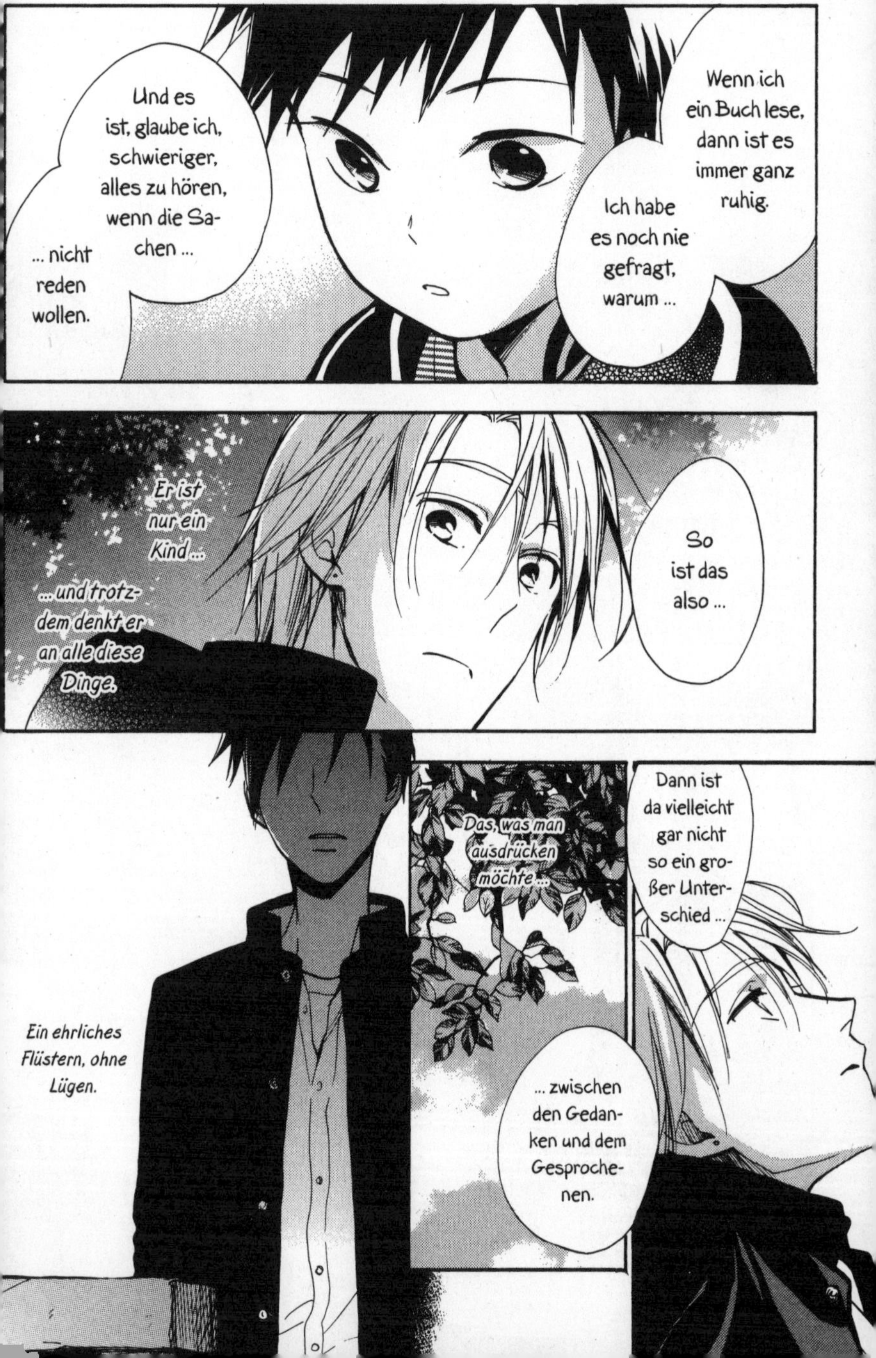
Wenn ich ein Buch lese, dann ist es immer ganz ruhig.
Ich habe es noch nie gefragt, warum ...
Und es ist, glaube ich, schwieriger, alles zu hören, wenn die Sachen ...
... nicht reden wollen.
So ist das also ...
Er ist nur ein Kind ...
... und trotzdem denkt er an alle diese Dinge.
Dann ist da vielleicht gar nicht so ein großer Unterschied ...
Das, was man ausdrücken möchte ...
... zwischen den Gedanken und dem Gesprochenen.
Ein ehrliches Flüstern, ohne Lügen.

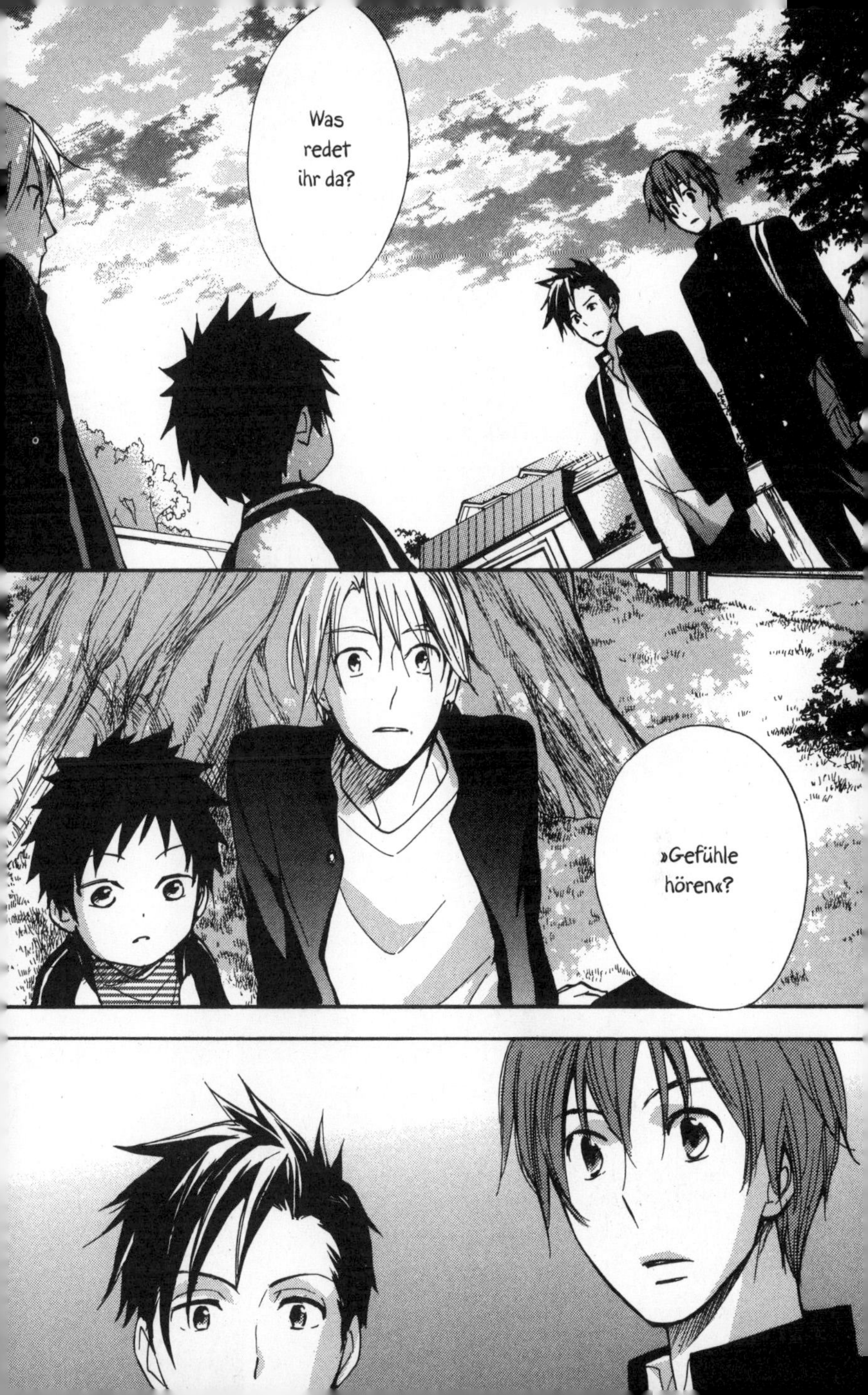
Was redet ihr da?
»Gefühle hören«?

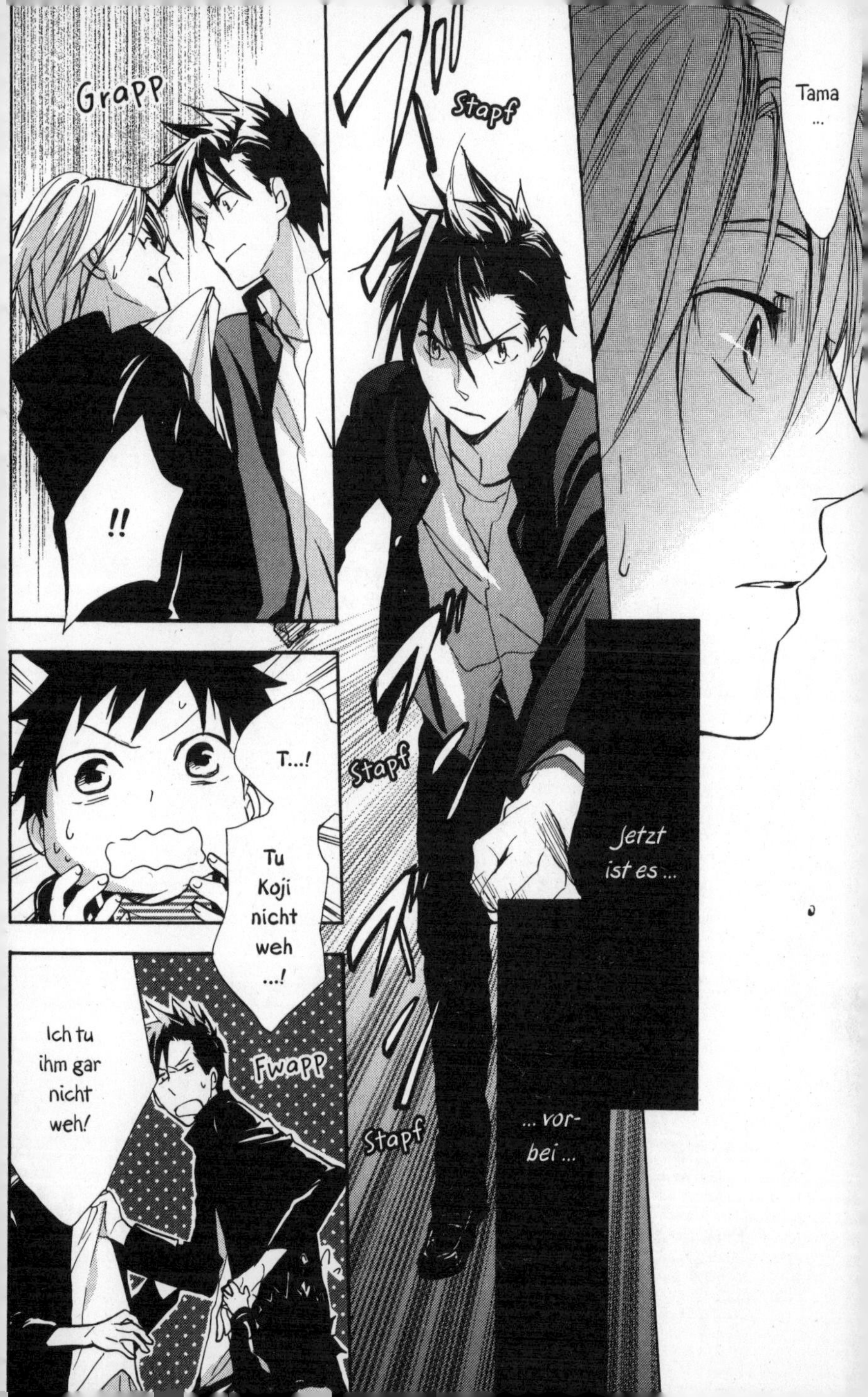

Tama ...
Jetzt ist es ...
... vor- bei ...
Stapf
Stapf
Stapf
Grapp
!!
T...!
Tu Koji nicht weh ...!
Fwapp
Ich tu ihm gar nicht weh!

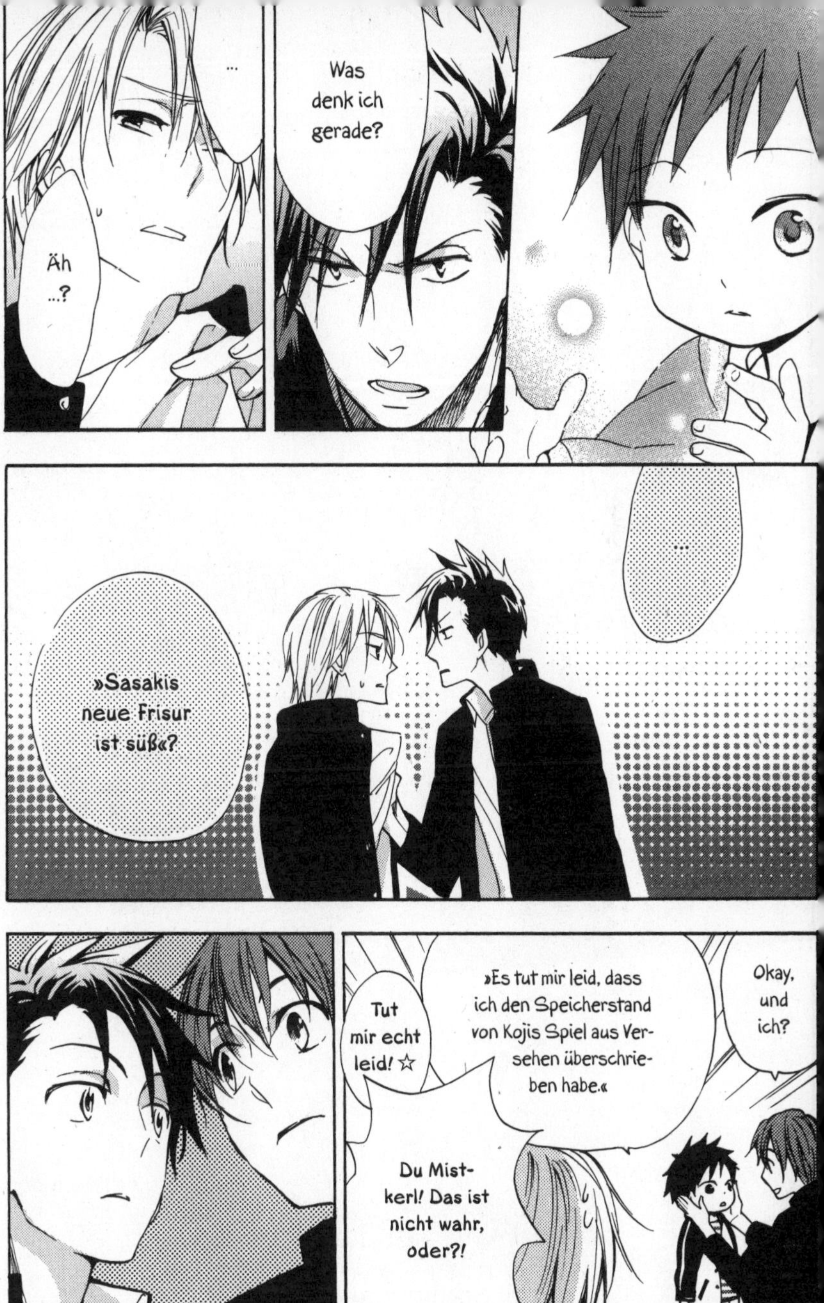
Was denk ich gerade?
...
Äh ...?
...
»Sasakis neue Frisur ist süß«?
Okay, und ich?
»Es tut mir leid, dass ich den Speicherstand von Kojis Spiel aus Versehen überschrieben habe.«
Tut mir echt leid! ☆
Du Mistkerl! Das ist nicht wahr, oder?!

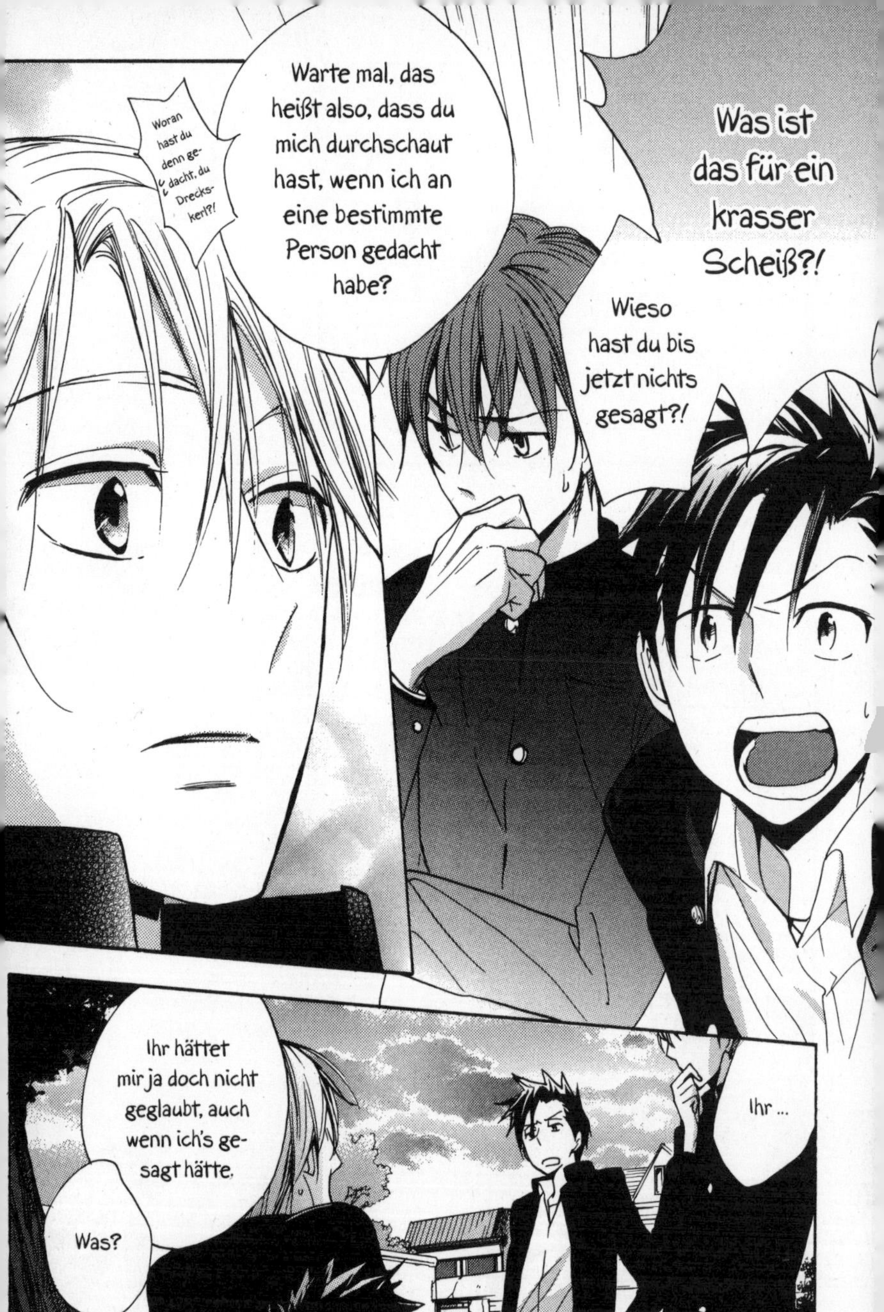
Was ist das für ein krasser Scheiß?!
Wieso hast du bis jetzt nichts gesagt?!
Warte mal, das heißt also, dass du mich durchschaut hast, wenn ich an eine bestimmte Person gedacht habe?
Woran hast du denn gedacht, du Dreckskerl?!
Ihr ...
Ihr hättet mir ja doch nicht geglaubt, auch wenn ich's gesagt hätte.
Was?

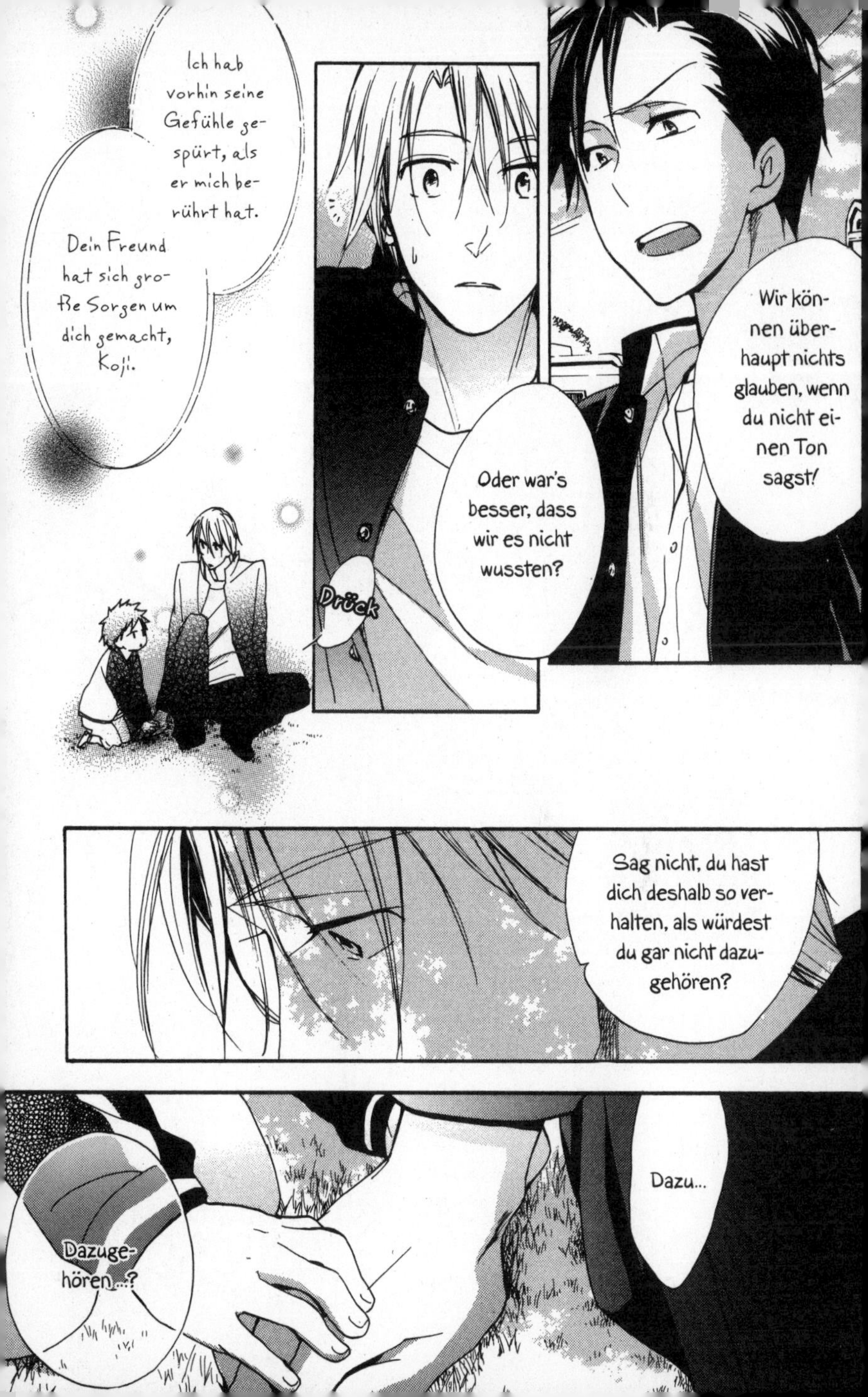

Wir können überhaupt nichts glauben, wenn du nicht einen Ton sagst!
Oder war's besser, dass wir es nicht wussten?
Drück
Ich hab vorhin seine Gefühle gespürt, als er mich berührt hat.
Dein Freund hat sich große Sorgen um dich gemacht, Koji.
Sag nicht, du hast dich deshalb so verhalten, als würdest du gar nicht dazugehören?
Dazu...
Dazugehören ...?

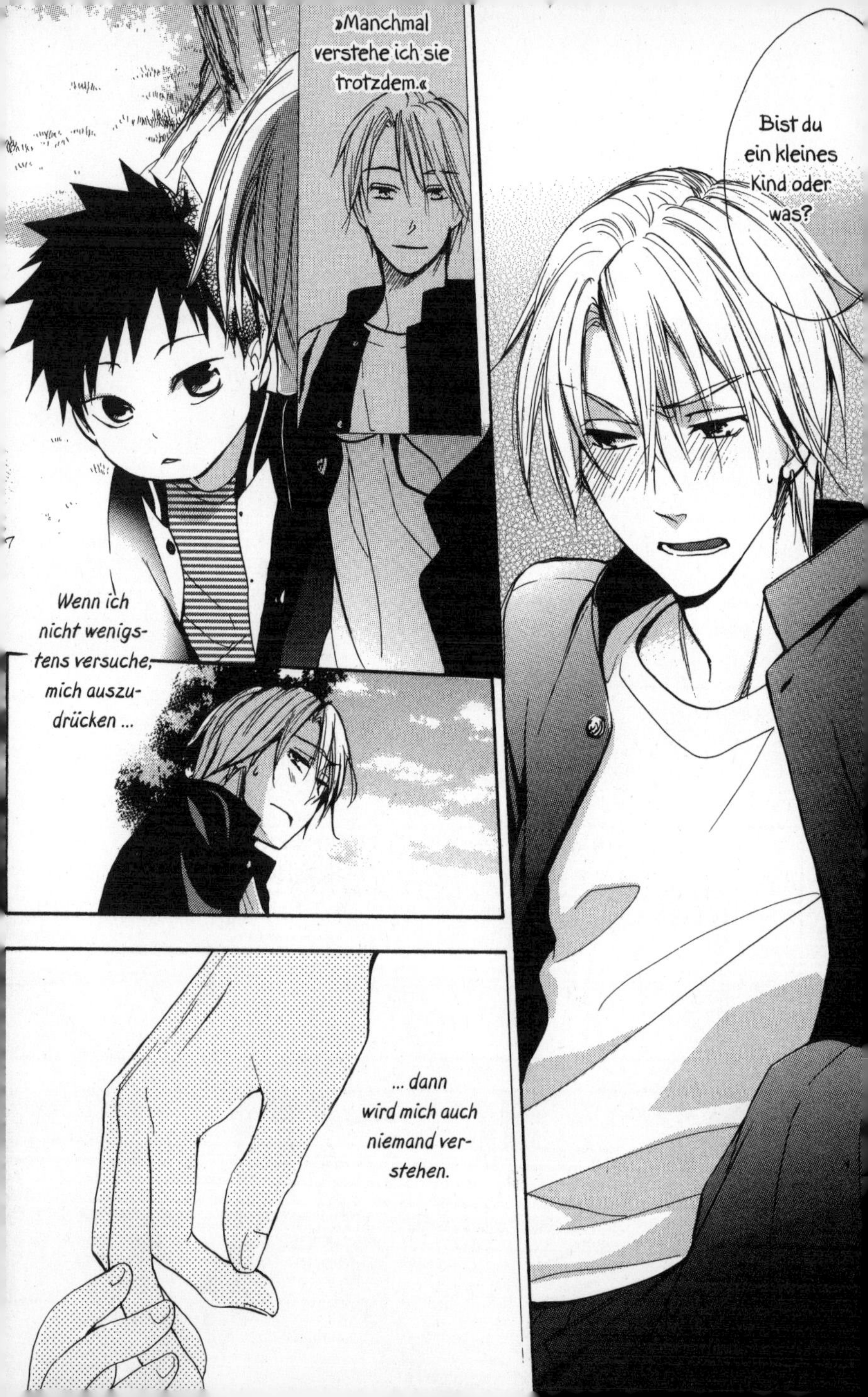
Bist du ein kleines Kind oder was?
»Manchmal verstehe ich sie trotzdem.«
Wenn ich nicht wenigstens versuche, mich auszudrücken ...
... dann wird mich auch niemand verstehen.

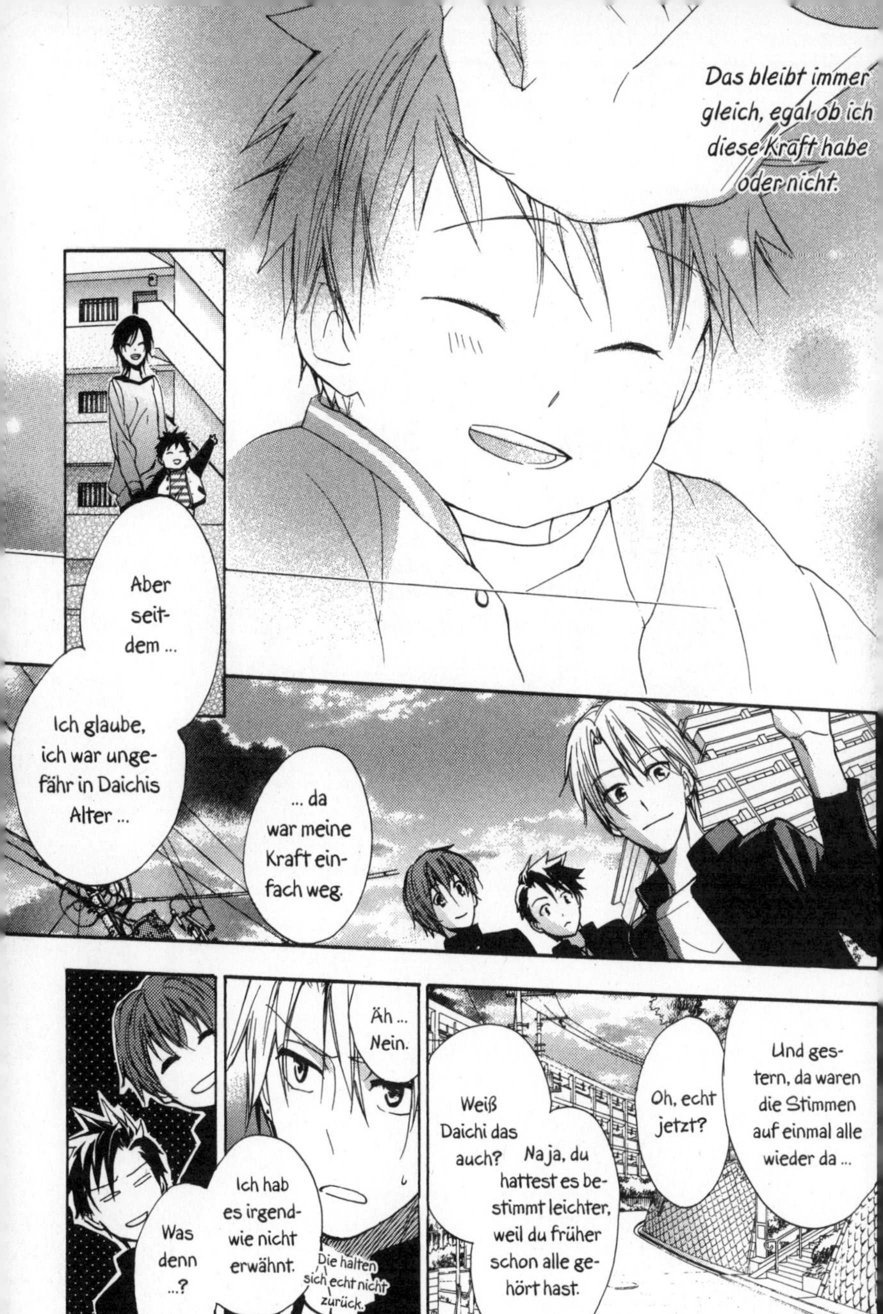

Das bleibt immer gleich, egal ob ich diese Kraft habe oder nicht.
Aber seit-dem ...
Ich glaube, ich war unge-fähr in Daichis Alter ...
... da war meine Kraft ein-fach weg.
Und ges-tern, da waren die Stimmen auf einmal alle wieder da ...
Oh, echt jetzt?
Na ja, du hattest es be-stimmt leichter, weil du früher schon alle ge-hört hast.
Weiß Daichi das auch?
Äh ... Nein.
Ich hab es irgend-wie nicht erwähnt.
Die halten sich echt nicht zurück.
Was denn ...?

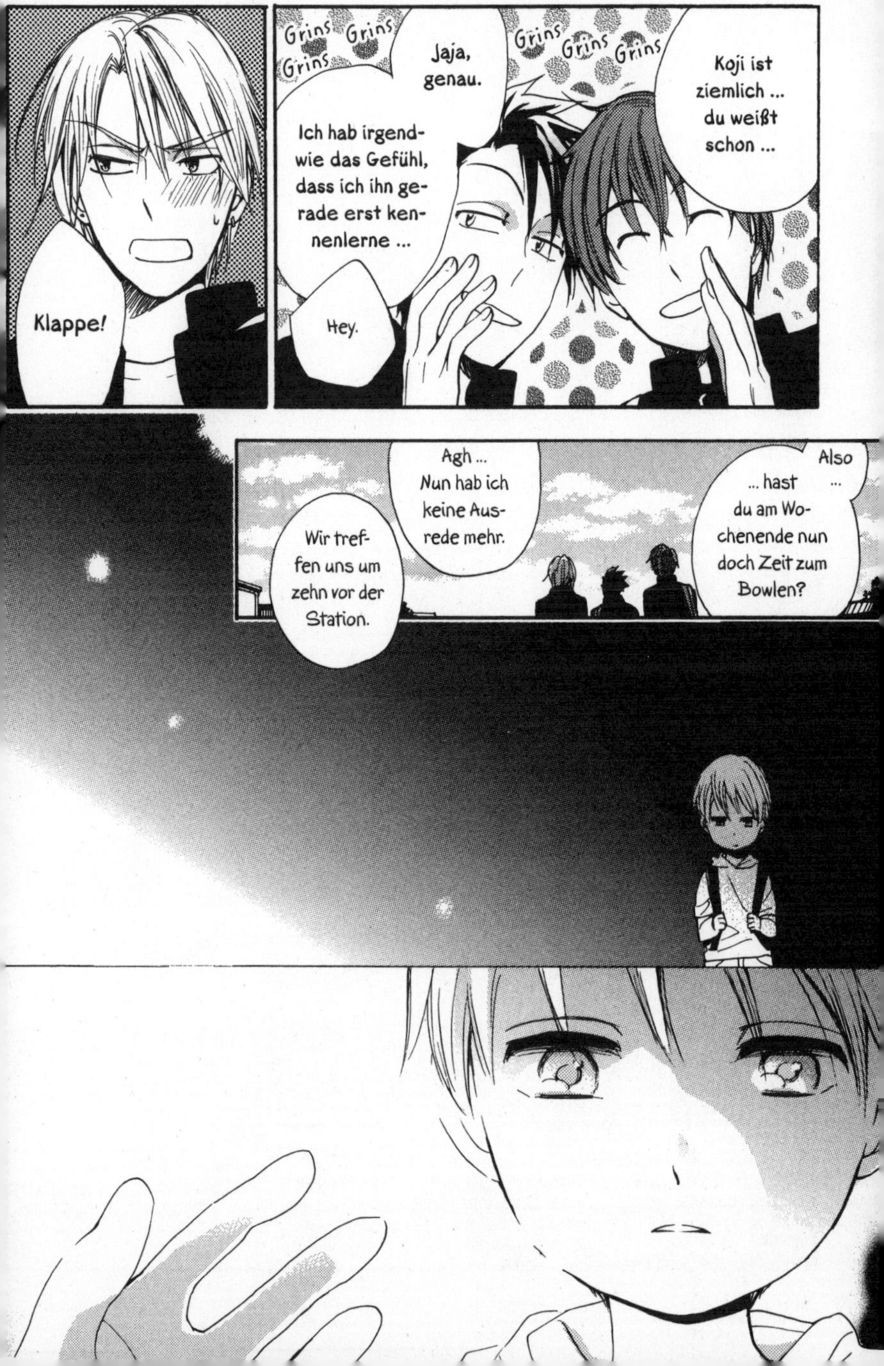
Grins Grins Grins
Koji ist ziemlich ... du weißt schon ...
Grins Grins Grins
Jaja, genau.
Ich hab irgendwie das Gefühl, dass ich ihn gerade erst kennenlerne ...
Hey.
Klappe!
Also ... hast du am Wochenende nun doch Zeit zum Bowlen?
Agh ... Nun hab ich keine Ausrede mehr.
Wir treffen uns um zehn vor der Station.

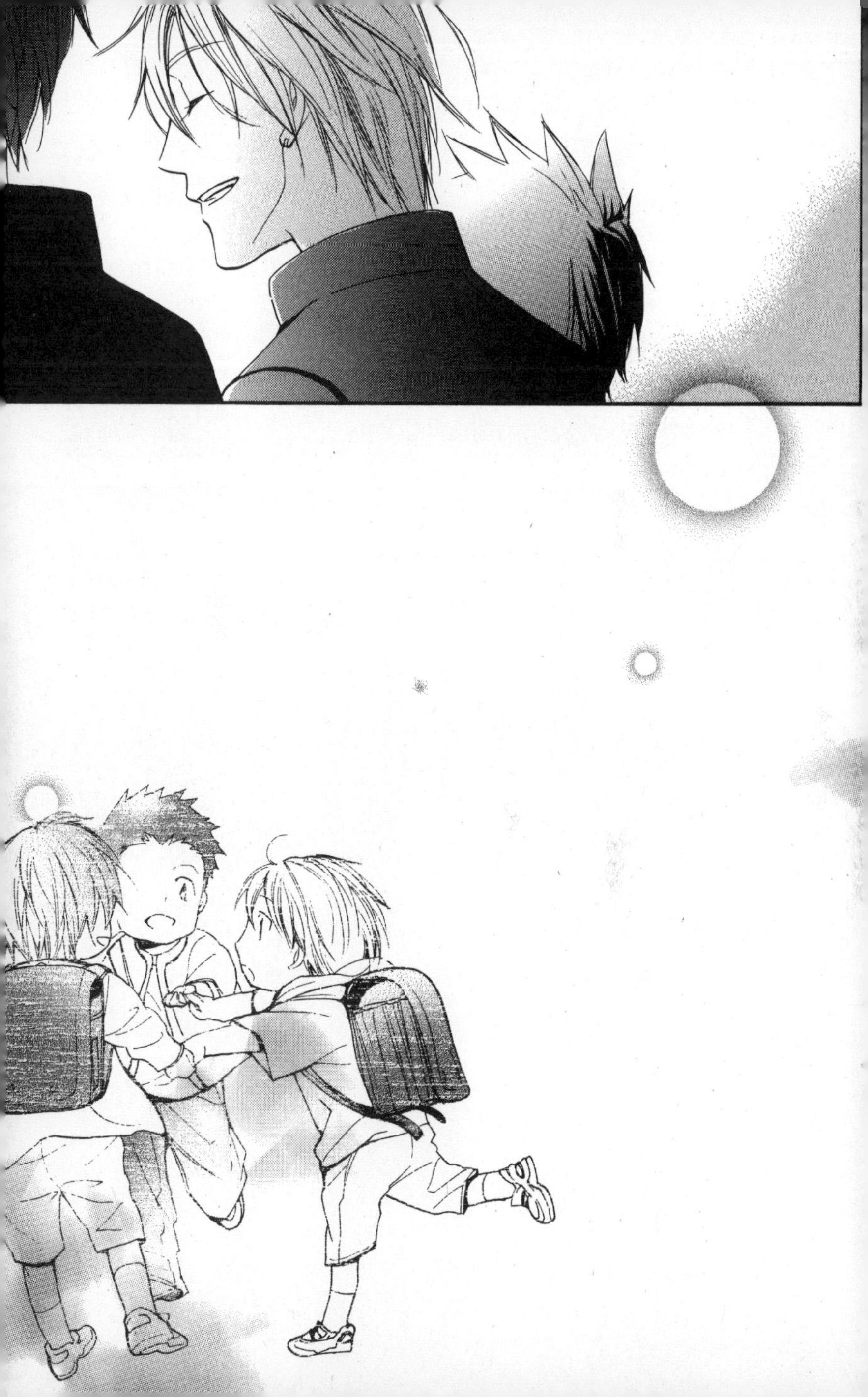

Danke, dass ihr euch *Hiso Hiso – Flüstern in der Stille* Band 1 geholt habt!

Entschuldigt, dass ich mich an dieser Stelle zu Wort melde – die Seiten sind so angeordnet worden, also hatte ich keine Wahl (lol).

Ich bin wirklich erleichtert, dass die Serie nun endlich als Mangaband erschienen ist, da der Start dank meiner Eigensinnigkeit etwas holprig war und vorher alles nur sehr unregelmäßig herausgekommen ist. Aber nun ist es geschafft!

Ich habe mir vorgenommen, in Zukunft etwas schneller beim Zeichnen voranzukommen. Ich würde mich also sehr freuen, wenn wir uns in Band 2 wiedersehen!

Übrigens habe ich zu Hause weder einen Hund noch eine Katze ... Aber ich liebe diese Tierchen einfach sehr!

Besonderer Dank geht an:

Die Redaktion, meine Schwester, meine Eltern, Junko, Ori-chan, Tarachin, Kinako-chan (die ich durch Tarachin kenne), alle meine Freunde, und natürlich euch!

Nachwort

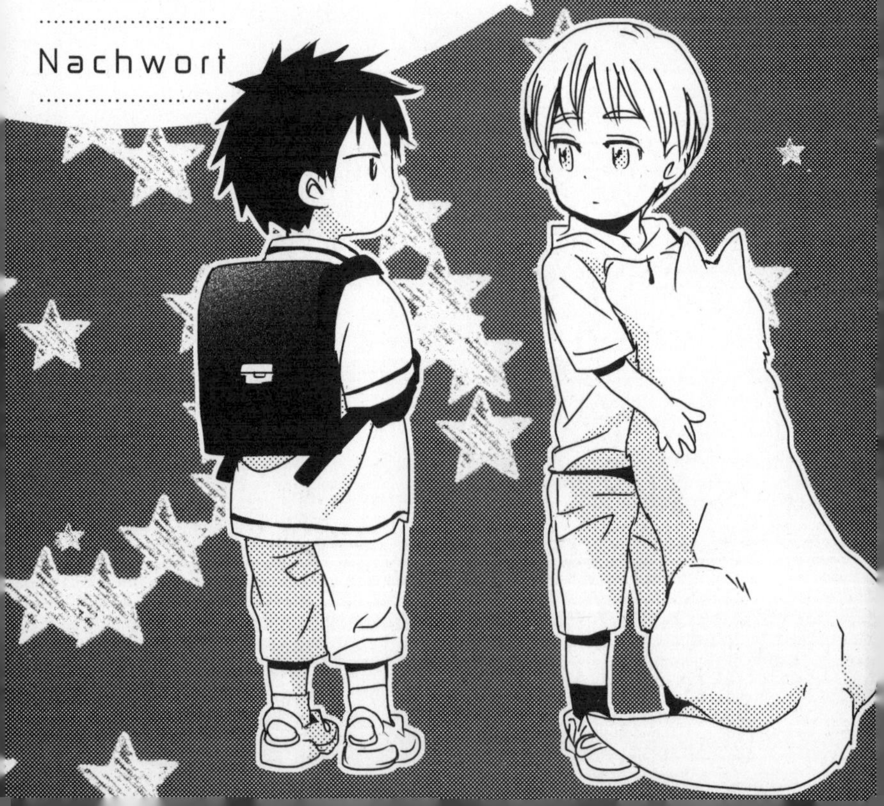

Flüstern 05

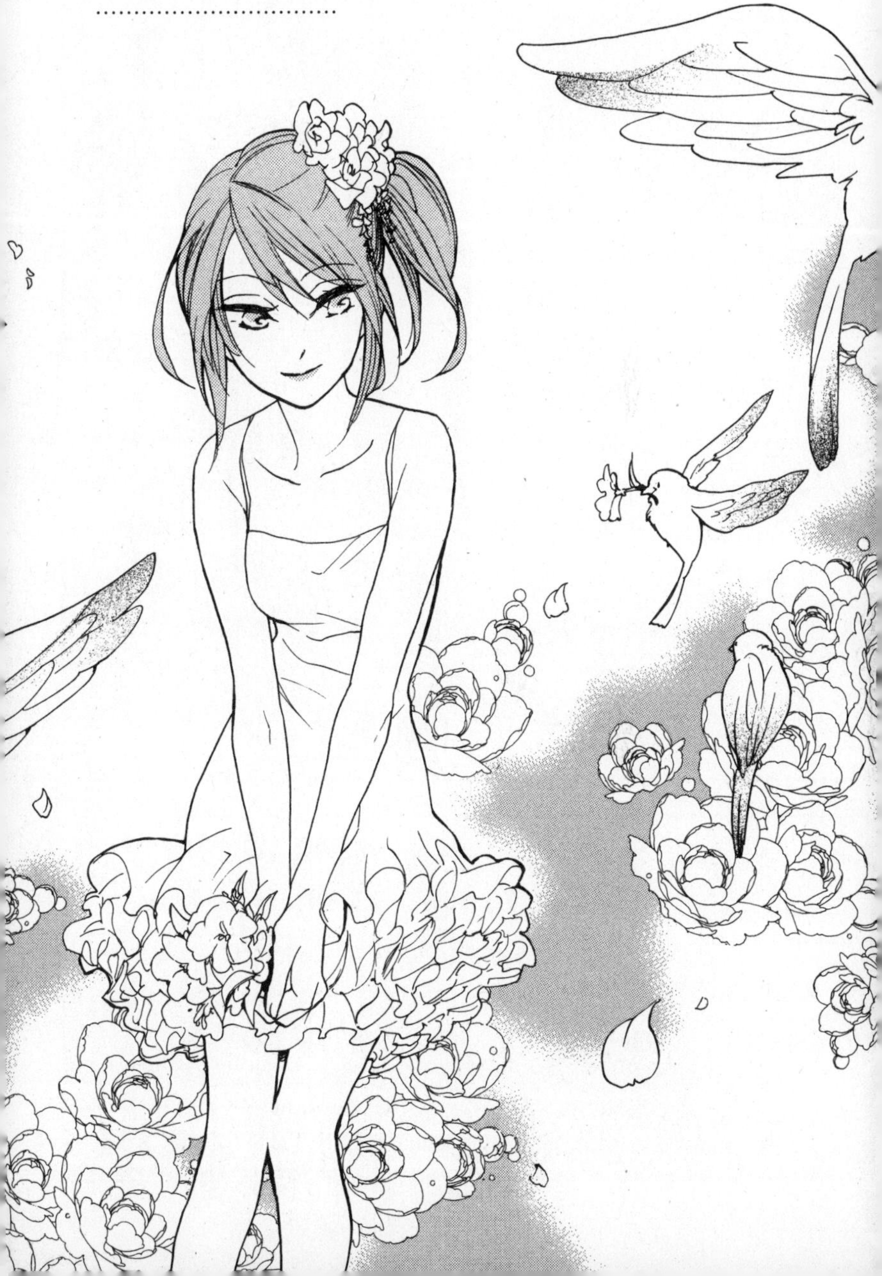

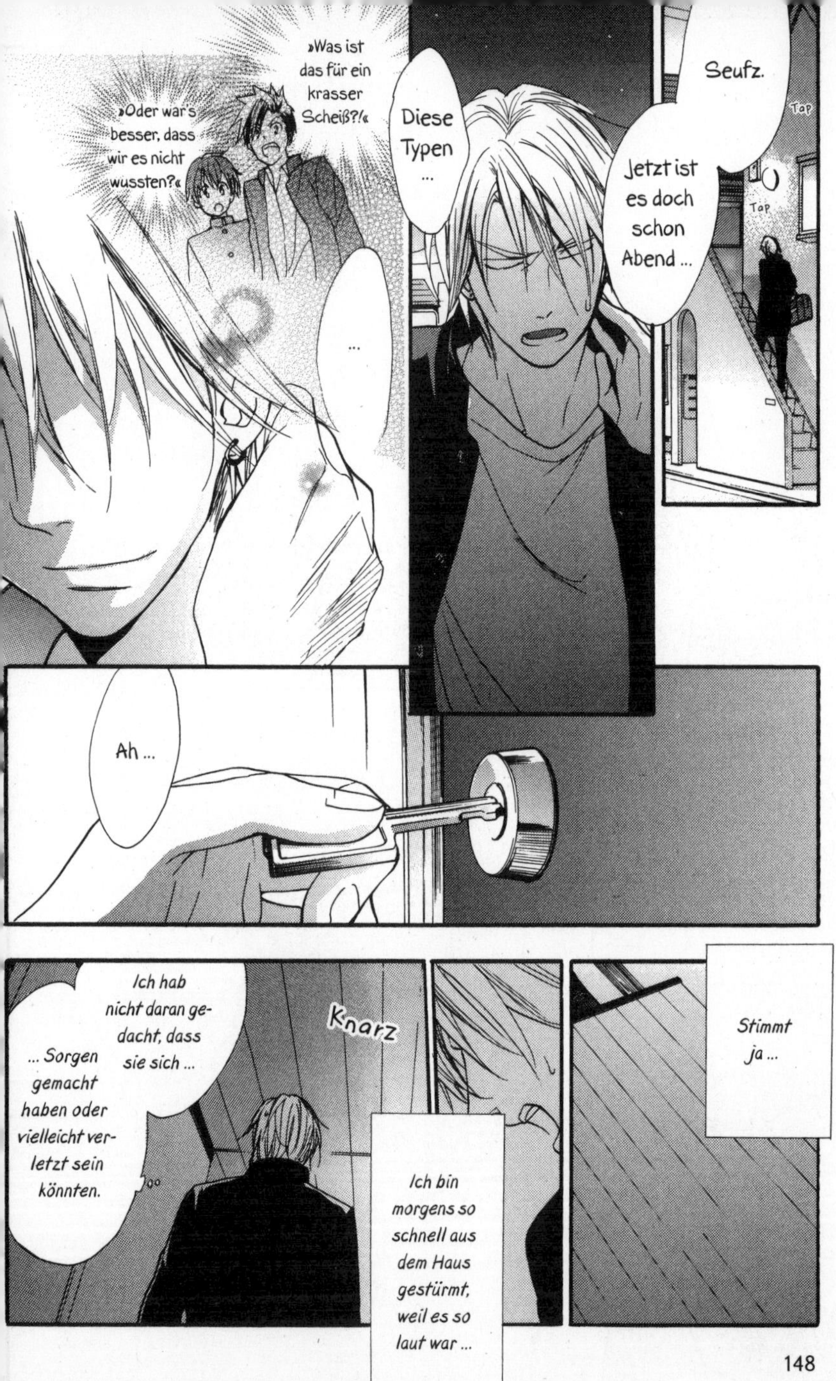
Seufz.
Tap
Tap
Jetzt ist es doch schon Abend ...
Diese Typen ...
»Was ist das für ein krasser Scheiß?!«
»Oder war's besser, dass wir es nicht wussten?«
...
Ah ...
Stimmt ja ...
Ich bin morgens so schnell aus dem Haus gestürmt, weil es so laut war ...
Knarz
Ich hab nicht daran gedacht, dass sie sich ...
... Sorgen gemacht haben oder vielleicht verletzt sein könnten.

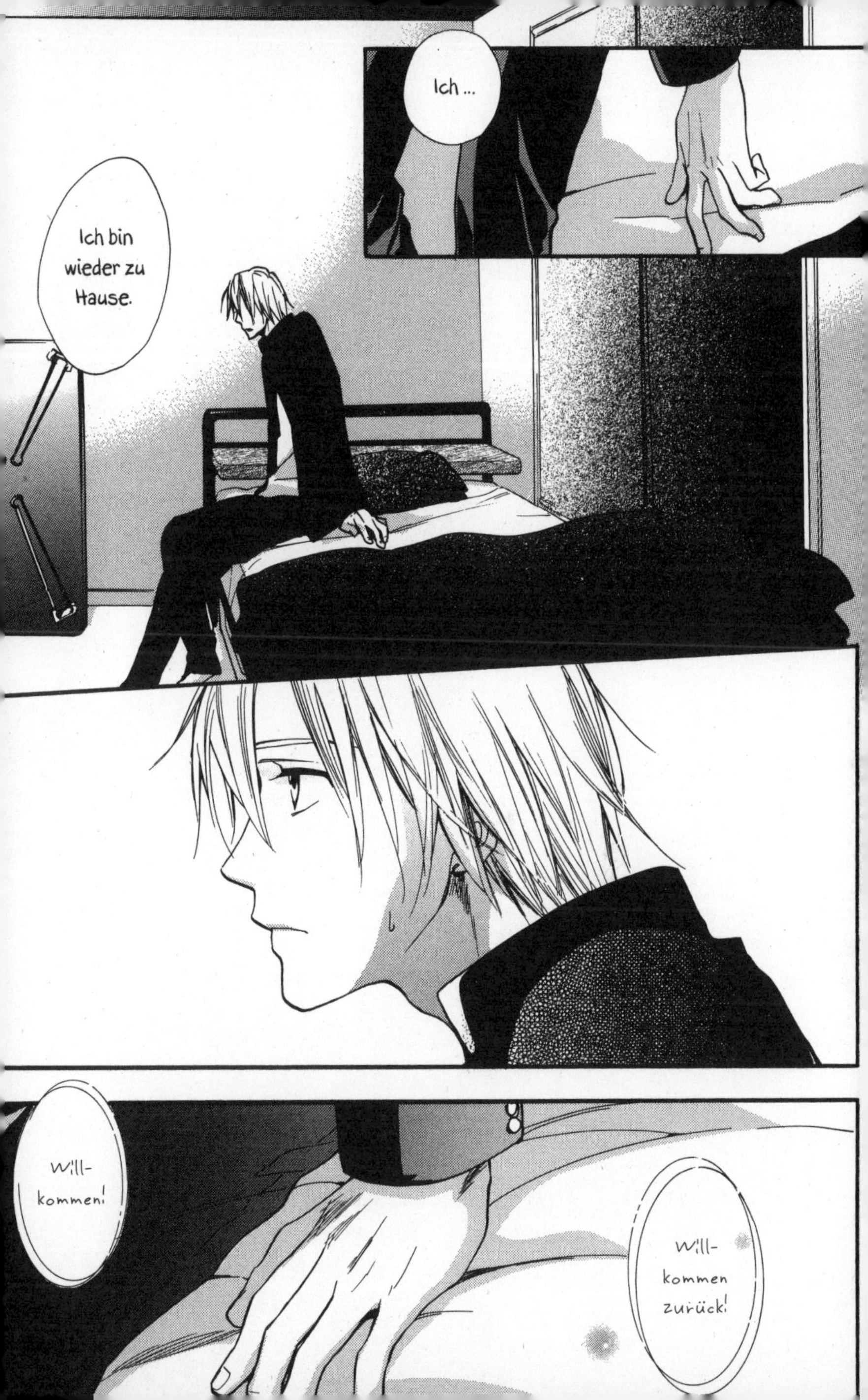
Ich ...
Ich bin wieder zu Hause.
Willkommen zurück!
Will-kommen!

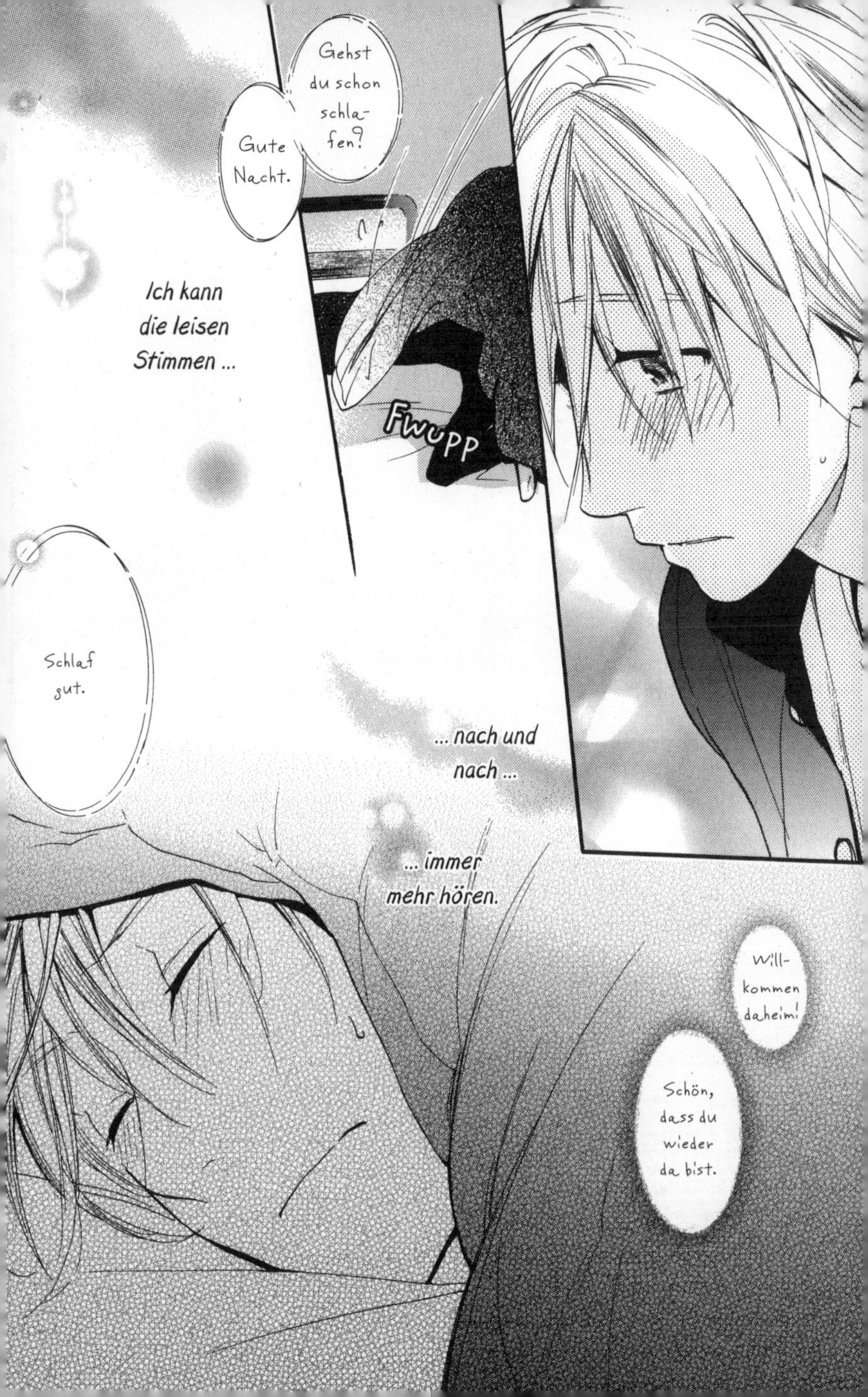
Gehst du schon schla-fen?
Gute Nacht.
Ich kann die leisen Stimmen ...
Fwupp
Schlaf gut.
... nach und nach ...
... immer mehr hören.
Will-kommen daheim!
Schön, dass du wieder da bist.

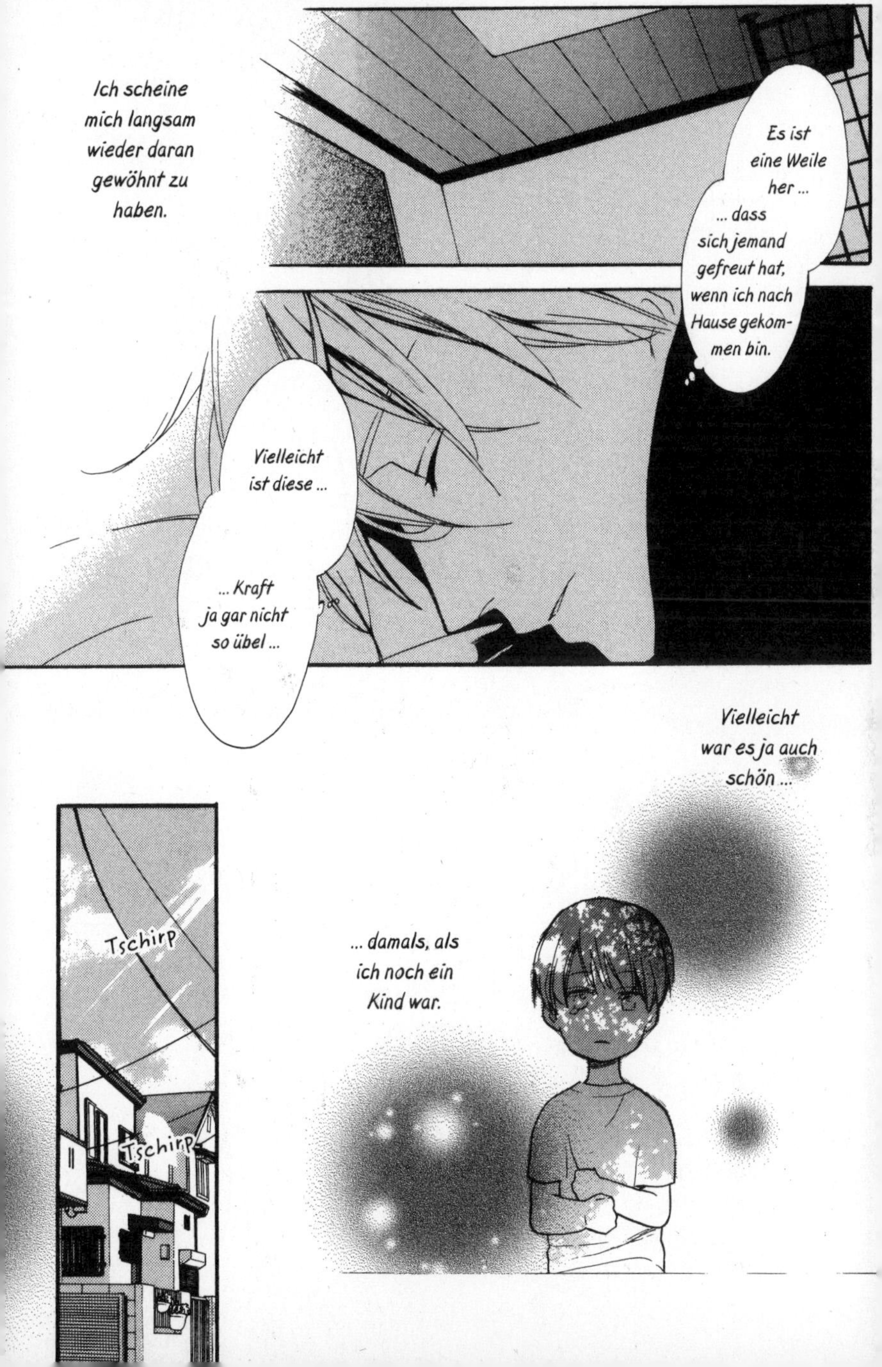

Es ist eine Weile her ...
... dass sich jemand gefreut hat, wenn ich nach Hause gekommen bin.
Ich scheine mich langsam wieder daran gewöhnt zu haben.
Vielleicht ist diese ...
... Kraft ja gar nicht so übel ...
Vielleicht war es ja auch schön ...
... damals, als ich noch ein Kind war.
Tschirp
Tschirp

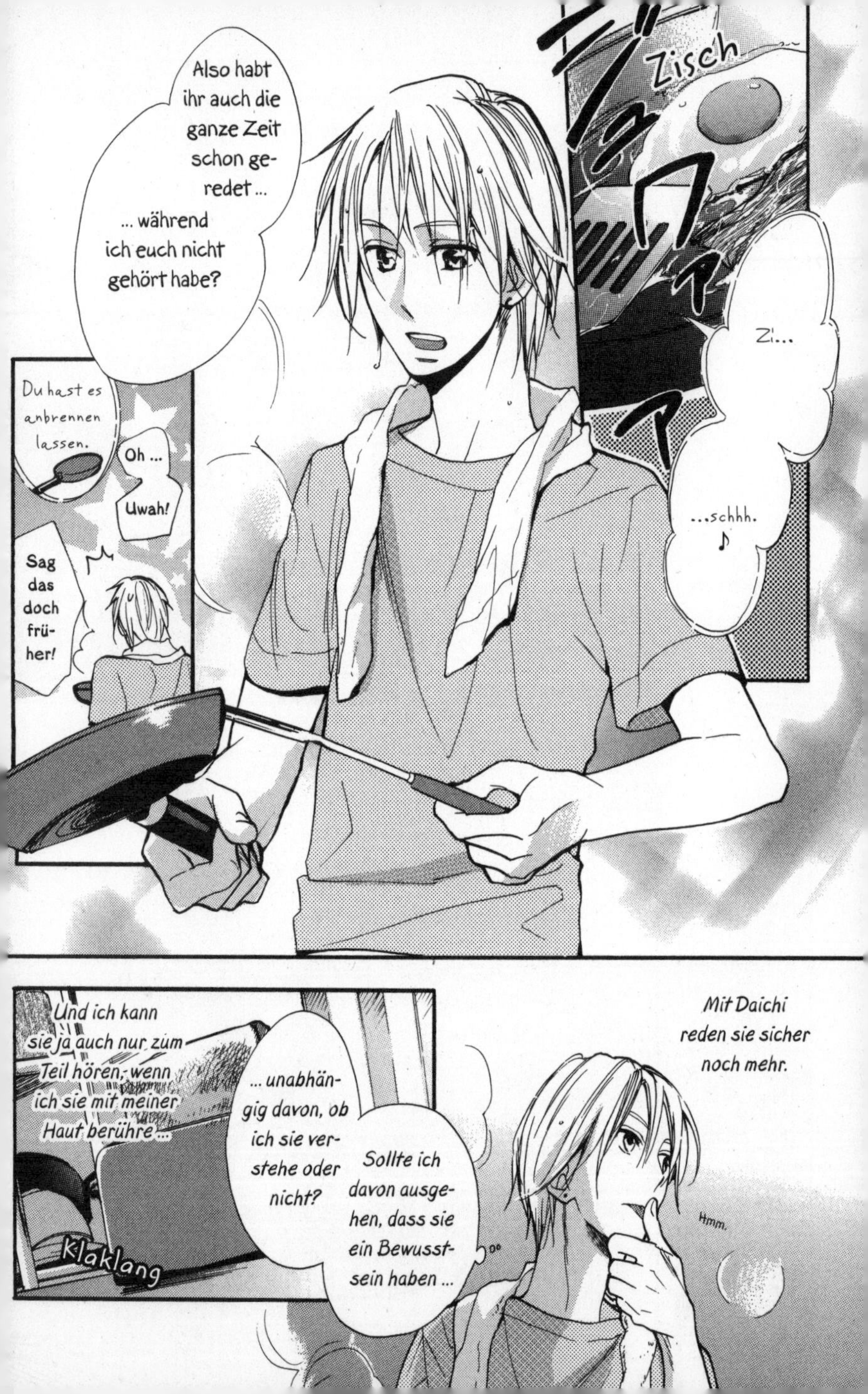
Zisch
Zi... ...schhh. ♪
Also habt ihr auch die ganze Zeit schon geredet ...
... während ich euch nicht gehört habe?
Du hast es anbrennen lassen.
Oh ...
Uwah!
Sag das doch früher!
Mit Daichi reden sie sicher noch mehr.
Hmm.
Sollte ich davon ausgehen, dass sie ein Bewusstsein haben ...
... unabhängig davon, ob ich sie verstehe oder nicht?
Und ich kann sie ja auch nur zum Teil hören, wenn ich sie mit meiner Haut berühre ...
Klaklang

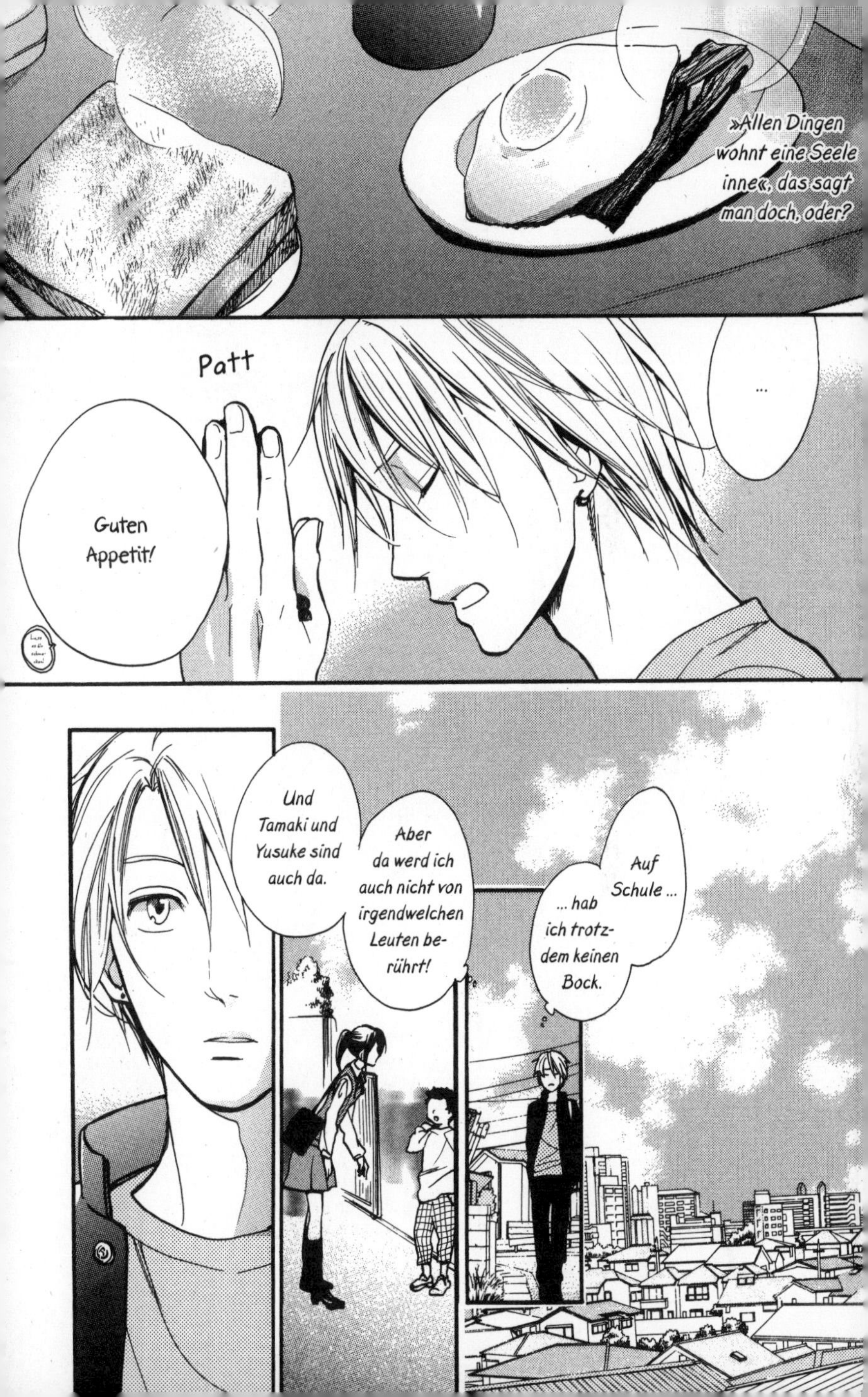
»Allen Dingen wohnt eine Seele inne«, das sagt man doch, oder?
...
Patt
Guten Appetit!
Auf Schule ...
... hab ich trotz-dem keinen Bock.
Aber da werd ich auch nicht von irgendwelchen Leuten be-rührt!
Und Tamaki und Yusuke sind auch da.

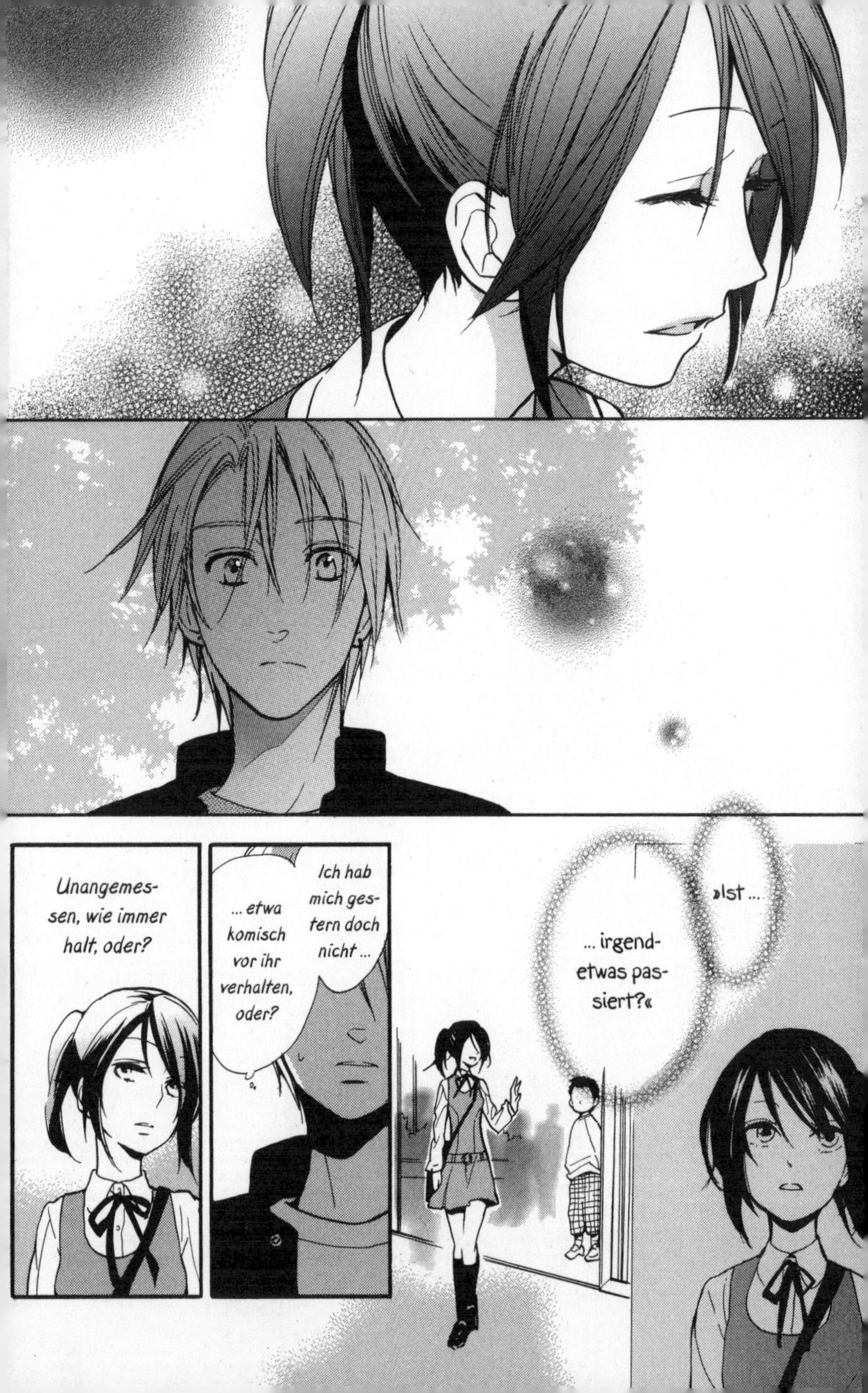
»Ist ...
... irgend-etwas pas-siert?«
Ich hab mich ges-tern doch nicht ...
... etwa komisch vor ihr verhalten, oder?
Unangemes-sen, wie immer halt, oder?

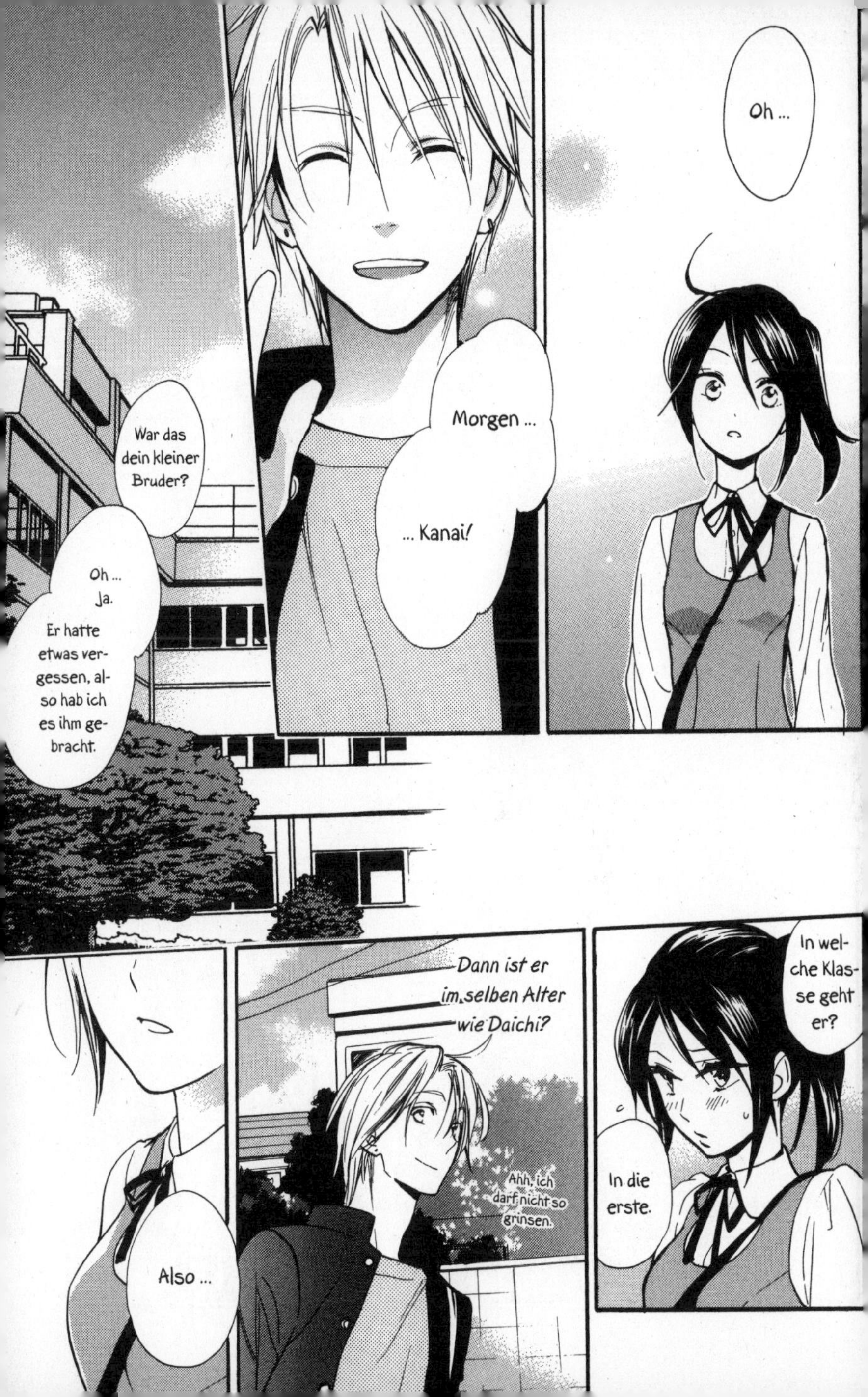
Oh ...
Morgen ...
... Kanai!
War das dein kleiner Bruder?
Oh ... Ja.
Er hatte etwas vergessen, also hab ich es ihm gebracht.
In welche Klasse geht er?
In die erste.
Dann ist er im selben Alter wie Daichi?
Ahh, ich darf nicht so grinsen.
Also ...

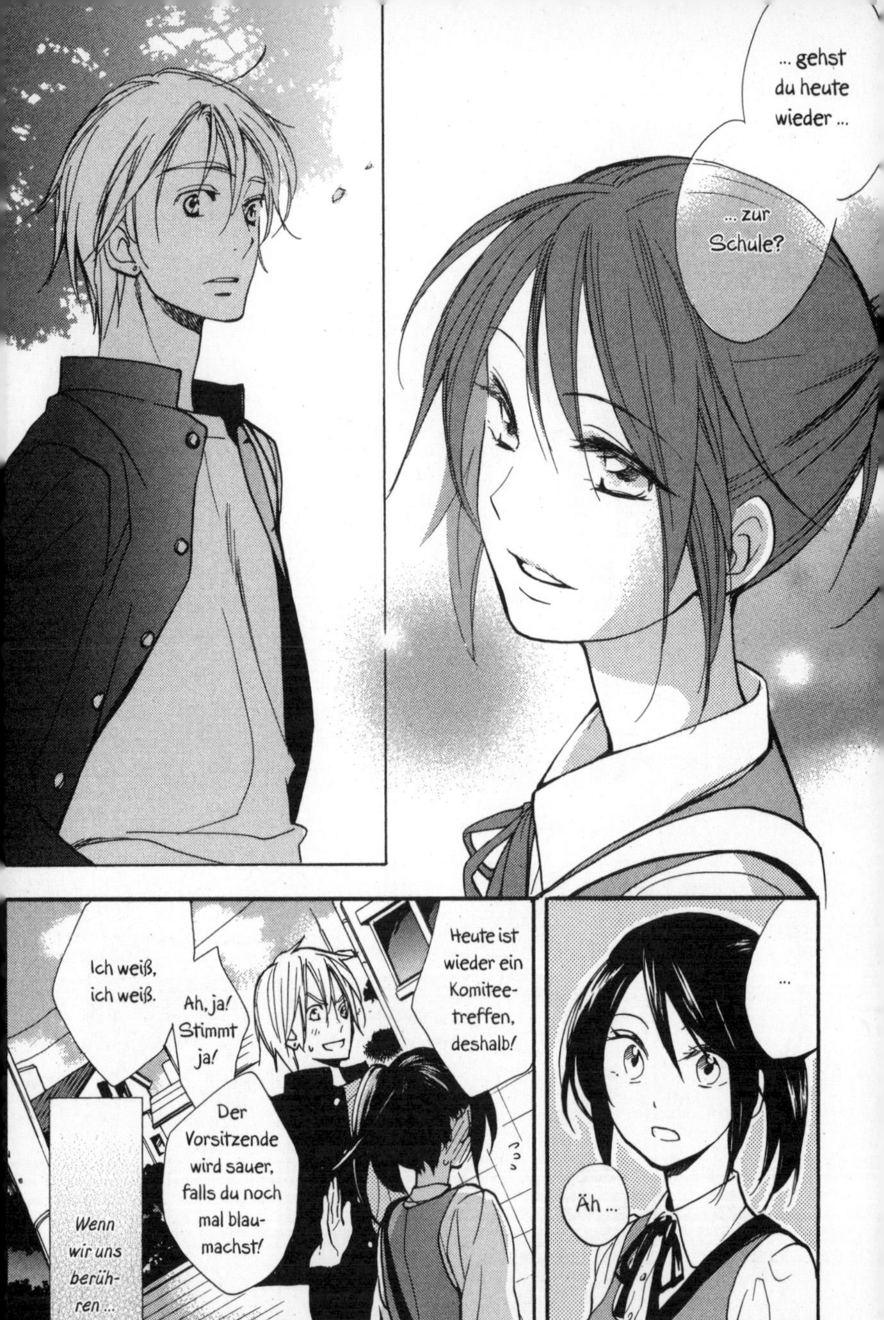
... gehst du heute wieder ...
... zur Schule?
...
Äh ...
Heute ist wieder ein Komitee-treffen, deshalb!
Der Vorsitzende wird sauer, falls du noch mal blau-machst!
Ah, ja! Stimmt ja!
Ich weiß, ich weiß.
Wenn wir uns berüh-ren ...

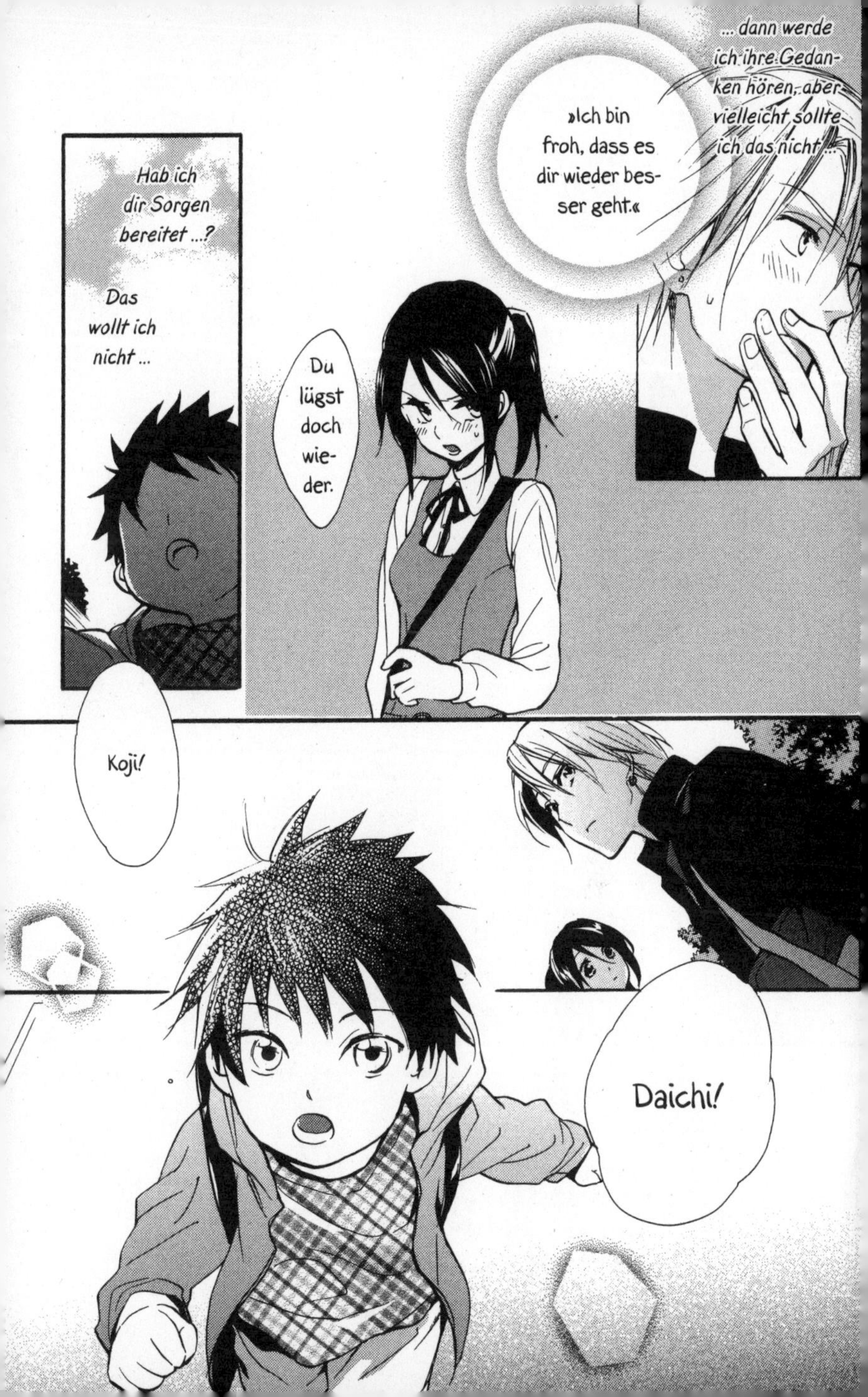
... dann werde ich ihre Gedanken hören, aber vielleicht sollte ich das nicht ...
»Ich bin froh, dass es dir wieder besser geht.«
Du lügst doch wieder.
Hab ich dir Sorgen bereitet ...?
Das wollt ich nicht ...
Koji!
Daichi!

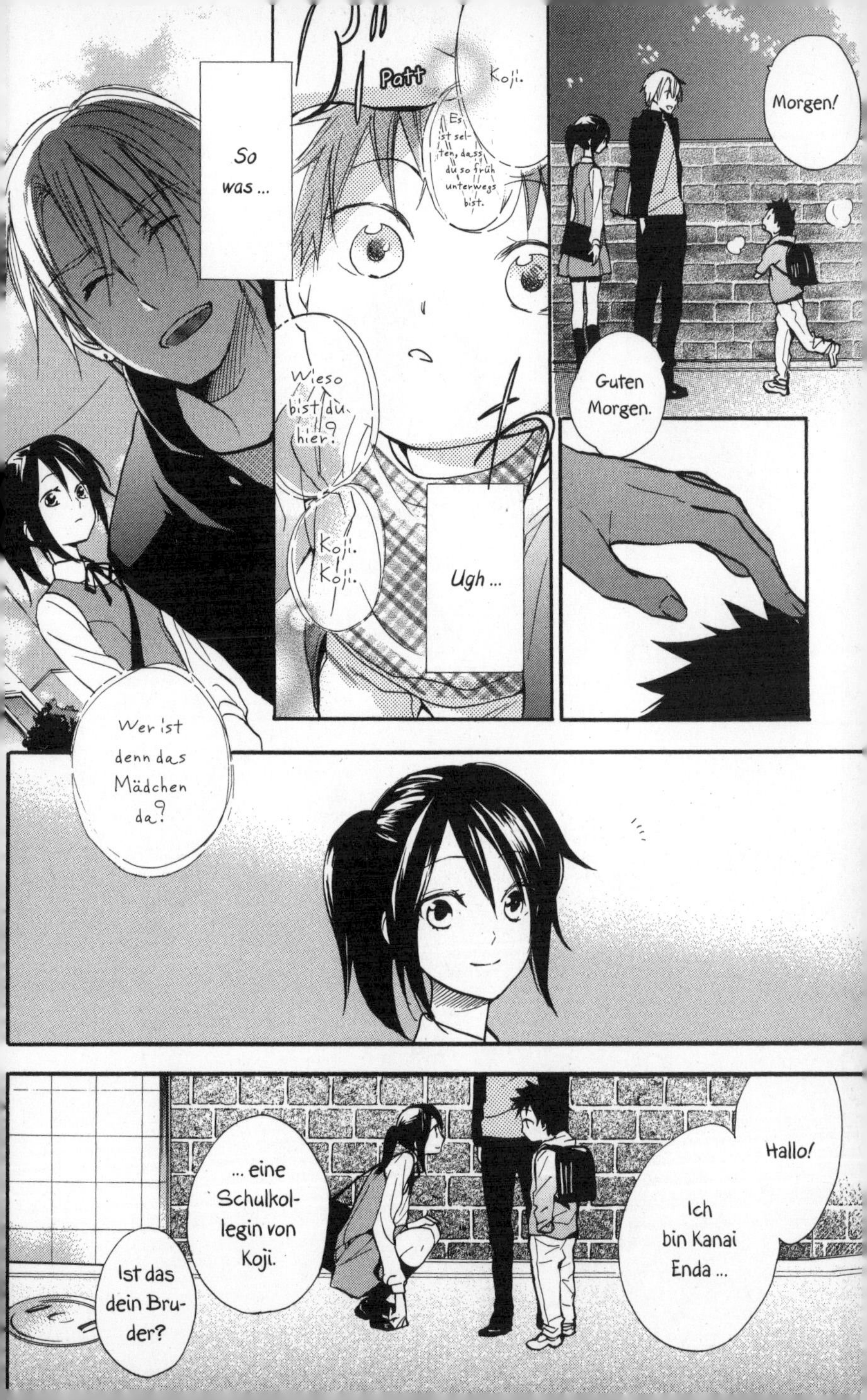
Morgen!
Guten Morgen.
Patt
Koji.
Es ist selten, dass du so früh unterwegs bist.
Wieso bist du hier?
Koji. Koji.
Ugh ...
So was ...
Wer ist denn das Mädchen da?
Hallo!
Ich bin Kanai Enda ...
... eine Schulkollegin von Koji.
Ist das dein Bruder?

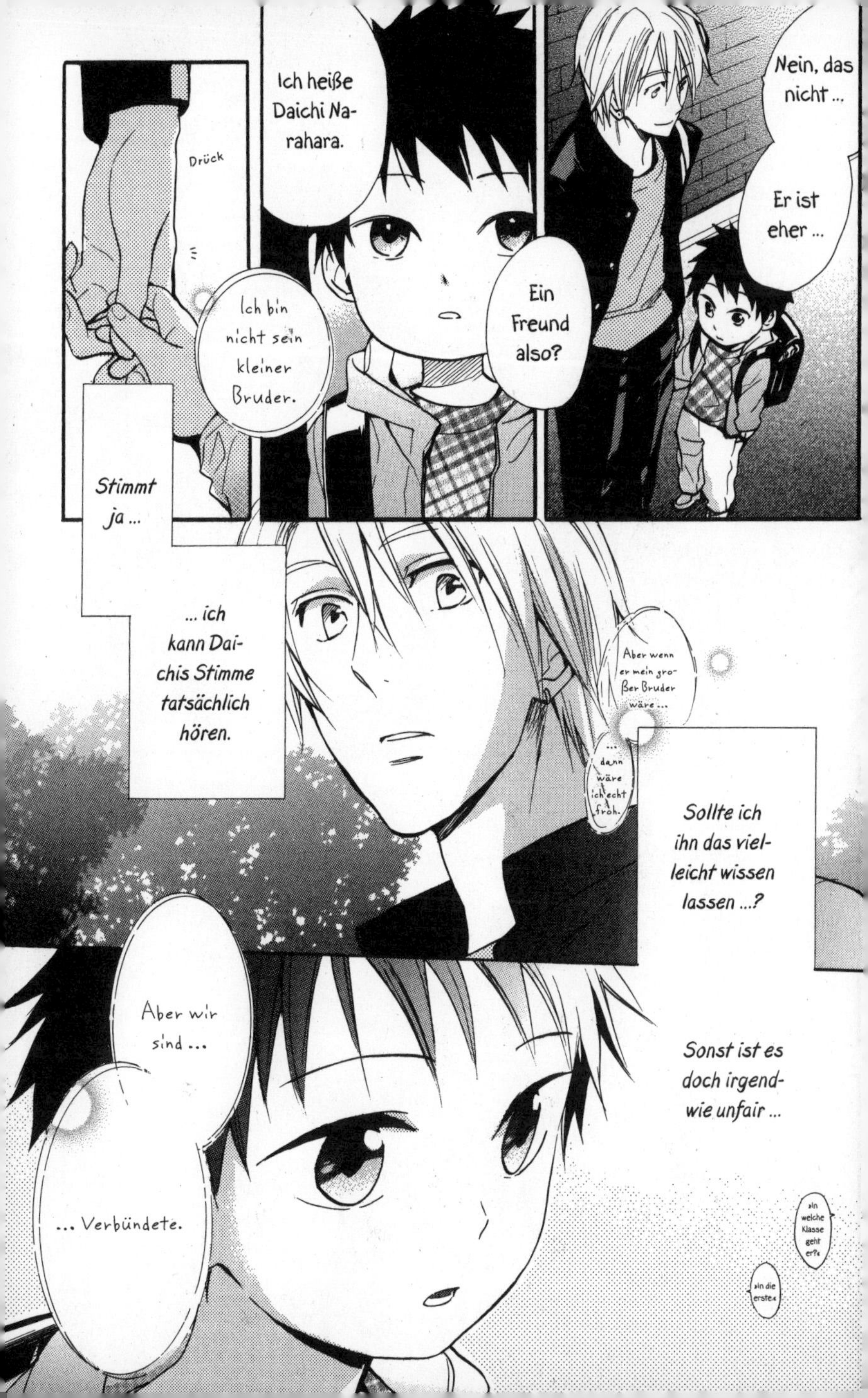
Ein Freund also?
Nein, das nicht ...
Er ist eher ...
Ich heiße Daichi Narahara.
Ich bin nicht sein kleiner Bruder.
Drück
Stimmt ja ...
... ich kann Daichis Stimme tatsächlich hören.
Aber wenn er mein großer Bruder wäre ...
... dann wäre ich echt froh.
Sollte ich ihn das vielleicht wissen lassen ...?
Sonst ist es doch irgendwie unfair ...
Aber wir sind ...
... Verbündete.
»In welche Klasse geht er?«
»In die erste«

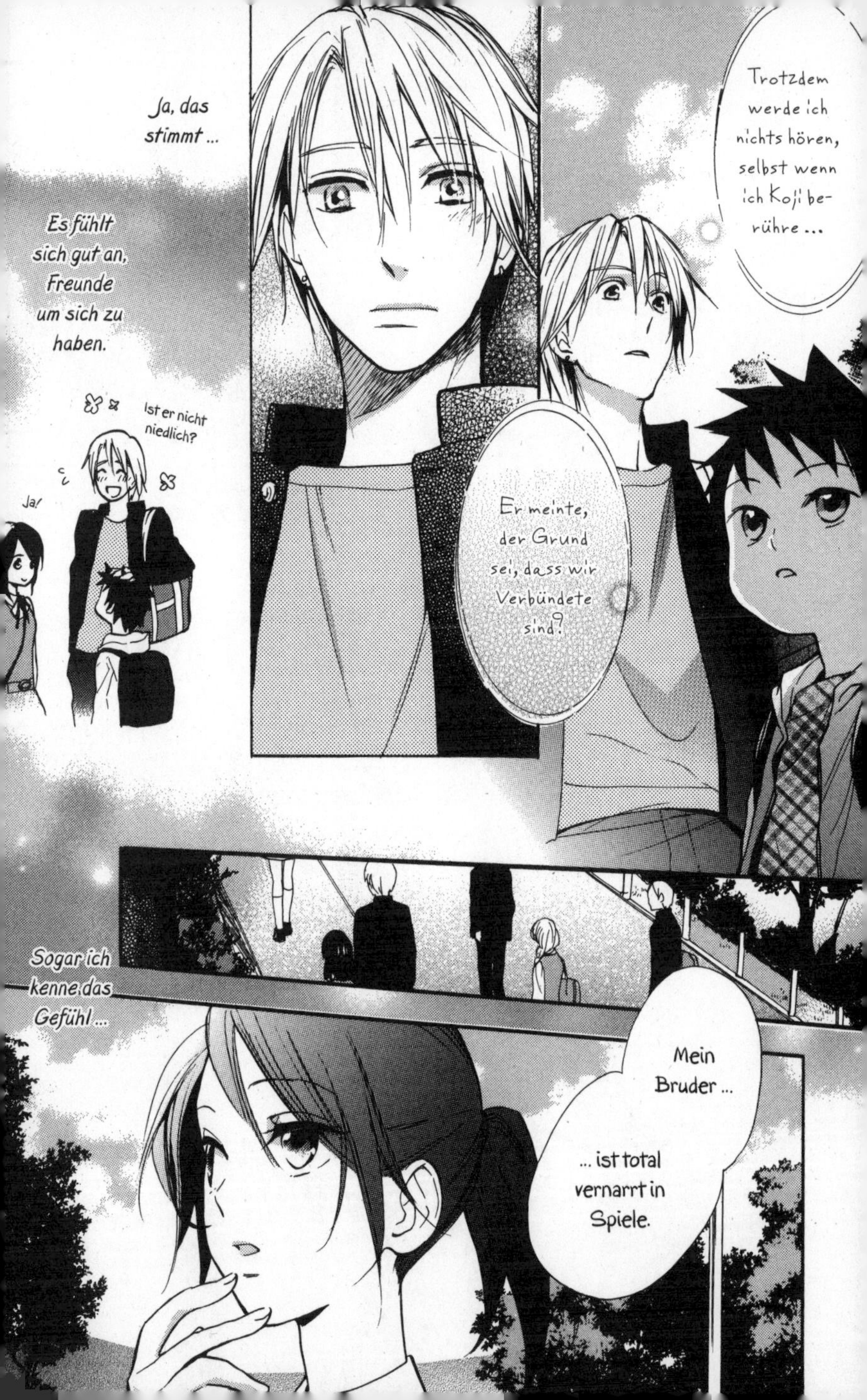
Trotzdem werde ich nichts hören, selbst wenn ich Koji berühre …
Ja, das stimmt …
Er meinte, der Grund sei, dass wir Verbündete sind?
Es fühlt sich gut an, Freunde um sich zu haben.
Ist er nicht niedlich?
Ja!
Sogar ich kenne das Gefühl …
Mein Bruder …
… ist total vernarrt in Spiele.

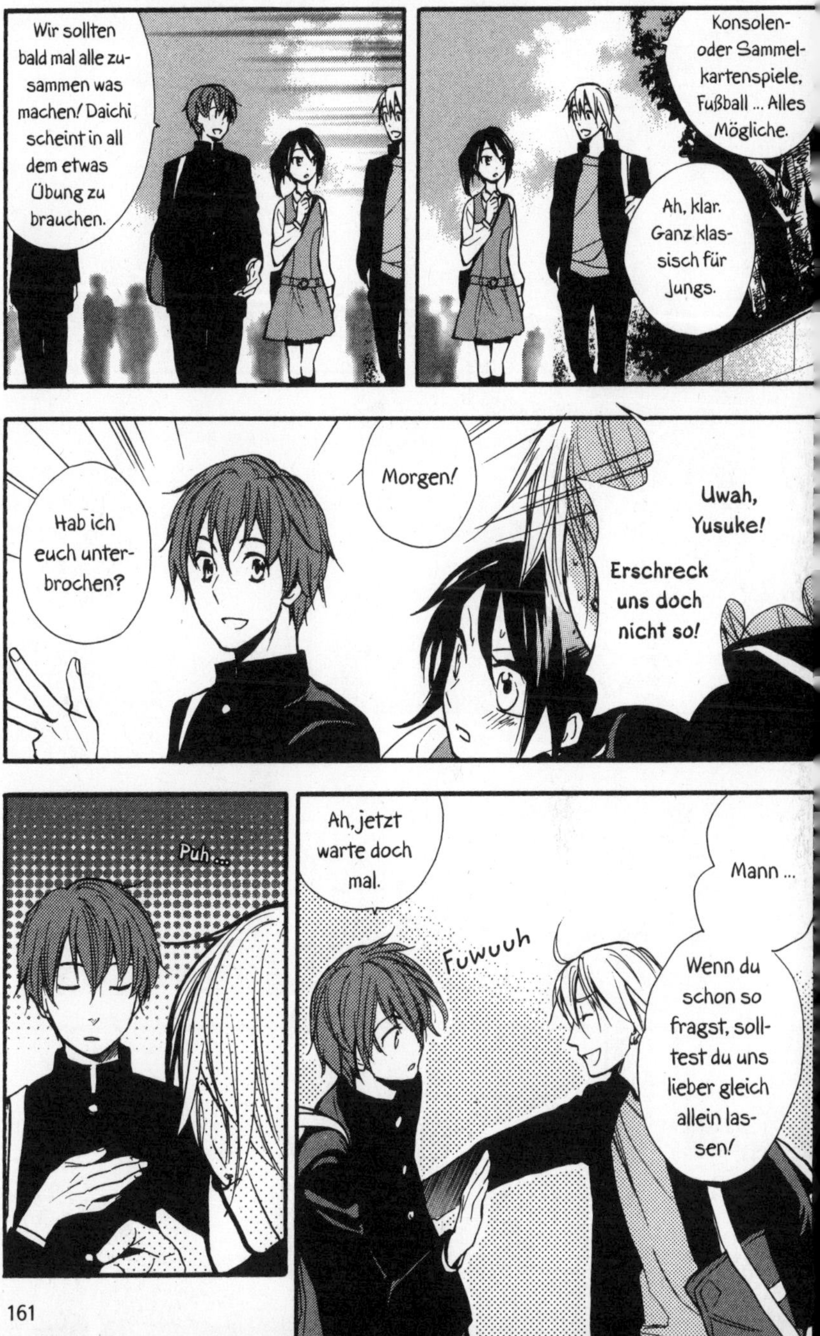
Konsolen- oder Sammelkartenspiele, Fußball ... Alles Mögliche.
Ah, klar. Ganz klassisch für Jungs.
Wir sollten bald mal alle zusammen was machen! Daichi scheint in all dem etwas Übung zu brauchen.
Morgen!
Hab ich euch unterbrochen?
Uwah, Yusuke!
Erschreck uns doch nicht so!
Mann ...
Wenn du schon so fragst, solltest du uns lieber gleich allein lassen!
Fuwuuh
Ah, jetzt warte doch mal.
Puh ...

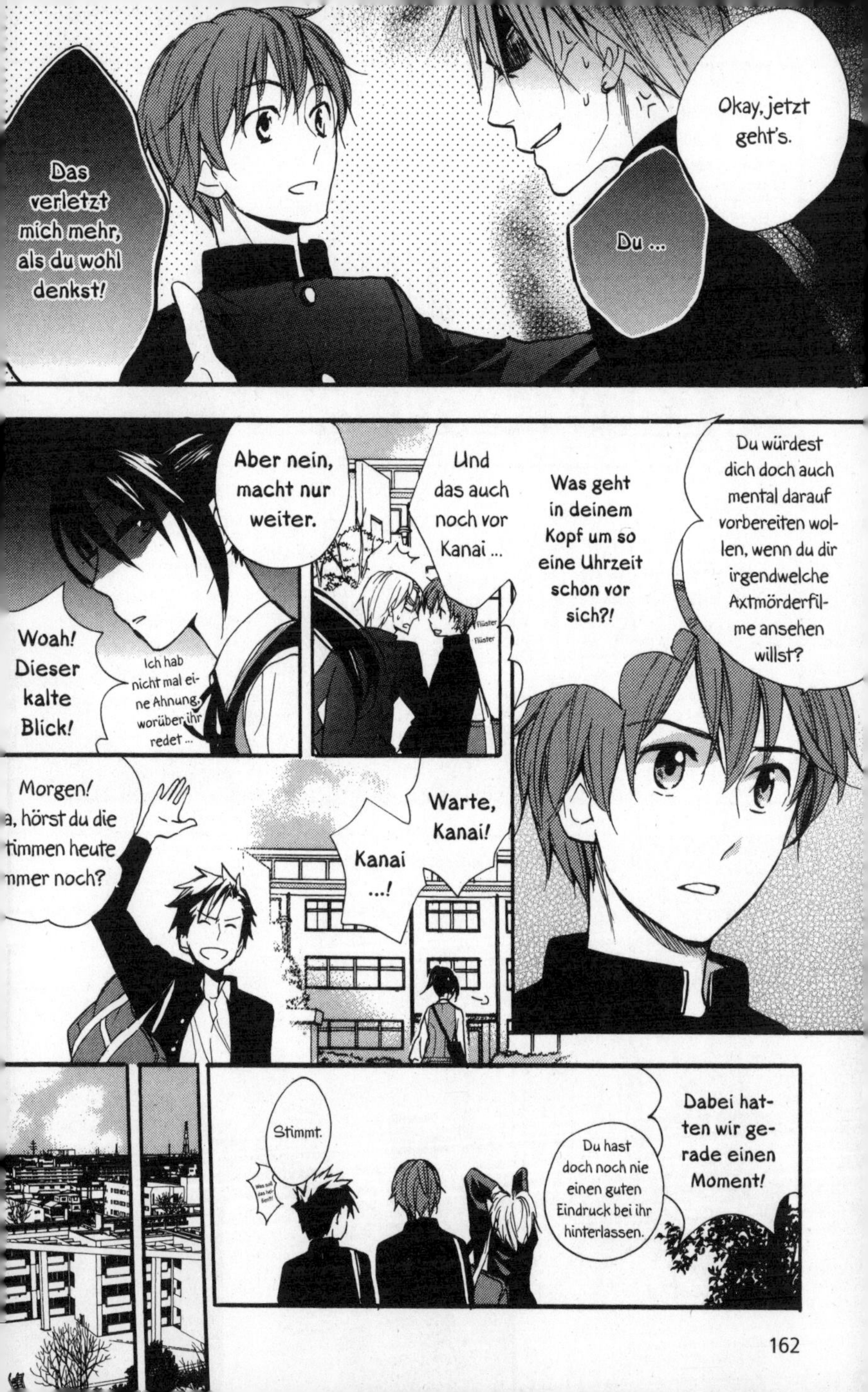

Okay, jetzt geht's.
Du ...
Das verletzt mich mehr, als du wohl denkst!
Du würdest dich doch auch mental darauf vorbereiten wollen, wenn du dir irgendwelche Axtmörderfilme ansehen willst?
Was geht in deinem Kopf um so eine Uhrzeit schon vor sich?!
Und das auch noch vor Kanai ...
Flüster
Flüster
Aber nein, macht nur weiter.
Woah! Dieser kalte Blick!
Ich hab nicht mal eine Ahnung, worüber ihr redet ...
Warte, Kanai!
Kanai ...!
Morgen!
a, hörst du die
timmen heute
mmer noch?
Dabei hatten wir gerade einen Moment!
Du hast doch noch nie einen guten Eindruck bei ihr hinterlassen.
Stimmt.
Was soll das heißen?!

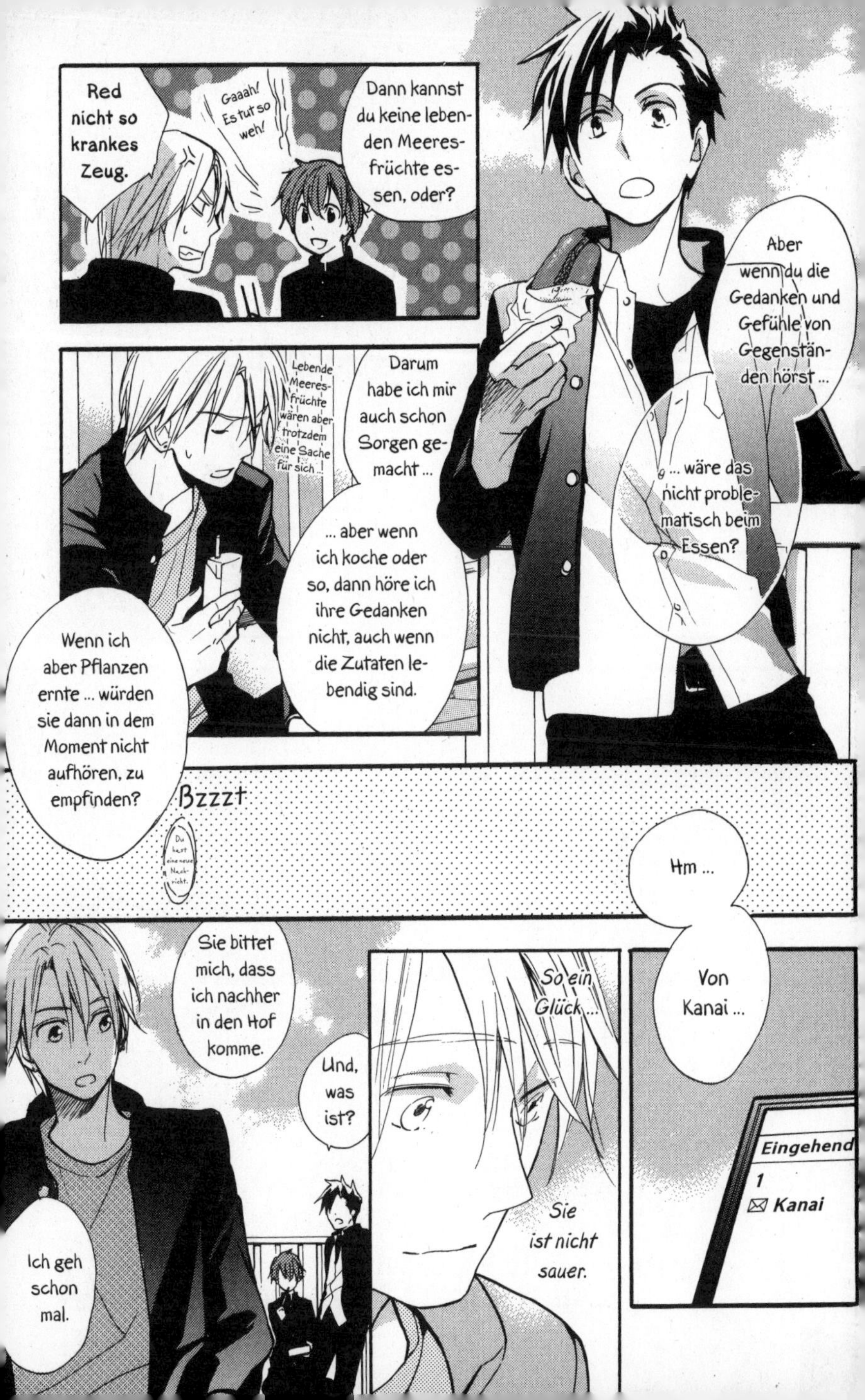
Aber wenn du die Gedanken und Gefühle von Gegenständen hörst ...
... wäre das nicht problematisch beim Essen?
Dann kannst du keine lebenden Meeresfrüchte essen, oder?
Gaaah! Es tut so weh!
Red nicht so krankes Zeug.
Darum habe ich mir auch schon Sorgen gemacht ...
Lebende Meeresfrüchte wären aber trotzdem eine Sache für sich ..!
... aber wenn ich koche oder so, dann höre ich ihre Gedanken nicht, auch wenn die Zutaten lebendig sind.
Wenn ich aber Pflanzen ernte ... würden sie dann in dem Moment nicht aufhören, zu empfinden?
Bzzzt
Du hast eine neue Nachricht.
Hm ...
Von Kanai ...
Eingehend
1
Kanai
So ein Glück ...
Sie ist nicht sauer.
Und, was ist?
Sie bittet mich, dass ich nachher in den Hof komme.
Ich geh schon mal.

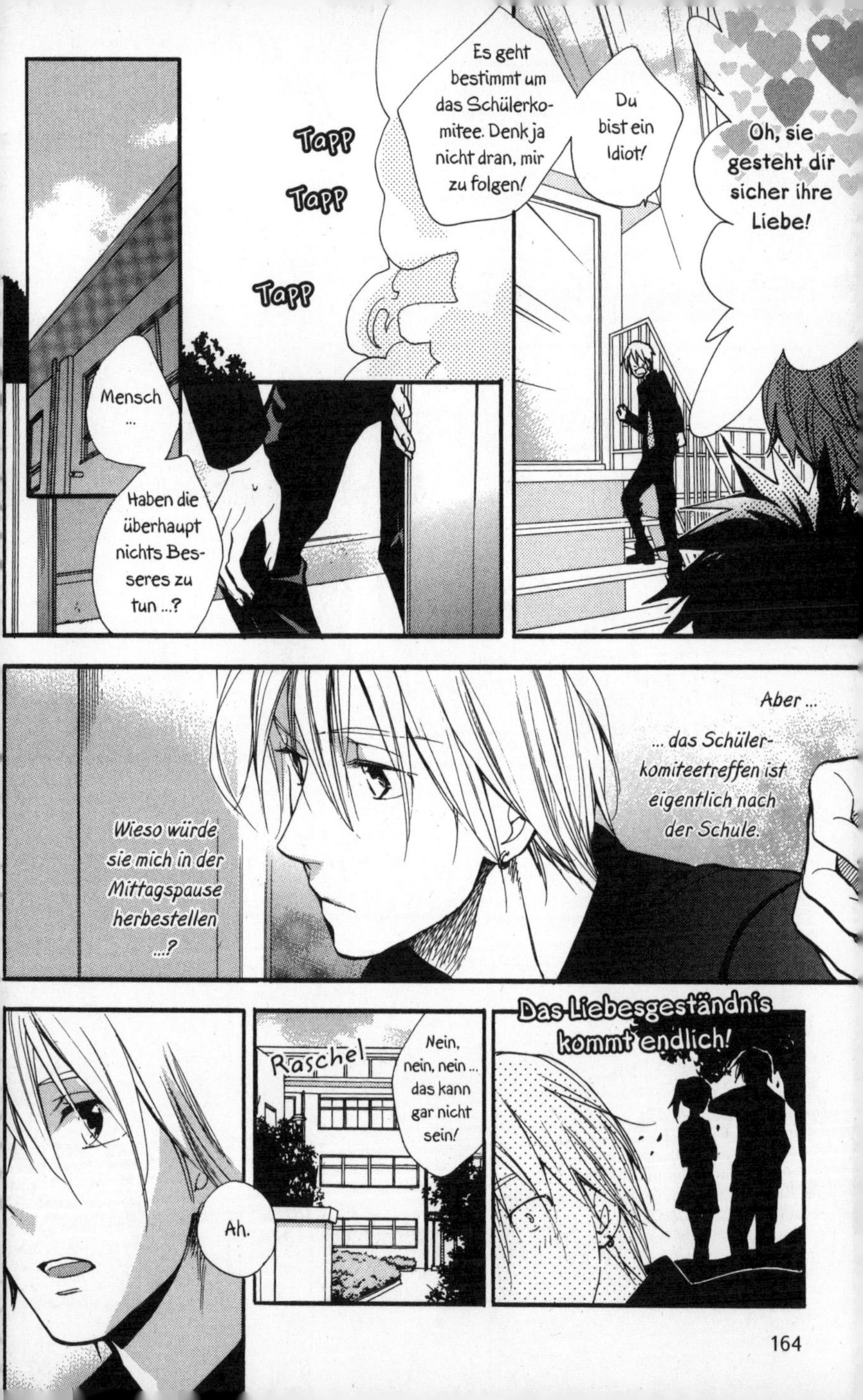

Oh, sie gesteht dir sicher ihre Liebe!
Du bist ein Idiot!
Es geht bestimmt um das Schülerkomitee. Denk ja nicht dran, mir zu folgen!
Tapp
Tapp
Tapp
Mensch ...
Haben die überhaupt nichts Besseres zu tun ...?
Aber ...
... das Schülerkomiteetreffen ist eigentlich nach der Schule.
Wieso würde sie mich in der Mittagspause herbestellen ...?
Das Liebesgeständnis kommt endlich!
Nein, nein, nein ... das kann gar nicht sein!
Raschel
Ah.

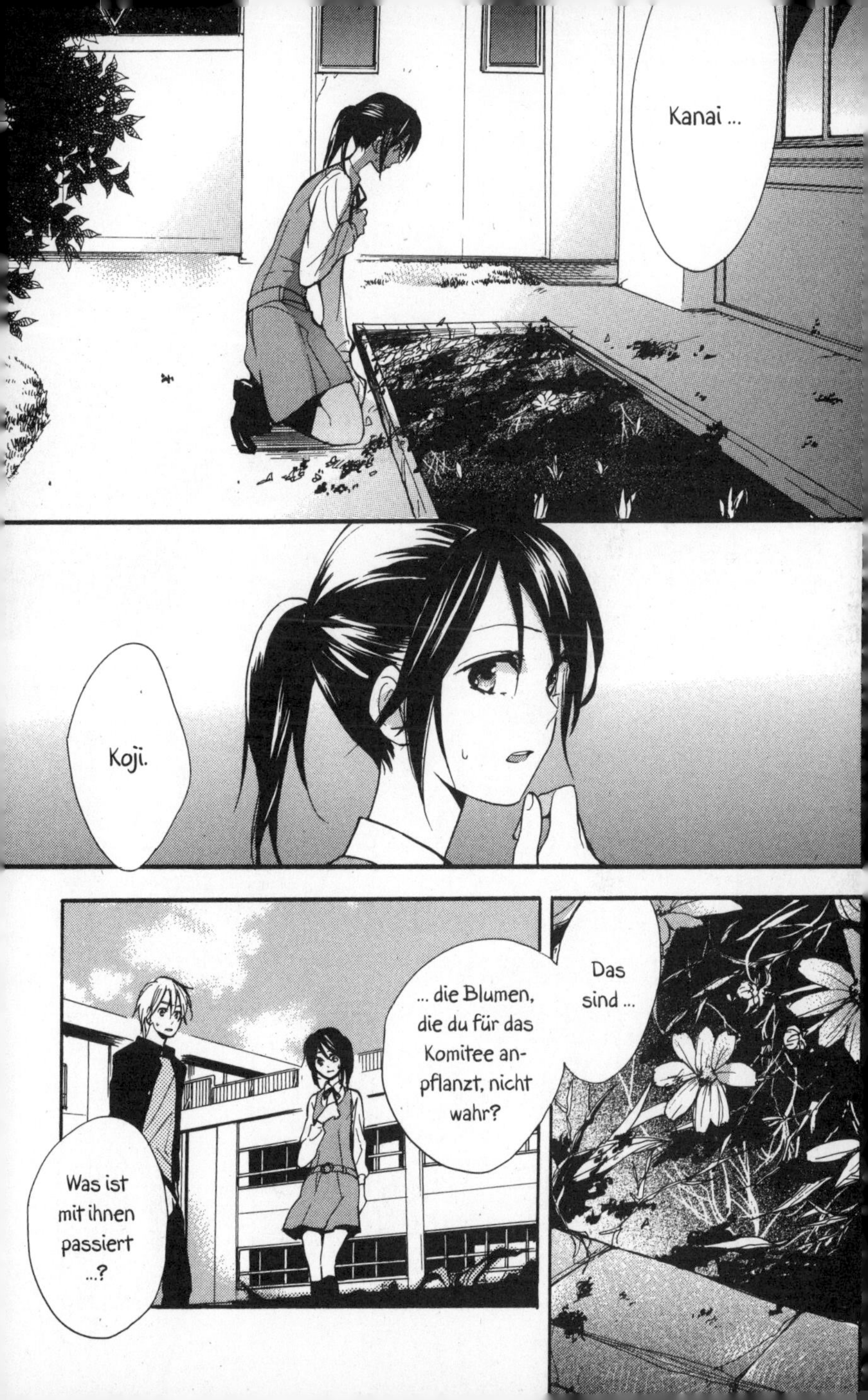
Kanai ...
Koji.
Das sind ...
... die Blumen, die du für das Komitee an-pflanzt, nicht wahr?
Was ist mit ihnen passiert ...?

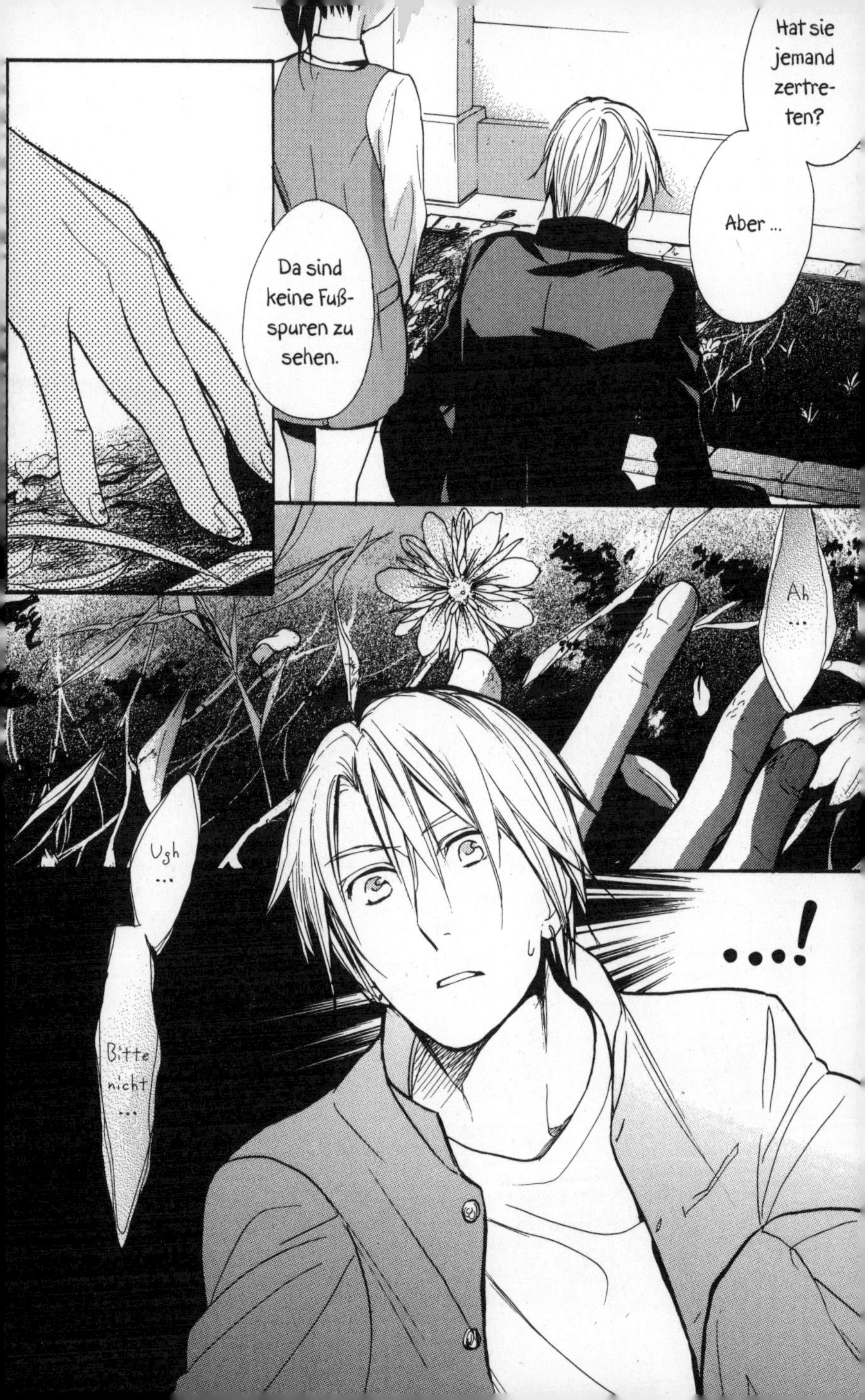
Hat sie jemand zertreten?
Aber ...
Da sind keine Fußspuren zu sehen.
Ah ...
Ugh ...
Bitte nicht ...
...!

Flüstern 06

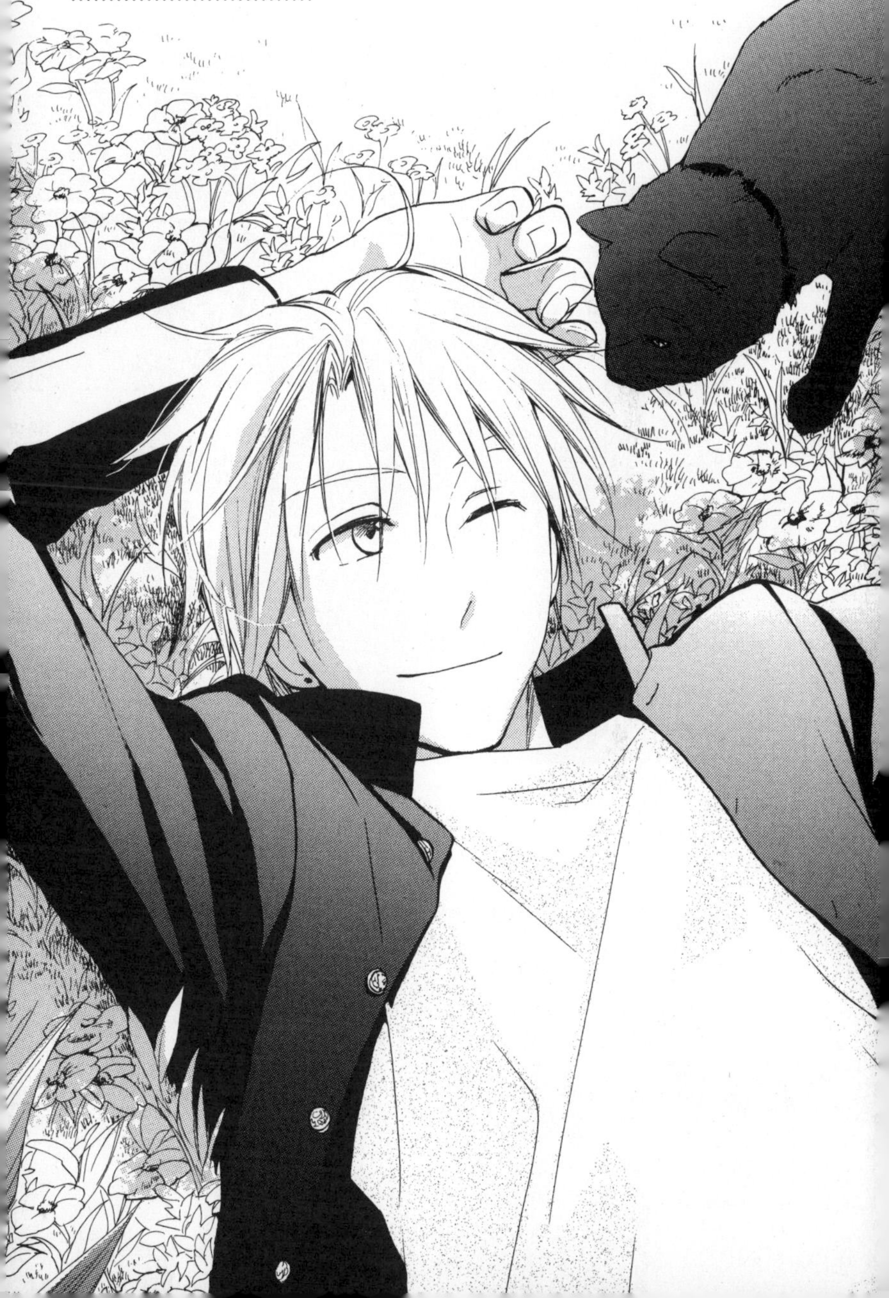

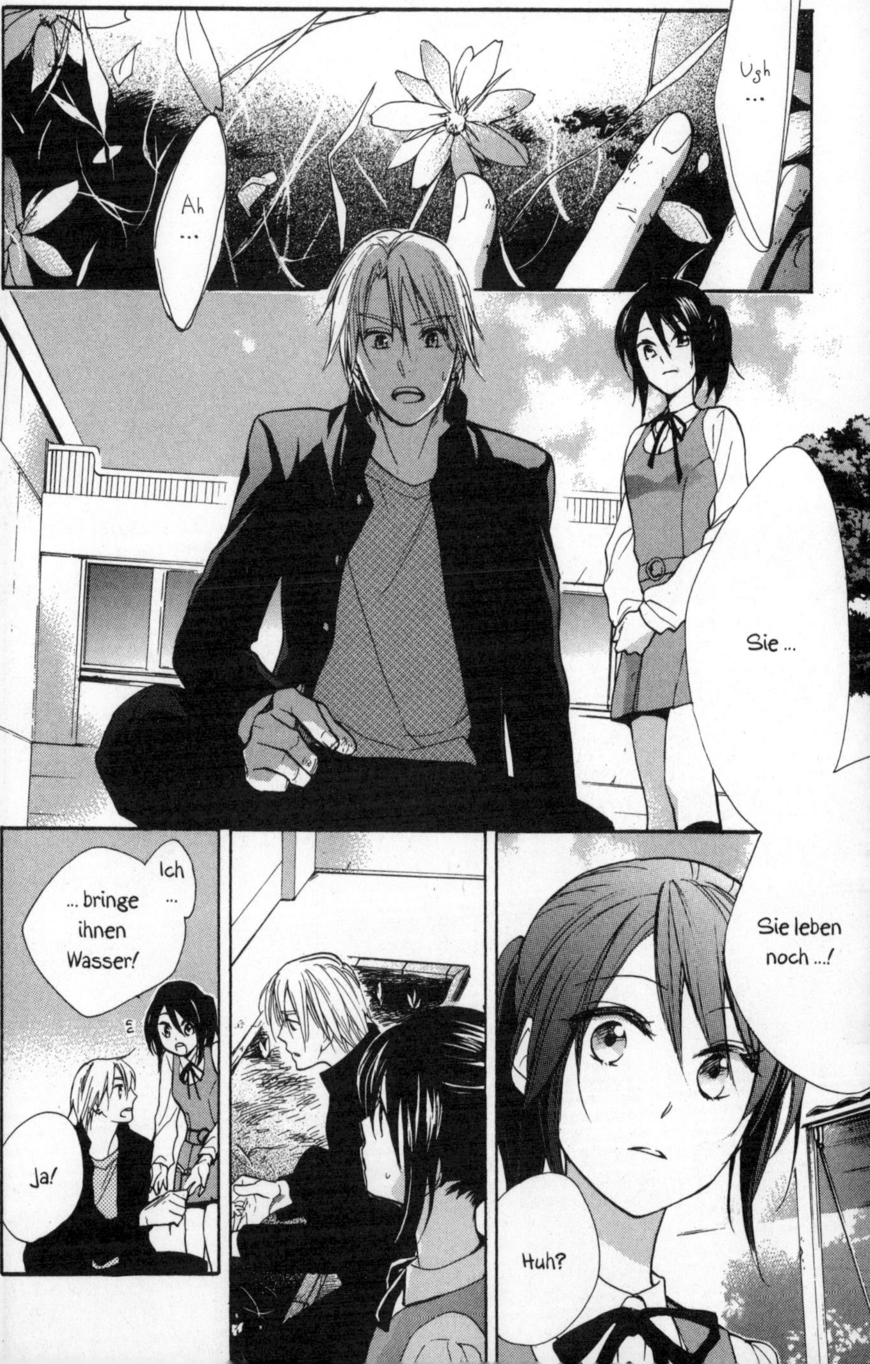
Ugh ...
Ah ...
Sie ...
Sie leben noch ...!
Huh?
Ich ...
... bringe ihnen Wasser!
Ja!

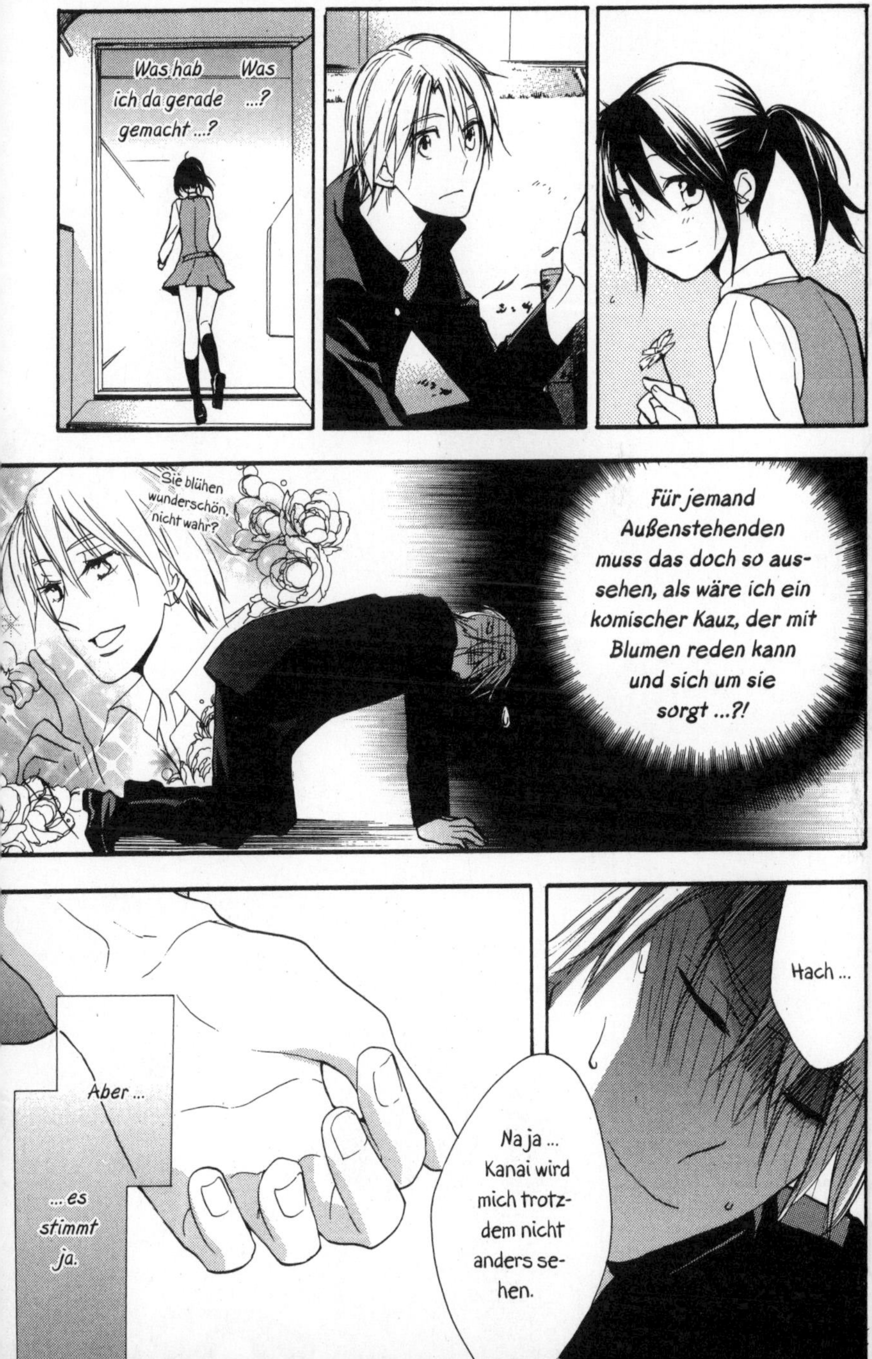
Was ...?
Was hab ich da gerade gemacht ...?
Für jemand Außenstehenden muss das doch so aussehen, als wäre ich ein komischer Kauz, der mit Blumen reden kann und sich um sie sorgt ...?!
Sie blühen wunderschön, nicht wahr?
Hach ...
Na ja ... Kanai wird mich trotzdem nicht anders sehen.
Aber ...
... es stimmt ja.

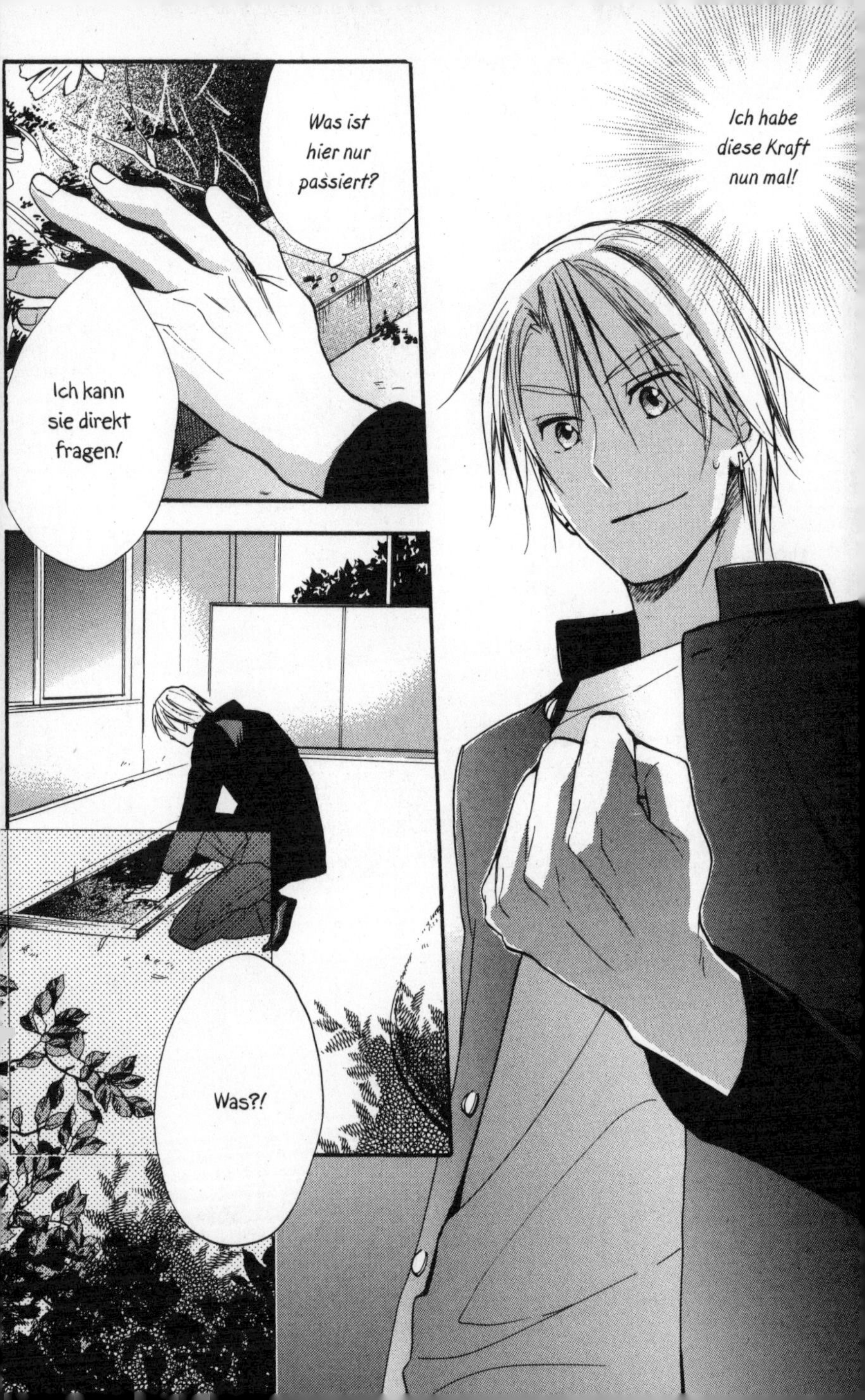
Ich habe diese Kraft nun mal!
Was ist hier nur passiert?
Ich kann sie direkt fragen!
Was?!

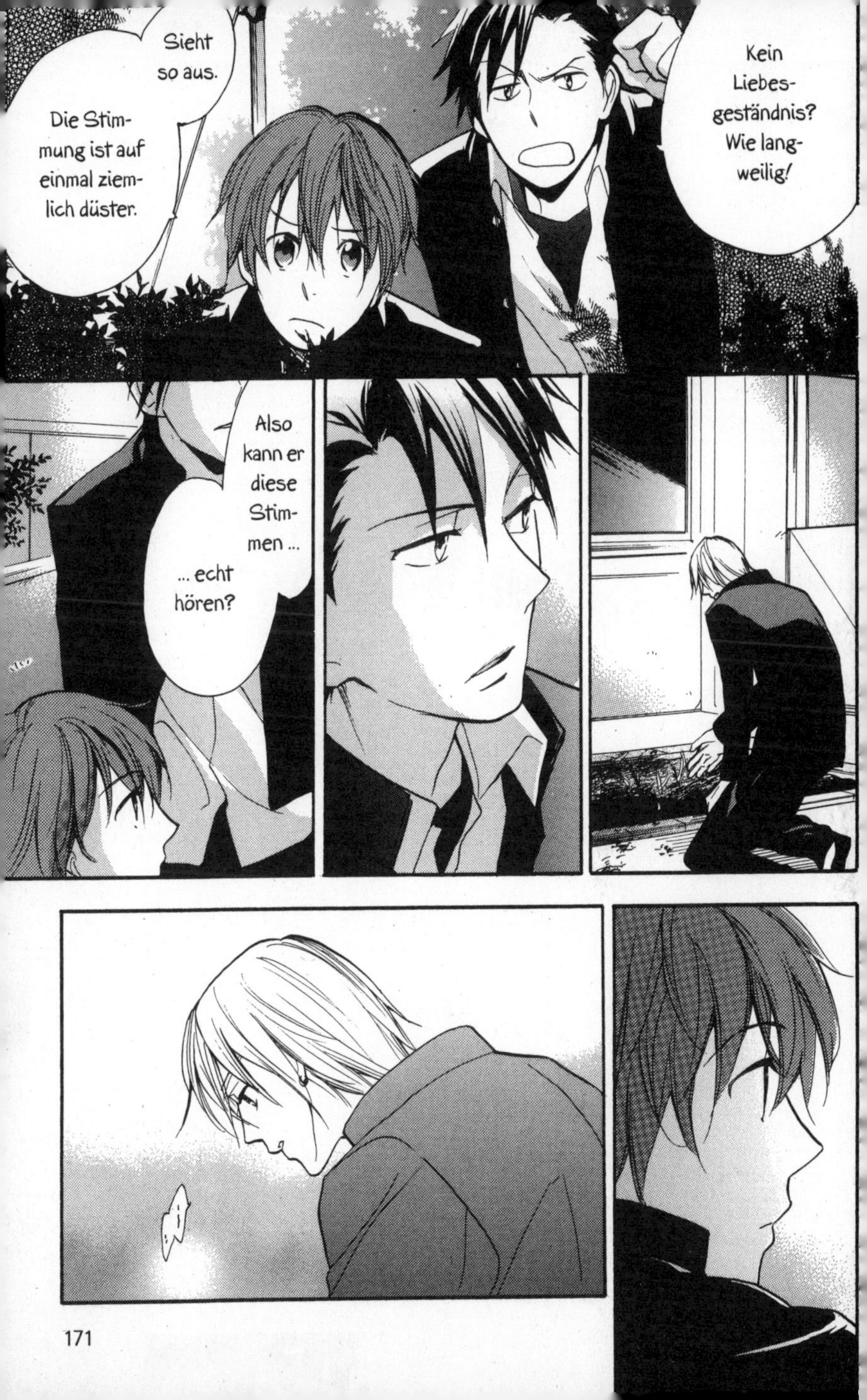
Kein Liebesgeständnis? Wie langweilig!
Sieht so aus.
Die Stimmung ist auf einmal ziemlich düster.
Also kann er diese Stimmen ...
... echt hören?

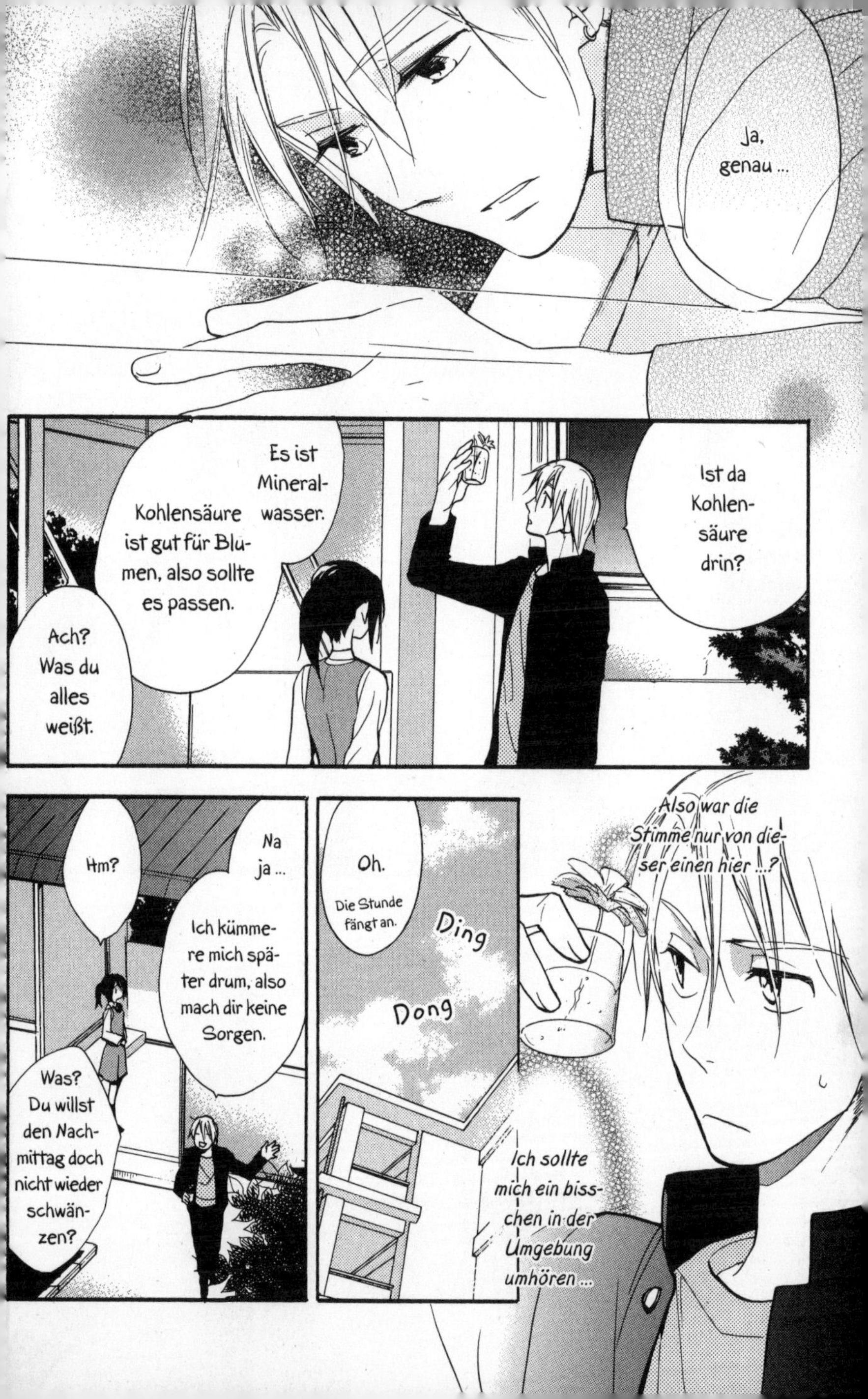
Ja, genau ...
Ist da Kohlensäure drin?
Es ist Mineralwasser.
Kohlensäure ist gut für Blumen, also sollte es passen.
Ach? Was du alles weißt.
Also war die Stimme nur von dieser einen hier ...?
Ich sollte mich ein bisschen in der Umgebung umhören ...
Oh.
Die Stunde fängt an.
Ding
Dong
Na ja ...
Ich kümmere mich später drum, also mach dir keine Sorgen.
Hm?
Was? Du willst den Nachmittag doch nicht wieder schwänzen?

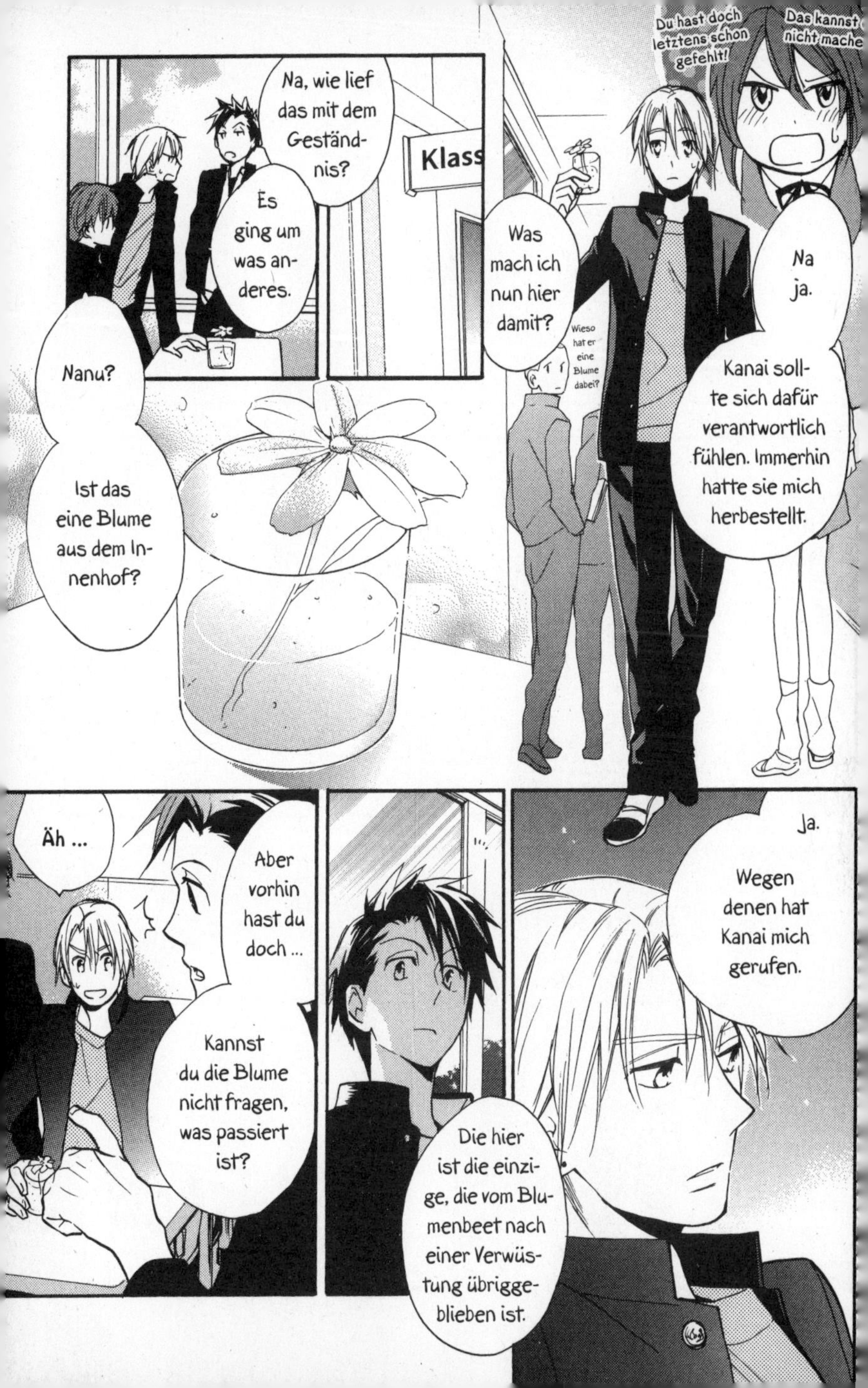

Das kannst nicht mache
Du hast doch letztens schon gefehlt!
Na ja.
Kanai sollte sich dafür verantwortlich fühlen. Immerhin hatte sie mich herbestellt.
Was mach ich nun hier damit?
Wieso hat er eine Blume dabei?
Na, wie lief das mit dem Geständnis?
Es ging um was anderes.
Klass
Nanu?
Ist das eine Blume aus dem Innenhof?
Ja.
Wegen denen hat Kanai mich gerufen.
Die hier ist die einzige, die vom Blumenbeet nach einer Verwüstung übriggeblieben ist.
Äh ...
Aber vorhin hast du doch ...
Kannst du die Blume nicht fragen, was passiert ist?

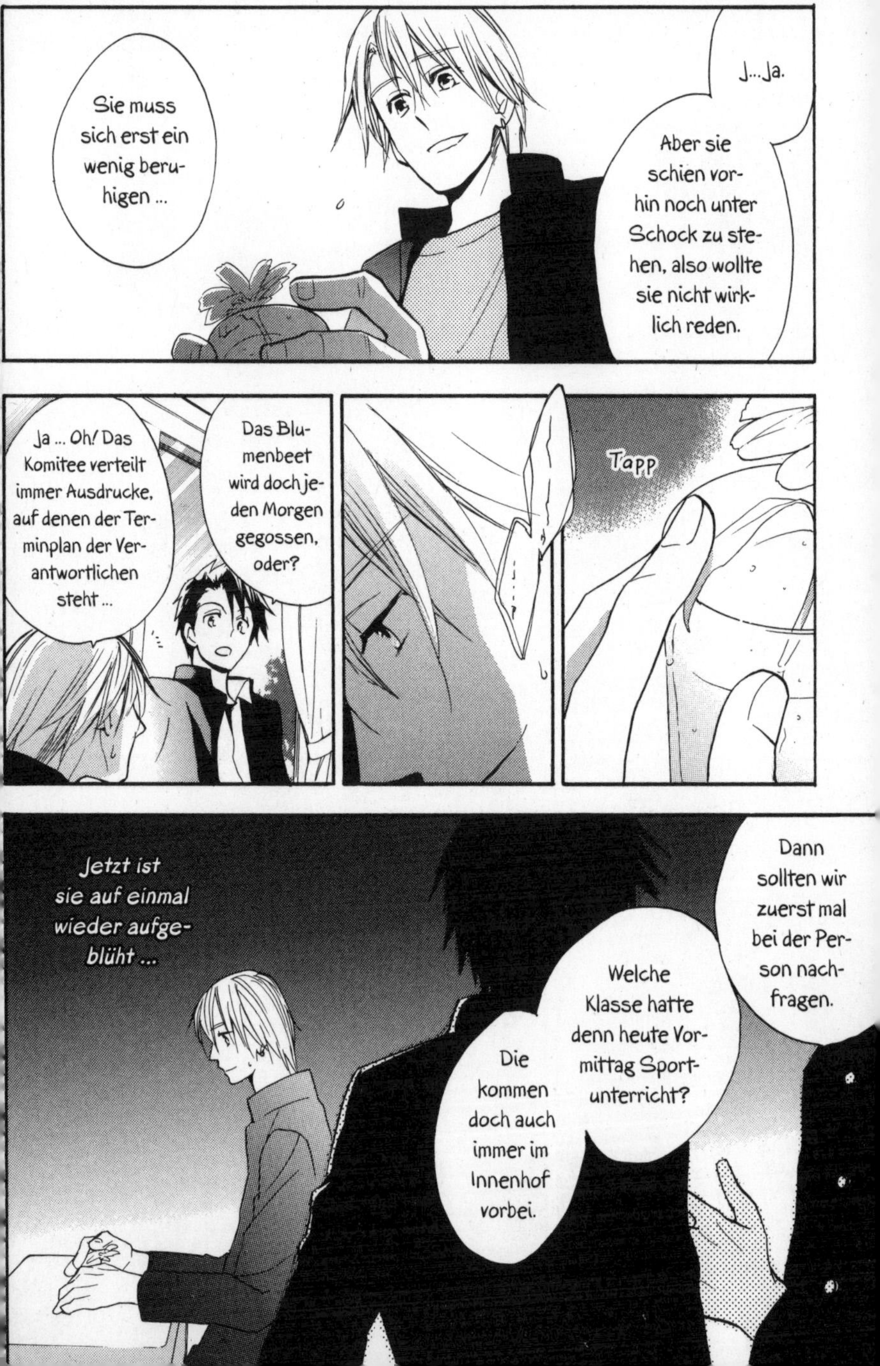
J...Ja.
Aber sie schien vorhin noch unter Schock zu stehen, also wollte sie nicht wirklich reden.
Sie muss sich erst ein wenig beruhigen ...
Tapp
Das Blumenbeet wird doch jeden Morgen gegossen, oder?
Ja ... Oh! Das Komitee verteilt immer Ausdrucke, auf denen der Terminplan der Verantwortlichen steht ...
Dann sollten wir zuerst mal bei der Person nachfragen.
Welche Klasse hatte denn heute Vormittag Sportunterricht?
Die kommen doch auch immer im Innenhof vorbei.
Jetzt ist sie auf einmal wieder aufgeblüht ...

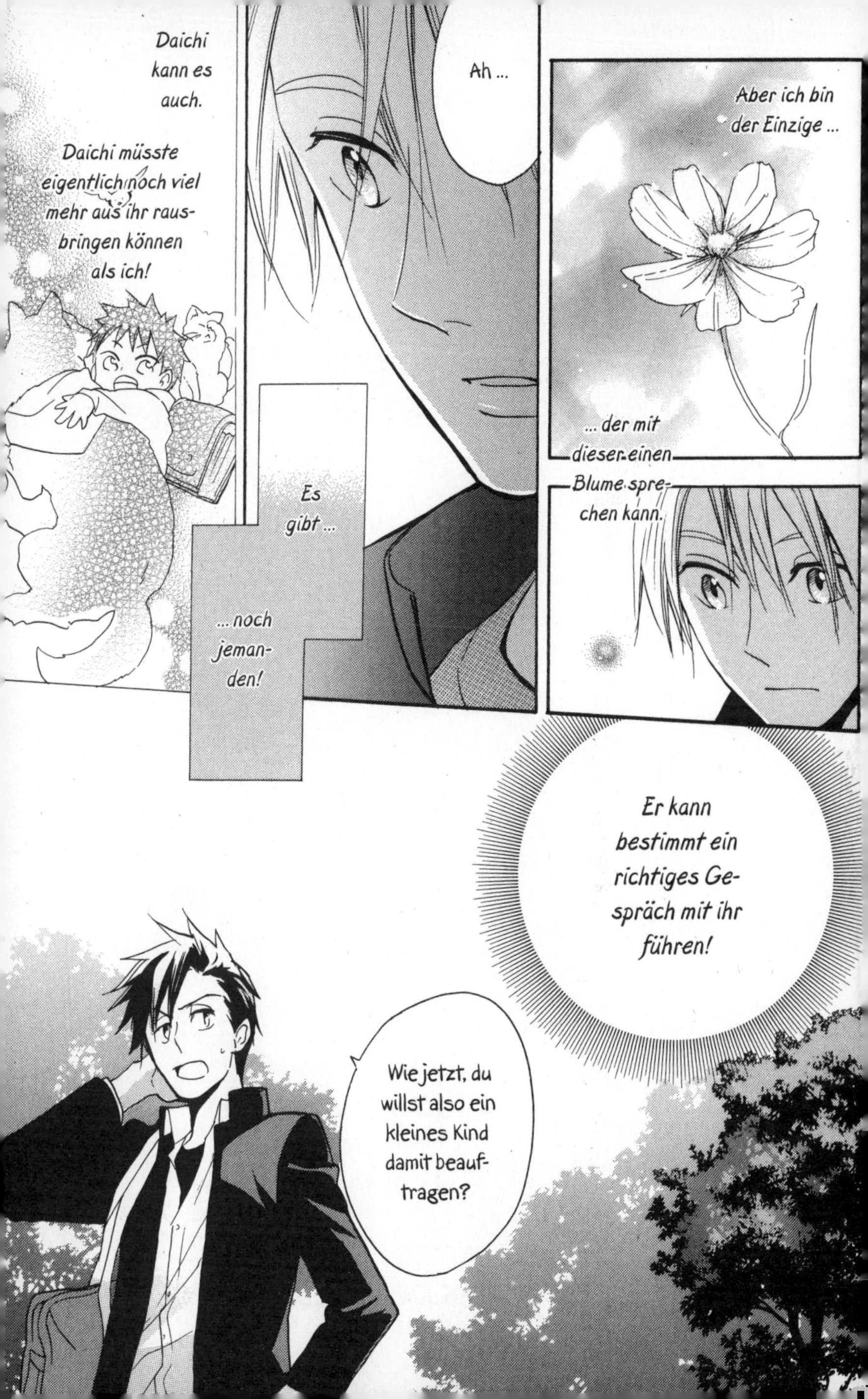
Aber ich bin der Einzige ...
... der mit dieser einen Blume sprechen kann.
Ah ...
Es gibt ...
... noch jemanden!
Daichi kann es auch.
Daichi müsste eigentlich noch viel mehr aus ihr rausbringen können als ich!
Er kann bestimmt ein richtiges Gespräch mit ihr führen!
Wie jetzt, du willst also ein kleines Kind damit beauftragen?

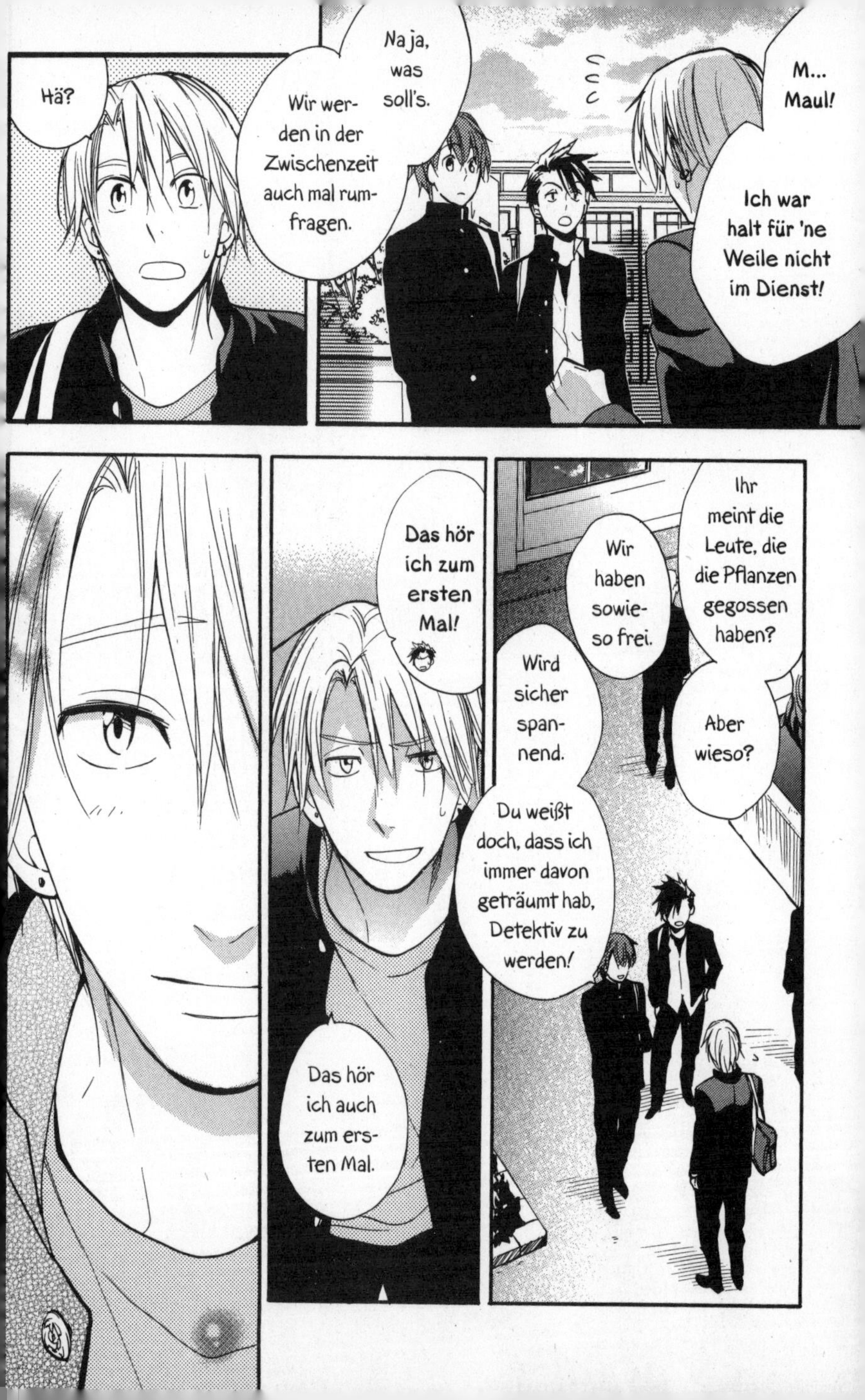
M... Maul!
Ich war halt für 'ne Weile nicht im Dienst!
Na ja, was soll's.
Wir werden in der Zwischenzeit auch mal rumfragen.
Hä?
Ihr meint die Leute, die die Pflanzen gegossen haben?
Wir haben sowieso frei.
Aber wieso?
Wird sicher spannend.
Du weißt doch, dass ich immer davon geträumt hab, Detektiv zu werden!
Das hör ich zum ersten Mal!
Das hör ich auch zum ersten Mal.

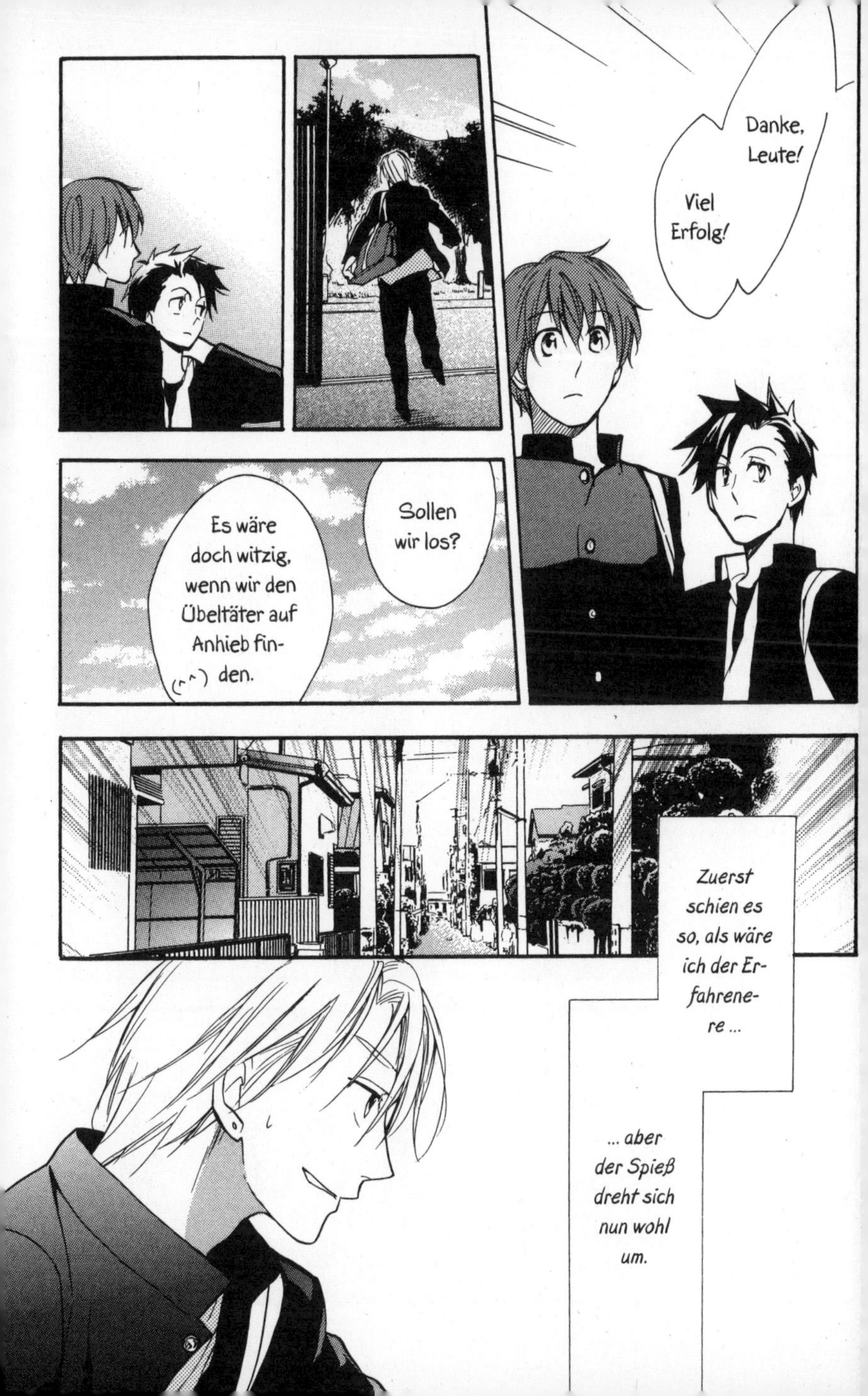
Danke, Leute!
Viel Erfolg!
Sollen wir los?
Es wäre doch witzig, wenn wir den Übeltäter auf Anhieb fin- den. (^^)
Zuerst schien es so, als wäre ich der Erfahrenere ...
... aber der Spieß dreht sich nun wohl um.

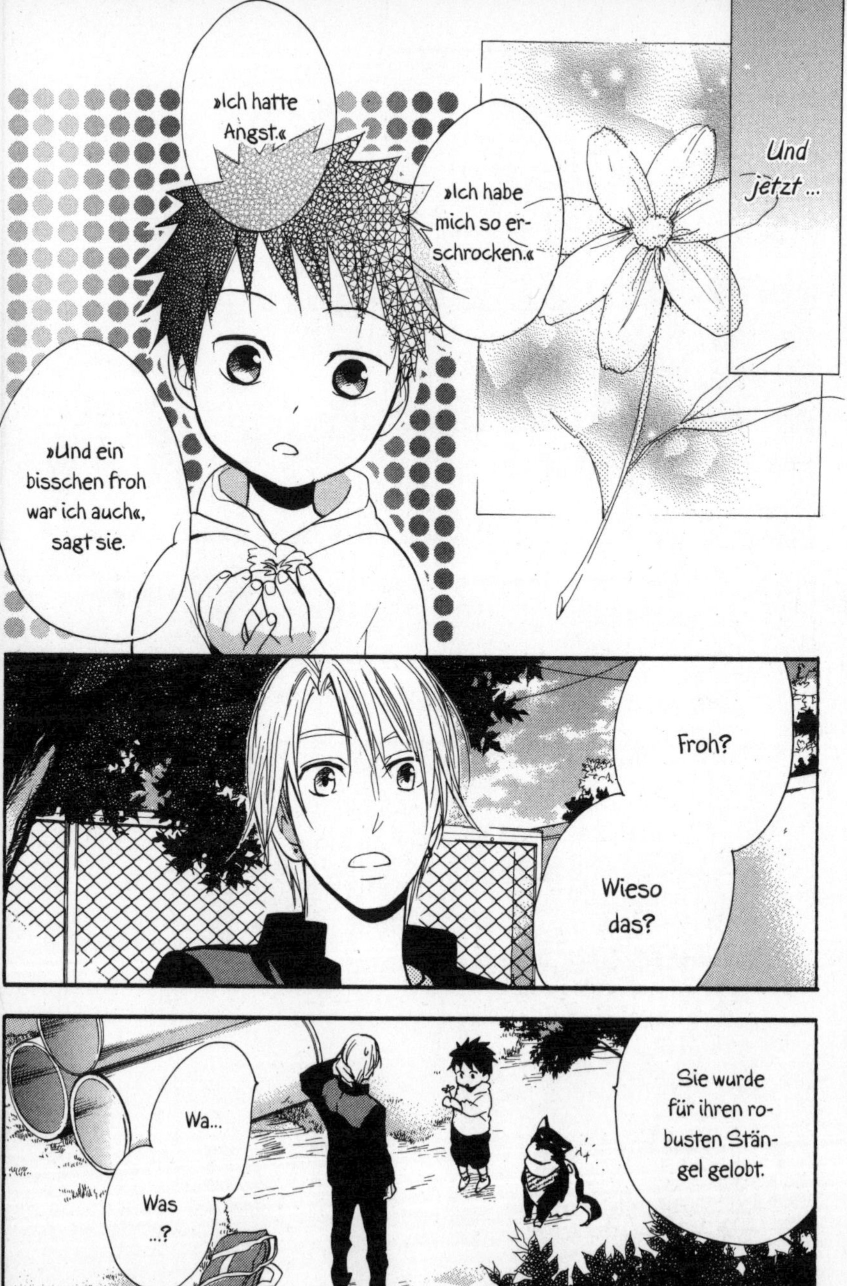
Und jetzt ...
»Ich hatte Angst.«
»Ich habe mich so erschrocken.«
»Und ein bisschen froh war ich auch«, sagt sie.
Froh?
Wieso das?
Sie wurde für ihren robusten Stängel gelobt.
Wa...
Was ...?

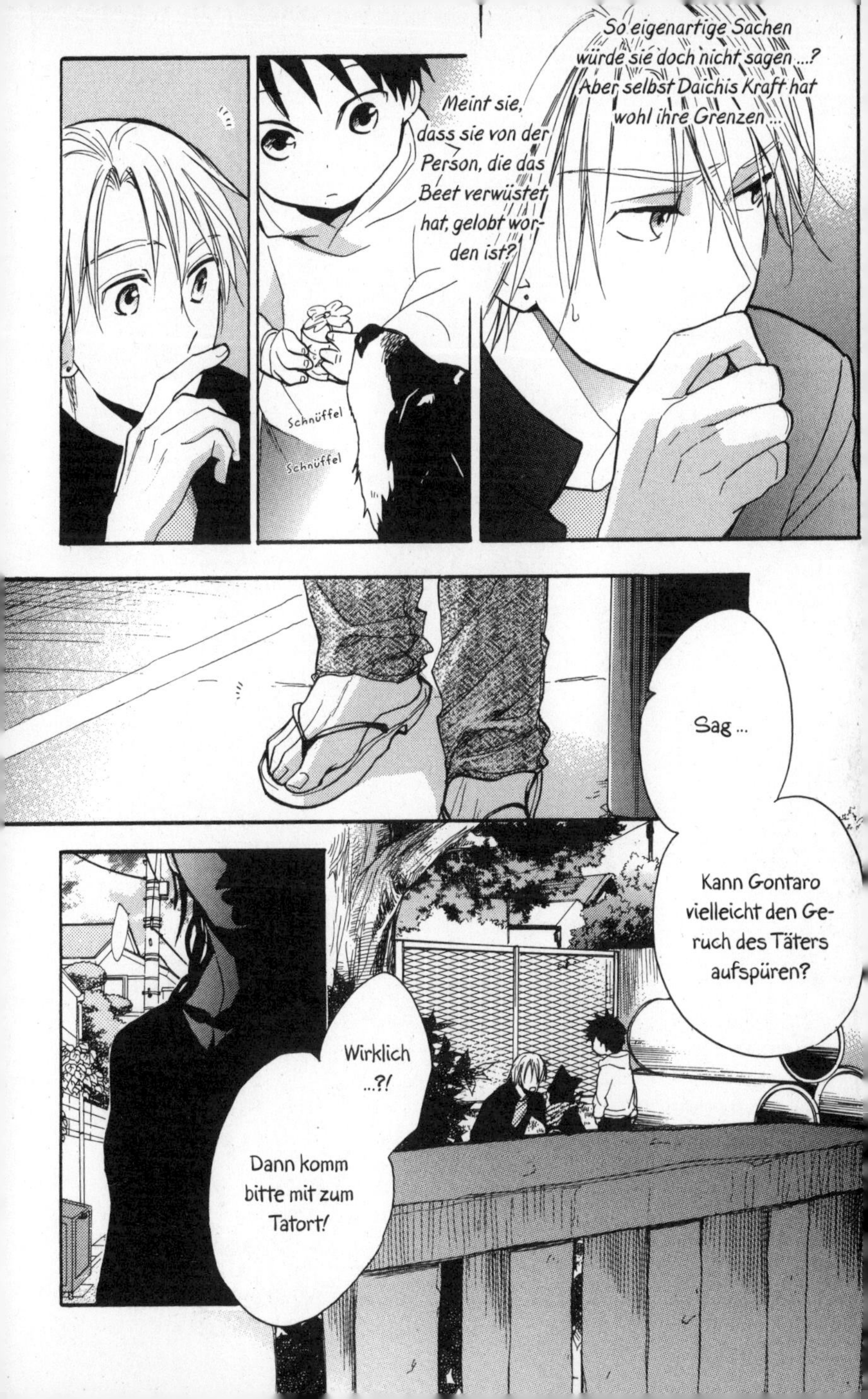

So eigenartige Sachen würde sie doch nicht sagen ...? Aber selbst Daichis Kraft hat wohl ihre Grenzen ...
Meint sie, dass sie von der Person, die das Beet verwüstet hat, gelobt worden ist?
Schnüffel
Schnüffel
Sag ...
Kann Gontaro vielleicht den Geruch des Täters aufspüren?
Wirklich ...?!
Dann komm bitte mit zum Tatort!

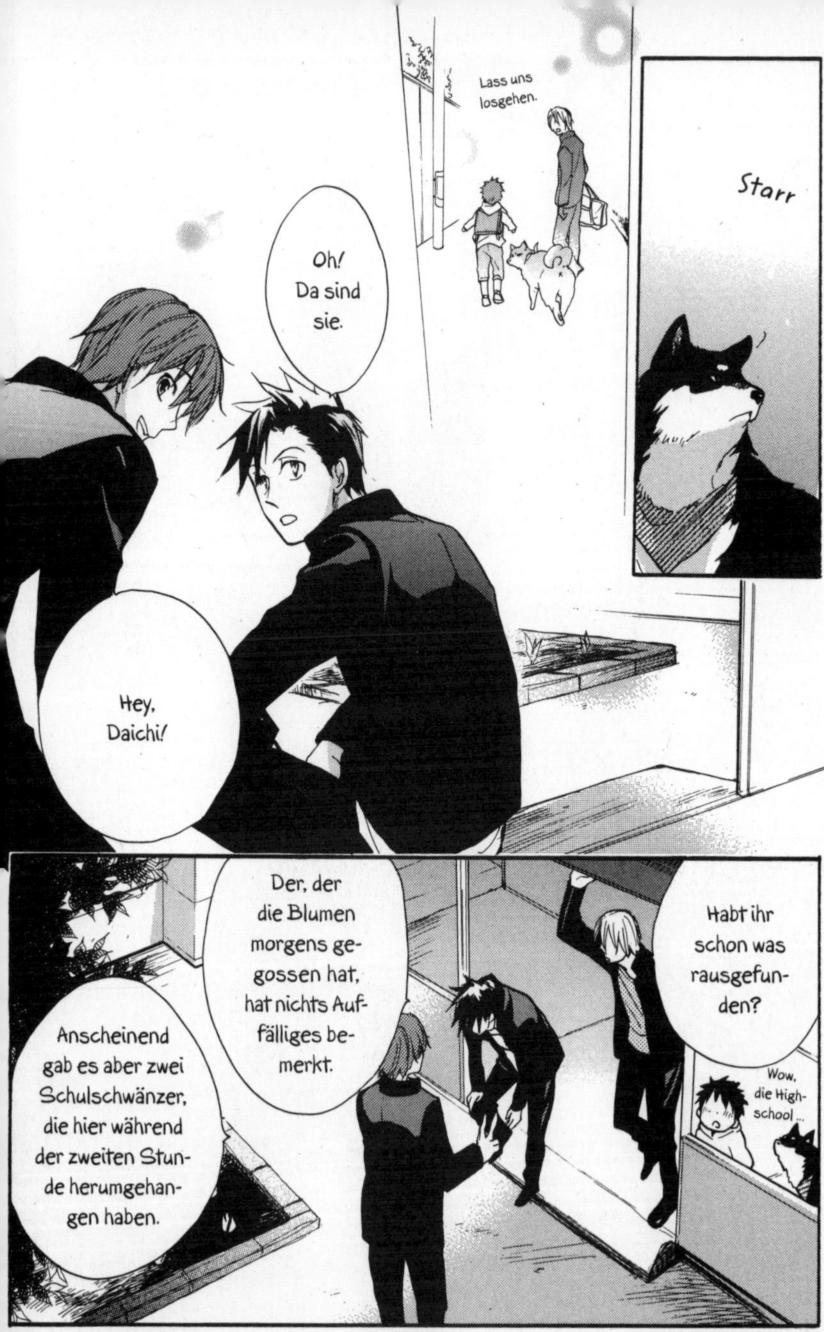
Starr
Lass uns losgehen.
Oh! Da sind sie.
Hey, Daichi!
Habt ihr schon was rausgefunden?
Wow, die High-school ...
Der, der die Blumen morgens gegossen hat, hat nichts Auffälliges bemerkt.
Anscheinend gab es aber zwei Schulschwänzer, die hier während der zweiten Stunde herumgehangen haben.

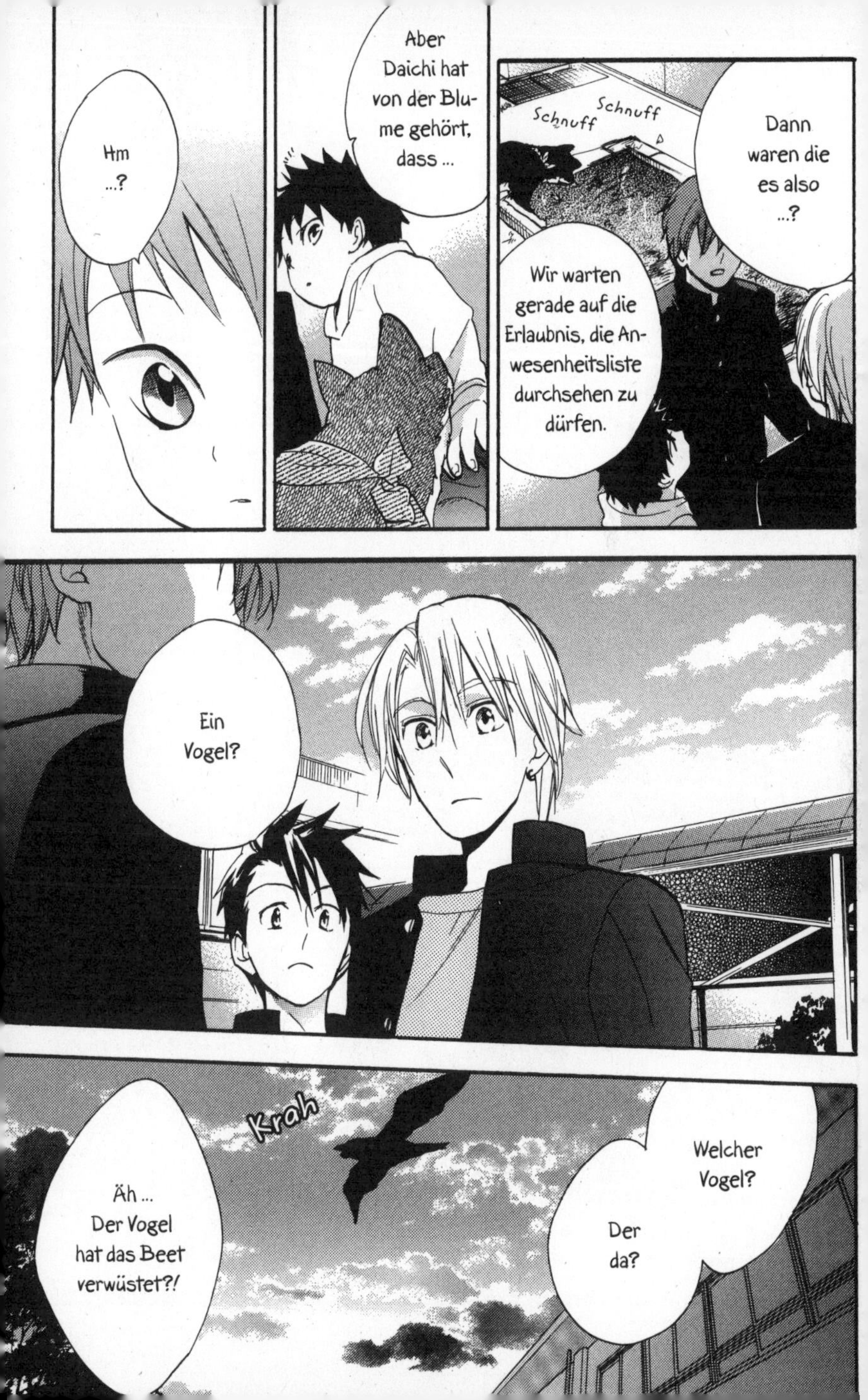
Schnuff
Schnuff
Dann waren die es also ...?
Wir warten gerade auf die Erlaubnis, die Anwesenheitsliste durchsehen zu dürfen.
Aber Daichi hat von der Blume gehört, dass ...
Hm ...?
Ein Vogel?
Welcher Vogel?
Der da?
Krah
Äh ... Der Vogel hat das Beet verwüstet?!

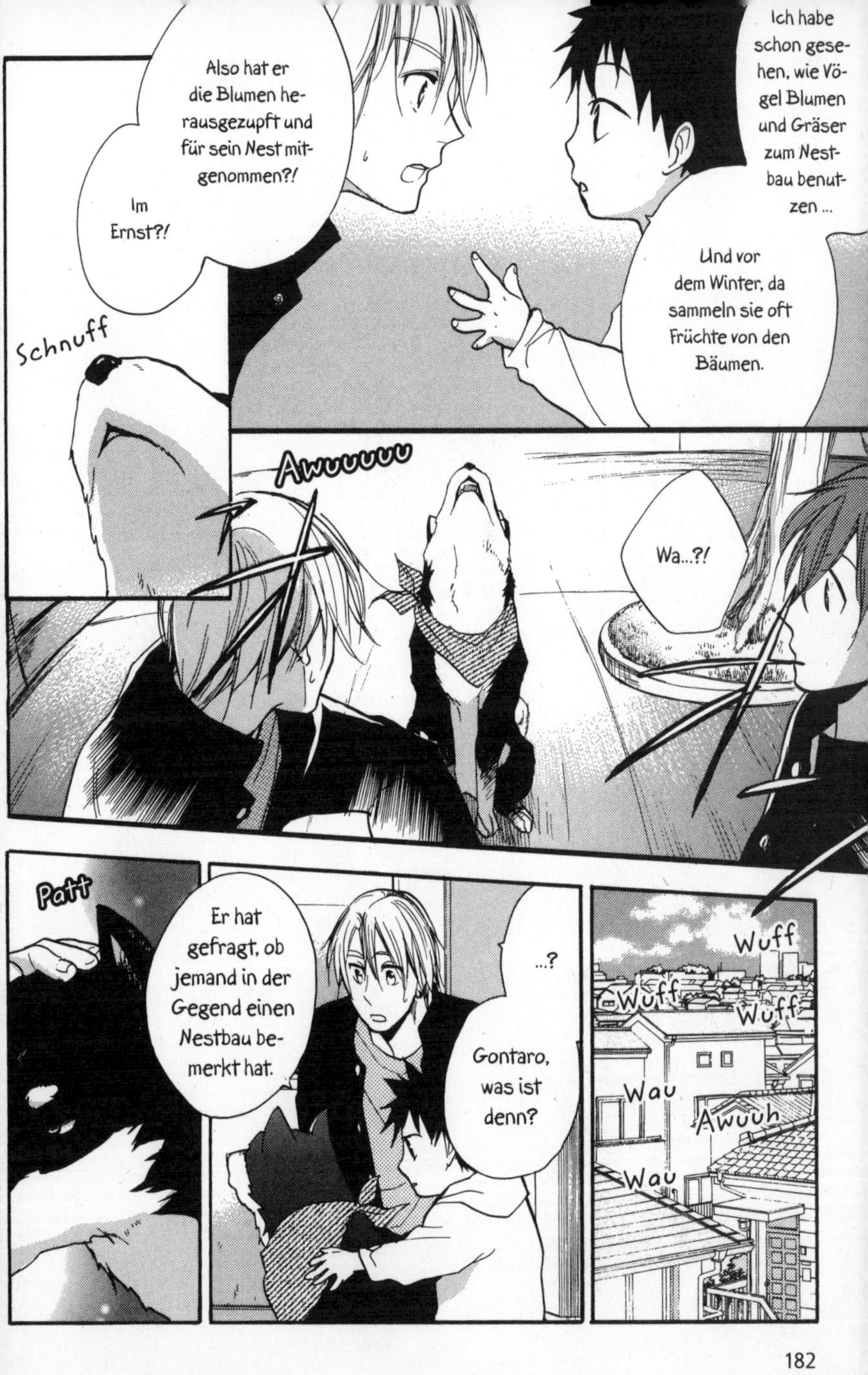

Ich habe schon gesehen, wie Vögel Blumen und Gräser zum Nestbau benutzen ...
Und vor dem Winter, da sammeln sie oft Früchte von den Bäumen.
Also hat er die Blumen herausgezupft und für sein Nest mitgenommen?!
Im Ernst?!
Schnuff
Wa...?!
Awuuuuu
Wuff
Wuff
Wuff
Wau
Awuuh
Wau
...?
Gontaro, was ist denn?
Er hat gefragt, ob jemand in der Gegend einen Nestbau bemerkt hat.
Patt

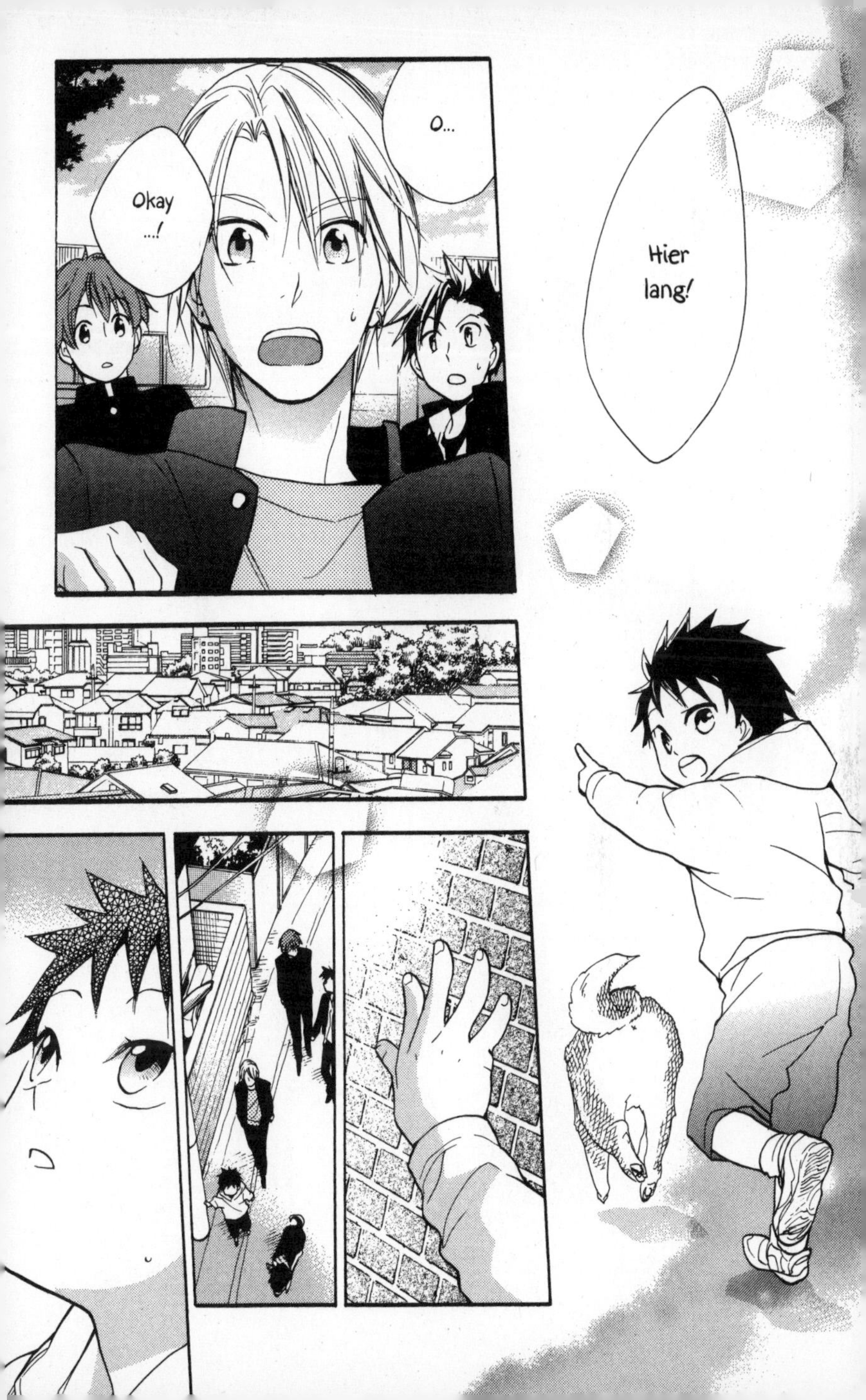
Hier lang!
O...
Okay ...!

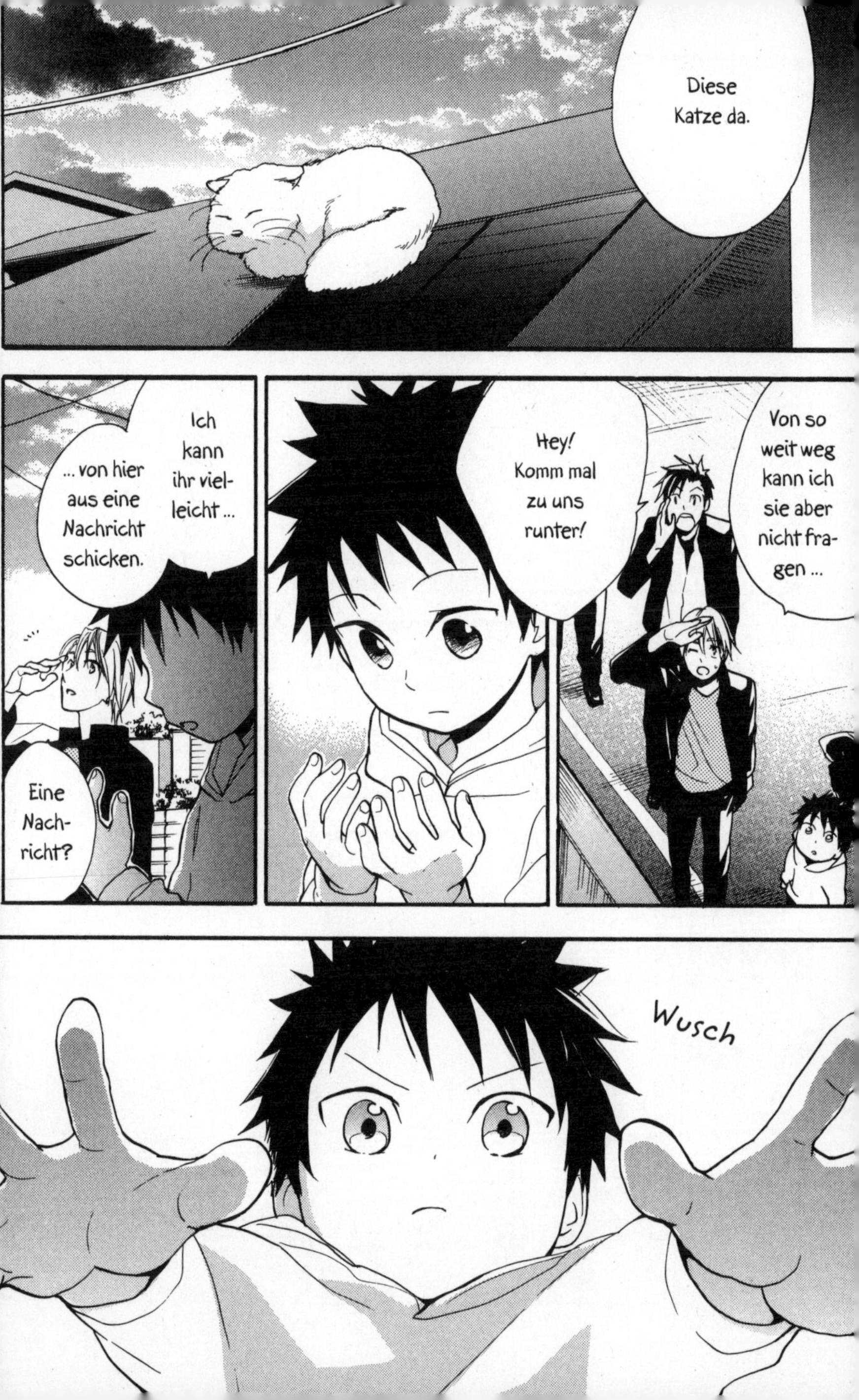

Diese Katze da.
Von so weit weg kann ich sie aber nicht fragen ...
Hey! Komm mal zu uns runter!
Ich kann ihr vielleicht ...
... von hier aus eine Nachricht schicken.
Eine Nachricht?
Wusch

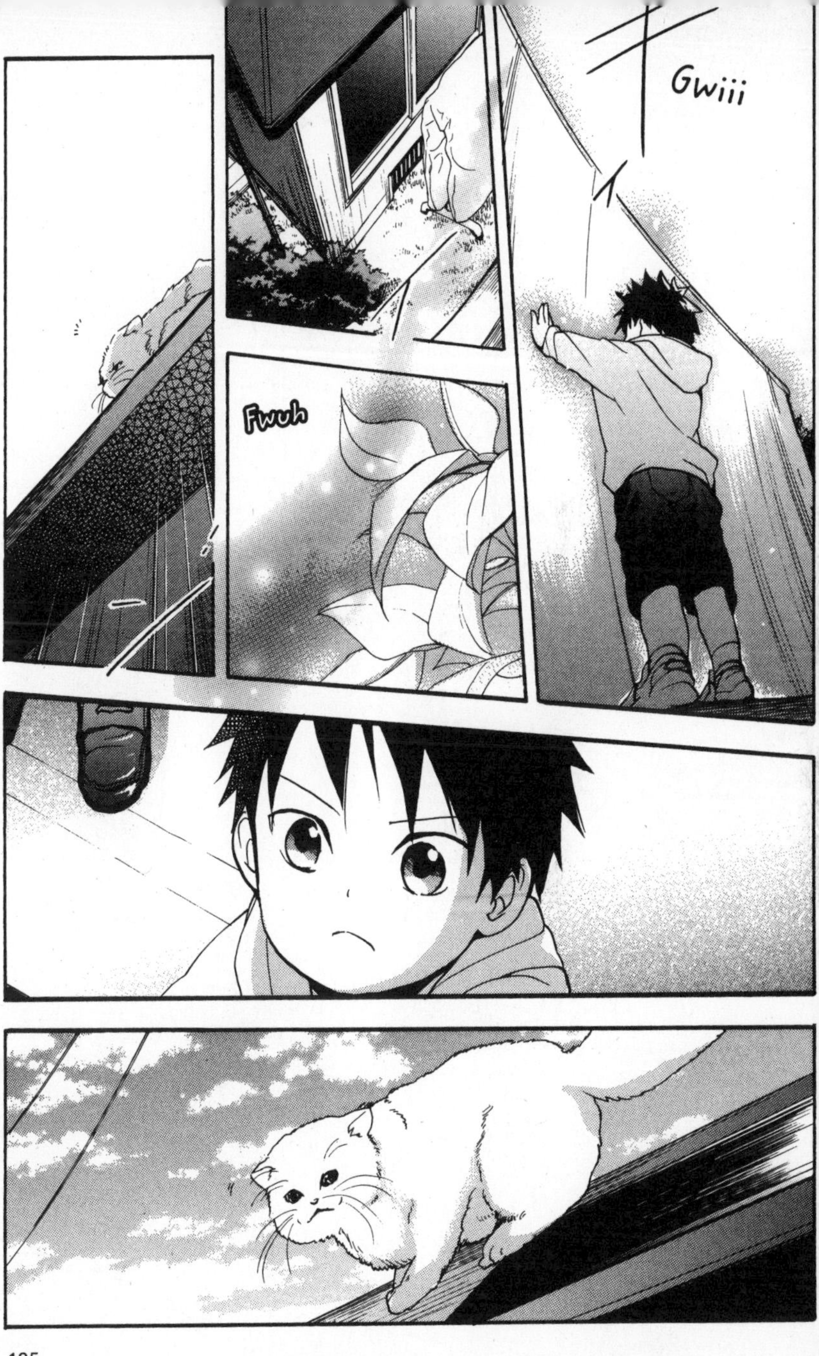
Gwiii
Fwuh

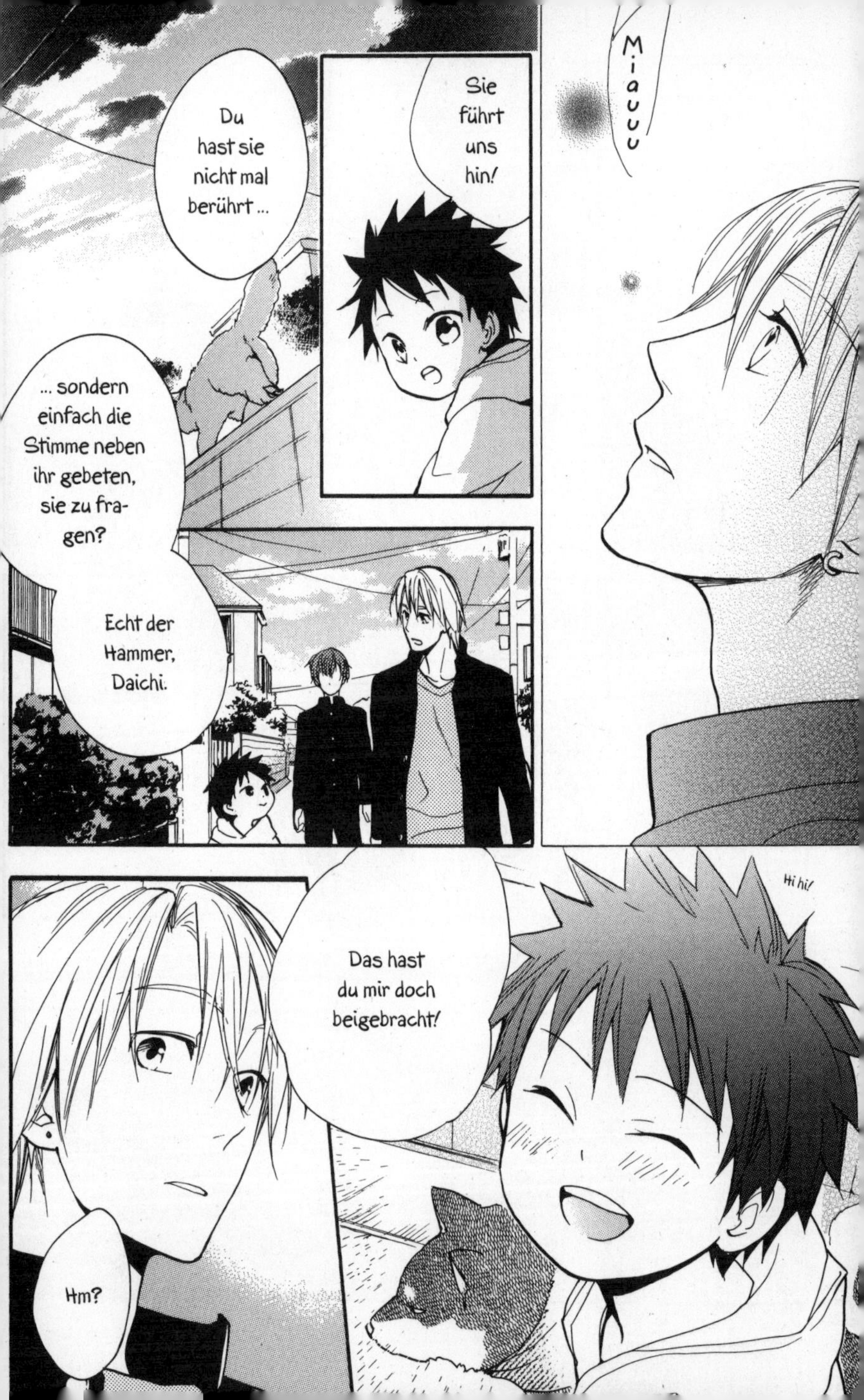
Miauuu
Sie führt uns hin!
Du hast sie nicht mal berührt …
… sondern einfach die Stimme neben ihr gebeten, sie zu fragen?
Echt der Hammer, Daichi.
Hi hi!
Das hast du mir doch beigebracht!
Hm?

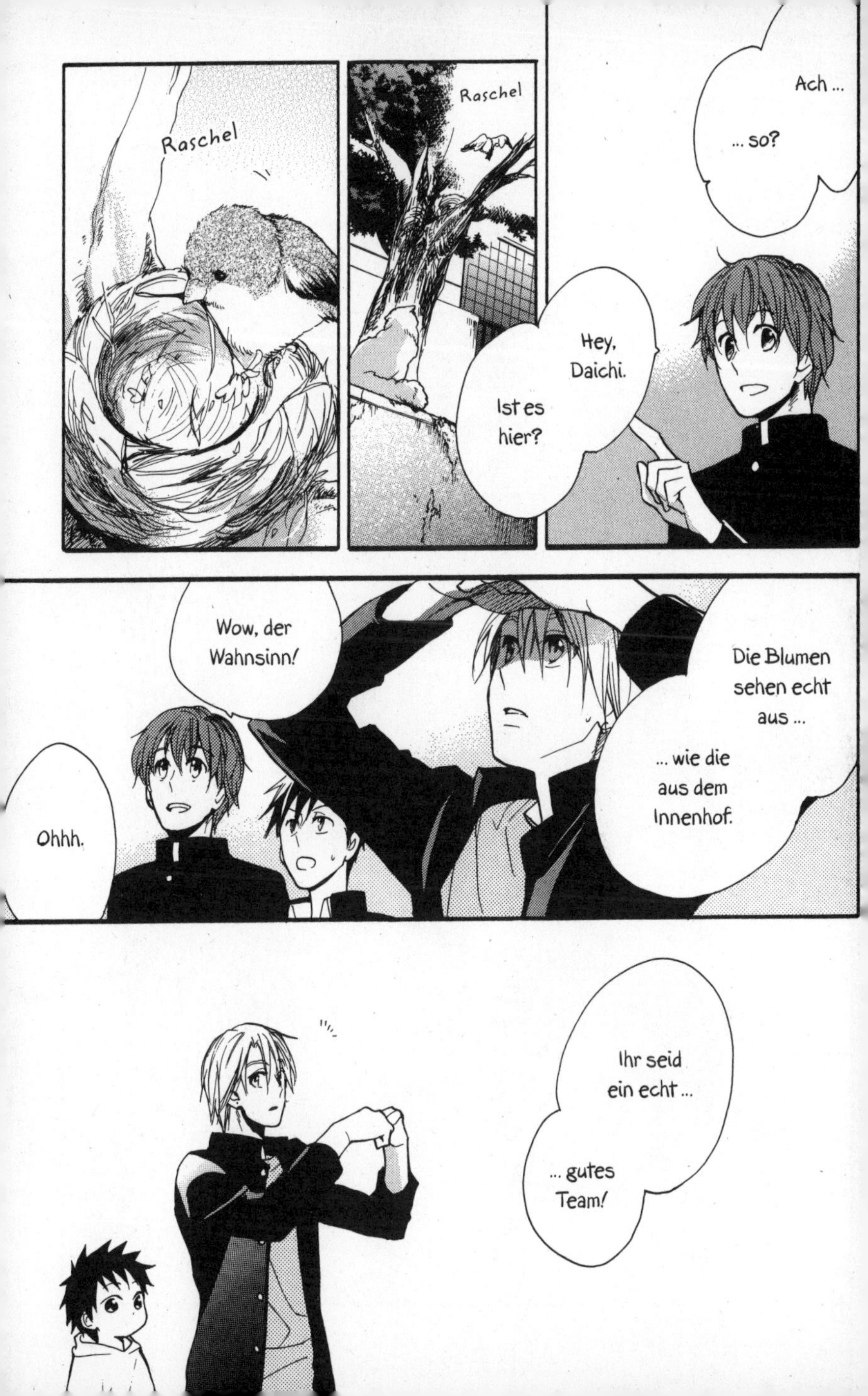
Ach ...
... so?
Hey, Daichi.
Ist es hier?
Raschel
Raschel
Die Blumen sehen echt aus ...
... wie die aus dem Innenhof.
Wow, der Wahnsinn!
Ohhh.
Ihr seid ein echt ...
... gutes Team!

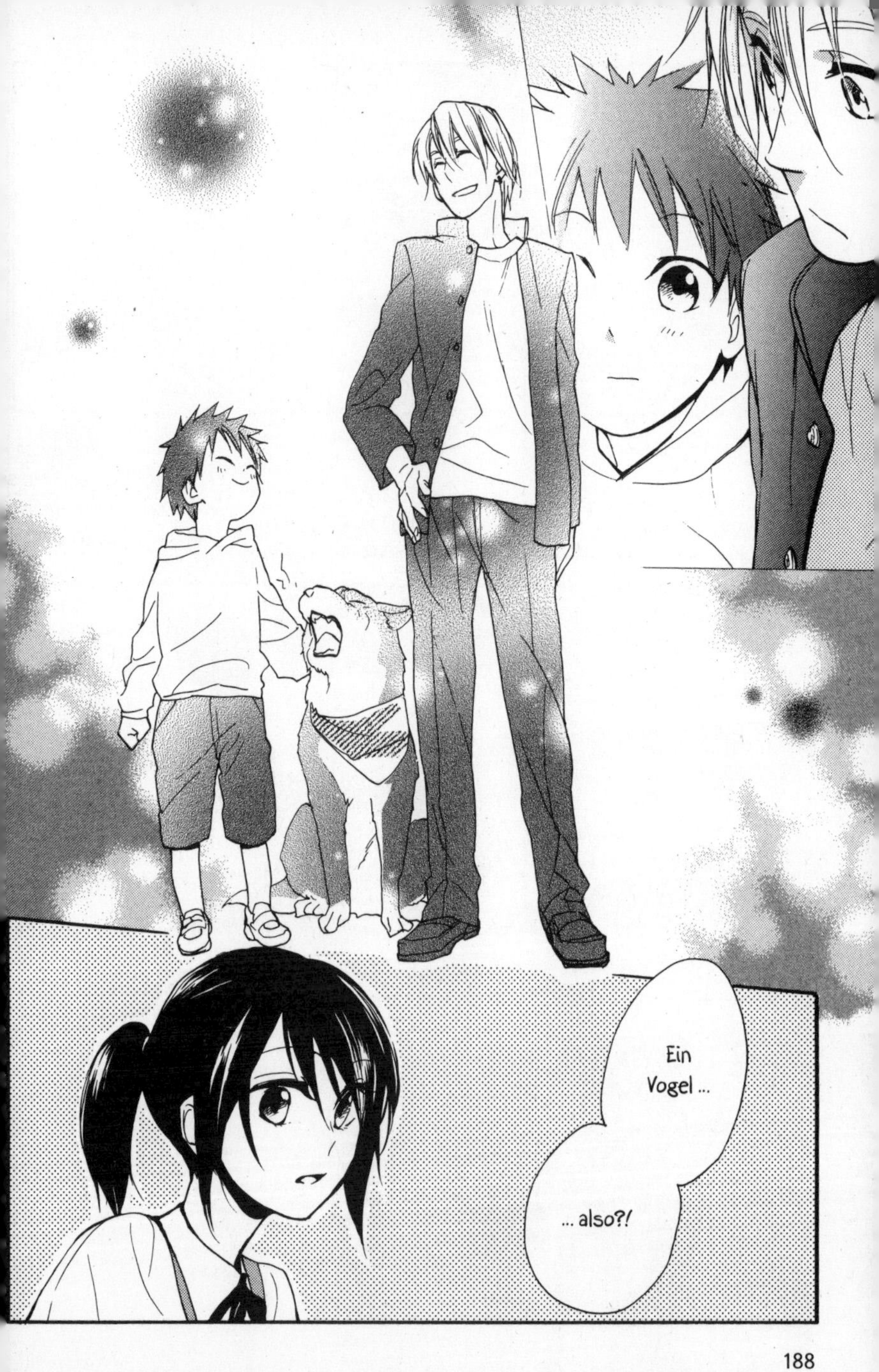
Ein Vogel ...
... also?!

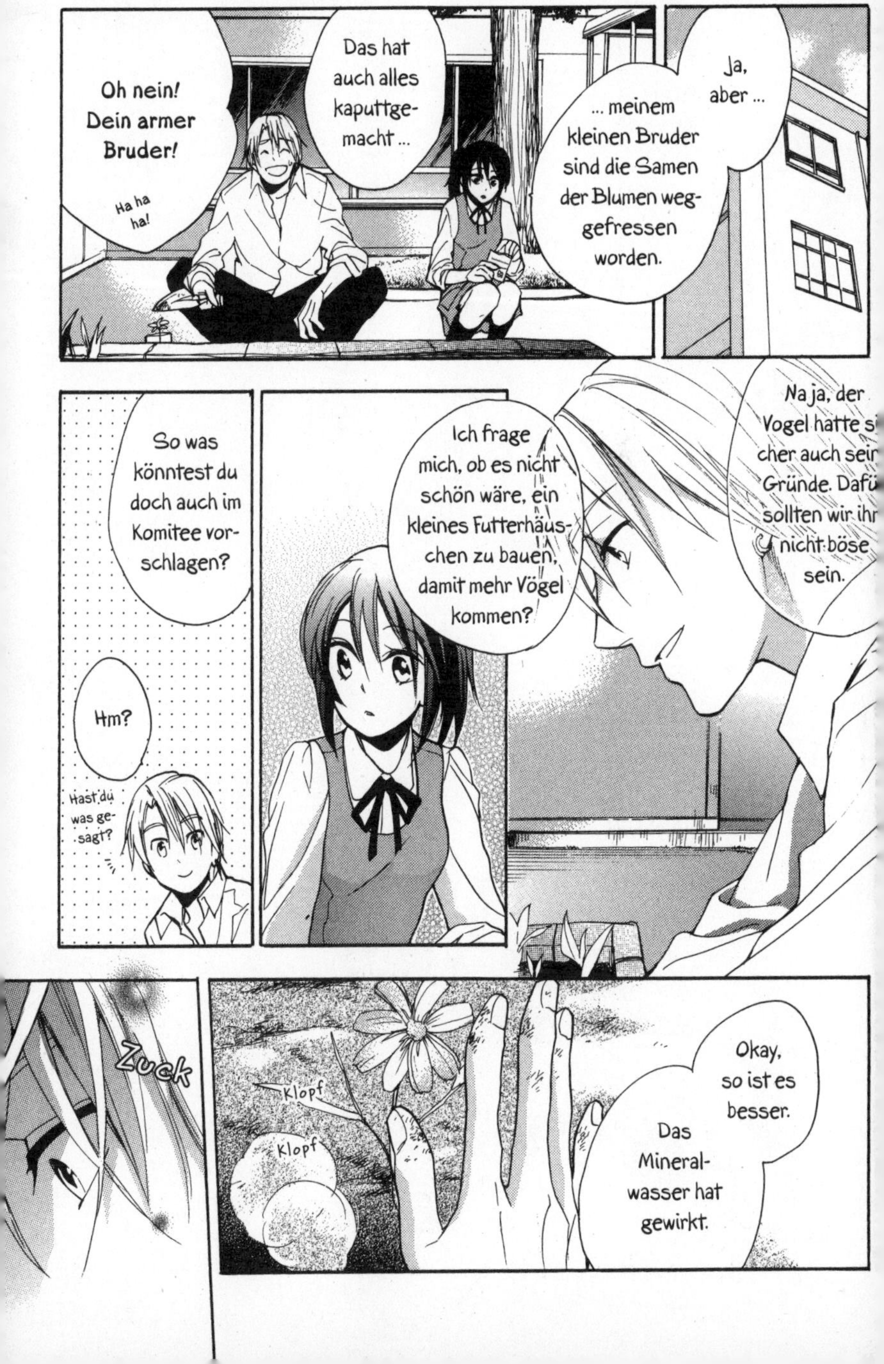
Ja, aber ...
... meinem kleinen Bruder sind die Samen der Blumen weggefressen worden.
Das hat auch alles kaputtgemacht ...
Oh nein! Dein armer Bruder!
Ha ha ha!
Na ja, der Vogel hatte si cher auch sei Gründe. Dafü sollten wir ih nicht böse sein.
Ich frage mich, ob es nicht schön wäre, ein kleines Futterhäuschen zu bauen, damit mehr Vögel kommen?
So was könntest du doch auch im Komitee vorschlagen?
Hm?
Hast du was gesagt?
Okay, so ist es besser.
Das Mineralwasser hat gewirkt.
Klopf
Klopf
Zuck

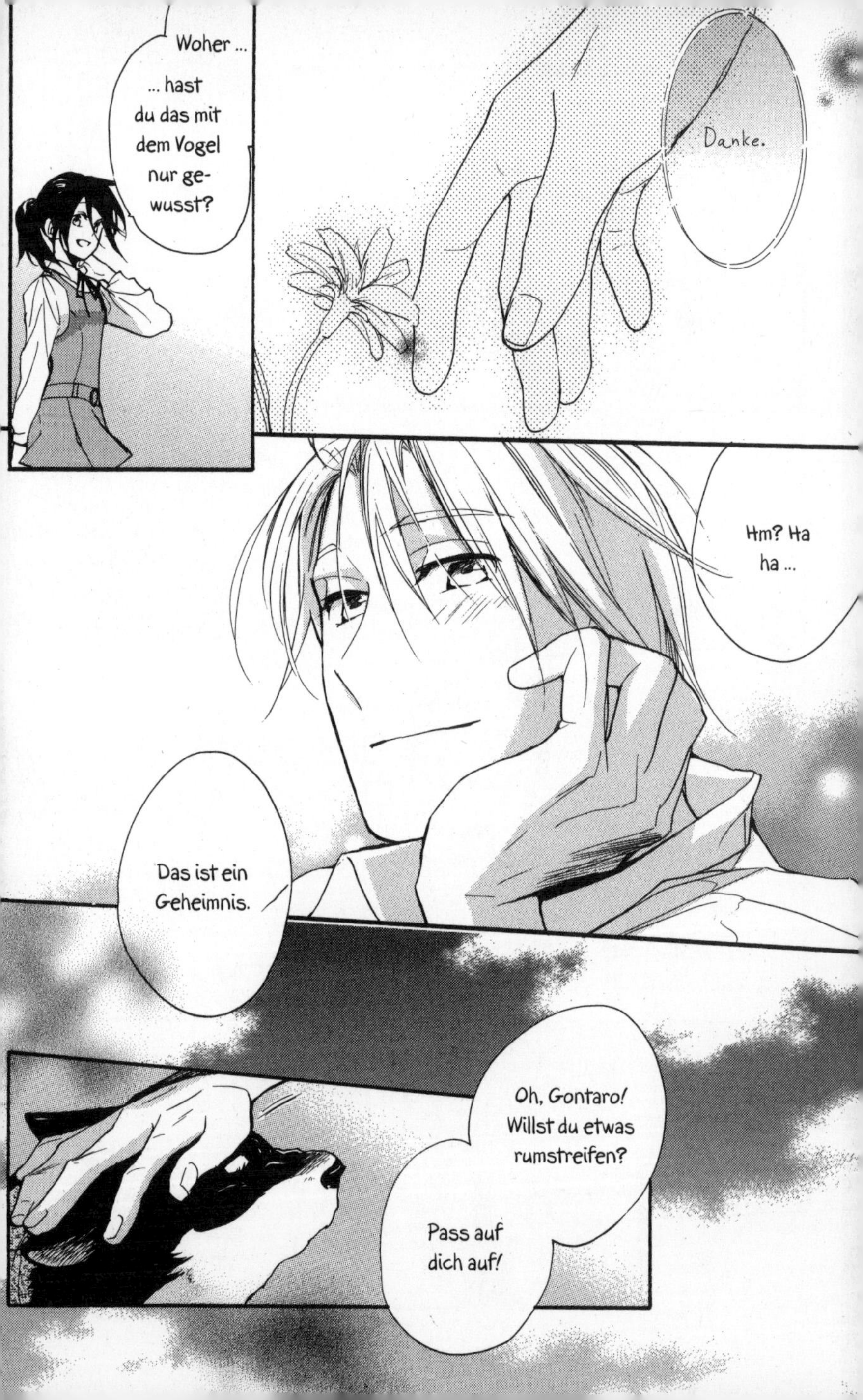
Danke.
Woher ...
... hast du das mit dem Vogel nur gewusst?
Hm? Ha ha ...
Das ist ein Geheimnis.
Oh, Gontaro! Willst du etwas rumstreifen?
Pass auf dich auf!

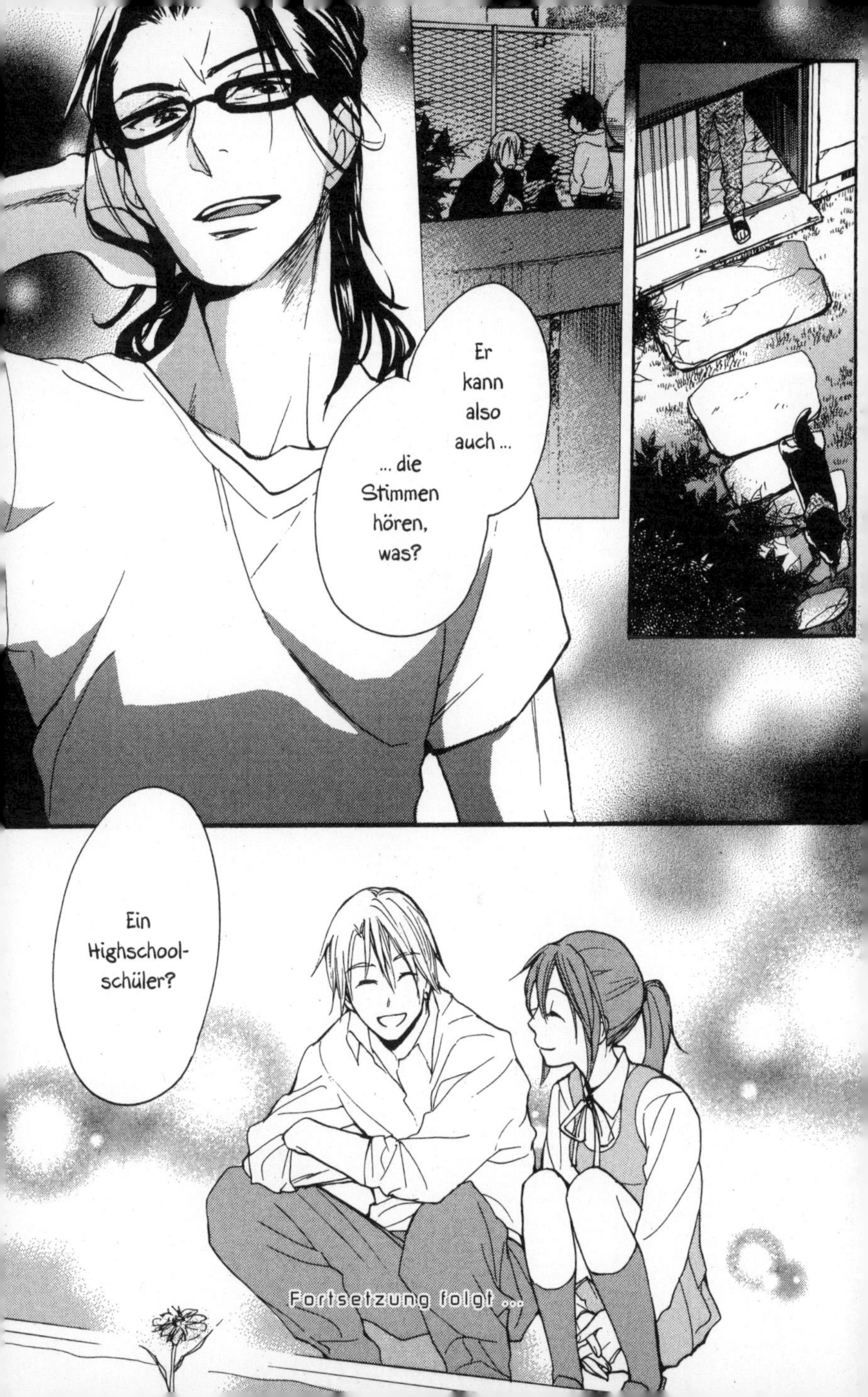
Er kann also auch ...
... die Stimmen hören, was?
Ein Highschool-schüler?
Fortsetzung folgt ...

Hiso Hiso

Flüstern in der Stille

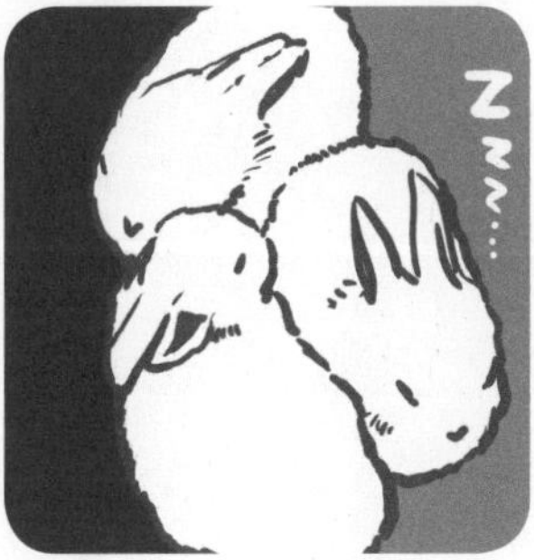

Youko Fujitani

Eine kleine Geschichte über einen Baum, der auf einem Schreingelände in einer ländlichen Region stand. Das war damals, als ich noch ein Hund sein wollte. Seit ich angefangen habe, diesen Manga zu zeichnen, erinnere ich mich lebhaft an meine Kindheit zurück. Ein Hund zu sein habe ich mir übrigens gewünscht, als ich eine Sternschnuppe gesehen hatte.

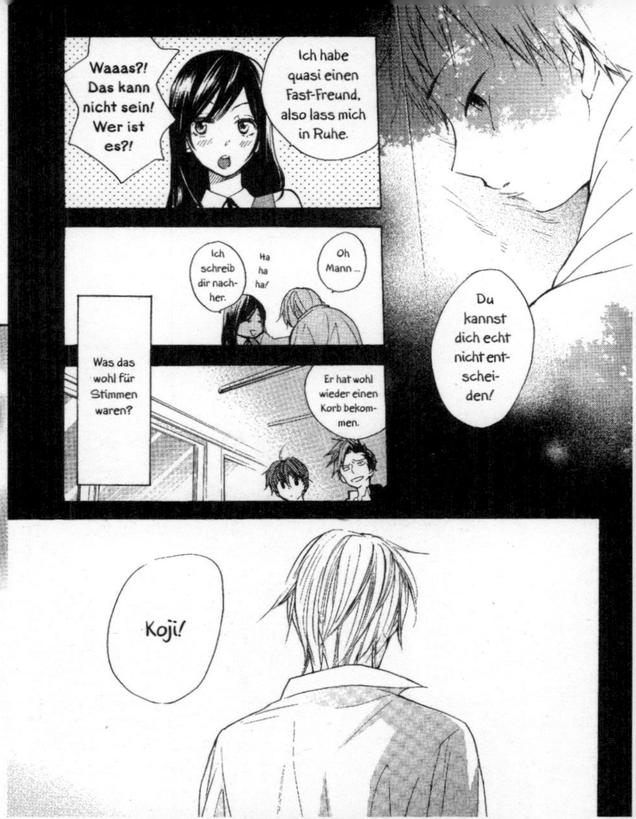

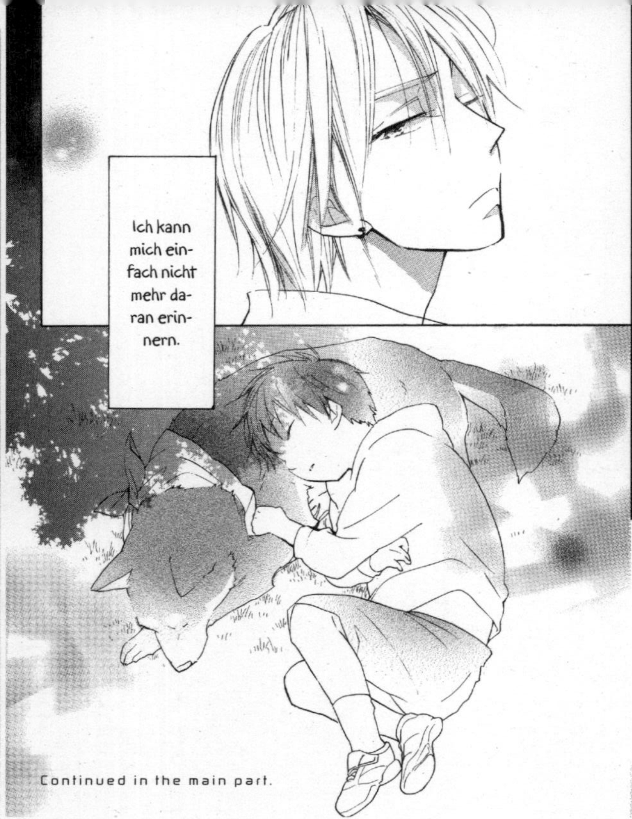

Continued in the main part.

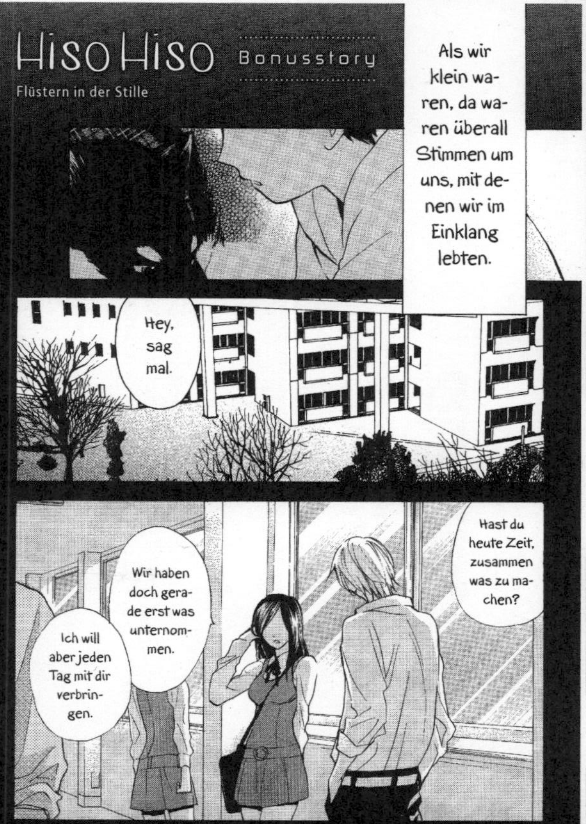
①
Hiso Hiso Bonusstory
Flüstern in der Stille
Als wir klein waren, da waren überall Stimmen um uns, mit denen wir im Einklang lebten.
Hey, sag mal.
Hast du heute Zeit, zusammen was zu machen?
Wir haben doch gerade erst was unternommen.
Ich will aber jeden Tag mit dir verbringen.

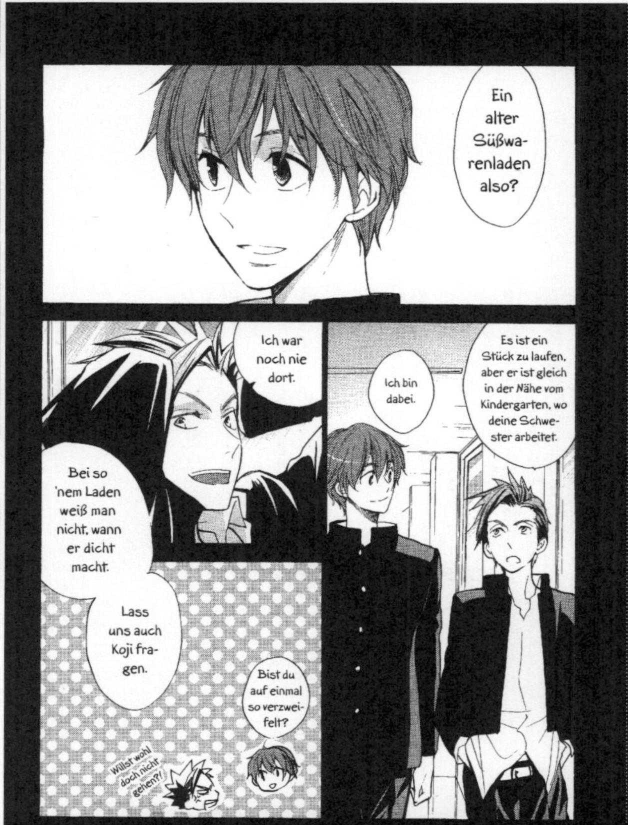
②
Ein alter Süßwarenladen also?
Es ist ein Stück zu laufen, aber er ist gleich in der Nähe vom Kindergarten, wo deine Schwester arbeitet.
Ich bin dabei.
Ich war noch nie dort.
Bei so 'nem Laden weiß man nicht, wann er dicht macht.
Lass uns auch Koji fragen.
Bist du auf einmal so verzweifelt?
Willst wohl doch nicht gehen?!

TOKYOPOP GmbH
Hamburg

TOKYOPOP
1. Auflage, 2021
Deutsche Ausgabe/German Edition

Aus dem Japanischen von Julia Gstöttner

HISO HISO-silent voice - vol. 1

First published in Japan in 2012
by KADOKAWA CORPORATION, Tokyo.
German translation rights arranged
with KADOKAWA CORPORATION, Tokyo.
through TUTTLE-MORI AGENCY, INC., Tokyo.

Redaktion: Natalie Tonak
Lettering: Vibrant Publishing Studio
Herstellung: Rita Geers
Druck und buchbinderische Verarbeitung:
CPI – Clausen & Bosse GmbH, Leck
Printed in Germany

MIX Papier FSC® C083411

Wir achten auf die Umwelt.
Dieses Produkt besteht aus FSC®-zertifizierten und anderen kontrollierten Materialien.

ISBN 978-3-8420-6989-3

www.tokyopop.de